KB263708

우리는 지금, 믿음의 역사 가운데 매우 특별한 시간을 지나고 있습니다. 세상이 빠르게 변하고, 가치가 흔들리고, 진리의 목소리가 점점 희미해지는 시대 속에서 우리는 다시금 복음의 빛을 붙들어야 합니다. 그 빛은 바로 우리 구주 예수 그리스도이십니다.

이 책은 누가복음 말씀을 따라 한 걸음, 한 걸음 주님을 바라보고, 그분의 삶과 사역을 깊이 묵상하며 써 내려간 강해 설교집입니다. 누가는 성령의 감동으로 예수님의 모습을 가장 따뜻하게, 가장 인간적인 모습으로 기록했습니다. 연약한 자를 안아주시고, 눈물 흐르는 자의 눈을 닦아 주시며, 길 잃은 자를 찾아오시고, 상한 마음을 싸매어 주시는 그분의 은혜가 누가복음 곳곳에 빛처럼 흐르고 있습니다.

그래서 이 책의 제목을 "새 시대의 여명"이라 붙였습니다. 누가복음은 하나님 나라의 새벽을 열었던 복음입니다. 절망과 침묵의 시대에서 소망과 은혜의 시대가 시작되던 순간, 영혼을 깨우는 빛이 세상에 드러났습니다. 그 빛은

누가복음 강해

새 시대의 여명

박귀환 지음

지금도 여전히 우리에게 찾아오며, 우리를 새롭게 하고, 세상을 변화시키는 능력으로 역사합니다.

부디 이 책을 읽어가시는 동안, 말씀 속에서 다시 예수님을 만나시기를 소망합니다. 말씀 가운데서 주님의 따뜻한 손길을 느끼시고, 흔들리는 마음이 위로받고, 낙심했던 영혼과 기도의 불이 다시 타오르기를 기도합니다.

또한 우리의 가정과 교회와 사역이, 우리 도시와 이 땅이, 그리고 다음 세대가 그리스도의 복음 안에서 새벽을 맞이하는 은혜가 있기를 간절히 바라고 축복합니다.

긴 밤은 결국 끝납니다. 그리고 하나님의 백성에게는 언제나 새날의 빛이 준비되어 있습니다. 이 책을 통해 당신의 영혼과 사역이 아침 햇살처럼 밝아지며, 주님이 주시는 새 시대의 여명을 함께 보게 되시길 바랍니다.

주님의 평강과 은혜가 독자님 한 분 한 분의 삶에 넘치도록 함께하시기를 축복합니다.

박귀환 목사

차 례

3부 예루살렘으로 가는 여정
(누가복음 9장 51절~19장 27절)

4부   예루살렘 사역

(누가복음 19장 28절~21장 38절)

1부

예수의 준비와 탄생

누가복음 1장 1절 – 4장 13절

이방인을 위한 복음

누가복음은 누가가 기록하였습니다. 누가복음과 사도행전에 나타난 어휘, 문체 등의 특징 및 동일한 사람에게 책을 바친 것 등은 두 책의 저자가 동일한 사람임을 나타냅니다. 사도행전의 '우리'라는 부분들(행 16:10-17, 20:5-21:18, 27:1-28:16)은 사도행전의 저자가 바울의 전도 여행의 동반자이었음을 말해 줍니다. 누가복음의 저자는 코이네 헬라어에 익숙하였고 어휘가 풍부했습니다. 이 두 책에는 의학적 용어와 질병이나 병자에 대한 관심이 많이 나타납니다. 이 모든 사실은 저자가 바울의 동역자인 의사 누가라는 사실을 지지합니다.

초대교회의 무라토리 단편(170년경)에는 "바울이 그의 전도 여행에 같이 데리고 다녔던 의사 누가가 자기의 이름으로 세 번째 복음서를 저술하였다"라고 쓰여 있습니다. 이레니우스(130-200년경)는 "바울의 동반자인 누가는 자기가 들은 복음을 하나의 책으로 기록했다"라고 썼습니다. 알렉산드리아의 클레멘트(150-215

년경)와 터툴리안(160-220년경)도 이 책을 누가의 저작으로 돌렸습니다.

누가는 헬라인인 듯합니다. 골로새서에서 바울은 누가를 유대인과 구별하여 언급하는 것 같습니다(4:10-11, 14). 그러나 그는 구전 자료들과 기록된 자료들을(1:1-4) 성령의 인도 아래 사용했을 것이며 사도들과 기타 증인들과 접촉함으로써 많은 것을 듣고 확인했을 것입니다.

사도행전이 61년경에 기록되었다고 본다면, 누가복음은 그보다 일찍 아마 주후 58년경 즉 바울이 가이사랴에 투옥되었을 때쯤에 사도 바울 곁에서 기록되었으리라 추측됩니다.

누가복음은 신약성경 가운데서 우리 주 예수 그리스도의 생애, 즉 그의 말씀들과 행위들을 증거하는 세 번째 책입니다. 복음서들의 목적은, 요한복음이 증거하는 대로, 예수께서 하나님의 아들이시요, 그리스도이심을 증거하기 위한 것이요, 이를 통해 죄인들이 예수를 믿어 구원을 얻게 하기 위함이었습니다(요 20:30-31). 누가는 이 책의 목적을 예수 그리스도에 관한 데오빌로의 지식을 확실케 하기 위함이라고 썼습니다(눅 1:1-4). 그리스도에 관한 참지식은 참믿음의 요소입니다.

누가복음은 몇 가지 특징을 가집니다. 첫째로, 누가복음은 예수 그리스도의 인성에 대해 강조합니다. 이 책은 복음서들 가운데서 예수님의 탄생, 유년 시절, 성장 과정에 대해 가장 자세히 증거합니다. 둘째로, 누가복음에는 기도에 대한 많은 언급과 교훈이 나옵니다. 사복음서 전체에서 예수님의 기도하심에 대해 15번 나오는데, 그중 11번이 누가복음에 나옵니다. 또 누가복음 11, 18장에는 기도에 대한 비유와 교훈이 기록되어 있습니다.

셋째로, 누가복음은 찬양과 감사에 대해 많이 언급합니다. 넷째로, 누가복음에는 예수님의 동정적 사랑이 강조되어 있습니다. 그것은 선한 사마리아인의 비유(10장), 탕자의 비유(15장) 등에 잘 나타나 있습니다. 다섯째로, 누가복음은 여인과 어린이에 대한 관심이 많습니다. 여섯째로, 누가복음은 복음서들 중에 가장 문학적이고 아름답습니다. 일곱째로, 누가복음에는 세계주의적 안목도 나타납니다.

이 책에서 예수 그리스도는 "이방을 비추는 빛"으로 묘사되었고(2:32), 그의 족보는 아담에게까지 올라갔으며(3:38), 유대인들을 제치고 선한 사마리아인이 모범으로 제시되었습니다(10:25-37).

누가복음의 기록 목적

1-4절을 보면 누가가 복음서를 기록하게 된 목적과 방법을 일목요연하게 설명하고 있습니다. 이런 내용을 쓴 이유는 누가복음을 데오빌로라는 당시 최고 로마제국의 고위 관리에게 헌정하는 식으로 말씀을 기록했기 때문에 데오빌로라는 이름으로 시작됩니다. 데오빌로는 당시 복음을 받은 지 얼마 안 된 초신자였을 것입니다. 그래서 누가는 데오빌로뿐만 아니라 헬라인(이방인)으로서 예수님을 믿은 지 얼마 되지 않은 사람들이 그리스도

에 대해 정확히 알게 하기 위해 이 책을 쓴 것입니다.

2-3절, 여기에 보면 두 부류의 사람이 나옵니다. 한 부류의 사람은 예수님이 하시는 것을 직접 눈으로 보고 체험한 말씀의 목격자들이고, 또 한 부류의 사람은 말씀의 일꾼, 즉 복음 전파자를 가리킵니다. 누가는 예수님의 열 두 제자가 아니었기 때문에 누가복음을 기록할 때 자신이 직접 본 것이 아니라, 구전과 기록된 문서를 근거로 한 것임을 밝히고 있습니다.

누가가 2절에 기록한 '목격자와 말씀의 일꾼 된 자들'은 직접적으로는 예수님의 열두 사도와 70인 제자들을 비롯하여 예수 그리스도의 십자가 사건을 목격한 여인들과 모친 마리아 그리고 예수님의 형제들이었습니다. 직접 다 만나서 확인했다는 것입니다.

예수 그리스도를 통해서 하나님의 자녀가 된 자의 영적 정체성은 성취되는 말씀을 보는 말씀의 목격자입니다. 우리는 복음을 전하는 전파자, 일꾼이 되어야 합니다. 하나님께서 말씀으로 천지를 창조하셨고, 말씀으로 친히 이 땅에 오셨고, 말씀을 성취하셨고, 지금도 성취하고 계시기 때문에 우리가 말씀에 뿌리내릴 때 새 힘을 얻고 현장을 변화시켜 나갈 수 있습니다. 사단은 교회를 오래 다녀도 말씀을 모르게 합니다. 한 주 동안 기억하지 못합니다. 그래서 오래 교회를 다녀도 성경 말씀을 가지고 제자 양육을 하지 못합니다. 이것이 사단의 고도의 전략입니다.

저와 여러분은 말씀의 전달자인 선지자로, 죄에서 자유케 해주는 제사장의 직분으로, 왕 같은 제사장의 신분입니다. 하나님의 말씀을 선포할 수 있는 훈련된 준비된 성도란 말입니다. 초대 교회 성도들은 모두가 그랬습니다. 여러분, 주신 언약을 잡고 영적으로 무장하시기 바랍니다. 그러면 치유가 일어나고 여러분에게 잠재되어있던 달란트가 발견되고 상상도 못할 놀라운 역사가 일어날 것입니다. 성도 여러분, 삶의 현장에서 말씀 성취의 응답을 누리시기를 주의 이름으로 축원합니다.

옛날에 한 스승이 제자들에게 밑 빠진 항아리 하나를 주고서 그 항아리를 물로 채워보라 했습니다. 제자들은 별의별 방법을 다 했지만 물을 채우지 못했습니다. 그때 한 제자가 순간적 지혜로 '항아리에 물을 채우는 것이 아니라 이 항아리를 물속에 집어넣으면 되는구나'라고 생각했습니다. 간단한 원리입니다. 무슨 말입니까? 신앙생활도 이렇게 해야 합니다. 여러분이 먼저 말씀 속에 완전히 들어가시기 바랍니다. 이 생각, 저 생각 자기 머리 써서 말씀을 재고, 판단할수록 밑 빠진 항아리와 같습니다. 아무리 말씀을 받아도 다 새어나갑니다.

하나님의 말씀의 능력을 믿고, 하나님의 말씀이 그대로 현장에서 성취될 줄 믿고, 말씀 속에 들어올 때에 말씀의 능력이 나타납니다. 겁쟁이였던 베드로가 어떻게 변화됐습니까? 성령을 받고 순교할 만큼 담대하고 베드로 전 후서를 쓸 만큼 유식한 자가 되었습니다. 예수 믿는 사람을 핍박하던 사울이 어떻게 되었습니까? 바울로 변화되어 세계복음화에 쓰임 받은 사도가 되었습니다.

사랑하는 여러분! 신앙이 자라시기 바랍니다. 여러분이 날마다 현장에서 예수 그리스도를 증거하고 많은 영혼들에게 새 생명을 전해주는 말씀의 목격자, 말씀의 증인되는 현장전도제자가 다 되시기를 주의 이름으로 축원합니다.

새 역사의 여명

선지자 말라기 이후 하나님의 음성이 단절된 어두운 역사의 지평 위에, 4백 년의 기나긴 암흑을 헤치고 바야흐로 하나님의 백성들에게 역사의 여명이 밝아오기 시작했습니다. 율법 종교가 '위선'으로 전락했을 때 하나님은 그 종교를 폐쇄하기를 희망하셨습니다(말 1:10). 종교의 부패는 종교 지도자들의 타락으로 대표됩니다(말 1:6-14). 그러나 이 암흑의 기간에 하나님은 그 구속 사역의 결정적인 시기를 준비하고 계셨습니다.

그 계시의 절정인 메시아의 성육신(성탄절)을 예비해 놓으시고, 그에 앞서 역사의 향도 역할을 할 인물을 선택하셨습니다. 그 사람이 바로 세례 요한이고 그의 부모가 곧 제사장 사가랴와 그 부인 엘리사벳이었습니다. 율법 시대가 가고 은혜의 시대가 밝아오는 새로운 역사의 길목에서 이들 부부의 이름이 하나님께 선택됨으로써 새 역사의 여명은 시작되었습니다. 예비자 세례 요한의 출생은 예수 그리스도의 탄생을 준비하는 새 역사의 여명이었습니다. 성탄절은 새 역사의 출발을 알리는 기쁨입니다.

5-7절, 유대 왕 헤롯 때에 아비야 반열에 제사장 하나가 있었는데 그의 이름은 사가랴이며, 그 아내도 아론의 자손인데 이름은 엘리사벳이었습니다. 이 두 사람은 하나님 앞에 의인이었고 주의 모든 계명과 규례대로 흠이 없이 행하였습니다. 엄격히 말해, 세상에 의인은 없지만(롬 3:11), 하나님의 은혜로 비교적 의롭게 산 의인들은 있었습니다. 노아나 아브라함이나 욥이나 다니엘 등이 그러했습니다. 그들은 비록 하나님의 법들을 완전히 지키지는 못했어도, 짐승 제사에서 예표된 그리스도의 은혜로 죄 씻음과 의롭다 하심을 얻었고 하나님을 경외하며 하나님의 법들을 힘써 지킨 자들이었습니다. 그런 차원에서 사가랴와 엘리사벳도 하나님 앞에서 의인들이었습니다. 하나님께서는 경건하고 의로운 그들을 주목하셨습니다. 그들은 하나님 앞에 의인이었음에도 자녀가 없는 부족함이 있었습니다.

노아도, 이삭도, 한나도 자녀가 없었습니다. 그들은 그 문제로 하나님께 더욱 기도하고 의지했을 것입니다. 자녀가 없었다는 사실은 그들의 믿음을 단련시켰고 그들에게 영적 유익을 주었을 것입니다. 주 안에 있는 자에게는 고난이 도리어 유익이 될 수 있습니다.

8-17절, "너의 간구함이 들린지라"(13절)는 천사의 말은 사가랴가 평소에 자녀를 위해 기도했음을 보입니다. 그는 아마 결혼 후

오랜 세월 동안 기도했을 것입니다. 옛날 노아는 5백 세가 된 후에 세 아들들을 낳았는데(창 5:32), 그렇다면 노아도 오랫동안 기도했을 것입니다. 아브라함은 75세에 하란을 떠난 후 100세가 되어 아들 이삭을 얻었으니, 그도 여러 해 기도했을 것입니다. 이삭도 40세에 결혼하여 60세에 쌍둥이를 낳았으니(창 25:20,26), 그도 여러 해 기도했을 것입니다.

그들은 기도 생활로 믿음의 단련을 얻었고 마침내 하나님으로부터 기도의 응답을 받았습니다. 천사는 사가랴에게 엘리사벳이 임신하여 낳을 아들의 이름을 '요한'이라고 지으라고 말한 후 그에 대해 네 가지 내용(15-17절)을 전하였습니다.

첫째, 그는 큰 자가 될 것입니다.

둘째, 그는 포도주나 독주를 마시지 않고 모태로부터 성령의 충만함을 얻을 것입니다.

셋째, 그는 많은 사람들을 회개시켜 하나님께로 돌아오게 할 것입니다.

넷째, 그는 엘리야의 심령과 능력으로 주 앞에 먼저 와서 아버지의 마음을 자식에게, 거스르는 자를 의인의 슬기에 돌아오게 하고 주를 위해 세운 백성을 예비할 것입니다. 하나님께서는 경건하고 의로운 부모에게서 그의 귀한 종이 나오게 하셨습니다. 오늘날에도 경건한 부모에게서 하나님께서 귀히 쓰시는 종들이 나올 것입니다.

18-23절, 의인 사가랴에게도 믿음의 연약함이 있었습니다. 사

가랴는 천사의 전한 하나님의 말씀에 대해, "나와 나의 아내가 나이가 많은데 무엇에 근거하여 이것을 알 수 있겠는가?"라고 반문한 것입니다. 이것은 그의 불신앙을 나타냅니다. 성도의 믿음의 근거는 오직 하나님 자신이지 다른 어떤 것이 아닙니다.

우리가 하나님을 전지전능하신 하나님으로 믿는다면, 우리는 그의 모든 말씀을 의심 없이 다 믿을 수 있고 또 믿어야 합니다. 그러나 사가랴는 천사를 통하여 주신 하나님의 말씀을 믿지 못했습니다. 그 때문에 그는 얼마 동안 벙어리가 되어야 했습니다. 백성들은 사가랴를 기다리며 그의 성소 안에서 지체함을 이상하게 여겼고, 그가 나와서 그들에게 말을 못하니, 백성들이 그가 성소 안에서 어떤 이상(異像) 즉 환상을 본 것을 알았습니다. 그는 몸짓으로 뜻을 표시하며 그냥 벙어리 상태로 있었습니다. 그 직무의 날이 다 되자, 그는 집으로 돌아갔습니다.

24-25절, 여인이 자녀를 임신하지 못한 것은 부끄러운 일이었으나, 하나님께서 나이 많은 그에게 임신하는 복을 주셨습니다. 과거에 오랫동안 사가랴와 엘리사벳 부부에게 자녀를 주지 않으셨던 자도 하나님이셨고, 이제 그들이 자녀를 임신하게 하신 자도 하나님이십니다. 하나님께서는 온 세상의 주권적 섭리자이십니다. 그는 그가 기뻐하시는 일들을 하늘과 땅에서 다 이루시는 자이십니다(시 135:6).

본문의 교훈은 무엇입니까?

첫째로, 우리는 확실한 기독교 신앙을 가집시다. 기독교는 예수 그리스도를 친히 본 증인들의 증언들과 그 글들인 신약성경에 근거한 것입니다. 우리는 성경을 읽고 그 내용을 잘 이해하고 그것의 확실함을 깨닫고 그 모든 진리를 믿고 확신해야 합니다.

둘째로, 우리는 의롭게 살아야 합니다. 우리는 이미 예수 그리스도를 믿음으로 의롭다 하심을 얻었습니다(롬 3:22). 이제 우리는 하나님께서 주신 그 의 안에서 하나님을 섬기며 예수 그리스도만 믿고 의지하고 성경에 계시된 하나님의 모든 계명을 힘써 행함으로 실제로 의롭게 살아야 합니다. 우리는 의로운 삶을 살아야 합니다. 우리는 우리에게 있는 부족과 결함으로 인해 낙심하지 말고 주권적 섭리자 하나님만 믿고 그의 하시는 일들을 기다려야 합니다.

셋째로, 우리는 기도 응답을 믿어야 합니다. 사가랴는 자신의 영적인 생활과 이스라엘을 위해서뿐 아니라, 자녀에 대한 기도도 간절히 오랫동안 올렸습니다. 하나님께서 우리의 기도를 반드시 응답해 주신다는 믿음을 가지고, 우리도 무엇이든지 힘써 기도해야 합니다.

넷째로, 우리는 하나님의 말씀을 믿어야 합니다. 사가랴는 천사가 전해준 하나님의 말씀을 믿지 못하고 의심하였습니다. 그래서 그는 일시적이었지만, 벙어리가 되었습니다. 우리는 성경에 기록된 하나님의 모든 말씀들을 잘 이해하고 의심치 말고 다 믿고 또 힘써 행해야 합니다. 하나님을 믿는다는 것은 하나님의 말씀을 믿는 것입니다. 이 말씀의 목격자가 되고 말씀의 전달자가 될 때 이 땅에 새 역사의 여명이 밝아올 것입니다.

다섯째로, 의인에게도 고민거리가 있을 수 있습니다. 사가랴와 엘리사벳은 의인이었지만, 자녀가 없었습니다. 그것은 부족함과 고민거리였습니다. 의인에게도 부족과 고민거리가 있을 수 있습니다. 그러나 우리는 그런 것들로 인해 낙심하지 말고 주권적 섭리자 하나님만 믿고 그의 하시는 일들을 기다려야 합니다.

본문의 말씀을 통하여 불가능을 가능하게 하시는 창조주 하나님을 믿읍시다. 율법 시대가 가고 은혜의 시대가 밝아오는 새로운 역사의 길목에서 사가랴와 엘리사벳의 이름이 하나님께 선택됨으로써 새 역사의 여명은 시작되었습니다. 예비자 세례 요한의 출생은 예수 그리스도의 탄생을 준비하는 새 역사의 여명이었습니다. 성탄절은 새 역사의 출발을 알리는 기쁨입니다. 하나님의 성육신을 이루신 성탄을 맞으며 새 역사의 여명을 여시는 하나님의 약속을 믿고 기도함으로 응답받는 우리 모두 되시기를 축원합니다.

마리아의 찬가

누가복음 1장 26절~56절

본문은 '마리아가 천사의 방문을 받음'(26-38절), '마리아가 엘리사벳을 방문함'(39-45절), '마리아의 찬가'(46-55절)로 구성되어 있습니다

1. 마리아가 천사의 방문을 받음 26절~38절

엘리사벳이 요한을 잉태한 후 여섯째 달에, 천사 가브리엘은 하나님의 보내심을 따라 이스라엘 북부 갈릴리 지방의 한 시골 마을인 나사렛으로 가서 다윗의 자손 요셉이라는 사람과 약혼한 처녀 마리아에게 나타났습니다. 천사는 마리아에게 들어가 말했습니다. 28절을 보십시오. "은혜를 받은 자여, 평안할지어다. 주께서 너와 함께하시도다."

처녀가 그 말을 듣고 놀라 이런 인사가 어찌함인가 생각하자,

천사는 말하였습니다. 30절을 보십시오. "마리아여, 무서워하지 말라. 네가 하나님께 은혜를 입었느니라." 마리아가 하나님의 아들 예수 그리스도의 초자연적 잉태와 출산의 도구가 된 것은 하나님의 은혜였습니다.

천사는 또 말했습니다. 다함께 31-33절을 읽어 봅시다. "보라 네가 잉태하여 아들을 낳으리니 그 이름을 예수라 하라. 그가 큰 자가 되고 지극히 높으신 이의 아들이라 일컬어질 것이요 주 하나님께서 그 조상 다윗의 왕위를 그에게 주시리니 영원히 야곱의 집에 왕으로 다스릴 것이며 그 나라가 무궁하리라." 천사는 마리아에게 잉태될 자의 이름을 지어주며 그가 어떤 자이며 무슨 일을 할 것인지에 대해 알려주었습니다.

마리아는 천사에게 말하였습니다. 34절입니다. "나는 남자를 알지 못하니 어찌 이 일이 있으리이까?" 천사가 35, 36절에서 대답합니다. "성령이 네게 임하시고 지극히 높으신 이의 능력이 너를 덮으시리니 이러므로 나실 바 거룩한 이는 하나님의 아들이라 일컬어지리라. 보라 네 친족 엘리사벳도 늙어서 아들을 배었느니라. 본래 수태하지 못한다고 알려진 이가 이미 여섯 달이 되었나니."

"나는 남자를 알지 못하니 어찌 이 일이 있으리이까?"라는 마리아의 말은 사가랴처럼 불신앙의 말은 아니었습니다. '어찌'라는 원어 '포스'는 '어떤 방식으로'라는 뜻으로, 그의 말은 '어떤 방식으로 이 일이 이루어질 것인가'라는 질문이었습니다. 천사는 성령께서 그에게 임하시고 지극히 높으신 이 곧 하나님의 능력이 그를 덮음으로써, 이 일이 이루어질 것이라고 말하였습니다. 처녀 마리아의 메시아 잉태는 하나님의 전적인 능력으로 될 일입니다. 잉태치 못하던 그의 친척, 늙은 사가랴의 아내 엘리사벳의 잉태보다, 처녀 마리아의 잉태는 더 신기한 하나님의 능력입니다.

"이러므로 나실 바 거룩한 이는 하나님의 아들이라 일컬어지리라"는 말씀은 처녀 마리아의 몸에 성령의 능력으로 잉태되어 나실 메시아의 두 가지 특별한 점을 증거합니다. 첫째는 '거룩함' 곧 무죄성(無罪性)이며, 둘째는 신성(神性)입니다. 그러므로 예수 그리스도의 처녀 성탄을 부정하는 사람은 그의 무죄성과 신성을 부정하는 잘못을 범하게 되는 것입니다.

천사는 37절에서 "대저 하나님의 모든 말씀은 능하지 못하심이 없느니라"[이는 하나님께는 능치 못한 일이 아무것도 없음이니라](KJV, NIV)고 말했습니다. 성경은 여러 곳에서 하나님의 전능하심을 증거합니다. 하나님을 믿는 참된 믿음은 하나님의 말씀을 믿는 것이요, 또한 그의 전능하심을 믿는 것입니다.

마리아는 "주의 계집종(헤 둘레 퀴리우)이오니 말씀대로 내게 이루어지이다"라고 겸손하게 말했습니다. 마리아의 말은 그의 겸손과 믿음과 순종을 나타냅니다. 그는 혹시 처녀가 아이를 가짐으로써 생길 비난과 수치와 죽음까지도 두려워하지 않았습니다. 마리아는 확실히 하나님의 은혜를 입은 여자였고 하나님의 은혜로 참된 믿음과 순종의 마음을 가진 자였습니다.

마리아는 고향인 팔레스틴의 북쪽 갈릴리 지방 중남부에 있는 나사렛으로부터 사가랴가 살았던 팔레스틴의 남쪽 유대 산중의 한 동네로 빨리 갔습니다. 그것은 친척 엘리사벳이 아기를 잉태했다는 기쁜 소식과 자신에게 일어난 잉태의 일 때문일 것입니다. 엘리사벳은 성령의 충만함을 입어 큰 소리로 말하였습니다. 42-46절입니다.

◆◆◆

"여자 중에 네가 복이 있으며 네 태중의 아이도 복이 있도다. 내 주의 어머니가 내게 나아오니 이 어찌 된 일인가? 보라 네 문안하는 소리가 내 귀에 들릴 때에 아이가 내 복중에서 기쁨으로 뛰놀았도다. 주께서 하신 말씀이 반드시 이루어지리라고 믿은 그 여자에게 복이 있도다."

엘리사벳은 젊은 마리아를 '내 주의 어머니'라고 불렀습니다. 마리아에게 성령으로 잉태된 아기는 엘리사벳의 주가 되시고 또한 우리 모두가 복종해야 할 주가 되십니다. 하나님의 아들을 잉태하고 '주의 어머니'가 될 마리아는 복이 있습니다. 그러나 후에 예수께서는 하나님의 말씀을 듣고 지키는 자가 더 복이 있다고 말씀하셨습니다(눅 11:27-28). 여인이 훌륭한 아들을 둔 것도 복이지만, 우리들 자신이 하나님의 말씀을 순종하는 경건하고 의로운 사람이 되는 것은 더 큰 복입니다.

3. 마리아의 찬가 46절~55절

마리아는 다음과 같이 찬송하였습니다. 본문 46-55절을 보십시오.

♦ ♦ ♦

"내 영혼이 주를 찬양하며 내 마음이 하나님 내 구주를 기뻐하였음은 그 여종의 비천함을 돌아보셨음이라. 보라, 이제 후로는 만세에 나를 복이 있다 일컬으리로다. 능하신 이가 큰 일을 내게 행하셨으니 그 이름이 거룩하시며 긍휼하심이 두려워하는 자에게 대대로 이르는도다. 그의 팔로 힘을 보이사 마음의 생각이 교만한 자들을 흩으셨고 권세 있는 자를 그 위에서 내리치셨으며 비천한 자를 높이셨고 주리는 자를 좋은 것으로 배불리셨으며 부자는 빈손으로 보내셨도다. 그 종 이스라엘을 도우사 긍휼히 여기시고 기억하시되 우리 조상에게 말씀하신 것과 같이 아브라함과 그 자손에게 영원히 하시리로다 하니라."

마리아는 자신을 '여종'이라고 부르면서 하나님께서 자신의 비천함을 돌아보셨다고 고백합니다. 겸손은 모든 사람에게 요구되는 덕목입니다. 마리아는 또한 능하신 이가 큰일을 자기에게 행하셨다고 말합니다. 마리아는 또 하나님의 이름이 거룩하시다고 말하며 그의 초월성을 고백합니다. 마리아는 또 하나님의 긍휼하심을 언급하며 그 긍휼하심이 그를 두려워하는 자들에게 대대로 있다고 말합니다. 하나님을 두려워하는 것은 하나님을 아는 자세요, 하나님 앞에서 겸손한 태도입니다. 어느 시대에나, 하나님을 두려워함이 없는 자는 그의 긍휼하심을 얻지 못합니다. 그러나 그를 두려워하는 것은 긍휼을 얻는 길입니다.

마리아는 또 하나님의 능력, 특히 공의로 통치하시는 그의 주권적 능력을 말합니다. 하나님께서는 교만한 자들을 흩으셨고 권세 있는 자들을 내리셨고, 부자들을 빈손으로 보내셨고 비천한 자들을 높이셨고, 주린 자들을 좋은 것으로 배불리셨습니다. 그는 공의로 보응하시는 주권적 섭리자이십니다. 또 마리아는 하나님의 종 이스라엘 백성이 하나님의 긍휼을 입었고 그의 도우심을 받았으며 그것은 하나님께서 그 조상 아브라함에게 약속하셨기 때문이라고 말합니다. 그 자체가 하나님의 은혜입니다. 마리아는 엘리사벳과 석 달쯤 함께 있다가 집으로 돌아갔습니다.

26-56절까지의 교훈은 무엇입니까?

첫째로, 예수 그리스도는 성령의 능력으로 처녀 마리아에게 잉태되어 탄생하신 하나님의 아들이십니다. 우리는 예수 그리스도의 참된 신성을 믿고 확신합시다.

둘째로, 처녀 마리아에게 잉태되신 그는 메시아이십니다. 천사는 그의 이름을 '예수'라 하라고 말했습니다(31절). '예수'는 '구원'이라는 뜻입니다. 하나님의 아들이신 예수님은 그리스도 곧 구주이십니다. 죄인은 구주와 주님이신 예수 그리스도를 믿음으로 구원을 얻습니다(행 16:31).

셋째로, 마리아는 하나님의 은혜를 받은 자로 하나님께 온전히 헌신하였습니다. 우리도 마리아처럼 하나님 앞에 겸손히 엎드려 하나님의 능력과 거룩하심과 긍휼과 공의를 고백하며 주께 헌신합시다.

◆◆◆

"그러므로 형제들아, 내가 하나님의 모든 자비하심으로 너희를 권하노니 너희 몸을 하나님이 기뻐하시는 거룩한 산 제사로 드리라"(롬 12:1).

사가랴의 예언

누가복음 1장 57절~80절

예수 그리스도의 탄생을 준비하는 예비자요, 빈 들에서 외치는 자의 소리인 세례 요한의 출생에 대해 다시 재조명함으로 예수 그리스도의 구원사역을 전하려고 합니다. 본문에서 첫째는 57-66절에서 세례 요한의 출생과 할례 받음, 둘째는 67-80절에서 사가랴의 예언 찬송으로 구분할 수 있습니다

1. 세례 요한의 출생과 할례받음 57절~66절

엘리사벳은 해산할 기한이 차서 아들을 낳았고 이웃과 친족들은 주께서 그를 크게 긍휼히 여기심을 듣고 함께 즐거워하였습니다. 팔 일이 되자, 아이를 할례 하러 와서 그 부친의 이름을 따라 사가랴라 하고자 하였는데, 그 모친 엘리사벳이 대답하기를, "아니라. 요한이라 할 것이라"고 하였습니다. 그들은 "네 친

족 중에 이 이름으로 이름한 이가 없다”고 하고 그 부친에게 몸짓하여 무엇으로 이름을 지으려 하는가 물으니, 저가 서판(書板)을 달라 하여 ‘그 이름은 요한이라’고 쓰니 모두 다 놀랍게 여겼습니다. 이에 그의 입이 곧 열리고 혀가 풀리며 말을 하여 하나님을 찬송했습니다.

그 근처에 사는 자들은 다 두려워했고 이 모든 말이 온 유대 산중에 두루 퍼지며, 듣는 사람들은 다 이 말을 마음에 두며 “이 아이가 장차 어찌 될까?”하고 말했습니다. 이는 하나님의 손이 그와 함께하셨기 때문입니다.

요한의 부친 사가랴는 요한이 잉태되어 출산하기까지 벙어리가 되는 징계를 받았으나, 그 기간은 그에게 있어서 불신앙을 회개하고 믿음을 더욱 굳세게 하는 기회가 되었을 것입니다. 하나님의 징계는 사람이 죄를 회개하고 믿음을 견고케 하는 데 매우 유익합니다. 우리의 신앙 성장에는 평안과 형통보다, 고난과 환난이 훨씬 더 유익합니다. 우리의 신앙은 여러 가지 시험과 고난 중에서 더 견고해집니다.

2. 사가랴의 예언 찬송 67절~80절

세례 요한의 부친 사가랴는 입이 열린 후 성령의 충만함을 입어 다음과 같이 예언하였습니다.

◆◆◆

"찬송하리로다. 주 이스라엘의 하나님이여 그 백성을 돌보사 속량(贖良)하시며, 우리를 위하여 구원의 뿔을 그 종 다윗의 집에 일으키셨으니, 이것은 주께서 예로부터 거룩한 선지자의 입으로 말씀하신 바와 같이 우리 원수에게서와 우리를 미워하는 모든 자의 손에서 구원하시는 일이라."

참된 찬송은 하나님과 그의 하신 일을 알고 그의 은혜를 체험한 자, 특히 그의 구원을 체험한 자만 할 수 있는 일입니다. 찬송은 하나님께 대한 신앙고백이며 기도요, 하나님의 구원에 대한 간증입니다. 사가랴의 찬송의 내용은 하나님께서 자기 백성을 돌아보셔서 속량(贖良, 救援)하시고 구원의 뿔을 그의 종 다윗의 집에 일으키셨다는 것입니다. 구원의 뿔을 다윗의 집에 일으키셨다는 것은 구약성경에 기록된 메시아 예언의 성취를 가리킵니다 (렘 23:5-6, 겔 34:23-24, 호 3:5, 사 11:10 등). 뿔은 능력의 상징입니다. '구원의 뿔'이란 '능력의 구주'라는 뜻입니다.

무엇으로부터의 구원을 말하고 있습니까? 본문 70, 71절에서 사가랴는 "이것은 주께서 예로부터 거룩한 선지자의 입으로 말씀하신 바와 같이, 우리 원수에게서와 우리를 미워하는 모든 자의 손에서 구원하시는 일이라"고 말합니다. 하나님의 구원은 우리 원수들에게서와 우리를 미워하는 모든 자들의 손에서 구원하시는 구원입니다. 하나님의 백성의 원수는 사탄과 악령들과 죄와 사망이며, 또 사탄의 도구가 된 악의 세력들과 세상 권세

자들이라고 말할 수 있습니다. 역사상, 앗수르, 바벨론 등 이웃 나라는 이스라엘 백성을 핍박하는 원수들이었습니다. 사가랴는 또 말합니다. 본문 72-75절입니다.

◆◆◆

“우리 조상을 긍휼히 여기시며 그 거룩한 언약을 기억하셨으니, 곧 우리 조상 아브라함에게 맹세하신 맹세라. 우리가 원수의 손에서 건지심을 받고, 종신토록 주의 앞에서 성결과 의로 두려움이 없이 섬기게 하리라 하셨도다.”

하나님께서 주신 구원의 이유는 우리 자신에게 있지 않고 하나님의 긍휼뿐입니다. 세상에는 하나님을 찾는 자도, 하나님의 뜻을 깨닫는 자도 없습니다. 하나님께서 주신 은혜와 긍휼이 아니고서는 구원 얻을 영혼이 이 세상에는 아무도 없습니다. 구약과 신약은 하나님께서 그의 긍휼로 사람들에게 주신 구원의 약속입니다.

구원의 목적은 원수들에게서 건짐을 입어 평생토록 하나님 앞에서 성결과 의로 두려움 없이 하나님을 섬기게 하는 것입니다. 천국은 거룩과 의의 세계이며 불결과 죄가 전혀 없고 하나님의 뜻만 즐거이 순종하는 곳입니다. 또 구원받아 천국 백성된 자들은 이 세상에서도 거룩과 의로 즐거이 하나님을 섬깁니다. 사가랴는 본문 76,77절에서 또 말합니다.

◆◆◆

“이 아이여, 네가 지극히 높으신 이의 선지자라 일컬음을 받고 사가랴는 성령의 감동으로 그의 아들 요한의 역할에 대해 증거하였습니다. 요한의 역할은 지극히 높으신 자, 곧 하나님의 선지자, 즉 대언자로서 메시아 앞에 앞서 가서 그의 길을 예비하여 주의 백성에게 죄사함으로 말미암는 구원을 알게 하는 것입니다. 메시아의 길을 준비한다는 말은 메시아를 영접할 수 있도록 죄를 각성시키고 그 죄를 버리게 하는 것, 즉 회개하게 하는 사역을 의미합니다. 세례 요한은 사람들에게 "회개하라, 천국이 가까웠느니라"고 외쳤고(마 3:2), 회개의 세례를 전파하였습니다(눅 3:3).

사가랴는 요한이 주의 백성으로 하여금 알게 할 메시아의 사역을 '죄사함으로 말미암는 구원'이라고 표현했고, 그것이 하나님의 긍휼 때문에 이루어질 것(78절 상)이라고 말하였습니다. 죄가 인간과 세상의 근본 문제이므로, 죄사함은 모든 문제의 해결책입니다. 사람이 죄사함 받지 않고서는 구원과 영생의 복을 얻을 수 없습니다. 사가랴는 본문 78하, 79절 또 말합니다.

◆◆◆

"… 이로써 돋는 해(아나톨레)가 위로부터 우리에게 임하여, 어둠과 죽음의 그늘에 앉은 자에게 비치고 우리 발을 평강의 길로 인도하시리로다."

'돋는 해'는 구주 예수 그리스도를 가리킵니다. 구주의 오심은 해가 돋음과 같고 밤이 지나고 새벽이 옴과 같습니다. '어둠과 죽음의 그늘'은 무지와 부도덕, 슬픔과 죽음과 영원한 지옥 형벌을 가리킬 것입니다. 구주 예수께서 오셔서 어둠 속에서 살던 자들에게 지식과 의(義), 기쁨과 생명과 천국의 복을 주셨습니다. 그것이 구원입니다. 이 모든 일들이 하나님의 긍휼과 은혜로 말미암아 이루어질 것입니다. 본문 마지막 절인 80절을 보십시오.

◆◆◆

아이 요한은 자라며 심령이 강하여지며 이스라엘에게 나타나는 날까지 빈 들에 있었습니다. 때때로 사람들과 격리되어 오직 성경말씀과 기도로 훈련된 종들이, 배교하고 타협하는 교회들의 풍조에 비교적 물들지 않았기 때문에, 하나님께서 쓰시기에 더 적합할 수 있을 것입니다.

사가랴는 하나님께서 구원의 뿔, 곧 구주를 주셨음을 찬송하였습니다. 예수 그리스도는 하나님께서 보내주신 우리의 주님이시며 구주이십니다. 하나님의 구원은 특히 죄사함의 구원입니다. 죄 사함은 구원의 방법이며 구원 자체입니다. 죄가 모든 불행의 근본 원인이므로, 죄 사함이 모든 문제의 해답입니다. 거기에 하나님의 아들께서 사람으로 오신 이유가 있고 그가 십자가에 죽으신 까닭이 있습니다(마 20:28). 하나님께서는 아들의 십자가 죽음을 통해 자신의 공의를 만족시키심으로써 우리의 모든 죄를 용서하셨고 그것이 우리의 구원이 되었습니다.

구원의 이유는 하나님의 긍휼뿐입니다. 모든 사람은 자기 자신 속에는 구원받을 아무런 의(義)도, 조건도 없습니다. 영원한 지옥 형벌을 받아야 마땅했던 죄인들이 구원받는 이유는 하나님의 긍휼밖에 없습니다. 구원의 목표는 빛과 평강입니다. 예수 그리스도께서는 돋는 해로 오셨습니다. 그 빛은 참된 지식과 의와 기쁨과 생명이며, 평강의 길로 인도하시는 빛입니다. 경건과 의의 삶은 영원한 천국에서의 삶이며 또 비록 불완전하지만 구원받은 성도의 현재의 삶입니다.

여러분은 하나님의 구원을 받았습니까? 모든 죄를 씻음 받고 의롭다 하심을 얻었습니까? 우리가 구원을 받은 자가 확실하다면, 우리는 구원을 감사합시다. 또 우리는 하나님의 구원을 다른 사람들에게도 전하는 자가 됩시다.

◆ ◆ ◆

"죄의 삯은 사망[지옥]이요 하나님의 은사는 그리스도 예수 우리 주 안에 있는 [의 때문에] 영생이니라"(롬 6:23).

예수의 탄생과 천사의 찬가

누가복음 2장 1절~14절

본문은 네 단락으로 구분할 수 있습니다. 요셉과 마리아가 다윗의 동네로 가게 된 역사적 배경(1-4절), 호적을 위해 베들레헴을 방문 중 만삭의 마리아가 아기 예수님을 해산한 사건(5-7절), 천사가 밤에 밖에서 양을 치던 목자들에게 나타나서 그리스도의 탄생 소식을 전해준 이야기(8-12절), 그리고 수많은 천사의 찬양(13, 14절)으로 나누어 볼 수 있습니다. 여기서 핵심 단어(키워드)는 '다윗의 동네'입니다.

1. 예수님의 탄생 `1절~7절`

◆◆◆

"이 때에 가이사 아구스도가 영을 내려 천하로…"(1-5절).

예수 그리스도의 탄생은 로마 황제 가이사 아구스도가 칙령을 내려 온 천하로 다 호적하라고 한 때였습니다(1절). 이 호적은 구레뇨가 수리아 총독 되었을 때에 첫 번째 한 것이었습니다(2절). 가이사 아구스도는 역사상 옥타비아누스라는 인물이며 주전 27년부터 주후 14년까지 로마제국을 통치하였습니다.

총독 구레뇨는 두 번 수리아 총독직을 맡았던 것 같습니다. 첫 번째는 주전 10-7년경이고, 두 번째는 주후 6-9년입니다. 가이사 황제의 칙령은 구레뇨가 처음 총독이었을 때 내려졌던 것 같습니다. 세금 징수를 위한 로마 황제의 칙령은 메시아가 다윗의 동네에서 탄생하는 결과를 가져왔습니다. 세계 역사의 사건과 때를 주관하시는 하나님은 구원약속의 성취를 위해 로마 황제의 호적 명령을 사용하신 것입니다.

모든 사람이 호적 하러 각각 고향으로 돌아갔고 요셉도 다윗의 집 족속이므로(마 1:16, 20) 갈릴리 나사렛 동네에서 유대를 향해 베들레헴이라 하는 다윗의 동네로 그 정혼[약혼]한 아내, 마리아와 함께 호적 하러 올라갔습니다(3, 4절). 마태복음은 요셉을 '그 여자의 남편'(마 1:19), 마리아를 '그의 아내'(마 1:20, 24)라고 표현하였습니다. 마리아는 임신한 지 여러 달이었습니다. 그의 태 안에는 성령으로 잉태된 아기가 자라고 있었습니다(마 1:18; 눅 1:35). 메시아께서 다윗의 자손으로 오실 것이라는 구약성경의 예언은 이렇게 이루어지고 있었습니다.

♦♦♦

"거기 있을 그때에 해산할 날이 차서 맏아들을 낳아..."(6-7절).

그들이 베들레헴에 있었을 때(마 2:1, 8, 16) 마리아는 해산할 날이 차서 맏아들을 낳아 강보[포대기]로 싸서 구유[소나 말의 먹이통]에 뉘었습니다(6, 7절). 이는 여관에 있을 곳이 없었기 때문입니다. 본문은 예수님을 '맏아들'이라고 표현합니다. '맏아들'이라는 원어 '톤 휘온 아우테스 톤 프로토토콘'는 '그 여자의 맏아들'이라는 말로 마리아가 예수님 출산 후에 다른 자녀들을 낳았음을 나타냅니다.

마태복음 1장 25절에도 '맏아들'이라는 말이 나옵니다. 마가복음 6장 3절의 증거대로, 예수님께는 야고보, 요셉, 유다, 시몬 등의 남동생들과 또 여동생들이 있었습니다. 마리아가 평생 처녀이었다는 천주교회의 주장은 마리아를 부당하게 높이는 잘못된 주장입니다. 천주교회는 이 외에도 마리아가 평생 죄가 없었고, 승천하였고, 죄인들의 중보자요, 기도를 들으시는 자라고 가르치는데, 이것들은 다 성경적 근거가 없는 잘못된 교리들입니다.

하나님의 아들의 탄생은 심히 비천한 모습으로 이루어졌습니다. 구주 예수께서는 세상에서 영광을 받기 위해 탄생하지 않으셨고, 고난을 받으시고 대속제물(代贖祭物)로 죽임을 당하기 위해 탄생하신 것이었습니다. 여기에 성육신(成肉身, 요 1:14)의 깊은 뜻이 있습니다. 사도 바울은 빌립보서 2장 5-11절에서 이 사실을 잘 증거하고 있습니다.

◆◆◆

"너희 안에 이 마음을 품으라 곧 그리스도 예수의 마음이니, 그는 근본 하나님의 본체시나 하나님과 동등됨을 취할 것으로 여기지 아니하시고, 오히려 자기를 비워 종의 형체를 가지사 사람들과 같이 되셨고, 사람의 모양으로 나타나사 자기를 낮추시고 죽기까지 복종하셨으니 곧 십자가에 죽으심이라. 이러므로 하나님이 그를 지극히 높여 모든 이름 위에 뛰어난 이름을 주사, 하늘에 있는 자들과 땅에 있는 자들과 땅 아래에 있는 자들로 모든 무릎을 예수의 이름에 꿇게 하시고, 모든 입으로 예수 그리스도를 주라 시인하여 하나님 아버지께 영광을 돌리게 하셨느니라.”

2. 천사의 증거와 찬송 8절~14절

❖❖❖

“그 지경에 목자들이 밖에서 밤에 자기 양떼를…”(8-10절).

예수께서 탄생하신 그날 밤, 그 지경에서 양 떼를 치던 목자들은 주의 천사를 보았습니다. 하나님의 천사는 역사상 평소에는 잘 나타나지 않으나 하나님의 특별한 말씀을 전달할 때 종종 나타났습니다. 오늘날 우리가 천사를 볼 수 없다고 해서 그 존재를 부정해서는 안 됩니다. 그날 밤 주의 천사가 그들에게 나타나 그들 곁에 섰고 주의 영광이 그들을 두루 비추었습니다. 목자들은 그 천사를 보고 크게 무서워하였습니다(9절).

주의 천사는 그들에게 말했습니다. “무서워 말라. 보라, 내가 온 백성에게 미칠 큰 기쁨의 좋은 소식을 너희에게 전하노라"(10절). 예수 그리스도의 탄생은 과연 온 세상 모든 사람이 크게 기뻐해야 할 좋은 소식입니다. '온 백성'은 14절에서 "하나님이 기뻐하신 사람들"로 구체화됩니다. 이들은 하나님이 구원을 위해 기쁘게 선택하신 신자들을 가리킵니다. 그 천사는 목자들에게 그 소식을 전하였습니다.

◆◆◆

"오늘날 다윗의 동네에 너희를 위하여 구주가…"(11-12절).

본문 11, 12절을 다함께 읽어 봅시다.

◆◆◆

"오늘날 다윗의 동네에 너희를 위하여 구주가 나셨으니 곧 그리스도 주시니라. 너희가 가서 강보에 싸여 구유에 누인 아기를 보리니 이것이 너희에게 표적이니라."

천사가 전하는 큰 기쁨의 좋은 소식은 오늘 다윗의 동네에 구주가 나셨다는 소식이었습니다. 그 구주는 구약성경에 예언된 메시아 곧 '그리스도 주'이십니다. '주'라는 말은 그의 신성(神性)을 나타내며, '그리스도' 곧 메시아라는 말은 그가 참 선지자, 참 제사장, 참 왕이심을 의미합니다.

예수님께서는 사람들을 죄와 불행과 죽음에서 건져낼 참 선지자, 참 제사장, 참 왕으로 오셨습니다. 목자들은 가서 포대기에 싸여 구유에 누인 아기를 볼 것이며 그것이 그들에게 표가 될 것입니다. 하나님께서는 그의 천사를 통해 구주의 탄생 소식을 전해주셨고 또 표까지 주셔서 그 소식을 믿게 하셨습니다. 기독교는 많은 표적들로 확증된 진리입니다.

◆◆◆

"홀연히 허다한 천군이 그 천사와 함께 있어…"(13-14절).

홀연히 하늘의 천사들의 큰 무리가 그 천사와 함께 있어 하나님을 찬송하여 말했습니다. 본문 14절을 다함께 읽어 봅시다.

◆◆◆

"지극히 높은 곳에서는 하나님께 영광이요 땅에서는 기뻐하심을 입은 사람들 중에 평화로다[땅 위에는 평화, 사람들 가운데서는 은혜로다](전통본문)."

'지극히 높은 곳'은 하나님께서 계신 천국을 가리킵니다. 그것은 바울이 말한 '셋째 하늘'이나 '낙원'과 동일합니다(고후 12:2-4). 그곳은 태양계와 은하계를 넘어 하나님께서 자기의 특별한 영광을 나타내신 곳입니다.

구주의 탄생은 지극히 높은 곳에 계신 하나님께 영광이 될 것입니다. 또 땅 위에서는 평화와 사람들 가운데는 은혜가 있을 것입니다. 은혜와 평화는 구원의 원인과 그 결과입니다. 세상에서 사람들은 죄로 인해 심령의 고통과 육신의 질병과 경제적 궁핍으로 인해 평안을 잃어버렸으나, 하나님의 은혜로, 예수 그리스도를 믿음으로, 죄 사함과 의롭다 하심을 받을 때 참된 평안을 얻습니다. 우리는 장차 천국에서 충만한 복과 평안을 누릴 것이지만, 지금 이 세상에서도 상당한 평안과 기쁨의 삶을 누립니다.

우리의 구원은 비천한 자리로 내려오셔서 겸손과 고난으로 자신을 희생하신 예수님으로 말미암은 것입니다. 예수님은 겸손의 왕이요, 자비로우신 왕이요, 평화의 왕이십니다. 예수님을 통해 우리는 하나님의 영광을 볼 수 있습니다. 그 영광을 찬양할 수 있습니다. 날마다 은혜의 주님과 영광의 아버지를 찬양하는 성도들이 되시기를 소망합니다.

하나님이 원하시는 삶

누가복음 2장 15절~24절

본문의 말씀에서 주목할 두 가지 핵심은 목자들이 아기가 있는 곳으로 와서 천사가 말한 모든 것을 확인하고 하늘의 천군과 같이 찬양과 영광을 돌린 것과 아기 예수님께 행해진 모든 의식이 모세 율법의 규정대로 되었다는 것입니다.

이것은 마리아에게서 난 아기 예수님이 율법 아래서 태어났음을 보여 주기에 충분합니다(갈 4:4). 또한 요한의 부모처럼 예수님의 부모도 경건한 사람들이었음을 보여 줍니다.

1. 믿기를 원하시는 하나님 `15절~20절`

천사들이 떠나 하늘로 올라가자, 목자들은 서로 말하였습니다. "이제 베들레헴까지 가서 주께서 우리에게 알리신 바 이 이루어진 일을 봅시다." 그들은 빨리 가서 마리아와 요셉과 구유에 누인 아기를 찾아서 보았습니다. 그들은 주의 천사를 통해 말씀하신 하나님의 증거를 확인하였습니다. 여기서 중요한 것은 목자들이 천사의 말을 믿고 순종했다는 것입니다. 하나님은 우리가 믿기를 원하십니다. 믿음을 구하십시오. 하나님은 믿음이 없는 자들에게 믿음을 부어 주기를 기뻐하십니다. 하나님을 믿고 의지할 때 힘 있는 삶을 살 수 있습니다.

또 그들은 이 아기에 대하여 들은 것을 다 알려주었습니다. 듣는 자들은 다 목자들의 말하는 것을 기이히 여겼으나 마리아는 이 모든 말을 마음속에 간직하였습니다. 목자들은 자기들이 듣고 본 모든 것으로 인하여 하나님께 영광을 돌리고 찬송하며 돌아갔습니다. 예수 그리스도께서 탄생하신 날 밤에는 이와 같이 찬송이 있었습니다. 천사들의 찬송이 있었고 목자들의 찬송도 있었습니다.

1-20절의 교훈은 무엇입니까? 첫째로, 예수께서는 다윗의 동네 유대 베들레헴에서 나셨습니다. 본문은 요셉과 마리아가 다윗의 동네로 호적하러 올라갔다고 말하며(5절), 또 주의 천사가 목자들에게 다윗의 동네에서 구주가 나셨다고 말하였다(11절)고 합니다. 예수께서는 구약에 예언된 메시아로 오셨습니다. 그것은 하나님의 약속과 구약성경 예언이 성취된 것입니다. 하나님은 신실하시며 약속을 지키십니다.

둘째로, 예수께서는 강보로 싸여 구유에 누이셨습니다(7절, 12절, 16절). 하나님의 아들 메시아께서 외양간에서 탄생하셨고 포대기에 싸여 짐승의 먹이통에 누이셨습니다. 성육신은 하나님께서 자신을 낮추신 사건이었습니다. 하나님께서 사람이 되셨습니다. 그것도 낮고 비천한 모습으로 오셨습니다. 그는 탄생 때부터 그러하셨습니다. 예수님께서는 "인자가 온 것은 섬김을 받으려 함이 아니라 도리어 섬기려 하고 자기 목숨을 많은 사람의 대속물로 주려 함이니라"(마 20:28)고 말씀하셨습니다. 예수 그리스도의 탄생은 그의 낮아지심이었습니다.

셋째로, 예수 그리스도의 탄생은 모든 죄인에게 큰 기쁨의 좋은 소식입니다. 주의 천사는 "보라 내가 온 백성에게 미칠 큰 기쁨의 좋은 소식을 너희에게 전하노라. 오늘 다윗의 동네에 너희를 위하여 구주가 나셨으니 곧 그리스도 주시니라"(10-11절)고 말하였습니다. 구주께서는 우리를 죄와 불행과 죽음과 지옥 형벌로부터 구원해 주시는 자이십니다. 이 세상에서 이것보다 더 중요하고 더 기쁘고 복된 일은 없습니다. 바로 이 일을 위해 예수 그리스도께서 오셨습니다.

그는 구주(救主)이십니다. 예수께서는 "인자가 온 것은... 자기 목숨을 많은 사람의 대속물로 주려 함이니라"(마 20:28)고 말씀하셨습니다. 또 그는 "하나님이 세상을 이처럼 사랑하사 독생자를 주셨으니 이는 저를 믿는 자마다 멸망치 않고 영생을 얻게 하려 하심이니라"(요 3:16)고 말씀하셨습니다.

넷째로, 예수 그리스도의 탄생은 땅에 사는 자들에게 평안을 주는 일입니다. 천사들은 하나님을 찬송하면서 "지극히 높은 곳에서는 하나님께 영광이요 땅에서는 평화, 사람들 가운데는 은혜로다"(14절)라고 말하였습니다. 하나님께서 구주 예수를 통해 주신 구원의 결과는 평안입니다. 예수 그리스도께서는 평안이 없는 세상에 평안을 주셨습니다. 구주 예수께서는 "수고하고 무거운 짐 진 자들아, 다 내게로 오라. 내가 너희를 쉬게 하리라"(마11:28)고 말씀하셨던 것입니다. 또 그는 "평안을 너희에게 끼치노니 곧 나의 평안을 너희에게 주노라. 내가 너희에게 주는 것은 세상이 주는 것 같지 아니하니라"(요 14:27)고 하셨습니다.

그러므로 바울은 "평강의 주께서 친히 때마다 일마다 너희에게 평강을 주시기를 원하노라"(살후 3:16)고 말했습니다. 우리를 죄와 불행과 사망과 지옥 형벌로부터 구원하러 오신 구주 예수 그리스도를 영접합시다. 그를 믿고 구원을 받읍시다. 또 세상이 줄 수 없고 오직 그분만 주실 수 있는 참 평안을 누립시다. 또 예수 그리스도의 겸손을 본받아 교만을 버리고 겸손합시다. 또 그를 믿고 구원을 받은 자들은 감사하며 다른 이들에게 구주 예수 그리스도를 전합시다. 하나님은 우리에게 하신 모든 약속을 신실하게 성취하시는 분이십니다.

2. 구원하기를 원하시는 하나님 `21절`

할례 할 8일이 되자 그의 이름을 예수라고 지었습니다. 그것은 수태하기 전에 천사의 일컬은 바였습니다. 할례는 하나님과의 언약의 표로서(창 17:10-11) 죄로부터의 정결을 상징합니다. 또 할례받은 자는 율법 전체를 행할 의무를 집니다(갈 5:3). 예수께서는 죄 없으신 자이시며 사람에게 율법을 주신 하나님이시지만, 친히 자신을 낮추시고 세상 죄를 짊어지신 하나님의 어린양으로서 또 하나님의 택함 받은 언약 백성의 대표자로서 친히 할례를 받으셨습니다. '예수'라는 이름은 '자기 백성을 그들의 죄에서 구원할 자'라는 뜻입니다. 예수님은 온 인류의 구원자로 세상에 오셨습니다. 예수님은 죄로 인해 고통받는 백성을 구원해 하나님의 나라로 이끌기 위해 이 땅에 오셨습니다.

사람이 가진 가장 큰 문제는 죄를 해결할 수 없다는 것입니다. 이 문제를 해결할 수 있는 유일한 열쇠는 예수 그리스도입니다. 죄와 진노에서 벗어나 의와 평강과 희락의 나라에 들어가야 합니다. 이미 회개하고 믿음으로 구원에 이르렀다면 두렵고 떨림으로 날마다 구원을 이루어 가십시오. 죄와 싸워 견고한 믿음 위에 설 때 예수님과 더욱 가까워질 수 있습니다. 하나님은 우리 구원하기를 원하십니다. 하나님은 구원받은 신자들이 계속해서 구원을 이루어 가기를 원하십니다.

3. 담대하기를 원하시는 하나님 22절~24절

요셉과 마리아는 모세의 율법을 따라 결례(潔禮)의 날이 찼을 때 아기를 데리고 예루살렘으로 올라갔습니다. 결례의 날이란, 레위기 12장의 규정대로, 남자아이의 경우 출산 후 7일과 33일,

합하여 40일이 지난날을 가리킵니다. 그들이 아기 예수를 함께 데리고 예루살렘으로 올라간 것은 율법대로 첫 남자아이를 하나님께 거룩하게 구별하여 드리기 위해서였습니다. 요셉과 마리아는 하나님의 율법대로 살고자 했던 경건한 자들이었습니다. 하나님께서는 아들을 세상에 보내실 때 경건하고 복된 가정에서 출생케 하셨습니다. 오늘날도 성경 말씀대로 행하는 가정은 하나님께서 쓰시는 가정이 될 것입니다.

요셉과 마리아는 주의 율법에 말씀하신 대로 비둘기 한 쌍이나 혹 어린 반구(斑鳩)[산비둘기] 둘로 제사하려 하였습니다. 그들이 비둘기 한 쌍으로 제사하려 한 것을 보면, 그들은 가난한 자들이었습니다. 여인의 자녀 출산 후 정결 의식의 일반적 제물은 번제물로 어린양 한 마리와 속죄 제물로 비둘기 한 마리이었습니다. 그러나 가난한 자는 비둘기 두 마리로 대신할 수 있었습니다. 예수께서는 가난한 가정에 출생하셨습니다. 부요하신 자가 우리를 위해 가난해지셨습니다. 우리는 가난해지신 그를 통해 천국의 상속과 하나님 자녀 됨의 회복과 영생의 복을 얻었습니다.

예수님은 태어나실 때부터 우리에게 의의 선물을 주시기 위해 율법 아래 태어나셨습니다. 우리가 그분을 믿을 때 우리는 모든 죄를 사함 받고 완전한 의인으로 하나님 앞에 설 수 있습니다. 하나님은 우리가 완전히 용서받았고 완전한 의인이 되었음을 확신하고 담대하기를 원하십니다. 담대함이 없이는 하나님께 나아갈 수 없습니다. 사탄의 참소를 이길 수도 없습니다. 그러나 담대하게 하나님께 나아가는 자들은 천국의 삶을 살 수 있습니다. 하나님은 우리가 주 예수 그리스도 안에서 담대하기를 원하십니다.

하나님이 원하시는 믿음과 구원과 담대함은 신앙에서 기본이요, 필수 불가결인 것입니다. 신앙생활의 기본을 다질 때 하나님이 원하시는 삶을 살 수 있습니다. 하나님이 원하시는 것들을 행함으로 은혜를 누리시기를 소망합니다.

성숙한 신자의 특징

누가복음 2장 25절~38절

우리 교회의 교육목표는 거듭난 인간, 성숙한 신자, 하나님의 나라와 의를 이루는 천국시민 양성입니다. 예수 믿고 죄를 회개함으로 물세례와 더불어 죄사함 받고 성령세례로 권능을 받아 사는 것이 거듭난 인간의 삶입니다.

우리는 여기서 머물지 않고 미숙(未熟)한 신자의 삶에서 성숙(成熟)한 신자가 되기 위해 성화(聖化)의 삶을 추구해야 합니다. 그러면 어떻게 해야 시험에 들지 않고 악에 빠지지 않는 성숙한 신자가 될 수 있겠습니까?

본문은 마리아를 위한 정결 예식과 아기 예수님을 하나님께 거룩하게 구별해 드리는 의식을 치를 때, 성전에서 있었던 두 사건을 기록합니다. 하나는 성령의 지시를 받아 성전을 방문한 시므온이 아기 예수님을 보고 감격해서 아기를 품에 안고 하나님께 찬양하며 기도하며 축복한 내용(25-35절)입니다. 또 하나는 여선지자 안나가 아기 예수님에 대해 성전에 있던 모든 사람에게 한 예언(36-38절)입니다.

1. 시므온의 찬송과 예언 25절~35절

[25-27절], 예루살렘에 시므온이라 하는 의롭고 경건한 사람이 있었습니다. 당시 부패한 종교 환경 속에서도 의롭고 경건한 자가 있었습니다. 사람이 항상 환경의 영향을 받는 것은 아닙니다. 악한 환경 속에서도 우리는 하나님의 은혜로 진실한 믿음을 소유할 수 있습니다. 시므온은 또 이스라엘의 위로를 기다리는 자이었습니다. '이스라엘의 위로'라는 말은 구약성경에 예언된 이스라엘의 완전한 회복, 즉 새 하늘과 새 땅의 임함을 의미할 것입니다. 천국만이 하나님의 백성에게 참 위로가 되기 때문입니다.

시므온은 또한 하나님과 함께한 사람이었습니다. 성령께서는 그 위에 계셨고 또 그에게 죽기 전에 '주의 그리스도'를 볼 것이라는 특별한 지시를 주셨습니다. '주의 그리스도'는 하나님께서 보내 주시는 참된 선지자와 제사장과 왕이십니다. 예수님은 하나님께서 보내어 주신 그리스도이시며 시므온은 그를 보리라는 성령의 지시를 받았던 것입니다. 요셉과 마리아가 정결 의식을 위해 아기 예수를 데리고 성전에 들어갔을 때, 시므온은 성령의 감동으로 성전에 들어와 아기 예수를 만났습니다.

[28-33절], 그때 시므온은 아기를 안고 하나님께 찬송하였습니다. 29-32절입니다.

♦♦♦

"주재여, 이제는 말씀하신 대로 종을 평안히 놓아 주시는도다. 내 눈이 주의 구원을 보았사오니 이는 만민 앞에 예비하신 것이요 이방을 비추는 빛이요 주의 백성 이스라엘의 영광이니이다."

요셉과 마리아는 그 아기에 대한 말들을 기이히 여겼습니다. 시므온의 찬송은 예수 그리스도에 대해 놀라운 증거를 담고 있습니다. 예수 그리스도는 하나님께서 보내신 구주이십니다. 하나님의 구원은 죄와 그 결과로부터의 구원입니다. 그것은 죄사함이며 불행과 죽음과 지옥 형벌로부터의 구원입니다. 그 구원은 '만민 앞에 예비된 것이요, 이방을 비추는 빛'입니다. 이제 하나님의 구원은 이스라엘 백성에게만 주어지지 않고 모든 이방인에게도 주어질 것입니다. 그는 세상 죄를 지고 가는 어린양이 되실 것입니다(요 1:29). 그는 세상 모든 족속의 구주가 되실 것입니다. 그것은 선지자 이사야를 통해 이미 예언된 바 있습니다(사 42:6; 49:6).

[34-35절], 시므온은 그들에게 축복하고 그 모친 마리아에게 말했습니다.

♦♦♦

"보라 이는 이스라엘 중 많은 사람을 패하거나 흥하게 하며 비방을 받는 표적 되기 위하여 세움을 받았고 또 칼이 네 마음을 찌르듯 하리니 이는 여러 사람의 마음의 생각을 드러내려 함이니라."

'패하거나 흥하게 하며'라는 말은 '넘어지고 일어섬을 위하고'라는 뜻으로 예수 그리스도를 통하여 어떤 이들은 그를 믿어 구원을 받고 어떤 이들은 그를 믿지 않아 멸망 당함을 의미합니다. 예수 그리스도는 구원과 멸망의 갈림길이 되십니다. '비방을 받는 표적 되기 위하여'라는 말과 '칼이 네 마음을 찌르듯 하리라'는 말은 예수께서 당하실 고난을 암시합니다.

예수님께서 유대인들에게 미움을 받으시고 십자가에 죽임을 당하셨을 때 이 예언은 그대로 성취되었습니다. 그의 십자가 곁에 있었던 모친 마리아의 마음은 칼이 찌르는 듯한 고통을 당했을 것입니다. "이는 여러 사람의 마음의 생각을 드러내려 함이니라"는 말은 예수 그리스도의 고난과 십자가 죽음을 통해 사람 마음의 심히 악함이 잘 드러날 것이라는 뜻이라고 봅니다. 예수 그리스도의 십자가는 인간 죄악의 극치이었습니다. 사람이 얼마나 악한 존재이면, 저 의로우신 하나님의 아들을 그토록 처참히 십자가에 못 박아 죽일 수 있습니까? 인간은 참으로 심히 죄악되고 악한 존재입니다.

2. 여선지자 안나의 감사 36절~38절

[36-38절], 또 아셀 지파 바누엘의 딸 안나라 하는 선지자가 있었는데, 그는 나이가 매우 많았습니다. 그는 결혼한 후 일곱 해 동안 남편과 함께 살다가 과부가 된 지 84년이었습니다. 결혼을 15세쯤 했었다고 가정한다면, 그는 당시 아마 106세쯤 되었을 것입니다. 이 사람은 성전을 떠나지 아니하고 주야로 금식하며 기도함으로 하나님을 섬겼는데, 마침 이 때에 나아와서 하나님께 감사하고 예루살렘의 구속(救贖)됨을 바라는 모든 사람에게 이 아기에 대하여 말하였습니다. 종교적으로 부패했던 당시에도 예루살렘에는 성경에 약속된 하나님의 구원을 소망하는 경건한 사람들이 있었습니다. 예수 그리스도께서는 바로 그런 자들을 구원하기 위해 오셨습니다.

3. 결론

예수 그리스도를 온전히 믿는 참된 신자들은 하나님의 큰 은혜를 누립니다. 그래서 신자는 온전한 믿음으로 살기를 원합니다. 그렇다면 어떤 신자가 참된 성숙한 신자일까요?

1)하나님의 마음을 아는 경건한 자들(25-32절).
하나님은 예수님을 인류의 구원자로 이 땅에 보내셨습니다.

하나님이 원하시는 바는 모든 사람이 구원받고 은혜 가운데 거하시기를 원하는 것입니다(딤전 2:4). 하나님의 이 마음을 시므온과 같이 경건한 자들은 깨닫게 됩니다. 그래서 이런 사람들은 하나님의 마음으로 모든 사람에게 복음을 전하기 위해 애씁니다. 전도가 어렵다고 생각하십니까? 전도는 기술로 하는 것이 아니라 하나님의 마음으로 하는 것입니다. 모든 사람을 긍휼히 여기시는 아버지의 마음을 알 때 전도할 수 있습니다. 복음을 듣지 못해 믿지 못하는 사람이 없어야 한다는 간절한 마음이 되어야 합니다. 누구부터 전도해야 할지 정하십시오.

2) 핍박을 감당하는 제자들(33-35절)

예수님은 이 세상의 모든 사람을 둘로 나누시는 분입니다. 어떤 사람은 예수님을 믿어 구원을 받으며, 어떤 사람은 그분을 거부해 심판을 받습니다. 결국 예수님은 그분을 거부하는 자들에게 비방을 당하시고 죽음에까지 이르셨습니다. 예수님이 비방당하고 죽음에까지 이르셨다면 그분의 제자인 우리는 어떠할까요? 말할 필요도 없습니다. 제자가 선생보다 높지 못하기 때문입니다. 성숙한 신자는 예수님께 향한 비방이 자신에게도 올 수 있음을 알고 감당하려는 자입니다. 두려워하지 마십시오. 예수님이 승리하셨듯이 우리도 승리할 것입니다.

3) 예수님만을 소망하는 기도자들(36-38절)

하나님은 약속을 믿고 구원을 소망하는 자들을 기뻐하시며 그들의 기도에 응답하십니다. 그들이 가진 믿음이야말로 참된 믿음이기 때문입니다. 여러분은 무엇을 소망합니까? 우리는 훗날 새 예루살렘에 들어가 영원토록 살 것을 소망하는 자들입니다. 이 땅에서도 그 천국을 미리 누리며 살아가는 자들입니다. 이 소망이 우리를 기도하게 하고 인내하게 하며 거룩하게 살게 합니다.

예수님만을 소망하는 자로 살아가고 있습니까? 날마다 하나님의 응답을 받으며 살아가는 기쁨을 누리며 장차 더 큰 소망이 성취될 것을 기대하십니까?

오늘 하루도 예수님만을 소망하며 기도하는 성도들이 되십시오. 하나님을 알아 가며 핍박을 견디고 예수님에 대한 소망을 품는 것은 참되고 성숙한 신자라면 누구나 갖는 특징입니다. 오늘도 성숙한 신자로 살아가고자 한다면 시므온과 안나처럼 주님의 은혜로 세상에 그리스도를 전하는 향기가 되시기를 소원합니다.

성령의 사람

우리는 지금 성령이 주도적으로 역사하는 시대를 살고 있습니다. 그렇기 때문에 예수 그리스도를 나의 주인으로 영접해 사실적인 성령의 사람이 되어야 합니다.

◆◆◆

"너희가 하나님의 성전인 것과 하나님의 성령이 너희 안에 거하시는 것을 알지 못하느뇨?"(고전 3:16).

성령시대 이전에는 성령이 왔다가 떠나기도 했지만, 오순절 마가 다락방에 성령이 임한 이후로는 한 번 내주하신 성령은 절대로 떠나지 않습니다. 내가 예수님을 영접했다는 것은 성령의 사람이 되는 기본적인 자격을 갖춘 것입니다. 하지만 명목상의 성령의 사람이 되어서는 영적 영향력을 입힐 수 없습니다.

성령의 완벽한 인도를 받느냐 받지 못하느냐가 중요합니다. 가정에서나 직장에서나 내가 성령의 인도를 받고 있는지, 아니면 내 육신의 소욕을 따라 살아가고 있는지 여러분이 점검해 볼 필요가 있습니다. 성도 여러분 모두 오늘 본문을 통해 성령의 완벽한 인도를 받는 성령충만의 삶을 어떻게 사는지, 그 성경적 해답을 찾고 영적 영향력을 끼치는 성령의 사람이 되기를 주의 이름으로 축원합니다.

1. 말씀과 기도의 삶

◆◆◆

"예루살렘에 시므온이라 하는 사람이 있으니, 이 사람이 의롭고 경건하여 이스라엘의 위로를 기다리는 자라. 성령이 그 위에 계시더라. 저가 주의 그리스도를 보기 전에 죽지 아니하리라 하는 성령의 지시를 받았더니"(눅 2:25~26).

예루살렘에 시므온이라는 한 노인이 살았는데 이 사람은 "성령이 그 위에 계시더라"는 기록이 남아있을 정도로, 영적으로 늘 깨어있는 '성령의 사람'이었습니다. 시므온이 성령인도를 받아 성전에 들어갈 때 요셉과 마리아도 아기 예수를 안고 성전으로 올라갔습니다. 성령의 인도로 말미암아 시므온은 그리스도로 오신 예수님을 만나는 감격을 누리게 된 것입니다.

요셉과 마리아가 율법을 지키기 위해 아기 예수를 안고 성전으로 올라가자, 시므온이 예수님의 모습을 보고 너무 기뻐하며 하나님께 감격의 찬양을 드렸습니다. 시므온은 성령의 메시지로 메시아가 오실 것을 예비하며 기다리고 있었기 때문에 예수님을 보자마자 은혜가 넘치고 감격에 겨웠던 것입니다. 본문을 보면 성령 충만한 삶이 어떤 삶인지 보여주는 한 사람이 나옵니다.

◆◆◆

"또 아셀 지파 바누엘의 딸 안나라 하는 선지자가 있어 나이 매우 늙었더라. 그가 출가한 후 일곱 해 동안 남편과 함께 살다가 과부된 지 팔십사 년이라. 이 사람이 성전을 떠나지 아니하고 주야에 금식하며 기도함으로 섬기더니, 마침 이때에 나아와서 하나님께 감사하고 예루살렘의 구속됨을 바라는 모든 사람에게 이 아기에 대하여 말하니라"(눅 2:36~38).

여선지자 안나는 아기 예수를 보고 한눈에 메시아라는 것을 알아보았습니다. 다른 사람들은 알아보지 못했지만, 안나는 성령충만한 사람이었기 때문에 한눈에 알아볼 수 있었습니다. 성령충만한 사람은 하나님의 계획을 바라봅니다. 여러분도 정시(定時), 무시(無時)로 언약을 잡고 기도하시기 바랍니다.

기도할 때 성령이 충만하게 됩니다. 하나님 앞에 기도하면 말씀이 우리 안에 가득 찹니다. 그 말씀을 생각하고 기도하면 언약기도가 되고 응답을 받게 되는 것입니다. 성령이 충만하면 더욱 지혜롭고 영안이 열리며 영적인 분별력을 가지게 됩니다. 이를 통해 사단문화를 복음문화로, 귀신문화를 기독교문화로, 혹

암문화를 하나님을 찬양하는 문화로 바꿀 수 있습니다. 성도 여러분 모두 이 일에 참여하는 성령 인도받는 사람 되시기를 주의 이름으로 축원합니다.

2. 증인된 삶

◆ ◆ ◆

"시므온이 아기를 안고 하나님을 찬송하여 가로되 주재여 이제는 말씀하신 대로 종을 평안히 놓아 주시는도다 내 눈이 주의 구원을 보았사오니 이는 만민 앞에 예비하신 것이요 이방을 비추는 빛이요 주의 백성 이스라엘의 영광이니이다 하니"(눅 2:28~32).

시므온이 하나님의 아들이 이 세상에 오신 것을 직접 눈으로 보고 그것을 증거합니다. 시므온은 예수님께서 그리스도로 인류의 모든 죄인에게 해방을 주기 위해 오셨다고 고백하며 찬양했습니다. 성령 충만한 사람의 특징은 바로 증인된 삶을 산다는 것입니다.

많은 사람들이 예수 그리스도에 대해서 정확히 알지 못하고 있습니다. 이런 현장상황을 직시하고 예수가 그리스도 되심을 사실적으로 현장에서 선포해야 합니다. 성도 여러분, 예수가 그리스도라는 말을 정확히 알아야 합니다. 예수는 '나를 구원하신

분’이라는 뜻이고 그리스도는 ‘기름부은 자’라는 말입니다.

당시에는 선지자, 제사장, 왕이 기름부음을 받았습니다. 선지자는 하나님 말씀을 선포하는 사람이고, 제사장은 인간의 죄를 완전히 해결하는 사람이며, 왕은 마귀를 멸하는 권세를 가진 사람입니다.

예수님께서는 인생의 이 세 가지 중대문제를 십자가 위에서 모두 이루셨습니다. 예수님을 믿는 사람은 모든 문제에서 해결된 것입니다. 여러분이 예수님을 보자마자 내 인생의 모든 문제를 해결할 메시아라는 사실을 선포하고 증거하는 증인이 되시기를 주의 이름으로 축원합니다.

3.결론

종교개혁을 했던 요한 칼빈은 “그리스도인의 첫째 의무는 보이지 않는 하나님의 나라를 보이게 하는 것이다”라고 말했습니다. 이는 우리의 삶을 통해서 하나님 나라를 보이게 하라는 것입니다. 다시 말해 삶의 모습 속에서 예수님을 믿는 영적 영향력을 끼치라는 말입니다. 다윗과 요셉을 보고 사람들은 “너처럼 여호와의 신에 감동된 자를 본적이 없다”라고 말했습니다.

이처럼 불신자가 여러분을 볼 때 하나님께서 함께 계시는 증거를 함께 볼 수 있게 되기를 바랍니다. 성령 충만한 사람은 영적인 힘이 있습니다. 올바른 지혜가 생기고 영적, 육적 건강도 회복됩니다. 영력, 지력, 체력, 재력, 인력의 5력이 생기는 것입니다. 이 중 가장 중요한 것은 영력입니다.

세상에 영향력을 끼칠 수 있는 것은 성령 충만의 능력인 것입니다. 성령 충만은 말씀 충만입니다. 기도로 충만한 사람은 말씀으로 충만하게 됩니다. 말씀과 기도로 충만한 사람이 입을 벌려 예수님이 그리스도임을 증거하면 성령 충만의 힘으로 열매를 맺게 되는 것입니다.

성도 여러분! 이 말씀을 붙잡고 누리면서 하나님 나라를 확장해 나가는 성령의 사람, 사실적 현장전도 제자 되시기를 주의 이름으로 축원합니다.

지혜로운 사람

　본문 말씀은 예수님의 부모가 율법의 규정대로 모든 것을 마치고 갈릴리 나사렛으로 돌아간 이후, 예수님의 성장과정을 두 번에 걸쳐서 요약합니다.

　하나는 갈릴리 나사렛으로 돌아간 후부터 12세가 되기까지의 예수님의 성장 요약이고(39-41절), 또 하나는 12세 때 예루살렘 성전 방문 이후부터 30세가 되기까지 예수님의 성장 요약입니다(51-52절). 이 두 내용 사이에 예수님이 12살 때 성전을 처음 방문한 사건과 그때 있었던 일을 기록하고 있습니다(41-51절). 예수님의 신체적인 성장의 묘사는 세례 요한에 대한 묘사와 비슷하나(1:80, 2:40, 52), 지혜와 관계의 성장에 대한 묘사는 아주 독특합니다. 이것은 아기 예수님이 타락한 아담의 후손이 아님을 암시합니다.

1. 나사렛으로 돌아가심 39절

　요셉과 마리아는 주의 율법을 따라 모든 일들을 마치고 갈릴리로 돌아가 본 동네 나사렛에 도착했습니다. 예수님의 탄생 사건에 관련하여, 누가복음에는 마태복음에 증거된 두 가지 사실이 생략되어 있습니다. 첫째는 동방 박사들의 방문이고, 둘째는 애굽으로의 피난 생활입니다. 이 두 사건은 요셉과 마리아가 정결 예식을 행하고 얼마 후에 일어났을 것입니다. 즉, 시간상으로는 본절(39절)의 중간 즈음에 해당된다고 보입니다.

2. 예수님의 어린 시절 40절~52절

　본문은 예수님의 유아 시절의 모습에 대해 "아기가 자라며 강하여지고 지혜가 충만하며 하나님의 은혜가 그의 위에 있더라"(40절)고 증거합니다. 이 말씀은 네 가지 내용을 담고 있습니다. 첫째로, 아기 예수님은 자라셨습니다. 인간 예수님의 몸은 우리와 같이 자라셨습니다. 둘째로, 아기 예수님은 심령으로 강해지셨습니다. 아기 예수님의 심령은 우리와 같이 연약한 상태에서 점점 강해지셨습니다. 셋째로, 아기 예수님은 지혜가 충만하셨습니다.

　이것은 그의 신성(神性)의 증거라고 보입니다. 아기 예수께서는 그의 신성으로 말미암아 지혜가 충만하셨던 것 같습니다. 넷째

로, 아기 예수님 위에는 하나님의 은혜가 머무셨습니다. 그에게
는 원죄의 죄성과 연약성이 전혀 없으셨습니다. 사람들이 보기
에도, 하나님의 은혜가 확실히 그 위에 계셨습니다.

[41-47절], 그의 부모는 해마다 유월절이 되면 예루살렘으로
갔습니다. 율법에 의하면, 유대인들은 유월절, 맥추절, 초막절
등 1년에 3차례씩 예루살렘에 올라가야 했습니다(출 23:17). 요셉
과 마리아는 경건한 유대인이었습니다. 예수께서는 아기 때부
터 부모님의 품에 안겨서, 혹은 조금 자라서는 부모님의 손에 이
끌려 예루살렘 성전에 올라가셨을 것입니다. 그는 아기 때부터
경건 훈련을 받으신 셈입니다.

예수께서 열두 살 될 때에 그들이 이 절기의 전례를 좇아 올라
갔다가, 그날들을 마치고 돌아갈 때에 소년 예수님은 예루살렘
에 머무셨습니다. 그 부모는 이것을 알지 못하고 동행 중에 있는
줄로 생각하고, 하룻길을 간 후 친족과 아는 자들 중에서 찾았지
만, 만나지 못했습니다. 그들은 예수를 찾으면서 예루살렘에 돌
아갔으며 사흘 후에 성전에서 그를 만났습니다.

그런데 소년 예수께서는 선생[랍비]들 중에 앉아서 그들에게
듣기도 하며 묻기도 하셨고, 듣는 자들은 다 그의 지혜와 대답
을 기이히 여겼습니다. 확실히 예수님의 신성(神性)의 지혜는 어
릴 때부터 그에게서 엿보였습니다.

47절의 '지혜'라는 '쉬네시스'는 '총명'이라는 뜻이며, 40절과
52절의 '지혜' '소피아'라는 말과 비슷합니다. 예수께서는 아기

때에도 지혜가 충만하셨고, 소년 시절에도 지혜와 총명이 뛰어나셨습니다. 그것은 다 그의 감추인 신성(神性)을 나타내며, 그의 인성은 그의 신성의 영향을 받았음이 분명하였습니다.

[48-50절], 그 부모는 보고 놀라며 그 모친은 말했습니다. 48절 중반절을 보십시오. "아이야, 어찌하여 우리에게 이렇게 하였느냐? 보라 네 아버지와 내가 근심하여 너를 찾았노라." '아이야'라는 '테크논'는 부모가 자식을 부르는 보통의 말입니다. 또 마리아는 예수께 "네 아버지와 내가"라고 말하였습니다. 예수님의 아버지는 누구십니까? 예수님은 요셉과 마리아의 관계에서 태어나지 않으셨습니다. 그는 성령의 능력으로 처녀 마리아의 몸에서 잉태되어 태어나셨습니다. 마리아는 예수님의 모친이지만, 요셉은 예수님의 부친이 아니었습니다.

열두 살 소년, 예수님의 대답은 매우 의미심장합니다. 그는 말씀하셨습니다. 49절을 다 같이 읽어 봅시다. "어찌하여 나를 찾으셨나이까? 내가 내 아버지 집에 있어야 될 줄을 알지 못하셨나이까?" '내 아버지 집에'라는 원문 '엔 토이스 투 파트로스 무'에는 '집'이라는 말 '오이코스'은 없고 남성 혹은 중성 복수정관사 '토이스'만 있습니다. 이 구절은 "내가 내 아버지의 일들에 관계해야 할 줄을 알지 못하셨나이까?"라고 번역하는 것이 더 나은 것 같습니다.

'내 아버지의 집'이든지 '내 아버지의 일'이든지 간에 '내 아버지의'라는 말이 요셉을 가리키지 않고, 하나님 아버지를 가리킨다는 것은 분명합니다. 이 말씀은 하나님께서 예수님의 아버지이시며, 예수님이 하나님의 아들이시라는 사실을 증거합니다. 이것은 예수의 신성(神性)에 대한 소년 예수의 증거입니다. 소년 예수께서 12살 때에 그런 말씀을 하신 것은 특이한 사실입니다. 또 그는 12살 때에 벌써 하나님의 일에 대한 생각이 있으셨습니다. 그 후 30세가 되기까지 그는 성경 연구와 기도로 그의 사명을 준비하셨을 것입니다. 그러나 요셉과 마리아는 소년 예수님의 하신 말씀을 깨닫지 못하였습니다.

본문 51절에서 "예수께서 함께 내려가사 나사렛에 이르러 순종하여 받드시더라. 그 어머니는 이 모든 말들을 마음에 두니라"고 증거하였습니다. 그는 어린 시절을 나사렛에서 보내시며 인간 부모인 요셉과 마리아에게 순종하며 섬기셨습니다. 그는 하나님의 계명을 친히 지키셨습니다. 십계명은 "네 부모를 공경하라. 그리하면 너의 하나님 나 여호와가 네게 준 땅에서 네 생명이 길리라"(출 20:12)고 명하였습니다.

소년 예수의 순종은 도덕이 땅에 떨어진 오늘날을 위한 좋은 모범이 됩니다. 부모에게 불효하고 있다는 마음이 드는 자녀들은 예수님의 순종을 기억해야 하며, 부모들도 자녀들을 예수님처럼 계명을 순종하는 자로 키워야 합니다.

본문 마지막 52절은 "예수는 지혜와 키가 자라가며 하나님과 사람에게 더욱 사랑스러워 가시더라"고 증거합니다. 본 절은 예수님의 소년 시절과 청년 시절의 모습에 대한 증거입니다. 그 내용은 세 가지입니다.

첫째로, 예수님은 그 지혜가 자라셨습니다. 인간의 지정의(知情意)는 영혼의 활동들입니다. 예수님의 신성은 본래부터 지식과 지혜가 충만하시지만(40절), 그의 인성은 그의 신성의 영향 속에서 자라셨던 것 같습니다.

둘째로, 예수님은 그 키가 자라셨습니다. 그는 우리와 똑같은 인간의 영혼과 육체를 가지고 계셨습니다. 그의 몸은 어린아이에서 십대 소년으로, 20대의 청년으로, 그리고 30세의 성인이 되도록 자라셨습니다.

셋째로, 예수님은 하나님과 사람에게 더 사랑스러워 가셨습니다. 성경이 여러 곳에서 증거하는 대로, 예수님은 죄 없는 인격, 흠과 결함이 없는 인격, 곧 이상적 인격이셨습니다. 예수께서는 죄가 없으셨습니다. 그러므로 하나님께서 그를 기뻐하셨고 사람들도 그를 사랑하였습니다.

우리는 예수님의 인성을 본받고 우리 자녀들도 예수 그리스도를 본받게 합시다. 우리는 예수님처럼 심령이 강해져야 합니다. 특히 경건과 도덕성에 있어서 그러해야 합니다. 또 우리는 우리 속에 거하시는 성령과 성경말씀을 읽고, 듣고, 묵상함과 실천함을 통해 지혜로운 자가 되어야 합니다.

또 우리는 하나님의 은혜가 우리의 머리 위에 있어서 하나님과 사람들 앞에 사랑스러운 자들이 되기를 기도합시다. 또 우리는 경건에 이르기를 훈련하고 성경말씀을 깊이 연구함으로써 하나님의 계명을 순종하고 실천하는 자가 되어야 합니다. 우리의 자녀들은 예수님의 모범대로 부모님께 순종하는 자들이 되어야 합니다. 우리는 사람이 되신 그리스도를 본받아 흠과 점이 없는 온전한 인격이 되어야 하겠습니다.

악하고 어두운 시대를 살아가는 신자들은 거룩해야 하며 지혜롭게 살아가야 합니다. 어떤 사람이 지혜로운 사람입니까? 어떻게 하면 지혜로워질 수 있습니까? 하나님이 지혜를 주십니다. 참된 지혜는 하나님과 그분의 뜻을 아는 것이며 하나님을 경외하는 것입니다.

하나님의 지혜는 성경을 통해 알 수 있습니다. 하나님이 주시는 지혜로 충만하시기를 소원합니다. 참된 지혜는 예수님이시며 그분이 못 박히신 십자가입니다. 신자는 참된 지혜로 충만한 자입니다. 이 사순절에 그 지혜를 얻기 위해 힘쓰십시오. 지혜를 기뻐하고 사용하십시오. 그리고 세상 사람들에게 보이며 나누어 주시기를 소망합니다.

회개함으로
주님을 영접하라

본문은 세례 요한의 사역에 대해 기록합니다. 1, 2절은 세례 요한의 사역에 대한 정치적이고 종교적인 배경을 기술합니다. 3-6절은 세례 요한의 사역 장소를 언급하고 선지자 이사야의 예언에 비추어 그의 선지자적인 신분을 소개합니다. 7-9절은 요한이 세례를 받으러 나아오는 무리에게 선포한 회개의 메시지를 소개합니다. 요한이 선포한 메시지의 핵심은 임박한 진노에 대비해 철저하게 회개하라는 것입니다. 그가 백성에게 베푸는 의식은 회개의 세례였습니다.

2절의 "하나님 말씀이 빈 들에서 사가랴의 아들 요한에게 임한지라"라는 구약적인 문구는 신약에 처음이자 마지막으로 등장합니다. 이것은 세례 요한이 구약의 마지막 선지자임을 암시합니다(7:26-28, 16:16절). 사람들은 흔히 권력이나 재물을 가진 자들을 두려워합니다. 그러나 이들을 두려워하는 것은 어리석은 행동입니다. 우리가 두려워해야 할 분은 따로 있습니다.

◆◆◆

"디베료 황제가 통치한 지 열다섯 해 곧 본디오 빌라도가 유대의 총독으로, 헤롯이 갈릴리의 분봉 왕으로, 그 동생 빌립이 이두래와 드라고닛 지방의 분봉 왕으로, 루사니아가 아빌레네의 분봉 왕으로, 안나스와 가야바가 대제사장으로 있을 때에 하나님의 말씀이 빈 들에서 사가랴의 아들 요한에게 임한지라"(1-2절).

세례 요한과 예수 그리스도의 전도사역은 명확히 역사적 사실이었습니다. 본문에는 그들의 활동 시대에 대해 구체적으로 증거되어 있습니다. 본문에 나타난 인물들은 세례 요한과 예수님이 공적 사역을 시작하였을 때에 활동한 황제, 총독, 분봉왕, 대제사장이었습니다.

그 당시에, 하나님의 말씀이 빈 들에서 사가랴의 아들 요한에게 임하였습니다. '하나님의 말씀'은 하나님께서 자신이 원하시는 바를 알리시는 말씀이며, 그것은 곧 사람을 구원하시기 위한 말씀입니다. 그것은 영생의 말씀이며, 세상에서 가장 가치 있는 말씀입니다. 오늘날 하나님의 말씀은 신구약성경에 기록되어 있다. 이 말씀을 읽고 연구하고 묵상하는 것은 성도의 큰 특권이며 큰 복입니다. 특히 하나님의 일꾼이 될 자는 성경에 정통해야 합니다. 즉 그 심령이 하나님의 말씀으로 불붙어야 할 것입니다.

하나님의 말씀이 '빈 들' 곧 광야에서 요한에게 왔습니다. 광야는 비교적 세속 사회에 때 묻거나 물들지 않은 곳입니다. 그곳은 조용히 하나님과 많이 교제하며 기도할 수 있는 곳이며 고요히 하나님의 말씀을 묵상하고 그의 음성을 들을 수 있는 곳입니다. 때때로 우리는 광야에서나 조용한 골방에서 하나님과 교제하며 기도하며 하나님의 말씀, 곧 성경 말씀을 많이 묵상해야 합니다.

그러나 광야는 먹고 입고 자는 환경이 좋지 않은 거친 들판입니다. 마태의 증거대로, 요한은 낙타 털옷을 입고 메뚜기와 들꿀을 먹었습니다. 그가 제사장의 아들로서 제사장이 되어 안정된 생활을 할 수 있었음에도 불구하고 광야로 나간 것은, 아마 당시의 제사장 사회가 매우 부패했기 때문일 것입니다. 하나님의 종들은 부패된 사회 환경이나 심지어 부패된 교회 환경과 구별된 생활을 해야 합니다.

2. 회개함으로 주님을 영접하십시오 `3절~6절`

♦♦♦

"요한이 요단 강 부근 각처에 와서 죄 사함을 받게 하는 회개의 세례를 전파하니"(3절).

요한은 요단강 부근 각처에 와서 죄사함을 얻게 하는 회개의 세례를 전파하였습니다. 회개는 죄로부터 돌이키는 것을 말합니다. 모든 사람은 자신의 죄악 됨을 깨닫고 그 죄를 미워하고 죄에서 돌아서야 합니다. 하나님의 긍휼이 아니고서는 사람이 죄사함을 기대할 수 없고 또 회개할 수도 없습니다. 죄사함의 권한을 가지신 하나님께서는 회개하는 사람들의 죄를 용서하십니다.

◆◆◆

"여호와께서 말씀하시되, 오라, 우리가 서로 변론하자. 너희 죄가 주홍 같을지라도 눈과 같이 희어질 것이요 진홍같이 붉을지라도 양털같이 되리라"(사 1:18).

'세례'는 회개한 자에게 베푸는 의식입니다. 물론 세례가 죄를 씻는 것은 아니고, 오직 하나님의 긍휼과 예수 그리스도의 피로만 우리의 죄를 씻을 수 있습니다. 그러나 세례받는 것은 하나님을 믿고 자신의 죄를 회개하는 마음의 표시요, 고백입니다. 누구든지 회개하고 믿는 자는 세례 받을 수 있고 또 세례받아야 하며, 그는 구원을 얻을 것입니다.

◆◆◆

"선지자 이사야의 책에 쓴 바 광야에서 외치는 자의 소리가 있어 이르되 너희는 주의 길을 준비하라 그의 오실 길을 곧게 하라. 모든 골짜기가 메워지고 모든 산과 작은 산이 낮아지고 굽은 것이 곧아지고 험한 길이 평탄하여질 것이요. 모든 육체가 하나님의 구원하심을 보리라 함과 같으니라"(4-6절).

세례 요한의 사역은 예수 그리스도의 오심을 위한 준비 작업이었습니다. 그것은 왕의 행차 시 길을 닦는 것에 비유할 수 있습니다. 만왕의 왕 예수 그리스도께서 오실 것이므로, 모든 사람은 마음의 길을 닦아야 합니다. 교만하고 높은 마음을 낮추고 불신앙과 회의주의와 허무주의의 깊은 골짜기들을 메워야 합니다. 그것이 회개입니다. 사람이 자신의 교만과 높은 마음을 버리기 전에는 아직 회개한 것이 아닙니다. 예수 그리스도의 오심으로 말미암아 마침내 모든 육체가 하나님의 구원하심을 보게 될 것입니다. 예수 그리스도 자신이 하나님의 구원이시며, 예수 그리스도의 복음은 만민에게 전파될 구원의 복음입니다.

세례 요한은 구체적 역사 상황 속에서 일한 역사적 인물이었습니다. 그는 신화적 인물이 아닙니다. 우리는 성경의 모든 역사적 사실을 확인하고 믿고 확신합시다. 기독교의 핵심은 죄사함의 구원입니다. 성경이 증거하는 요긴한 진리는 죄가 개인과 가정과 국가와 세계의 불행과 죽음의 원인이며, 죄사함이 이 불행과 죽음으로부터 벗어날 수 있는 유일한 처방이요, 해결책이라는 것입니다. 사람이 죄사함을 받으려면 반드시 긍휼하신 하나님 앞에 진심의 회개를 통해서만 받을 수 있습니다. 회개하는 자만 죄사함의 구원을 받을 수 있습니다.

3. 회개에 합당한 열매를 맺으십시오 7절~9절

"요한이 세례 받으러 나아오는 무리에게 이르되 독사의 자식들아 누가 너희에게 일러 장차 올 진노를 피하라 하더냐"(7절).

뱀이 사람을 범죄케 한 후, 모든 사람은 마귀에게 속한 자가 되었습니다. 예수께서는 그를 믿지 않고 거절했던 유대인들에게, "너희는 너희 아비 마귀에게서 났으니 너희 아비의 욕심을 너희도 행하고자 하느니라"(요 8:44)고 말씀하셨습니다. 또 그는 외식하는 서기관들과 바리새인들에게 "뱀들아, 독사의 새끼들아, 너희가 어떻게 지옥의 판결을 피하겠느냐?"(마 23:33)라고 책망하셨습니다. 사도 요한도 "죄를 짓는 자는 마귀에게 속한다"(요일 3:8)고 말하였습니다. 이것은 다 영적인 표현입니다.

요한은 또 장차 하나님의 진노가 올 것이라고 말했습니다. 하나님께서 인간의 죄악에 대해 엄하고 철저하게 심판하신다는 것은 인류 초기에 노아 시대의 홍수 심판이나 후에 소돔 고모라 성의 심판을 통해 밝히 증거되었습니다. 또 장차 세상에 하나님의 마지막 심판이 있을 것이라는 사실은 기독교 복음의 기본적인 한 내용입니다.

◆◆◆

"그러므로 회개에 합당한 열매를 맺고 속으로 아브라함이 우리 조상이라 말하지 말라 내가 너희에게 이르노니 하나님이 능히 이 돌들로도 아브라함의 자손이 되게 하시리라"(8절).

‘회개’라는 (메타노이아)는 죄를 깨닫고 죄를 미워하고 죄에서 돌이키는 것입니다. 그것은 지식과 감정과 의지의 변화입니다. 그러므로 참 회개는 변화된 행위를 동반합니다. 그것이 회개에 합당한 열매입니다. 불의와 악과 거짓의 삶을 청산하고 의와 선과 진실의 삶을 사는 것이 진정한 회개입니다. 참된 회개가 없이 마음속으로 아브라함이 우리 조상이며, 우리가 그의 자손이라고 말하는 것은 헛된 일이며, 아무 유익이 없고 도리어 큰 해가 됩니다. 회개 없는 구원의 확신은 오히려 그를 멸망시킵니다. 하나님께서 우리 같은 이방 죄인을 구원하신 것은 이 주권적 처분에 따른 감당할 수 없는 그의 은혜였습니다.

◆◆◆

“이미 도끼가 나무 뿌리에 놓였으니 좋은 열매 맺지 아니하는 나무마다 찍혀 불에 던져지리라”(9절).

요한은 사람들을 나무에, 하나님의 심판을 그 나무뿌리에 놓인 도끼에 비유하였습니다. 지옥은 사탄과 악령들과 회개치 않은 악인들을 위해 준비된 영원한 형벌의 장소입니다. 만물의 주이신 예수님은 모든 것을 주관하며 돌보십니다. 주님 앞에서 신자의 마땅한 삶은 죄에 대해 회개하는 것입니다. 참된 회개는 반드시 그에 합당한 열매를 맺어야 합니다.

참된 믿음의 증거들

본문 말씀은 요한의 회개 촉구에 긍정적으로 반응한 자들이 그에게 던진 질문과 답변(10-14절), '그가 혹시 그리스도가 아닌가?'라고 생각하는 백성에게 그와 메시아의 사역을 비교해서 설명한 내용(15-17절), 그의 기타 사역 요약과 투옥 사건(18-20절)으로 이루어졌습니다.

세례 요한은 사람들의 질문에 대한 답변에서 그가 염두에 두었던 회개에 합당한 열매가 무엇인지 보여 주었습니다. 자신과 메시아의 사역을 비교해 설명한 내용은 요한이 곧 오실 메시아의 사역이 심판과 구원을 동시에 가져올 것을 기대하고 있었음을 보여 줍니다. 물론 그는 이 두 가지 중에서 심판에 더 무게를 두었습니다. 그의 이러한 심판 중심적인 관점은 결국 구원 중심의 메시아 사역을 오해하게 했습니다(7:19-20).

고린도후서 13장 5절은 "자신의 믿음을 시험하고 확증하라"고 했습니다. 이를 통해 견고한 믿음으로 자라거나 다시 한번 참

되게 돌이킬 수 있는 기회를 얻기 때문입니다. 자신을 점검하는 기준으로 제시된 믿음의 증거들은 다음과 같습니다.

1. 회개의 열매가 있는 신앙 10절~14절

요한의 설교를 들은 사람들은 회개할 마음을 가지게 되었습니다. 그들은 물었습니다. 10절에서 "그러면 우리가 무엇을 하리이까?" 11절에서 요한은 대답하였습니다. "옷 두 벌 있는 자는 옷 없는 자에게 나눠줄 것이요 먹을 것이 있는 자도 그렇게 할 것이니라." 참 회개는 구체적 선행으로 나타나야 한다는 말입니다. 회개는 마음의 변화이며 행위의 변화입니다. 남을 돌아보며 없는 자와 나누는 것이 회개의 증거입니다. 12절에서 세리들도 세례를 받고자 하여 와서 "선생이여, 우리는 무엇을 하리이까?"라고 묻자, 그는 "부과된 것 외에는 거두지 말라"(13절)고 말했습니다. 정한 세금만 징수하는 것이 옳고 양심적인 일입니다.

14절을 보십시오. 군인들도 "우리는 무엇을 하리이까?"라고 묻자, 그는 "사람에게서 강탈하지 말며 거짓으로 고발하지 말고 받는 급료를 족한 줄로 알라"고 말했습니다. 그러므로 칼의 힘을 악용하지 않고 받는 봉급으로 만족하는 생활을 하는 것이 그들이 맺을 회개의 열매입니다.

이처럼 회개에 합당한 열매는 공의와 선함과 진실의 행위들입니다. 오늘날 정치가나 법조인이나 공무원이나 교육자나 사업

가나 모든 사람에게 공의와 정직, 선함, 진실이 요구됩니다. 우리가 참으로 회개하였고 구원을 받은 자들이라면, 우리는 회개에 합당한 열매를 우리의 도덕적인 삶으로 나타내 보여야 합니다. 우리에게 중요한 것은, 구원의 확신이 아니고 회개의 열매입니다. 우리는 회개의 열매가 없는 헛된 확신을 다 버립시다.

좋은 열매를 맺지 않는 자들은 지옥 불에 던져질 것입니다. 물론 이것은 진실히 주를 믿고 구원받은 자들에게는 경각심을 주는 말씀입니다. 주께서도 "나더러 주여 주여 하는 자마다 천국에 다 들어갈 것이 아니요 다만 하늘에 계신 내 아버지의 뜻대로 행하는 자라야 들어가리라"(마 7:21)고 말씀하셨습니다. 바울도 "너희가 육신대로 살면 반드시 죽을 것이로되 영[성령]으로써 몸의 행실을 죽이면 살리니"(롬 8:13)라고 말했습니다.

그러므로 우리는 회개에 합당한 열매를 맺기 위해 힘써야 합니다. 우리가 참으로 회개했고 구원받은 자들이라면 그리해야 합니다. 모든 불의와 거짓을 버리고 공의와 정직과 선함과 진실의 삶을 살려고 애써야 합니다. 성도는 자기가 받은 구원을 확실하게 하기 위하여 항상 깨어 있고 구원에 합당하게 성실히 달음질해야 합니다.

그렇지 못한 자는 자신이 구원을 받았는지 의심해 보아야 할 것입니다. 하나님께서는 우리가 다 회개하고 구원을 받아 그 구원에 합당하게 의롭고 선하고 진실하게 살기를 원하십니다. 우리는 과연 우리가 그러한 자들이 되었는지 항상 우리의 생각과 말과 행실을 점검하고 확인해야 합니다.

2. 성령의 세례를 받는 신앙 15절~17절

예수님 당시의 이스라엘 백성은 메시아를 바라고 기다리고 있었습니다. 그들은 파사 제국과 헬라 제국에 이어 로마 제국의 지배 아래에서 많은 정치적 불만족과 육신적 질병들과 경제적 가난이 있었습니다. 구약성경에 약속된 메시아는 이스라엘의 회복자요, 구주로 인정되었습니다. 사람들은 그가 이스라엘의 대적자들을 파하시고 사회적 안정과 경제적 풍요와 육신적 건강까지도 주실 것을 기대하였습니다.

그러므로 요한이 회개의 세례를 전파할 때, 모든 사람은 요한이 혹시 그리스도이신가 하고 마음으로 생각하고 있었습니다. 요한은 모든 사람에게 대답하였습니다. 본문 16, 17절을 읽어 봅시다.

◆◆◆

"나는 물로 너희에게 세례를 주거니와 나보다 능력이 많으신 이가 오시나니 나는 그 신들메를 풀기도 감당치 못하겠노라. 그는 성령과 불로 너희에게 세례를 주실 것이요 손에 키를 들고 자기의 타작 마당을 정하게 하사 알곡은 모아 곡간에 들이고 쭉정이는 꺼지지 않는 불에 태우시리라."

요한은 자기 뒤에 오실 분이 그리스도이심을 분명하게 증거하였습니다. 그 내용은 세 가지입니다.

첫째로, 자기 뒤에 오실 그 분은 자기보다 능력이 많으신 분이시며 자기는 그의 신발 끈을 풀기도 감당치 못할 분이십니다. 요한과 장차 오실 분은 그 능력에 있어서 큰 차이가 있을 것입니다. 장차 오실 분은 요한과 비교할 수 없이 능력이 많은 분이십니다. 특히 그것은 기적을 행하심에 있어서 그러할 것입니다. 또 예수 그리스도로 말미암은 구원 운동은 온 세계에 가득하게 될 것이며, 그는 세상 끝 날까지 우리와 함께하시며 모든 고난을 이기게 하실 것입니다(고후 4:7-12).

둘째로, 자기 뒤에 오실 그리스도는 성령과 불로 세례를 주실 자이십니다. 세례는 죄 씻음을 상징합니다. 물세례는 단지 죄 씻음을 외적으로 표시하고 확증합니다. 그러나 성령의 세례는 실제로 죄인들의 심령을 새롭게 합니다. 그것은 사람을 중생(重生)시킵니다. '성령과 불로'라는 말은 같은 사실을 가리킬 것입니다. 불은 용광로에서 금을 제련하는 데 사용됩니다. 성령은 죄인을 깨끗케 하십니다(고전 6:11, 딛 3:4-6).

셋째로, 그리스도께서는 손에 키를 들고 자기의 타작마당을 정하게 하셔서 알곡은 모아 곡간에 들이고 쭉정이는 꺼지지 않는 불에 태우실 것입니다. '키'는 타작할 때에 곡식을 까불러 알곡과 쭉정이를 고르는 기구입니다. 그의 타작마당은 이 세상입니다. 이 세상을 창조하신 그는 이 세상의 소유주이시며 또한 심판하실 권한이 있는 자이십니다. 하나님께서 심판자로 세우신 자가 그리스도이십니다.

주께서는 알곡을 모아 곡간에 들이실 것입니다. 알곡은 회개의 열매, 의의 열매를 맺는 성도들을 가리켰습니다. 그들은 다 천국에 들어갈 것입니다. 그러나 열매가 없는 쭉정이, 즉 회개치 않고 순종치 않은 자들은 꺼지지 않는 불 곧 지옥에 던져질 것입니다. 지옥은 영원한 형벌의 장소입니다. 예수께서는 지옥에 대하여 "거기는 구더기도 죽지 않고 불도 꺼지지 아니하느니라"(막 9:48)고 말씀하셨습니다.

3. 핍박을 감당하는 신앙 18절~20절

요한은 여러 가지로 권하여 백성에게 좋은 소식(회개로의 초대는 좋은 소식, 회개는 주를 맞이할 준비를 한다는 점에서 좋은 소식)을 전하였습니다. 그러나 분봉왕 헤롯은 그 동생의 아내 헤로디아의 일과 또 그의 행한 모든 악한 일로 인하여 요한에게 책망을 받고, 이 위에 한 가지 악을 더하여 요한을 옥에 가두었습니다. "이 위에 한 가지 악을 더하여"라는 말은 악인들의 회개치 않는 모습을 잘 나타냅니다. 악인들은 그들의 죄를 지적하는 설교자의 설교를 듣고 회개하기는커녕 그를 미워하고 그에게 해를 끼치는 것입니다. 하나님의 종 요한은 옥에 갇혔고 거기에서 순교를 당할 것입니다.

예수 그리스도는 능력이 많으신 분이십니다. 그는 신적 능력의 구주이십니다. 이 능력의 주께서 우리와 항상 함께하시므로 우리는 든든합니다. 예수 그리스도는 성령과 불로 세례를 주시는 분이십니다. 그는 우리를 성령으로 중생시키신 분, 우리에게 성령을 부어주신 분이십니다. 그러므로 우리는 하나님께 영혼들의 구원을 위해 기도하며 의탁해야 합니다.

　예수 그리스도는 마지막 심판자이십니다. 알곡은 천국에 들어가지만, 쭉정이는 지옥에 던져질 것입니다. 회개하고 진실히 믿고 하나님의 계명대로 바르게 살고자 힘쓰는 자들은 확실히 넉넉히 천국에 들어갈 것이나, 계속 죄 가운데 머무는 자들은 영원한 멸망을 피할 수 없습니다.

예수님의 세례와 족보

누가복음 3장 21절~38절

본문은 예수님의 세례(21, 22절)와 족보(23-38절)로 이루어져 있습니다. 예수님의 세례와 관련해서 특별하게 부각된 것은 백성의 세례와 함께 그분의 세례가 언급된 것과 그분이 기도하셨다는 것입니다. 공관복음 모두 예수님의 세례에 대해 기록하지만, 그분이 이때 한 기도는 언급하지 않습니다. 누가가 기록한 예수님의 족보는 마태복음의 족보와는 근본적으로 다른 구조를 가집니다.

첫째, 마태복음의 족보는 다윗과 아브라함의 자손 예수 그리스도의 족보이고, 누가복음의 족보는 세례를 받으신 하나님의 아들의 족보입니다.

둘째, 마태복음의 족보는 하향식 족보로 아브라함에서 출발해 예수님으로 끝나지만, 누가복음의 족보는 상향식 족보로 예수님에서 출발해 아담을 거쳐 하나님으로 귀결됩니다.

셋째, 마태는 족보를 기록할 때 3*14의 구조를 위해 선택의 원리를 사용했으나, 누가는 보편적인 원리를 사용해 아브라함을 넘어서 아담까지 기록해 나갔습니다.

넷째, 마태복음의 족보에서는 예수님이 다윗의 자손인 것이 강조되지만, 누가복음의 족보에서는 예수님을 아담과 대비되는 둘째 아담 또는 마지막 아담으로 기록합니다.

1. 하나님의 아들이신 예수님 21절~22절
예수께서 세례를 받으심

백성이 다 세례를 받을 때에 예수님도 세례를 받으셨습니다. 의로우신 예수께서 세례를 받으신 까닭은 죄인들의 구주로서 그들을 대신하여 그들의 모든 죄의 짐을 지심을 나타내신 것뿐입니다. 그것은 청년 예수께서 메시아의 사명을 수행하시는 첫걸음이었습니다.

예수께서 세례를 받으시고 기도하실 때에 하늘이 열렸고 성령께서 형체로 비둘기같이 그에게 내려오셨습니다. 그가 세례받음을 통해 자신의 사명을 인식하며 아버지께 감사의 기도, 간구의 기도를 드렸을 때 하늘이 열렸고 성령께서 볼 수 있는 형체로 내려오셨습니다. '비둘기같이'라는 말은 성령의 순결하심을 나타냅니다. 그리스도는 본체에 있어서 성령과 하나이시지만, 두 분 간의 인격적 구별은 있습니다. 이제 예수께서 전도사역을 시작하려 하실 때 성령께서 오셨습니다.

그때 하늘로서 소리가 났습니다. "너는 내 사랑하는 아들이라. 내가 너를 기뻐하노라." 이렇게 삼위일체 하나님 즉 아버지와 아들과 성령께서 함께 나타나셨습니다. 하늘로서 난 소리는 하늘에 계신 아버지의 친 음성이었습니다. 하나님께서는 예수가 단순히 인간이 아니고 하나님의 사랑하시고 기뻐하시는 아들임을 친히 증거하신 것입니다. 하나님은 후에 변화산 위에서 세 제자에게 한 번 더 친히 증거하실 것입니다(눅 9:35). 성경의 일차적 목적은 바로 예수께서 하나님의 아들이심을 증거하는 것입니다(요 20:30-31).

2. 참 하나님이자 참 사람이신 예수님 23절~38절

예수님의 족보

◆◆◆

"예수께서 가르치심을 시작할 때에 30세쯤 되시니라. 사람들의 아는 대로는 요셉의 아들이니 요셉의 이상은 헬리요"(23절).

예수님께서는 가르치심을 시작할 때에 30세쯤 되셨고 사람들의 아는 대로는 요셉의 아들이셨습니다. 요셉의 아들이라는 말은 실제 사실이 아니고 단지 족보상의 사실이었습니다. 실제로 예수께서는 성령의 능력으로 처녀 마리아에게서 잉태되어 탄생하셨습니다. 그러나 사람들은 그 사실을 알지 못했고 그를 요셉의 아들이라고만 생각하였습니다. 요셉의 부친은 헬리이었습니다.

♦ ♦ ♦

"살라는 가이난의 아들이고 가이난은 아박삿의 아들이고 아박삿은 셈의 아들이고 셈은 노아의 아들이고 노아는 레멕의 아들입니다. 레멕은 므두셀라의 아들이고 무두셀라는 에녹의 아들이고 에녹은 야렛의 아들이고 야렛은 마할랄렐의 아들이고 마할랄렐은 가이난의 아들입니다. 가이난은 에노스의 아들이고 에노스는 셋의 아들이고 셋은 아담의 아들이고 아담은 하나님의 아들입니다"(36-38절, 우리말성경).

누가가 증거 하는 예수님의 족보는 마태복음에 증거된 것과 많은 차이가 있습니다. 우리는 마태복음의 족보와 누가복음의 족보가 둘 다 정확한 내용임을 믿습니다. 그 둘을 조화시키기 위해 우리는 몇 가지 추측을 해볼 수 있습니다. 예수님의 족보를 다윗과 아브라함에게 연결시킨 것은 그가 구약시대에 또 구약성경에 약속된 메시아이심을 증거합니다. 구약성경은 여러 곳에서 장차 메시아께서 다윗의 자손으로 오실 것을 증거하였고(사 11:1,10, 렘 23:5,6; 30:9; 33:15, 겔 34:23; 37:24, 호 3:5), 또 아브라함의 자손으로 오실 것도 예언하였습니다(창 12:2-3; 22:18).

더욱이, 누가는 메시아의 족보를 인류의 시조 아담에게까지 거슬러 올라갑니다. 구약의 메시아 예언은 창세기 3장 15절에 기록된 대로 하나님께서 에덴동산에서 뱀에게 하신 선언에서도 나타나 있습니다.

◆◆◆

"내가 너로 여자와 원수가 되게 하고 너의 후손도 여자의 후손
과 원수가 되게 하리니 여자의 후손은 네 머리를 상하게 할 것이
요 너는 그의 발꿈치를 상하게 할 것이니라"(창 3:15).

이것은 최초의 메시아 예언입니다. 예수 그리스도는 바로 그
예언된 '여자의 후손'으로 오셨습니다. 인간의 죄의 형벌은 인간
이 받아야 했습니다. 그래서 구주께서는 여자의 후손으로 오셨
습니다. 그는 하나님의 아들로서 많은 사람들의 죄와 형벌을 대
신하기 위하여 친히 사람이 되셨습니다.

또 예수 그리스도의 족보는 하나님의 신실하심을 증거합니다.
하나님께서는 에덴동산에서 뱀에게 선언하신 대로 여인의 후손
을 보내셨습니다. 그는 아브라함에게 약속하신 대로 또 선지자
들을 통해 다윗의 자손을 보내겠다고 약속하신 대로 메시아를
보내셨습니다. 하나님은 약속을 지키셨습니다. 그는 신실하십
니다. 그는 신약 성도에게 하신 약속들, 즉 예수님의 재림, 죽은
자들의 부활, 새 하늘과 새 땅의 천국, 복된 영원한 생명 등도 반
드시 지키실 것입니다.

3. 결론적으로, 21절부터 38절까지에서 우리는 몇 가지 사실을 정리해 볼 수 있습니다

첫째로, 하나님 아버지께서는 친히 예수님이 그의 사랑하는 아들, 그의 기뻐하는 아들이심을 증거하셨습니다. 이것은 하나님 자신의 친 음성의 증거 곧 그의 직접적인 증거입니다. 역사상 하나님께서 친 음성으로 무엇을 증거 하신 경우는 거의 없었습니다. 그러나 하나님 아버지께서 이 때에 이 중요한 증거를 하셨습니다. 모든 사람은 하나님의 직접적인 증거를 진지하게 생각하며 받아들여야 합니다.

둘째로, 우리는 하나님 아버지께서 예수님에 대해 친히 하신 증거의 말씀 속에서 하나님의 크신 사랑을 깨닫습니다. 하나님께서는 자신의 사랑하는 외아들을 인류를 위해 보내 주셨습니다. 그것은 실상 하나님의 독생자를 죄인들의 속죄 제물로 십자가에 죽도록 내어주신 것입니다. 여기에 하나님의 크신 사랑이 나타나 있습니다. 우리는 하나님을 위해 우리의 귀한 것을, 우리의 외아들을, 아니 우리 자신을 드리지 못하였는데, 하나님께서는 우리를 위해 이렇게 큰 사랑을 나타내신 것입니다. 이제는 우리가 하나님을 위해 살아야 할 차례입니다.

셋째로, 본문은 예수께서 하나님의 아들이시며 또한 사람의 아들이심을 증거합니다. 이것이 예수님의 독특한 인격입니다. 그는 하나님께서 친히 증거하신 대로 하나님의 아들이시지만, 또한 분명히 사람이셨습니다. 그는 사람들의 아는 대로는 요셉의 아들이셨습니다. '하나님의 아드님께서 사람이 되셨다'는 사실이 성경이 예수님에 대해 증거하는 진리입니다. 그것은 가장 놀라운 신비이며 기적 중에 기적입니다.

넷째로, 예수님의 족보는 하나님의 신실하심을 다시 한번 더 증거합니다. 하나님께서는 약속하신 대로 메시아를 보내셨습니다. 하나님은 신실하십니다. 그러므로 우리는 하나님의 모든 약속을 굳게 믿고 소망을 견고히 해야 합니다. 또 우리는 하나님의 신실하심을 본받아야 합니다.

마귀의 시험을 이기는 능력

누가복음 4장 1절~13절

우리의 신앙생활은 한마디로 말해서 영적 싸움이라고 할 수 있습니다. 우리는 하나님의 형상대로 지어진 영적 존재이기 때문에 영적 싸움을 하는 영적 대상이 있는데 그것이 바로 사단과 그 졸개들인 귀신입니다. "적을 알고 나를 알면 백 번 싸워서 백 번 이긴다"는 말이 있습니다. 영적 싸움도 마찬가지입니다. 먼저 내가 어떤 권세와 신분을 가진 존재인지 알아야 합니다. 그리고 영적 싸움의 대상인 사단에 대해서도 정확히 알아야 싸워 이길 수 있습니다.

예수께서는 성령의 충만함을 입어 요단강에서 돌아오셨고, 광야에서 40일 동안 성령에게 이끌리시며 마귀에게 시험을 받으셨습니다. 이 모든 날에 아무것도 먹지 않으셨고 날 수가 다하므로 주리셨습니다. 예수님과 성령님은 신적 본질에 있어서 하나이시지만, 인간 예수께서는 성령의 충만함을 입으신 후 마귀의 시험을 받고 전도 사역을 시작하셨습니다.

하나님의 아들께서 성령의 충만을 받으신 후에 일하셨다면, 오늘날 성도들과 전도자들에게 성령의 충만하심이 얼마나 더 필요할 것인지는 두말할 필요가 없습니다. 우리의 신앙생활 전반과 봉사생활, 특히 전도의 일에는 성령의 인도하심과 도우심이 필요합니다. 예수께서는 우리를 위해 친히 마귀의 시험을 받으셨고 그 시험을 이기셨습니다. 아담과 하와는 에덴동산에서 마귀의 시험에 넘어져 하나님의 말씀을 어기고 범죄했습니다. 그러나 하나님의 아들이신 예수 그리스도께서는 마귀의 시험을 이기셨습니다.

1. 첫 번째 시험

◆◆◆

"네가 만일 하나님의 아들이어든 이 돌들에게 명하여 떡덩이가 되게 하라"(3절).

첫 번째 시험은 떡 시험, 즉 먹는 문제에 관한 것이었습니다. 먹는 문제는 사람이 사는 데 있어서 기본적 문제입니다. 마귀는 이 기본적 문제를 가지고 예수님을 시험하였습니다. 마귀의 이 말에서 우리는 마귀가 가진 '하나님의 아들'이라는 개념이 돌로 떡을 만들 수 있는 '신적 능력의 소유자'라는 개념인 것을 알 수 있습니다.

신약성경의 증거대로, 예수께는 전능하신 신성이 있으십니다. 또 그가 40일 동안 음식을 먹지 않아서 몹시 배고프셨기 때문에 기적의 정당성도 있어 보였습니다. 그러나 예수께서는 마귀의 제안을 거절하셨습니다. 사실, 예수께서 행하신 모든 기적은 자기 유익을 위한 것이 아니었고, 사람들을 긍휼히 여기시며 그들의 유익을 위해 부득이 행해진 것들이었습니다. 물론 그것들은 그의 신성을 확증하였습니다.

예수께서는 대답하시기를, [4절], "기록하기를 사람이 떡으로만 살 것이 아니라[아니요 하나님의 모든 말씀으로 살 것이니라](전통본문)"고 하셨습니다. 예수께서 마귀의 제안을 거절하신 이유는 하나님의 말씀 때문이었습니다. 예수께서는 심지어 자신의 권위가 아니라 기록된 말씀의 권위로 마귀의 시험을 물리치셨습니다. 그는 성경이 우리의 모든 문제, 특히 마귀의 시험에 대한 대답이 됨을 잘 증거하셨습니다. 바울은 하나님의 말씀이 마귀를 물리치는 '성령의 검'이 됨을 증거하였습니다(엡 6:17).

사람은 떡으로만 사는 육신적 존재가 아니고 하나님의 모든 말씀으로 사는 영적 존재입니다. 사람은 살기 위해 먹으며 행복을 위해 먹지만 여전히 불행하고 결국 늙고 병들고 죽습니다. 떡은 몸을 위해 필요하나 영을 위해서는 도움이 되지 못합니다.

사람은 하나님의 모든 말씀으로 살아야 합니다. 하나님 말씀대로 사는 것이 의요, 생명이며, 그 말씀을 어기는 것이 죄요, 죽음입니다. 우리는 항상 성령의 충만을 구하며 받읍시다(엡 5:18). 그래야 신앙생활, 봉사생활을 잘하고 마귀의 시험을 이길 수 있습니다. 또 우리는 하나님의 말씀의 검으로 마귀의 모든 시험을 물리칩시다. 또 우리는 오직 하나님의 말씀으로 살아갑시다. 오직 그 말씀을 다 믿고 그 말씀대로 행하며 삽시다.

2. 두 번째 시험

마귀는 또 예수님을 이끌고 높은 산으로 올라가서 순식간에 천하만국을 보이며 말하였습니다.

♦♦♦

"이 모든 권세와 그 영광을 내가 네게 주리라. 이것은 내게 넘겨 준 것이므로 나의 원하는 자에게 주노라. 그러므로 네가 만일 내게 절하면 다 네 것이 되리라"(6-7절).

마귀의 두 번째 시험은 천하만국의 모든 권세와 영광을 보이며 그것을 주겠으니 내게 절하라는 시험이었습니다. 그러나 마귀가 "이것은 내게 넘겨준 것이므로 나의 원하는 자에게 주노라"고 한 말은 옳지 않습니다. 물론 이 세상의 권세, 부귀, 영광은 마귀가 사람들을 멸망시키기 위해 사용하는 수단들이라고 보입니다. 그러나 세상의 모든 권세와 영광은 마귀의 손안에 있는 것이 아니고, 다 하나님의 주권적 손안에 있습니다. 하나님만이 홀로 세상의 주권자이십니다. 모든 것이 주에게서 나오고 주로 말미암고 주에게로 돌아갑니다(롬 11:36).

그러나 마귀는 예수께 "네가 만일 내게 절하면 이것들이 다 네 것이 되리라"고 말하였습니다. 마귀는 세상의 모든 권세와 영광을 미끼로 자신에게 절하라고 미혹하였습니다. 이 수법은 그 후 오늘날까지 많은 사람들에게 사용하는 마귀의 수법입니다. 세상의 권세와 영광을 취하려는 자는 이 시험에 넘어져 하나님 대신 마귀를 섬기게 됩니다.

그러나 예수께서는 단호히 그를 물리치시며 대답하셨습니다.

[8절], "[사탄아 내 뒤로 물러가라](전통본문). 기록하기를 주 너의 하나님께 경배하고 다만 그를 섬기라 하였느니라." 경건의 순수성을 부패시키는 것보다 더 심각한 시험은 없습니다. 우리는 삶의 많은 부분에서 온화하고 유순함을 보여야 하지만, 예배 문제만큼은 분명한 태도를 가져야 합니다. 우리의 경배의 대상은 하나님뿐입니다.

3. 세 번째 시험

마귀는 또 그를 이끌고 예루살렘으로 가서 성전 꼭대기에 세우고 말했습니다.

• • •

"네가 만일 하나님의 아들이어든 여기서 뛰어 내리라. 기록되었으되, 하나님이 너를 위하여 그 사자들을 명하사 너를 지키게 마귀의 세 번째 시험은 성전 꼭대기에서 뛰어 내리라는 것이었습니다. 이 시험은 기적을 통해 종교적 인기와 명예를 얻으라는 암시가 있어 보입니다. 그런 것은 다 세상적인 것일 뿐입니다. 마귀는 이번에 성경을 두 곳이나 인용하였으나 그것을 잘못 적용하였습니다. 우리는 성경을 하나님의 말씀으로 귀히 여겨야 할 뿐 아니라, 그 성경을 바르게 해석하고 바르게 적용해야 합니다. 성경이 성령의 감동으로 된 것이며 참 저자가 성령이심을 믿는다면, 성경의 각 부분은 성경 전체에 비추어 해석되어야 합니다.

예수께서는 대답하시기를, “주 너의 하나님을 시험치 말라 하였느니라”(12절)고 하셨습니다. 성경을 인용하면서 기적을 구하라고 한 마귀의 제안은, 하나님을 시험하지 말라는 성경 다른 부분의 분명한 말씀에 위반되었습니다. 우리는 어떤 경우에라도 하나님을 시험하는 자가 되어서는 안 되고 특히 하나님을 시험하는 방식으로 기적을 구해서는 안 됩니다. 성경의 기적들은 하나님의 말씀을 확증하는 목적을 가졌습니다. 그러므로 오늘날 사실상 기적의 필요성은 없습니다. 우리는 하나님을 시험치 말고 성경 말씀을 믿고 그대로 사는 것으로 만족합시다.

◆◆◆

“마귀가 모든 시험을 다 한 후에 얼마 동안 떠나니라”(13절).

마귀는 모든 시험을 다 한 후에 얼마 동안 떠났습니다. '얼마 동안'이라는 말은 마귀가 이후에도 필요할 때마다 그를 시험할 것을 암시합니다. 그러므로 예수께서는 제자들에게 "시험에 들지 않게 깨어 있어 기도하라"(마 26:41)고 말씀하셨습니다. 죄와 마귀의 시험이 많은 세상이기 때문에, 우리는 항상 깨어 기도하기를 힘써야 합니다. 성경은 마귀의 시험을 이길 수 있는 무기입니다. 사실, 성경은 우리의 삶의 모든 문제에 대한 하나님의 해답입니다. 그러므로 우리는 성경말씀으로 충만함을 얻고 성경말씀으로 잘 무장되어야 합니다. 그러기 위해서 우리는 항상 성경 읽기와 성경 배우기를 힘써야 합니다.

우리는 세상적 권세와 영광을 얻으려고 사탄에게 절해서는 안 됩니다. 우리는 세상 권세와 영광을 구하지 말고 오직 하나님만 경배하며 섬겨야 합니다. 또 우리는 종교적 인기와 명예를 얻으려고 기적을 구해서는 안 됩니다. 우리는 어떤 경우에라도 하나님을 시험해서는 안 되고 오직 성경말씀을 믿고 그 말씀대로 의롭고 선하게만 살아야 합니다.

2부
갈릴리 사역
누가복음 4장 14절 – 9장 50절

자유케 하신 예수님

예수님께서는 자신이 이 땅에 오신 궁극적인 이유를 '인간을 자유케 하기 위함'이라고 밝히셨습니다. 예수님을 믿으면 영혼이 구원을 받는 것은 물론이고 이 땅의 모든 문제에서도 자유케 된다는 것이 복음의 핵심 메시지입니다. 모든 인류는 첫 사람 아담의 범죄로 인해 하나님을 떠나 영원한 멸망 길로 갈 수밖에 없는 운명 속에서 태어났습니다.

♦♦♦

"모든 사람이 죄를 범하였으매 하나님의 영광에 이르지 못하더니"(롬 3:23).

우리가 본인의 의지와는 상관없이 한국인으로 태어난 것처럼, 모든 인류는 죄를 범한 아담의 후손으로 태어나는 것입니다. 그래서 모든 사람은 태어나면서부터 죄인입니다. 본문은 이처럼 죄인으로 태어난 인간이 어떻게 하면 참된 자유를 누리게 되는지 답을 얻는 내용입니다. 본문 말씀을 통해 하나님께서 주신 참 자유를 먼저 누리고 그 자유함을 다른 사람에게도 누릴 수 있도록 만들어 주는 현장전도제자 되시기를 주의 이름으로 축원합니다.

1. 복음을 전하시는 예수님 14절~15절

예수님께서 성령의 능력으로 마귀의 시험을 이기시자, 마귀는 떠나갔습니다. 이제 예수님은 성령의 능력으로 복음을 전하며 가르치십니다. 그분은 하나님의 뜻에 순종하며 시험을 이기신 하나님 나라의 왕이십니다. 또한 하나님 나라가 가까이 왔다는 복된 소식을 전하며 백성을 부르십니다. 하나님 나라에 대한 복음 선포는 놀라운 것으로, 권세 있는 말씀이기에 사람들이 놀라고 주목할 수밖에 없습니다. 예수님은 하나님께 인정받은 완전한 의인으로서, 성령의 능력으로 구속 사역을 감당하셨습니다.

예수님이 성령의 능력으로 사역을 감당하셨듯이, 의롭다 함을 얻은 의인인 신자들도 성령의 능력으로 주의 나라를 위해 살아가야 합니다. 성령의 능력이란 그리스도 안에서 그분의 모든 능력을 덧입은 신자들의 새 삶의 본질입니다. 우리는 여전히 연약하며 죄를 범합니다. 그러나 그리스도 안에서 믿음으로 나아갈 때 성령의 능력과 그리스도의 충만함으로 강한 자요, 능력의 사람이 됩니다. 우리에게는 약함조차도 권능으로 살아가기 위한 기반일 뿐입니다. 하나님은 미련하고 약한 자들을 지혜롭고 강하게 하셔서 세상을 부끄럽게 합니다(고전 1:26-31).

2. 예수님의 영적 습관

예수님께서는 초기에 회당 중심으로 사역을 시작하셨습니다.

◆◆◆

"예수께서 그 자라 나신 곳 나사렛에 이르사 안식일에 자기 규례대로 회당에 들어가사 성경을 읽으려고 서시매"(눅 4:16).

우리가 여기서 중요하게 보아야 할 것은 "자기 규례대로 회당에 들어갔다"는 부분입니다. '자기 규례대로'는 '평소 습관대로'라는 뜻입니다. 예수님께서는 늘 예배를 드리는 영적 습관을 가지고 계셨습니다. 예수님께서는 평상시 삶 속에 예배가 체질화되어 있으셨습니다.

예수님께서 공생애 기간 동안 우리에게 보여 주신 또 하나의 영적 습관은 바로 기도입니다. 예수님께서는 항상 기도로 사역을 감당하셨습니다. 기도는 하나님의 뜻과 나의 소원을 하나님 안에서 이루는 것입니다. 여러분에게 문제와 고민과 갈등이 있습니까? 하나님께 간절히 기도하면 기적과 같은 응답이 일어납니다. 예수님께서 보여 주신 영적 습관을 모델 삼아 영적 리듬을 타고 활기차고 생동감 있게 신앙생활하시기를 주의 이름으로 축원합니다.

3. 참 자유를 주시는 복음

예수님께서는 이사야의 메시지를 읽으시고 그것으로 말씀을
증거하셨습니다.

♦♦♦

"주의 성령이 내게 임하셨으니 이는 가난한 자에게 복음을 전
하게 하시려고 내게 기름을 부으시고 나를 보내사 포로된 자에
게 자유를, 눈먼 자에게 다시 보게 함을 전파하며 눌린 자를 자
유케 하고 주의 은혜의 해를 전파하게 하려 하심이라 하였더
라"(눅 4:18-19).

이 말씀은 예수님의 공생애를 요약한 아주 중요한 말씀입니
다. 예수님께서는 이사야 61장 1-2절 말씀을 통해 예수님 자신
이 인류의 모든 문제를 해결하러 오신 그리스도라는 사실을 천
명하셨습니다. 본문을 보면 그리스도로서의 핵심 사역을 "가난
한 자에게 복음을 전파하고 포로된 자, 눌린 자를 자유케 하고
눈먼 자를 다시 보게 한다"라고 표현했습니다.

가난한 자란 물질적인 궁핍을 뜻하는 것이 아닙니다. 이는 심
령이 가난한 상태로 예수님의 말씀을 들을 귀가 열린 상태를 말
합니다. 포로 된 자, 눌린 자, 눈먼 자는 창세기 3장 사건으로 인

해 하나님을 떠나 사단의 종노릇을 하는 인간을 가리킵니다. 이처럼 영적으로 갈급하거나 불신 상태에 빠진 인간들을 해방하기 위해 예수님께서 이 땅에 오신 것입니다.

◆ ◆ ◆

예수님께서는 오직 유일한 복음을 가지고 이 땅에 오셨습니다. 우리가 사건과 문제 가운데 만남을 통해서 이 복음을 왜 증거해야 합니까? 바로 자유를 주기 위한 것입니다. 죄 가운데 억눌려 볼 것을 보지 못하는 영적 소경, 들을 것을 듣지 못하는 영적 귀머거리에게 세속에서 빠져나와 참 해방과 자유를 주는 것이 바로 영접입니다.

영접이란 주인을 바꾸는 것입니다. 지금까지 쾌락과 명예와 자존심이 나의 주인이었는데 이제 그것을 몰아내고 예수 그리스도를 나의 주인으로 맞이한다는 것입니다. 주님을 내 주인으로 영접하면 물이 변하여 포도주가 됩니다. 조금도 부족함이 없는 풍성한 삶을 살게 됩니다. 우리가 환경과 상관없이 풍성한 삶을 누리는 것은 예수님을 영접함으로 우리에게 신분과 권세가 주어지기 때문입니다. 하나님의 자녀라는 신분과 권세로 풍성한 삶을 누리게 됨을 믿으시기 바랍니다.

본문 19절 말씀을 보면 예수님의 사역을 '주의 은혜의 해를 전파하는 것'이라고 요약하여 표현했습니다. 50년마다 돌아오는 희년에는 제사장들이 숫양의 뿔을 잘라 만든 나팔을 불고 희년이 돌아왔다고 외칩니다. 희년이 돌아오면 모든 종들이 해방되고 빼앗긴 재산도 돌려받고 감옥에 갇힌 사람들도 풀려나게 됩니다. 예수님께서는 이 땅에 그리스도로 오셔서 영적 희년을 선포하셨습니다. 누구라도 예수님을 영접하는 순간에 이유 없이 모든 죄와 고통에서 해방됩니다. 오직 예수님을 믿고 영접하는 사람만이 축복을 누릴 수 있습니다. 오늘 참 자유가 회복되시길 바랍니다.

저와 여러분은 이 같은 영적 희년을 선포하는 삶을 살아야 합니다. 나만이 영적 희년을 누리는 것이 아니라 많은 현장에서 예수가 그리스도임을 선포하여 포로 된 자가 해방을 맞고, 눈먼 자가 다시 보게 되는 역사를 만드는 현장전도제자가 되시기를 바랍니다.

'함몰 웅덩이 증후군'이라는 것이 있습니다. 오랜 가뭄으로 지하수가 고갈돼 갑자기 땅이 꺼져 들어가는 것을 말합니다. 오늘날 많은 사람들이 이런 함몰 웅덩이와 같은 삶을 살아가고 있습니다. 세상의 부귀영화와 물질, 명예를 좇아가다가 어느 날 자신의 인생을 돌아보니 허무함에 빠져버리는 것입니다. 교회에서 신앙생활을 하면서도 복음에 뿌리를 내리지 못하면 영적 함몰 웅덩이에 빠질 위험이 있습니다.

복음이 아닌 다른 것을 추구하고, 본론이 아닌 서론에 자기 인생을 걸고 살아가면 영적 함몰 웅덩이에 빠지게 됩니다. 우리의 인생을 향한 우선순위가 복음 회복이라는 사실을 분명히 깨달아야 합니다. 교회에 다니고 직분을 갖는다고 올바른 신앙생활이라 말할 수 없습니다. 참 복음을 가진 사람은 보석 같은 삶을 살게 되어있습니다.

여러분 모두 예수 그리스도로 인한 참 자유, 참 해방을 누리면서 여러분 삶의 현장에서 포로 된 자, 눌린 자, 눈먼 자, 고통에 사는 모든 분에게 참 자유를 증거하는 현장전도제자 되시기를 축원합니다.

믿음으로 들어가는
하나님 나라

누가복음 4장 20절~30절

[14-15절], 예수께서 성령의 권능으로 갈릴리에 돌아가시니 그 소문이 사방에 퍼졌고 친히 그 여러 회당에서 가르치시므로 모든 사람에게 칭송을 받으셨습니다. 여기서 회당은 유대인들의 바벨론 포로생활 기간에 생긴 것으로 오늘날 예배당과 비슷합니다. 유대인들은 하나님께 예배하고 성경을 배우기 위해 그곳에 모였고 또 공적 문제들도 의논하였습니다. 예수께서는 갈릴리 지방의 여러 회당에서 가르치셨습니다. 가르치는 일은 예수께서 하신 주된 사역이었습니다. 하나님의 진리를 가르치는 일은 참된 종교의 첫 번째 요소입니다.

[16절], 예수께서는 그 자라나신 곳, 나사렛에 오셨습니다. 그는 안식일에 자기 규례대로 회당에 들어가 성경을 읽으려고 서셨습니다. '자기 규례대로'라는 말은 예수께서 평소에 안식일에 회당에 가신 습관이 있음을 나타냅니다. 신앙생활에 있어서는

좋은 습관을 가지는 것이 필요합니다. 예를 들어, 성수주일, 성경 읽기, 기도하기, 새벽기도 등의 습관은 좋은 습관입니다. 당시의 회당에는 예배실(바실리카) 앞부분에 강단(베마)이 있었고 성경을 잘 아는 사람이 거기에 서서 성경을 읽기도 하고 해석하기도 하였다고 합니다. 예수께서는 선지자 이사야의 글을 받고 책을 펴서 이렇게 기록한 데를 찾으셨습니다.

◆◆◆

"주의 성령이 내게 임하셨으니 이는 가난한 자에게 복음을 전하게 하시려고 내게 기름을 부으시고 나를 보내사 포로된 자에게 자유를, 눈먼 자에게 다시 보게 함을 전파하며 눌린 자를 자유롭게 하고 주의 은혜의 해를 전파하게 하려 하심이라"(17-19절).

예수께서 읽으신 부분은 이사야 61장의 첫 부분이었습니다. "주의 성령이 내게 임하셨으니"라는 원문은 '주의 성령이 내 위에 계시니'라는 뜻입니다. 전통 본문에는 "나를 보내사"라는 말 다음에 "마음이 상한 자들을 치료하며"라는 구절이 들어 있습니다. '가난한 자', '마음이 상한 자', '포로된 자', '눈먼 자', '눌린 자' 등의 말들은 영육으로 다 적용됩니다.

사람은 죄로 인하여 영적으로 가난하고 마음이 상하고 마귀와 죄에 포로 되고 눈멀고 눌린 자가 되었습니다. 그러나 사람은 또한 죄의 결과로 외적으로, 육신적으로도 가난, 슬픔, 병, 고통 등 불행한 처지에 떨어져 있습니다. 구주께서는 이런 인생에게 복음을 전파하시고 그를 그 불행에서 건져내시기 위해 오셨습니다. 그는 "수고하고 무거운 짐 진 자들아 다 내게로 오라. 내가 너희를 쉬게 하리라"(마 11:28)고 말씀하셨습니다.

한마디로, 예수 그리스도는 오셔서 하나님의 은혜의 해를 선포하셨습니다. 하나님의 은혜의 해는 메시아의 오심과 더불어 시작되었습니다. 그러므로 사도 요한은, "율법은 모세로 말미암아 주신 것이요 은혜와 진리는 예수 그리스도로 말미암아 온 것이라"(요 1:17)고 증거 하였고, 사도 바울은, "보라 지금은 은혜받을 만한 때요 보라 지금은 구원의 날이로다"(고후 6:2)라고 증거 하였습니다.

예수님은 참된 평강과 안식이 있는 하나님 나라의 왕으로 이 땅에 오셨습니다. 그분의 십자가 죽음과 부활은 하나님 나라를 이 세상에 임하게 하시는 사역입니다. 예수님을 믿으면 하나님 나라에 들어가 그분이 주시는 모든 복을 누릴 수 있습니다. 예수님의 다스림은 죄와 사망의 포로가 되어 저주와 죽음의 고통 가운데 살고 있는 죄인을 해방시킵니다. 예수 그리스도를 믿을 때 주님의 다스림(천국 통치)을 받기 때문에 천국은 이미 시작된 것입니다.

◆◆◆

"책을 덮어 그 맡은 자에게 주시고 앉으시니 회당에 있는 자들이 다 주목하여 보더라. 이에 예수께서 그들에게 말씀하시되 이 글이 오늘 너희 귀에 응하였느니라"(20-22절).

주께서는 그날 회당에서 책을 읽기만 하시고 설명은 하지 않으셨던 것 같습니다. 단지, 그는 앉으신 후 회당에 참석했던 자들이 다 그를 주목하자, "이 글(헤 그라페, 혹은 성경)이 오늘날 너희 귀에 응하였느니라"고 말씀하셨습니다. 그러나 이것은 놀라운 선언이었습니다. 그것은 자신이 이사야서에 예언된, 구약성경에 예언된 바로 그 사람임을 선포하신 것이었습니다. 예수님은 구약성경이 예언하신 메시아, 곧 구약 예언의 성취자로 또 이스라엘과 온 세상의 구주로 오셨습니다. 예수님이 하나님 나라의 왕이시기에 천국(하나님의 나라)은 그분 안에서 임하였습니다.

모든 사람은 다 그를 좋게 증거하고 그 입으로 나오는바 은혜로운 말을 기이히 여기며 "이 사람이 요셉의 아들이 아니냐?"라고 물었습니다. 마태복음 13장 54절 이하에는, 그가 고향 나사렛 회당에서 가르칠 때, 사람들은 놀라 말하기를, "이 사람의 이 지혜와 이런 능력이 어디서 났느뇨? 이는 그 목수의 아들이 아니냐?"하고 예수를 배척하였다고 말합니다. 그들은 예수님을 인간 목수 요셉의 아들 정도로만 알고 있었습니다. 그러나 메시아께서 사람으로 오실 때 목수의 아들로 오시면 안 되는 이유가 있습니까? 그들은 그 요셉의 아들이 정말 메시아인가를 확인할 필요가 있지, 그를 배척할 이유는 없었습니다. 그러나 그들은 이유 없이 그를 의심했고, 무시했고 배척하였습니다.

[23-27절], 예수께서는 그들에게 말씀하시기를, 23절에서 "너희가 반드시 의사야 너 자신을 고치라 하는 속담을 인용하여 내게 말하기를 우리가 들은 바 가버나움에서 행한 일을 네 고향 여

기서도 행하라 하리라”고 하시고 또 24절에서 “내가 진실로 너희에게 이르노니 선지자가 고향에서는 환영을 받는 자가 없느니라”고 하셨습니다. 마태복음 13장 57절에도, “선지자가 자기 고향과 자기 집 외에서는 존경을 받지 않음이 없느니라”는 비슷한 말씀이 기록되어 있습니다.

예수께서는 또 25절에서 말씀하셨습니다. “내가 참으로 너희에게 이르노니 엘리야 시대에 하늘이 삼 년 육개월간 닫히어 온 땅에 큰 흉년이 들었을 때에 이스라엘에 많은 과부가 있었으되, 엘리야가 그 중 한 사람에게도 보내심을 받지 않고 오직 시돈 땅에 있는 사렙다의 한 과부에게 뿐이었으며, 또 선지자 엘리사 때에 이스라엘에 많은 나병환자가 있었으되 그 중의 한 사람도 깨끗함을 얻지 못하고 오직 수리아 사람 나아만뿐이었느니라.”

예수께서는 구약성경의 사건들이 진실한 역사적 사실들임을 증거하셨습니다. 성경에 증거된 사건들은 어떤 이들이 잘못 생각하듯이 단순히 교훈을 주려는 우화(寓話)들이 아니고, 믿을 만한 역사적 사건들입니다. 또 예수께서는 하나님이 그의 긍휼을 주권적으로 베푸시되, 우상 숭배적이고 패역한 이스라엘을 버려두시고 이방의 한 과부에게와 이방의 한 장군에게 긍휼을 베푸셨음을 증거하셨습니다. 하나님의 나라 곧 천국은 오직 예수님을 주와 그리스도로 믿는 자만이 들어갈 수 있습니다. 이것은 불경건하고 교만한 이스라엘 사람들에게는 불쾌한 일이었을 것입니다.

[28-30절], 회당에 있는 자들은 이것을 듣고 다 분이 가득하여 일어나 동네 밖으로 쫓아내어 그 동네가 건설된 산 낭떠러지까지 끌고 가서 밀쳐 내리치고자 했으나, 예수께서는 그들 가운데로 지나서 가셨습니다. 그들의 불쾌와 분노는 그를 살해하려는 행동으로까지 발전되었습니다. 미움은 살인입니다. 그러나 위기를 만난 예수께서는 그들 가운데로 지나서 가셨습니다. 그는 권세와 용기가 있으셨습니다. 아직 하나님의 때가 되지 않았습니다. 그때가 되면, 그는 스스로 십자가의 죽음을 택하실 것입니다.

예수께서는, 죄로 말미암아 영육으로 가난해졌고, 상했고, 포로 되었고, 눈멀었고 억눌렸던 인생들에게 죄 사함으로 말미암는 구원, 곧 평강과 자유와 기쁨의 구원을 주시는 자로 오셨습니다. 예수 그리스도는 바로 구약성경이 예언한 그 메시아, 곧 인류의 구주로 오신 것입니다.

그러나 그의 고향 나사렛 사람들은 그를 배척하고 심지어 죽이려 하였습니다. 그들은 예수님의 말씀에 대해 기이히 여겼고, 마침내 분이 가득하여 그를 끌고 나가 낭떠러지에 밀어뜨려 죽이려 했던 것입니다. 그들은 무지하고 교만하고 완악했습니다. 그들은 예수님의 진실과 신성의 영광을 도무지 보지 못했고 느끼지 못했습니다. 예수 믿는 것은 포기하는 것이기에 사람들은 예수님을 믿지 않고 배척합니다.

그러나 우리는 예수 그리스도를 알고 그를 믿고 영접하며 따릅시다. 또 오늘날도 성도들은 교회의 말씀의 봉사자인 목사들을 그들의 인간적 약점만 보거나 바른 말씀을 싫어하여서 배척하지 말고, 하나님께서 그들에게 맡겨주신 직분과 그들을 통해 전달되는 하나님의 말씀 때문에 그들을 존중하고 그 말씀을 잘 듣고 배우고 행하며 따라야 합니다.

예수님은 치유하십니다

예수님의 공생애 사역은 가르침, 전파, 치유의 세 단어로 요약할 수 있습니다. 배아줄기세포 연구가 사람을 치료하는 사역이라면, 예수님의 사역은 영원한 생명을 주는 것이었습니다. 예수님께서는 많은 병자와 귀신 들린 자들을 치유하시는 역사를 보여 주셨습니다. 하지만 이런 치유 사역의 핵심은 단지 육신의 병을 고치는 것에만 국한되는 것이 아닙니다. 예수님께서 치유의 사역을 보여 주신 것은 자신이 그리스도로 이 땅에 오셨다는 것을 증명하기 위한 것입니다.

하나님께서는 인간을 에덴동산에서 영원한 생명을 누리도록 창조하셨습니다. 하지만 인간은 창세기 3장의 범죄로 타락하여 고통 가운데 살다가 비참하게 죽게 되었습니다. 예수님께서는 이런 운명에 처한 인간을 창조할 당시의 상태로 회복시키기 위해 이 땅에 오신 것입니다. 여러분은 예수님께서 행하신 치유 사역의 모델을 발판으로, 영적 치유자로서의 삶을 살아가는 증거가 있기를 주의 이름으로 축원합니다.

1. 말씀의 권세

예수님께서 공생애 사역을 본격적으로 시작하시고 얼마 지나지 않아 나사렛을 방문하셨습니다. 회당으로 들어가신 예수님께서는 자신이 바로 이사야 선지자가 예언한 메시아라는 사실을 밝히셨습니다. 하지만 나사렛 사람들의 반응은 냉담했습니다. 선입견과 편견으로 영안이 열리지 않아, 예수가 그리스도라는 사실을 보지 못했습니다. 그래서 예수님께서는 나사렛에서 아무런 기적도 행하지 않으셨습니다.

◆◆◆

"갈릴리 가버나움 동네에 내려오사 안식일에 가르치시매 저희가 그 가르치심에 놀라니 이는 그 말씀이 권세가 있음이러라"(눅 4:31~32).

가버나움 사람들은 나사렛 사람들과는 달리 예수님의 말씀에 감탄을 아끼지 않았습니다. 이들이 예수님의 말씀에 감동과 기쁨으로 화답하자, 그 자리에서 기적이 일어나기 시작했습니다. 예수님께서 말씀을 전파하시는데 무리 중에 있던 귀신 들린 자가 소리를 지르면서 정체를 드러냈습니다. 귀신 들린 자의 입을 통해 예수님께서 하나님의 아들이라는 사실이 증명되고 말씀의 현장에서 치유의 역사가 일어났습니다.

여러분도 강단 메시지를 통해 예수님의 말씀이 선포될 때 이를 믿고 따르면 영적인 문제가 치유되는 기적을 볼 수 있습니다. 예수 그리스도의 능력을 믿을 때 권세가 나타나고 현장을 변화시킬 수 있습니다. 여러분 모두 나사렛 사람처럼 편견과 선입견에 빠져 있는 것이 아니라, 가버나움 사람들과 같이 예수님의 말씀을 믿고 따르며 현장에 영적 영향력을 입혀 나가시길 주의 이름으로 축원합니다.

2. 예수의 영혼사랑

본문 누가복음 4장 38-39절을 다함께 읽어 봅시다.

◆ ◆ ◆

"예수께서 일어나 회당에서 나가사 시몬의 집에 들어가시니 시몬의 장모가 중한 열병을 앓고 있는지라. 사람이 그를 위하여 예수께 구하니 예수께서 가까이 서서 열병을 꾸짖으신대 병이 떠나고 여자가 곧 일어나 그들에게 수종드니라."

예수께서 일어나 회당에서 나가셔서 시몬의 집에 들어가셨는데 시몬의 장모가 중한 열병을 앓고 있었습니다. 시몬 베드로는 독신자가 아니고 결혼한 자이었습니다(고전 9:5). 예수님께서는 사람들의 청에 따라 열병에 걸린 시몬의 장모를 깨끗이 치유해 주셨습니다. 시몬의 장모가 곧 일어나 그들에게 수종들었다는 말씀은 예수님의 병 고침의 일이 즉각적이고 완전했음을 증거합니다. 이 사건은 확실히 그의 신적 능력과 인격, 즉 그의 신성(神性)을 증거합니다. 하나님께서 천지를 창조하실 때 "빛이 있으라" 하시니 빛이 있었던 것처럼, 열병의 원인이 되는 바이러스 생명체가 그의 말씀에 복종하였습니다. 하나님은 무(無)에서 유(有)를 창조하시는 전능자십니다. 생물계와 무생물계가 다 그의 말씀 앞에 복종합니다.

예수님의 치유 사역을 보면 본인의 믿음으로 치유를 받는 경우도 있지만, 주변 사람들의 믿음으로 치유되는 역사도 종종 볼 수 있습니다. 이를 통해 우리는 가족을 위한, 친구와 이웃을 위한, 민족과 세계영혼을 위한 중보기도의 중요성을 깨달아야 합니다. 오늘부터 불신하는 가족, 친구, 이웃을 위해 기도하시기 바랍니다. 하나님께서는 영혼 구원을 위한 기도는 절대 땅에 떨어뜨리지 않으십니다. 여러분의 중보기도가 응답을 받게 되는 시간표와 방법이 모두 예비 되어 있다는 사실을 믿으시기 바랍니다.

◆◆◆

예수님께서는 병든 자들을 일일이 살펴보며 병을 치유하여 주셨습니다. 예수님께서 한 영혼, 한 영혼에 대해 사랑을 베푸시는 것을 볼 수 있습니다. "일일이 손을 얹으신" 것은 개개인에 대한 그의 사랑과 관심을 보이며 그들의 병 고침 받음이 우연이 아니고, 예수 그리스도의 능력으로 말미암은 일임을 확실하게 증거한 것입니다. 그것은 치료받는 자나 보는 자들의 믿음을 위해서입니다.

여러 사람에게서 귀신들이 나가며 "당신은 하나님의 아들이니이다"라고 소리 질렀습니다. 그러나 예수께서는 꾸짖으시며 그들의 말함을 허락지 아니하셨습니다. 왜냐하면 귀신들은 예수님이 어떤 분인지 알고 있었습니다. 단지 그들은 그를 믿거나 의지하지 않습니다. 또한 예수께서는 귀신들에게만 그런 것이 아니고 다른 병자들에게도 그렇게 하셨습니다(마 8:4; 9:30). 그 이유는 아직 그의 때가 되지 않았기 때문이고, 또 그가 병 고치기 위해 오신 자로 오해될까 봐 이었을 것입니다.

여러분! 마음의 상처, 우울증, 열등의식이 왜 일어납니까? 자기 자신을 비하하는 마이너스 발상을 하기 때문입니다. 부정적인 생각이 가득 차 있으면 하나님의 역사가 일어날 수 없습니다. 복음적 사고의 바탕 위에서 마이너스 발상을 플러스 발상으로 전환하시기 바랍니다. 여러분이 지금 곤궁한 형편에 있고 문제가 가득한 인생 가운데 있더라도 하나님께서 도와주시고 성령이 역사하시면 여러분의 모든 부정적인 것이 긍정적인 것으로 바뀌게 되는 것을 믿으시기 바랍니다. 예수님께서 우리 삶의 모든 부분을 완벽하게 주관하고 계시기 때문에 어떤 문제가 닥쳐도 합력하여 선을 이루신다는 사실을 깨달아야 합니다. 여러분

한 사람, 한 사람을 향한 예수님의 놀라운 관심을 사실적으로 체험하시기를 주의 이름으로 축원합니다.

◆◆◆

"날이 밝으매 예수께서 나오사 한적한 곳에 가시니 무리가 찾다가 만나서 자기들에게서 떠나시지 못하게 만류하려 하매 예수께서 이르시되 내가 다른 동네에서도 하나님의 나라 복음을 전해여야 하리니 나는 이 일을 위해 보내심을 받았노라하시고 갈릴리 여러 회당에서 전도하시더라"(42-44절).

'하나님의 나라'는 하나님께서 다스리시는 나라입니다. 그것은 마귀의 나라와 대조됩니다. 마귀의 나라는 어두움과 죄의 나라이지만, 하나님의 나라는 빛과 의의 나라입니다. 하나님 나라의 백성들은 하나님께 즐거이 순종하고 그의 뜻과 그의 말씀을 지킵니다.

예수님의 사명은 병 고치는 일이 아니고 전도하는 일이셨습니다. 자신의 전도 사명을 밝히 증거하신 예수께서는 갈릴리 여러 회당에서 전도하셨습니다. 참 기독교는 인간들의 완전한 치료, 곧 구원을 위하여, 죄 문제의 해결을 위하여 존재합니다. 하나님께서는 우리에게 예수 그리스도를 통하여 죄 사함을 주셨고 그것과 더불어 부활과 영생, 곧 영원한 천국의 삶을 약속하셨습니다. 전도는 예수님의 사명이며 또 우리의 사명입니다. 예수님은 사람의 육신의 병을 고쳐주기 위해 이 세상에 오신 것이 아니고, 그보다 더 근원적이고 더 전체적인 문제 곧 죄 사함을 위해 오셨습니다. 그것이 기독교 복음입니다. 기독교는 외적 기적을 전하지 않고 내면적 기적, 곧 회개와 믿음, 구원, 인간 변화, 새 사람 됨을 전합니다.

'버즈 마케팅'(buzz marketing)이라는 마케팅 용어가 있습니다. 버즈 마케팅이란 회사에서 일방적으로 광고나 홍보를 하는 마케팅이 아니라, 소비자들이 자발적으로 제품의 긍정적인 부분을 소문내도록 만드는 것입니다. 본문 37절을 보면 "이에 예수의 소문이 그 근처 사방에 퍼지니라"고 기록되어 있습니다. 예수님의 놀라운 치유 사역과 기적으로 말미암아 예수님에 대한 소문이 널리 퍼져나가는 것입니다. 이것이 영적 버즈 마케팅입니다.

여러분이 아무리 교회를 광고하고 홍보해도 소용이 없습니다. 직접 체험한 예수 그리스도를 증거하고 삶의 해답을 찾았다고 고백하는 것이 영적 버즈 마케팅을 펼치는 신앙생활이 됩니다. 모든 성도가 현장으로 나가 불신자들에게 진정한 영혼, 생활, 육신 치유 받게 만드는 현장 전도 제자 되시기를 주의 이름으로 축원합니다.

죄인을 부르시는 예수님

누가복음 5장 1절~11절

본문의 내용은 공관복음서인 마태복음 4장 18-22절이나 마가복음 1장 16-20절의 내용과 동일한 사건을 증거한다고 생각됩니다. 그 둘 사이에 차이점들도 있어 보이지만(마 4:18, 21 참조), 그것들은 부분적 생략과 대략적 묘사나 자세한 묘사에서 생긴 것이라고 생각됩니다. 그 두 증거는 서로 보완적입니다.

1. 예수님의 말씀과 능력을 본 베드로 1절~7절

[1-2절], 무리가 둘러싸 하나님의 말씀을 들을 때, 예수께서 게네사렛 호숫가에서 두 척의 배가 있는 것을 보셨고, 어부들은 배에서 나와서 그물을 씻고 있었습니다. '게네사렛 호수'는 갈릴리 호수의 또 하나의 명칭입니다. 예수님의 말씀은 사람들에게 영향력이 있었고, 많은 사람들은 그의 말씀을 듣기 위해 그에게

모여들었습니다. 갈릴리 호숫가에 많은 배들이 있었겠지만, 예수님의 관심은 시몬 베드로의 배와 야고보와 요한의 배에 있으셨습니다. 그들이 배에서 나와서 그물을 씻고 있었던 것을 보면 그들은 밤에 고기를 잡고 돌아왔음을 알 수 있습니다. 마태복음의 증거대로 예수께서는 이 사건 전에 시몬 베드로가 그물로 고기를 잡는 것을 보고 계셨던 것 같습니다.

[3-4절], 예수께서 한 배에 오르시니, 그 배는 시몬의 배이었습니다. 육지에서 조금 띄기를 청하시고 앉으셔서 배에서 무리를 가르치셨습니다. 말씀을 전하는 일에 있어서 형식은 크게 중요치 않았습니다. 시몬의 배는 강단이 되었고 호숫가에 앉아 있는 무리는 청중이 되었습니다. 그 자신도 앉아서 무리에게 말씀을 가르치셨습니다. 이와 같이, 하나님의 말씀은 어떤 장소, 어떤 처지에서도 증거되어야 하고 또 증거될 수 있습니다. 밤새도록 일하고 돌아온 어부 시몬의 배를 사용하신 것은 그 호숫가에 앉아 있었을 무리의 유익을 위함이고, 특히 시몬을 제자로 부르시려는 그의 크신 관심과 배려였습니다.

[4-5절], 예수님은 말씀을 마치시고 시몬 베드로에게 "깊은 데로 가서 그물을 내려 고기를 잡으라"고 말씀하셨습니다. 시몬은 대답하였습니다.

◆◆◆

"선생이여, 우리들이 밤새도록 수고를 하였으되 얻은 것이 없

베드로는 형제 안드레의 증거를 따라 이미 예수님을 알았던 자이었습니다(요 1:41-42). 밤새도록 헛수고를 했던 터이었기 때문에, 예수님의 말씀을 '쓸데없는 일'이라고 생각하며 거부할 수도 있었겠지만, 시몬 베드로의 마음속에는 예수님을 믿는 믿음과 그의 말씀을 순종하려는 마음이 있었습니다. 하나님의 말씀과 능력은 함께 있는 것입니다(4:31-37). 하나님 나라의 복음은 믿는 자에게 권능으로 임합니다.

◆◆◆

"네가 믿으면 하나님의 영광을 보리라"(요 11:40).

[6-7절], 시몬이 예수님의 말씀에 순종하여 그물을 던지자 고기를 에운 것이 심히 많아 그물이 찢어질 정도이었습니다. '찢어지다'의 원어 '디에레그뉘토'(미완료과거)는 '찢어지고 있다, 찢어지기 시작하다'는 뜻입니다. 그래서 그는 다른 배에 있는 친구를 손짓하여 와서 도와 달라고 하였습니다. 그들은 와서 두 배에 채우자, 배가 잠길 정도가 되었습니다. 이것은 인간의 예상을 초월한 기적적인 사건이었습니다.

베드로는 말씀에 의지해 순종할 때 말씀의 능력이 얼마나 충만한 것인지를 맛보았습니다. 우리도 무능력하게 보이는 말씀에 믿음으로 순종하면 이 땅에 임하는 하나님 나라를 맛볼 수 있습니다. 나아가 주님의 능력 가운데 하나님 나라의 복을 충만하게 누릴 수 있습니다. 그러므로 모든 교회와 신자는 하나님 나라의 복음을 전하는 일에 힘써야 합니다(딤후 4:2). 복음을 가진 교회가 복음을 전할 때가 바로 '은혜의 때'(사 49:8)입니다. 예수께서는 이 일을 통해 하나님의 아들의 영광을 나타내셨습니다.

2. 죄인임을 고백하며 회심하는 베드로 8절~10a절

[8-10a절], 시몬 베드로는 이를 보고 예수님의 무릎 아래 엎드려 말하였습니다. "주여, 나를 떠나소서. 나는 죄인이로소이다." 이는 자기와 및 함께 있는 모든 사람이 고기가 잡힌 것을 인하여 놀라고 세베대의 아들로서 시몬의 동업자인 야고보와 요한도 놀랐기 때문입니다. 처음에 예수님을 '선생이여'라고 불렀던 그는 지금 그를 '주여'라고 불렀습니다. '주'라는 말은 '선생'이라는 단순한 존칭어를 넘어서서 예수님의 신성(神性)을 고백하는 뜻을 가진 것 같습니다.

하나님의 거룩한 영광을 본 자마다 시몬 베드로처럼 그 앞에서 두려워 떨며 피하려 할 것입니다. 하나님 나라의 복음은 사람의 죄인 됨을 알게 해 회개하고 믿도록 합니다. 이사야 6장에 보면, 높이 들린 보좌에 앉으신 하나님의 영광의 모습을 보았던 구약의 선지자 이사야도 "화로다 나여 망하게 되었도다. 나는 입술이 부정한 사람이요 입술이 부정한 백성 중에 거하면서 만군의 여호와이신 왕을 뵈었음이로다”라고 고백했었습니다. 신앙 생활에서 중요한 요소는 회개와 믿음입니다. 회개는 처음 회심할 때만 일어나는 단회적인 신앙 감정이나 결단이 아닙니다. 회개를 통해 믿음은 더욱 견고해집니다. 회개와 믿음의 성장은 신앙생활의 전 과정에서 계속되어야 합니다. 참된 회개만이 주님 앞에 더 나아가게 합니다.

이 사건에서 예수님은 시몬 베드로와 친밀하게 일대일로 말씀하셨으나 그의 관심은 시몬에게만 있지 않으셨습니다. 그는 시몬의 동업자들인 야고보와 요한도 이 사건에 참여하여 자신의 영광을 보게 하셨습니다. 그들은 다 하나님의 아들로서의 주의 영광을 보고 놀랐습니다. 그들은 다 그 사건을 목격한 증인들이 되었습니다.

[10b-11절], 예수께서는 시몬에게 “무서워 하지말라. 이제 후로는 네가 사람을 취하리라”고 말씀하셨습니다. 그들은 배들을 육지에 대고 모든 것을 버려두고 예수를 따라갔습니다. 예수께서 이렇게 많은 고기가 잡히게 하신 것은 자신의 신적 영광을 나타내시려 함일 뿐 아니라, 시몬 베드로와 그의 동업자들을 다 그의 제자로 삼기 위함이었습니다. 그들은 다 주의 영광을 보았고 그를 따르기로 결심하였습니다.

3. 모든 것을 버리고 예수님을 따르는 베드로 10b절~11절

시몬과 그 친구들은 '모든 것을 버려두고' 예수님을 따랐습니다. 마태복음은 그들이 '곧 그물을 버려두고' 또 '곧 배와 부친을 버려두고' 예수님을 따랐다고 증거합니다(마 4:20, 22). 하나님 나라의 복음은 모든 것을 버리고 예수님을 믿고 따르게 합니다. 예수님을 따르려는 전임(專任)전도자들은 이 처음 제자들의 행동을 기억해야 합니다. 예수님을 따르는 길은 세상의 것을 구하는 길과 다릅니다. 세상의 것을 구하는 자는 예수님과 그의 복음을 위해 살 수 없습니다. 예수님의 제자가 되려는 자는 누구든지 모든 것을 버리고 오직 그를 따라야 합니다.

사실, 전임전도자뿐 아니라 우리 모든 신자도 이 세상의 것들을 참으로 포기하지 않고서는 천국을 기업으로 받기 어렵습니다. 주의 말씀대로 우리는 하나님과 재물을 둘 다 섬길 수 없습니다(마 6:24). 우리는 결국 세상과 천국 중 하나를 택해야 합니다. 우리가 하나님의 허락과 복 주심 속에서 세상의 것들을 누리기도 하지만, 세상을 사랑하는 자가 되어서는 안 됩니다. 우리는 세상이 허무한 세상임을 인정해야 하고 하나님과 천국이 이 세상과 돈보다 귀함을 인정해야 합니다.

예수께서는 택하신 영혼들에 대해 큰 관심을 갖고 계셨습니다. 그는 그의 가르치시는 말씀을 들으려고 몰려온 무리를 물리치지 않으셨고, 배 위에 앉으셔서 가르치셨고, 시몬과 그의 동업자들인 야고보와 요한에게도 관심을 가지셨습니다. 예수님은 우리 모두에게 큰 관심을 갖고 계십니다.

예수께서는 신기한 고기잡이를 통해 시몬과 그의 동료들에게 하나님의 아들로서의 자신의 영광을 나타내셨습니다. 말씀에 의지하여 그물을 던졌을 때 그물이 찢어질 정도로 두 배나 가득 차게 고기를 잡는 기적이 일어났습니다. 예수님은 갈릴리 바다 속의 물고기 떼를 주장하셔서 밤새도록 잡히지 않던 그 물고기들이 잠간 동안에 그렇게 많이 잡히게 하셨습니다. 그것은 예수께서 하나님의 아들의 영광을 나타내신 사건이었습니다. 예수 그리스도는 과연 하나님의 아들 그리스도이십니다.

예수께서는 시몬에게 사람을 구원하는 전도자의 사명을 주셨습니다. 그뿐 아니라 그의 동료들도 세상의 모든 것을 버리고 예수님을 따랐습니다. 오늘날도 주 예수 그리스도의 신성의 영광을 깨닫고 믿는 자마다 그를 따를 것입니다. 그중에서도 그의 특별한 부르심을 입어 사람들을 구원하는 일을 맡은 자들은 세상의 모든 것들을 버리고 하나님과 주 예수 그리스도의 복음을 위해 전적으로 자신의 모든 삶을 드릴 것입니다.

온전한 회복을 주시는 예수님

누가복음 5장 12절~26절

본문은 온전히 회복시키시는 예수님(12-14절), 기도함으로 일하시는 예수님(15, 16절), 죄를 사해 주시는 예수님(17-26절)으로 나눌 수 있습니다.

1. 온전히 회복시키시는 예수님 12절~14절

[12절], 예수께서 한 동네에 계실 때에 온몸에 나병들린 사람이 있었는데, 예수님을 보고 엎드려 구하였습니다. 나병은 피부를 붓게 하고 모양을 보기 싫게 만들고 피부색이 변하는 병입니다. 이 병은 얼굴과 팔과 다리 표면의 신경에 영향을 미쳐 감각을 잃게 함으로써 피부가 데거나 상처가 나도 깨닫지 못하게 합니다. 율법에 의하면, 나병환자는 이스라엘 백성이 거하는 진 밖에서 따로 살아야 했습니다(레 13:45-46). 그러나 그는 예수님을 만

날 만한 때에 그에게 나아갔고 가까이 계실 때에 그를 불렀습니다. 이사야 55장 6절은, "너희는 여호와를 만날 만한 때에 찾으라. 가까이 계실 때에 그를 부르라"고 말하였습니다.

그는 예수님을 보고 엎드려 "주여 원하시면 나를 깨끗케 하실 수 있나이다"(12절 하)라고 소원을 말했습니다. 그가 예수님께 '주여'라고 부른 것이나 예수께서 그의 나병을 고쳐주실 수 있다고 믿은 것은, 예수님께 대한 놀라운 믿음의 고백이었습니다. 이 나병환자에게는 놀라운 믿음이 있었고 그는 믿음으로 그의 소원을 예수님께 말하였습니다.

[13절], 예수께서 손을 내밀어 그에게 대시며 "내가 원하노니 깨끗함을 받으라"고 말씀하시자 나병이 곧 떠났습니다. 보통 사람은 나병이 자기에게 옮길까 봐 나병 환처(患處)가 있는 몸에 손을 대지 않겠지만, 예수께서는 그의 몸에 손을 대셨습니다. 그것은 불쌍한 사람들에 대한 그의 사랑과 긍휼을 나타내며 사람의 병들을 두려워하지 않는 그의 능력을 증거합니다. 이것은 그의 신적 능력을 나타내며 그가 하나님의 아들이심을 증거합니다. 그의 치료는 즉각적이었고 완전하였습니다. 하나님의 치료만이 즉각적이고 완전할 수 있습니다.

[14절], 예수께서 그를 경계하시며 "아무에게도 이르지 말고 가서 제사장에게 네 몸을 보이고 또 네가 깨끗하게 됨으로 인하여 모세가 명한 대로 예물을 드려 그들에게 입증하라"고 말씀하

셨습니다. "아무에게도 이르지 말라"는 것은 병 고침 받은 사실을 선전하지 말라는 뜻이었습니다. 그것은 예수께서 세상에 오셔서 하실 주된 임무가 그것이 아니었기 때문입니다. "가서 제사장에게 네 몸을 보이고 또 네가 깨끗하게 됨으로 인하여 모세가 명한 대로 예물을 드려 그들에게 입증하라"는 말씀은 나병환자가 이스라엘 사회에 용납되기 위한 절차이었을 뿐 아니라, 또한 그로 하여금 자기의 병 나음이 하나님의 긍휼과 속죄의 피 뿌림으로 되어졌음을 깨달아 하나님께 감사케 하는 뜻이 있었다고 봅니다. 예수님은 어떤 죄인이라도 그분 앞에 나아오면 하나님 나라에 들어갈 수 있는 자격을 부여하십니다.

2. 기도함으로 일하시는 예수님 15절~16절

[15-16절], 예수님의 소문이 더욱 퍼지자 허다한 무리가 말씀도 듣고 자기 병도 나음을 얻고자 하여 모여 왔으나 예수께서는 물러가셔서 한적한 곳에서 기도하셨습니다. 예수님의 기도 생활은 우리에게 본이 됩니다. 우리는 복잡한 현실 속에서 시시때때로 하나님께 기도하기 위해 조용한 곳을 찾아 하나님과 교제하며 그의 힘을 얻어야 합니다. 우리들은 예수님의 기도 생활을 본받아야 합니다. 기도는 하나님과 교제하며 능력을 받는 길입니다. 하나님 나라는 하나님의 능력에 의해 나타납니다. 따라서 신자들은 기도 가운데 살아가야 합니다.

3. 죄를 사해 주시는 예수님 17절~26절

[17절], 하루는 예수께서 가르치실 때에 갈릴리 각 마을과 유대와 예루살렘에서 나온 바리새인들과 율법 교사들이 앉아 있었고, 병을 고치는 주의 능력이 예수님과 함께하였습니다. 예수님 앞에는 네 종류 사람들이 모여있었습니다. 첫째는 그를 믿고 따르는 제자들이요, 둘째는 그를 통해 구원을 얻으려는 구도자(求道者)들이요, 셋째는 구경꾼들이요, 넷째는 그에게서 무슨 비난거리를 찾으려는 자들이었습니다. 오늘날 교회에도 그런 네 종류 사람들이 있습니다. 여러분은 어느 부류입니까?

'바리새인들'은 당시 유대 사회에서 보수적 신앙을 추구하는 사람들이었습니다. '율법교사들'은 율법을 연구하고 가르치는 선생입니다. 예수님 앞에 앉아 있었던 바리새인들과 율법교사들은 그에게서 무슨 비난거리를 찾으려는 자들이었습니다. 경건 없는 지식은 사람을 교만케 하고, 바른 지식 없는 경건은 시대의 잘못된 풍조에 쉽게 넘어집니다. 참된 경건과 분별력 있는 바른 지식에 겸손하고 온유하고 선하고 진실한 인품을 갖춘 자라면 하나님 앞에서 좋은 일꾼과 지도자일 것입니다.

[18-19절], 한 중풍병자를 사람들이 침상에 메고 와서 예수 앞에 들여놓고자 하였으나 무리 때문에 메고 들어갈 길을 얻지 못했습니다. 중풍병은 몸의 일부 혹은 전부가 마비되는 병입니다. 사람들이 그를 '침상'에 메고 온 것을 보면 그는 전신 마비의 환

자이었던 것 같습니다. 마가복음에는 네 명의 사람들이 그를 데리고 왔다고 기록되어 있습니다. 오늘날도 예수님을 믿고 따르는 무리가 사람을 예수께로 인도하지 못하고 오히려 장애물이 되는 경우가 없지 않습니다.

그러나 그 병자를 데리고 온 그들은 낙심하지 않았습니다. 그들은 지붕에 올라가 기와를 벗기고 병자를 침상채 무리 가운데로 예수님 앞에 달아 내렸습니다. 그들에게는 친구에 대한 사랑이 있었고 서로 간의 협력이 있었고 또한 믿음과 수고와 용기가 있었습니다.

[20절], 예수께서는 '그들의 믿음'을 보셨습니다. '그들은' 그 병자를 데려왔던 네 명을 가리킵니다. 아니, 거기에 그 병자도 포함시켜야 될 것입니다. 아마 그 병자는 주께 대한 믿음을 가지고 자신을 예수께 데려주기를 그들에게 요청했을 것입니다. 예수께서는 그들의 믿음을 보시고 그 중풍병자에게 "이 사람아, 네 죄 사함을 받았느니라"고 말씀하셨습니다. 이것은 이상한 말씀이셨습니다. 중풍병과 죄가 무슨 상관이 있다는 말입니까? 그렇습니다. 우리는 성경에서 병과 죄의 관련성을 발견합니다. 죄가 많은 세상이기 때문에 세상에는 병자들도 많고 병원들도 많습니다. 그러나 장차 죄 없는 새 하늘과 새 땅, 곧 천국에는 병자들도, 병원들도 없을 것입니다.

[21-22절], 서기관과 바리새인들이 의논하여 말하였습니다.

“이 신성모독 하는 자가 누구뇨? 오직 하나님 외에 누가 능히 죄를 사하겠느냐?” 그들은 마음속으로 생각하였습니다. 예수께서 그 생각을 아시고 대답하셨습니다. “너희 마음에 무슨 생각을 하느냐?” 서기관들과 바리새인들이 마음으로 생각한 것은, 하나님 외에는 죄를 사할 수 있는 자가 없는데, 예수가 사람으로서 그런 말을 했기 때문이었습니다. 그들의 논리적 생각으로는 예수의 말이 신성모독적이었습니다. 그러나 바로 여기에 중요한 진리가 있었습니다. 만일 예수께 사람의 죄를 사하는 권세가 있으시다면, 예수님은 단순히 사람이 아니시고 하나님이심이 증명되는 것입니다.

[23-24절], 예수께서는 또 말씀하셨습니다. “네 죄 사함을 받았느니라 하는 말과 일어나 걸어가라 하는 말이 어느 것이 쉽겠느냐? 그러나 인자가 땅에서 죄를 사하는 권세가 있는 줄을 너희로 알게 하리라.” 그러시고는 중풍병자에게 말씀하셨습니다. “내가 네게 이르노니 일어나 네 침상을 가지고 집으로 가라.” 인자(人子)는 그의 인성(人性)을 보입니다.

중풍병자에게 “일어나 걸어가라”고 말하는 것은 물론 쉬운 말은 아니지만, “네 죄 사함을 받았느니라”는 말은 그보다 훨씬 더 어려운 말입니다. 그것은 사람이 감히 할 수 없는 말입니다. 그것은 자신에게 죄 사함의 권세가 있음을 증거하기 위해서이었습니다. 예수 그리스도는 한 인격이지만, 사람이신 그가 참된 신성을 가지신 분이시며 신적 사역을 하셨습니다.

[25-26절], 그 사람이 그들 앞에서 곧 일어나 그 누웠던 것을 가지고 하나님께 영광을 돌리며 자기 집으로 돌아갔습니다. 그것을 본 모든 사람은 놀라 하나님께 영광을 돌리며 심히 두려워하여 "오늘 우리가 기이한 일을 보았다"고 말하는 기적의 증인들이 되었습니다. 예수님을 믿으면 모든 악과 고통의 본질적 원인인 죄 사함을 얻습니다. 오늘 우리도 이런 믿음과 사랑과 용기와 열심을 가지고 사람들을 죄인의 구주이신 예수님 앞으로 인도해야 합니다.

은혜의 새 시대를
이루신 예수님

누가복음 5장 27절~39절

본문의 이야기는 예수님께서 가버나움 동리로 들어감으로 시작됩니다. 그날 가버나움 동리에서는, 입에서 입으로 이런 뉴스가 전달되고 있었습니다.

"세리 레위가 새 사람이 되었대. 그래서 그는 오늘 온 동네 사람들을 모아놓고 잔치를 한 대."
"아니 그 사람이 새 사람이 되었다고?"
"응, 나사렛 예수 때문이래."

그러나 막상 그날 그 잔치 자리에 모여든 사람들은 그 동네 사람들이 아니라, 레위의 친구들이었던 세리들, 어둠의 그늘에 묻혀 있던 창기들, 버림받아 빌어먹는 걸인들뿐이었습니다. 왜냐하면 그 당시 세리는 자기 동족의 피와 기름을 짜듯이 세금을 거두어 로마에 상납하고 그 대가로 자기도 챙겼던 그런 사람이기 때문이었습니다.

하지만 그는 예수를 만나고 사람이 달라졌습니다. 본명이 '레위'였으나 이제 '마태'라는 새로운 이름으로 자기를 부르기 시작했습니다. 마태, 이는 '하나님의 선물'이라는 뜻입니다. 그런데 이 동네 사람들은 예수님과 함께 할 수 있었던 은혜의 잔치에 참석하지 않고 주변을 서성이며 가시가 돋친 비난의 소리를 높이고 있었습니다. 우리 주변에서 크게 변화한 사람이 있다면, 정직하고 겸허한 사람들은 "아니 어떻게 하면 나도 저렇게 변화하여 새 사람이 될 수 있을까? 나도 저 사람처럼 신앙을 통해 내 인생이 정말 새로워 졌으면 좋겠다"고 소망할 것입니다. 그래서 성경공부도, 기도회도 참여하면서 신앙의 여행을 떠날 것입니다.

예수님은 그들의 모습을 지켜보면서, 하나님의 아들이신 예수 그리스도, 구세주이신 예수 그리스도를 받아들이지 못하고 있는 그들에게 본문을 통해서 일련의 교훈을 베풀기 시작하신 것입니다. 그들이 예수 그리스도를 받아들이지 못하고, 그들의 삶이 달라지지 못하고, 변화하지 못하고 있었던 이유는 이것입니다.

첫째로, 그 당시 많은 사람들과 종교인들은 새 사람이 되기 위해 그들이 모인 곳에 가고 비슷한 행동을 하면 정말로 새로워지는 것으로 착각하고 있었습니다. 둘째로, 그들은 종교의식만으로 새로워지는 줄로 착각하고 있었습니다.

예수님은 그들의 마음속에 있는 이런 허구를 꿰뚫어 보셨습니다. 금식을 한다든지, 종교행위에 참석한다든지 하는 이 모든 것이 나쁜 것은 아니지만, 이것만 가지고는 인간이 진정으로 새로워질 수 없다는 것입니다. 보다 깊은 인간의 새사람 됨에 대한, 보다 중요한 하나님의 의도를 알지 못하고 있었던 그 당시의 종교지도자들과 유대인들의 이 무서운 착각과 환상을 일깨워 주시기 위해서 이 놀라운 교훈을 시작하신 것입니다.

그러면 어떻게 하여야 인간이 참으로 새로워질 수 있습니까? 오늘 여러분이 이 예배에 참석한 것 참으로 감사합니다. 그러나 이 예배 참석만으로 우리 자신의 삶이 달라지지 않음을 우리는 모두 알고 있습니다. 그럼에도 불구하고 무엇인가 달라져야 하겠다는 열망이 있어서 여기에 와 계시다면, 오늘 이 메시지는 참으로 당신을 위한 말씀입니다. 인간이 참으로 어떻게 새로워질 수 있습니까? 그것은 단순히 예배당에 나오고, 예배에 참석하고, 금식하는 것으로 달라지는 것이 아닙니다.

그것은 첫째로, 본문에 의하면, 인간이 새 사람되기 위해서는 환자가 의사를 만나는 것과 같다는 것입니다. 본문 31절에서는 "건강한 자에게는 의원이 쓸데없고 병든 자에게라야 쓸데 있나니"라고 말씀하고 있습니다. 그러므로 환자는 자신이 먼저 환자인 것을 알아야 합니다. 이 사실에 대한 깨달음이 없으면 의사이신 예수님이 필요하지 않습니다. 종교환경에, 종교의식에 참여하고 있다는 것, 찬송하고 기도할 줄 안다는 것, 이것으로 예수님을 대신할 수 없습니다.

이런 종교행위와 상관없이 살고 있던 레위는 예수님을 만나 새로운 경험을 통해 새로운 사람이 되었습니다. 모든 종교행위에 철저하면서도 예수님을 만나지 못하였던 바리새인들의 비극이 여기에 있습니다. 당신은 예수님을 만나셨습니까? 예수님을 만나 새로운 사람이 된 가슴 터지는 간증이 있습니까?

예수님은 완전하신 의사로, 전능하신 의사로, 오늘 난치와 불신의 병을 안고 인생의 길에서 방황하고 있는 저와 여러분을 향해 뚜벅뚜벅 걸어오십니다. 그리고 요청하십니다.

"네가 환자라는 것 인정할래? 네가 입고 있는 종교적 옷에도 불구하고, 네가 하고 있는 종교적 행동에도 불구하고, 네 속에는 훨씬 더 무서운 병이 곪아가고 있다는 사실을, 너는 겸손히 그리고 솔직히 인정할 용기가 있니?"

하나님 앞에서, 나의 죄인 됨에 대한, 이 철저한 자각과 철저한 깨달음이 없이는 인간이 결코 새롭게 될 수 없습니다. 그래서 본문에서 예수님은 의사 비유 다음에 신랑 비유를 하십니다. 의미가 있는 말씀 구성입니다.

두 번째로 인간이 새사람 되는 것은 신부가 신랑을 만나는 것과 같다는 것입니다. 예수님이 우리에게 신랑으로 다가옵니다. 내가 어떤 신랑을 만나느냐가 일생을 결정합니다. 완전한 신랑을 만나는 신부의 그 감격을 상상해 보셨습니까? 참으로 만날만한 신랑을 만나서 자기의 인생을 송두리째 위탁하는 그 순간 금식을 할 수 없습니다. 감격해서 잔치를 벌여야지요.

기독교는 치료의 종교입니다. 의사와 환자의 관계에서 잘 나타나고 있습니다. 한 단계 더 나아가, 기독교는 환희의 종교입니다. 신랑과 신부의 관계에서 잘 드러나고 있습니다. 여러분은 예배드릴 때 하나님의 메시지를 듣고 계십니까? 당신에게 말씀하시고 계시는 이 하나님의 음성에 대한 당신의 응답은 도대체 무엇입니까? 인간이 참으로 새로워지지 못하고 있는 것, 그것은 우리가 가지고 있던 낡은 가죽부대, 낡은 사고방식 때문임을 주님은 보셨던 것입니다.

그래서 본문의 주님의 교훈은 일련의 두 개의 비유를 통해서 결론을 맺습니다. 36절에서 "새 옷에서 한 조각을 찢어, 낡은 옷에 붙이는 자가 없나니, 만일 그렇게 하면 새 옷을 찢을 뿐이요, 옷에서 찢은 조각이 낡은 것에 합하지 아니하리라." 빨면 새것이 졸아들고 새것에 의해 낡은 것이 찢어질 것입니다. 결국 둘 다 못쓰게 된다는 것입니다. 37절에서도 "새 포도주를 낡은 가죽 부대에 놓는 자가 없나니, 만일 그렇게 하면 새 포도주가 부대를 터뜨려, 포도주가 쏟아지고 부대도 버리게 되리라." 새 포도주는 발효하기 때문에 낡은 가죽부대는 터져버리게 된다는 것입니다. 새 포도주는 새 가죽부대에 넣어야 합니다.

이 새 포도주와 새 가죽 부대는 무엇을 의미합니까? 새 포도주는 예수 그리스도의 말씀이요, 교훈이며, 삶 그 자체입니다. 새 가죽부대는 이 예수 그리스도를 받아들일 사람들입니다. 그런데 이 시대의 종교인들은 새 생명의 주인인 예수 그리스도에 대한 구체적인 응답이 없었습니다. "새 포도주는 새 가죽부대에 넣어야 하느니라."

결론을 맺습니다. 예수님은 무슨 얘기를 하고 계십니까? 새로워지기를 원하십니다. 그렇다면, 의사 앞에서는 환자처럼, 나의 환자 됨을 깨닫기 바랍니다. 교회 왔다 갔다 해도 아직 살아계신 하나님을 만나지 못하고, 중생하지 못하고 구원에 확신이 없고 영생을 얻지 못하고 새로워지지 않았습니까? 이제 의사 앞에 찾아온 환자처럼 내 병을 확실히 고쳐줄 의사를 만난 감격으로 마스크를 벗어야 합니다. 진실하고 솔직해야 합니다. 그리고 의사의 치료의 손길에 내 몸을 조건 없이 내어 맡겨야 합니다.

그는 이제부터 치료가 시작됩니다. 예수님은 치료하시는 의사일 뿐만 아니라, 내가 치료된 것 같으면 퇴원시키는 세상의 의사와 같은 것이 아닙니다. 그는 나의 의사인 동시에 한 걸음 더 나아가 그가 나의 신랑이 되어주십니다. 그분은 나와 더불어 영원히 이 삶을 나누기 원합니다. 신랑 되시는 그분 앞에 내 인생과 내 운명을 내어 맡기고 위탁하십시오. 그리하여 그 신랑 앞에 모든 것을 내어 맡기고 사는 밀월 같은 새 생활을 해보고 싶지 않으십니까?

사랑하는 사람들은 날마다 눈을 떠도 신혼의 아침처럼 날마다의 아침이 새롭습니다. 그러나 그것은 단순한 부부관계만으로는 불가능합니다. 우리의 의사 되신 그 예수 그리스도께서 내 상처를 치료하시고, 나와 영원한 관계 속에 들어가시고, 나를 그의 신부로 삼으시고 애정을 고백하시는 이 놀라우신 주님, 예수 그리스도와의 관계 속에서 우리가 보는 아침은 새 아침입니다.

28절을 보십시다. "저가 모든 것을 버리고 일어나 좇으니라."

레위는 모든 것을 버리고 벌떡 일어나 주님을 좇았습니다. 예수님은 모든 것을 버릴만한 가치가 있습니다. 세관에서 예수 없이 삶을 살고 종교의식을 아무리 해보아도 새로워지지 않고 허무했던 레위가, 참으로 자신이 죄인임을 깨닫고, 십자가의 의미를 깨닫고, 예수 그리스도를 그의 구주로 영접하고, 구체적 새 삶 속에 들어갔을 때, 마태에게 새 하늘이 열리고 새 땅이 열리고 새 아침이 열립니다. 그날이 마태에게 있어서는 새해, 새달, 새날이었습니다. 은혜의 새 시대를 이루신 예수님을 우리 모두 영접합시다.

안식의 주인이신 예수님

누가복음 6장 1절~11절

안식과 행복은 모든 사람이 찾고 구하는 것입니다. 그러나 찾는다고 모두가 발견하고, 구한다고 모두 얻을 수 있는 것은 아닙니다. 그렇다면 누구에게서 안식을 찾고 구해야 합니까?

본문은 안식일과 관련된 두 가지 기사를 다룹니다. 하나는 안식일에 예수님의 제자들이 밀밭 사이를 지나가다 밀 이삭을 잘라 먹은 일과 관련된 사건(1-5절)이고, 다른 하나는 예수님이 안식일에 오른손에 마비된 사람을 회복시키신 기적입니다(6-11절). 앞의 사건에서는 예수님이 자신을 안식일의 주인으로 선포하셨고, 뒤의 사건에서는 손이 마비된 사람을 안식일에 회복시킴으로써 자신이 안식일의 주인임을 입증하셨습니다. 두 사건은 모두 안식일에 일어났습니다(1, 6절).

마태복음과 마가복음의 병행 기사를 볼 때 두 사건이 동일한 안식일에 일어났을 것이라는 인상을 줍니다. 하지만 누가는 둘째 기사가 다른 안식일에 있었다고 분명하게 밝힙니다(6절). 두 안식일 논쟁은 바리새인들이 예수님께 굴복하는 것으로 끝나지 않습니다. 오히려 정반대로 그들이 예수님을 죽이려는 모의를 하는 것으로 막을 내립니다(11절). 예수님의 제자들은 바리새인들의 안식일 기준에 따라 행하지 않았습니다. 그들은 예수님과 그분의 제자들의 행동을 그들의 옛 범주(낡은 가죽부대) 안에 가두어 놓으려고 했으나, 예수님과 그분의 제자들은 새 포도주를 새 부대에 넣는 것과 같은 행동을 했습니다.

1. 주님만이 우리에게 안식을 주십니다 1절~5절

◆◆◆

"안식일에 예수께서 밀밭 사이로 지나가실새 제자들이 이삭을 잘라 손으로 비비어 먹으니 어떤 바리새인들이 말하였다. 어찌하여 안식일에 하지 못할 일을 하느뇨?"(1-2절).

누가는 예수께서 안식일에 행하신 일에 대해 이미 두 번 언급했습니다(눅 4:16, 31). '두 번째 첫 안식일'이라는 말은 앞에서 언급한 안식일들 말고 두 번째 언급하는 첫 안식일이라는 뜻일 것입니다. 제자들이 이삭을 잘라 손으로 비비어 먹은 것을 보면, 그들은 몹시 시장했습니다. 제자들의 행위는 특별한 상황에서 생긴 일이었습니다. 그러나 바리새인들에게는 사람의 연약함을 동정하는 마음이 없었습니다. 그들은 제자들의 행위를 '안식일에 하지 못할 일'로 규정하였습니다.

예수께서는 대답하셨습니다. "다윗이 자기와 및 함께한 자들이 시장할 때에 한 일을 읽지 못하였느냐? 그가 하나님의 전에 들어가서 다만 제사장 외에는 먹지 못하는 진설병을 집어먹고 함께한 자들에게도 주지 아니하였느냐? 인자는 안식일의 주인이니라"(3-4절)

다윗은 자기를 죽이려는 사울 왕을 피하여 도망치고 있었을 때 놉 땅에 가서 제사장 아히멜렉에게 나아가 떡 몇 개를 요청하였습니다. 아히멜렉에게는 보통 떡은 없었고 여호와 앞에 두었다가 물려낸 거룩한 떡만 있었습니다. 그것은 제사장들만 먹을 수 있는 떡이었습니다. 그러나 그 특별한 상황에서 그는 시장했던 다윗과 및 함께한 자들에게 그 떡을 주었고 그들은 그 떡을 먹었습니다(삼상 21:1-6). 예수께서는 제자들의 행위를 다윗의 그 사건에 비교하셨던 것입니다.

"인자는 안식일의 주인이니라"는 말씀은 구약의 안식일이 예수님에게서 완성될 것을 암시합니다. 구약의 안식일 계명은 두 가지 요소를 가지고 있었습니다. 하나는 의식적(儀式的) 요소이며, 다른 하나는 도덕적 요소이었습니다. 안식일 계명의 의식적 요소는 예수 그리스도 안에서 성취되었습니다. 구약시대에 6일 동안 일하고 제7일에 안식하는 것은 예수 그리스도 안에서 성취되었습니다. 죄로 인하여 수고로이 사는 인생들에게 예수께서는 참 안식을 주셨습니다(마 11:28). 이것이 구원입니다. 이 안식은 주 안에서 시작되었고 장차 천국에서 완성될 것입니다.

안식일 계명의 도덕적 요소는 신약교회에 의해 지켜져 왔고 오늘날도 여전히 필요합니다. 안식일 계명의 도덕적 요소란 교회의 공적 예배를 위해 한 날이 필요하다는 것과 그날에 모든 그리스도인이 모이기를 힘써야 한다는 것입니다. 이런 의미에서 안식일 계명은 결코 폐지되지 않았습니다. 안식일이 주 안에서 성취되었다는 것은 7일이 다 '나의 날' 혹은 세속적인 날이 되었다는 뜻이 아니고, 오히려 7일이 다 하나님의 날이 되었다는 뜻입니다.

주님은 안식일의 주인이십니다. 그렇다면, 우리는 신약의 안식일인 주일을 주님의 뜻대로 살아야 할 것입니다. 만일 이날을 내 마음대로 산다면, 그날의 주인은 주님이 아니고 내가 될 것입니다. 그러나 모든 날의 주인이 주님이시오, 주일의 주인도 주님이십니다. 그러므로 구원받은 성도가 주일을 범하고 버는 돈은 결코 복이 되지 못할 것입니다.

참되고도 영원한 안식은 주님만이 주실 수 있습니다. 누구든지 그분과 함께 있으면 풍성한 안식을 누릴 수 있습니다. 그러면 어떻게 해야 주님과 함께 거하며 그분의 풍성한 안식에 들어갑니까? 안식일의 주인이신 예수님을 믿어야 합니다. 믿음은 자신의 무력함을 고백하고 주님만 생명과 안식과 기쁨이 되심을 확실히 고백하고 붙잡는 것입니다. 예수님을 믿을 때 그분과 함께 거하게 되고 그분이 주시는 참된 안식을 누릴 수 있습니다. 그 무엇도, 그 누구도 주님이 주시는 참된 안식을 빼앗을 수 없습니다.

2. 주님은 안식을 위해 지금도 일하십니다 `6절~10절`

[6-10절], 또 다른 안식일에 예수께서 회당에 들어가셔서 가르치실 때 거기 오른손 마른 사람이 있었습니다. 서기관과 바리새인들이 예수를 송사할 이유를 찾으려 하여 안식일에 병 고치시는가 엿보았습니다. 예수께서는 그들의 생각을 아시고 손 마른 사람에게 "일어나 한가운데 서라"고 말씀하시자 그가 일어나 섰습니다. 예수께서는 그들에게 말씀하시기를, "내가 너희에게 묻노니 안식일에 선을 행하는 것과 악을 행하는 것 생명을 구하는 것과 멸하는 것 어느 것이 옳으냐?"고 하셨습니다.

그는 무리를 둘러보시고 그 사람에게 "네 손을 내밀라"고 말씀하셨습니다. 그가 그렇게 하자 그 손이 회복되었습니다. 예수께서는 안식일에 오른손 마른 병자를 고쳐주심으로써 안식일에 선을 행하는 일이 가능하다는 것을 증거하셨습니다. 우리는 오늘날 주일에 환자들을 심방하거나 가난한 자들을 구제하는 일을 할 수 있습니다.

주님은 우리에게 안식을 주기 위해 지금도 일하십니다. 십자가 구속 사역을 성취하신 그분은 우리를 부르셔서 그분 안에 충만히 거하도록 일하십니다. 그래서 안식이 없던 사람에게는 안식이, 안식의 부요함을 갈구하는 자에게는 풍성함이 부어집니다. 예수님이 지금도 안식을 위해 일하신다면 그분의 제자인 우리는 무엇을 해야 할까요? 두 가지입니다. 첫째, 그분의 명령과 인도하심에 순종하는 것입니다. 둘째, 주님의 안식을 전하기 위해 일하는 것입니다. 안식을 위해 지금도 일하시는 예수님처럼 여러분도 이를 위해 일하십시오.

3. 세상은 참된 안식을 거부합니다 11절

[11절], 그들은 노기(怒氣, 분기;憤氣)가 가득하여 예수를 어떻게 처치할 것을 서로 의논하였습니다. 주님이 주시는 안식은 세상의 거짓 안식의 허상을 폭로합니다. 그렇기에 세상은 예수님이 주시는 안식을 싫어하고 거부합니다. 따라서 예수님이 주시는 참된 안식을 구하는 것은 세상을 거부하고 세상 것들을 버리는 것을 의미합니다. 여러분, 주님이 주시는 안식을 거부하는 자들이 말하는 거짓 안식에 속지 마십시오. 세상이 주는 거짓 안식은 두려움과 염려와 불안과 미움과 분노를 가져오며, 우리로 하여금 세속적 성공과 정욕의 노예로 살아가게 합니다. 세상은 절대로 우리에게 진정한 안식을 줄 수 없습니다.

우리는 예수께서 안식일의 주인이심을 알아야 합니다. 이것은 구약의 안식일이 예수 그리스도 안에서 성취됨을 암시합니다. 과연 구약의 안식일은 주 예수 그리스도 안에서 성취되었습니다. 우리는 주 안에서 참된 안식을 누립니다. 제7일 토요일 안식일은 주께서 부활하신 주일로 변경되었습니다. 신약교회는 하나님의 섭리 가운데 주일을 거룩하게 구별하여 육신의 안식과 더불어 하나님께 예배하는 날로 지키며, 그날에 물건을 사고팔거나 육신적인 오락을 즐기지 않습니다.

그러나 우리는 주일에 부득이한 일과 선을 행하는 일을 할 수 있다고 봅니다. 우리는 너무 율법적으로만 생각하여, 주일에 부득이한 일을 행하는 자나 선을 행하는 자를 비난하고 정죄하는 잘못을 범해서는 안 된다고 생각합니다. 주님을 믿는 것은 복되고 기쁜 일입니다. 예수님은 우리에게 자유를 주셨으며 천국의 안식을 주려고 십자가에서 죽으셨습니다. 소망 없는 세상에서 주님이 주시는 안식으로 평안을 경험하는 여러분이 되시기를 소원합니다.

말씀으로 임하는
하나님 나라

누가복음 6장 12절~26절

1. 기도로 세워지는 하나님 나라 12절~16절

12절을 보십시오. 이때(안식일에 밀이삭, 손마른 자 치유 논쟁)에 예수께서는 열두 사도들을 택하여 세우시기 위해 기도하러 산으로 가셔서 밤새도록 기도하셨습니다. 하나님의 아들께서는 친히 기도의 본을 보여 주셨습니다. 예수님께서는 제자들에게 "너희가 내 이름으로 무엇을 구하든지 내가 시행하리라"(요 14:13)고 말씀하셨습니다. 사도 바울은 믿는 우리에게 쉬지 말고 기도하라(살전 5:17)고 가르쳤습니다. 우리는 특히 어려운 일을 당했을 때 낙심치 말고 기도해야 합니다(빌 4:6, 7).

13-16절을 보십시오. 날이 밝자, 예수께서는 그 제자들을 부르셔서 그중에서 열둘을 택하여 사도라 칭하셨습니다. '사도'라는 (아포스톨로스)는 '보내심을 받은 자'라는 뜻입니다. 예수 그리스도

의 사도들은 신약교회의 기초석이 될 자들이었습니다(엡 2:20). 교회의 기초는 예수 그리스도이지만(고전 3:11) 예수 그리스도의 교훈과 십자가 사역의 의미와 모든 구원 교리와 기타 교리들과 종말 예언들은 사도들의 서신들을 통해 증거되었습니다.

마가복음 3장에 보면, 예수께서는 원하시는 자들을 불러 세우셨고(13절), 그들로 하여금 주와 함께 거하며 나아가 전도하게 하셨고, 또 그들에게 병 고치는 능력을 주셨습니다(14, 15절). 여기에 사도들의 직무가 나타나 있고 그들을 세우신 주님의 의도도 드러나 있습니다. 사도들은 무엇보다 주님과 함께 있으면서 그의 말씀을 잘 배우고 나아가서 주님과 그의 복음을 전파해야 했습니다. 그러므로 사도행전 6장에 보면, 예수께서 승천하신 후, 일곱 집사를 세울 때 사도들은 "우리는 기도하는 것과 말씀 전하는 것을 전무(專務)하리라"(4절)고 말하였습니다.

열두 제자들 중 '예수님을 팔 가룟 유다'가 있었습니다. 그는 처음부터 믿지 않은 자요(요 6:64), 돈을 훔쳐 가는 도적이요(요 12:6), 죄 씻음을 받지 못한 자(요 13:10)이었습니다. 예수께서는 그를 마귀라고 부르셨고(요 6:70), 마침내 사탄이 그 속에 들어감으로써(요 13:27) 주님을 배신하고, 은 30을 받고 악한 자들에게 주님을 넘겨주었습니다(마 26:15). 어떻게 이런 사람이 얼두 세사 중에 포함되었는지 잘 알 수 없습니다. 그러나 예수께서는 그를 통해 배신의 고통까지 경험하신 것입니다.

가룟 유다가 사도 중에 포함되었다는 사실은, 오늘날 교회 지도자들 가운데 가룟 유다 같은 이가 있을 수 있음을 보여 줍니다. 주께서는 일찍이 거짓 교사들을 삼가라고 말씀하시면서 그들의 행위로 그들을 알리라(마 7:15-20)고 하셨습니다. 그러므로 하나님의 종들은 실생활에서 의롭고 선한 행위들로 자신의 하나님 사랑과 이웃 사랑의 진실함을 증거해야 합니다.

우리는 예수님을 본받아 언제나 기도하기를 힘써야 하겠습니다. 하나님의 아들 예수께서 시시때때로 기도하기를 힘쓰셨다면, 우리같이 무능하고 연약하고 부족한 종들은 얼마나 더 하나님께 기도하며 그의 은혜와 능력을 구해야 하겠습니까? 또 모든 성도는 기도로 늘 승리적 삶을 살아야 합니다. 모든 성도는 하나님께서 교회에 세우신 종들을 존중하고, 그들이 하나님이 주신 사명을 잘 감당하도록 그들을 돕고 그들을 따르며 복종해야 할 것입니다. 그렇게 할 때, 하나님의 교회는 진리와 은혜와 평강 가운데 힘 있게 잘 진행될 것입니다.

◆◆◆

"교회가 평안하여 든든히 서가고 주를 경외함과 성령의 위로로 진행하여 수가 더 많아지니라"(행 9:31).

2. 말씀으로 이루어지는 온전함 17절~19절

17절을 다 함께 읽어 봅시다. 예수께서 그들과 함께 내려오셔서 평지에 서셨는데, 그의 제자들의 많은 무리와 또 예수님의 말씀도 듣고 병 고침을 얻으려고 유대 사방으로부터 온 많은 백성이 있었습니다. 오늘날도 사람들은 이런저런 동기로 교회에 나오지만, 우리는 주 예수 그리스도를 믿고 따르며 그에게 배우고 그의 교훈을 행하며 그의 인격과 삶을 본받는 참된 제자들이 되기를 원합니다.

18-19절을 다 함께 읽어 봅시다. 더러운 귀신에게 고난받는 자들도 고침을 얻었습니다. 온 무리가 예수를 만지려고 힘썼습니다. 왜냐하면 능력이 예수께로 나서 모든 사람을 낫게 하였기 때문입니다. 예수께서는 많은 사람들 앞에서 공개적으로 병자들을 고쳐주셨습니다. 예수께서 병자들을 고쳐주신 것은 그가 단지 사람이 아니고 하나님의 아들 그리스도이심을 증거하였습니다. 그가 행하신 이런 기적들은 그의 신적 인격에 대한 증거들입니다.

3. 하나님 나라 백성의 자격 `20절~26절`

20, 21절을 보십시오. 예수께서는 눈을 들어 제자들을 보시고 말씀하셨습니다.

◆ ◆ ◆

"가난한 자는 복이 있나니 하나님의 나라가 너희 것임이요, 이제 주린 자는 복이 있나니 너희가 배부름을 얻을 것임이요, 이제 가난하고 주리고 운다는 것은 물질적이고 육신적인 의미뿐 아니라, 영적인 의미도 가진다고 봅니다. 사람들은 물질적으로나 육신적으로 가난하고 주리고 울 때 하나님과 자신에 대해 잘 깨닫게 됩니다. 물질적 가난은 심령의 가난으로 이어지는 경우가 많습니다. 육신적 가난과 슬픔이 사람에게 불행이 아니고 오히려 복이 되는 경우가 많습니다.

가난한 자가 하나님의 나라를 받고 주린 자가 배부름을 얻으며 우는 자가 웃게 될 때는 언제입니까? 세상적으로 가난하고 주리고 우는 자들은 하나님을 깨닫고 예수님을 믿어 구원을 받게 될 때, 하나님의 나라를 얻으며 영적으로 배부름과 기쁨을 얻을 것입니다. 주 예수께서 다시 오심으로 새 하늘과 새 땅이 시작될 때 그들은 영광스런 부활의 몸을 가지고 거기에 들어가 영원히 배부름과 충만한 기쁨을 누리게 될 것입니다. 22, 23절에서 예수께서는 또 말씀하셨습니다.

♦♦♦

제자들에게는 사람들로부터 받는 미움과 배척과 비난도 있었

습니다. 그것은 예수님을 믿고 그를 전파한다는 이유로 받는 고
난이었습니다. 그러나 하나님과 예수님 때문에 또 성경의 바른
진리 때문에 받는 고난은 고난당하는 자들에게 복입니다.

그러므로 예수께서는 그들이 고난당할 때에 기뻐하고 뛰놀라
고 말씀하십니다. 그 이유는 하늘에서 그들의 상이 크기 때문입
니다. 마지막 심판 때에 제자들에게 상급이 있을 것이며 그 상급
은 그들의 행위의 정도에 따라 크기가 다를 것인데, 주 예수님과
그의 복음을 위해 고난을 당하는 제자들에게는 큰 상이 주어질
것이 분명합니다. [24-25절], 예수께서는 화가 있는 자들에 대해
서도 말씀하셨습니다.

◆◆◆

"그러나 화 있을진저 너희 부요한 자여, 너희는 너희의 위로
를 이미 받았도다. 화 있을진저 너희 이제 배부른 자여, 너희는
주리리로다. 화 있을진저 너희 이제 웃는 자여, 너희가 애통하
며 울리로다."

겸손히 하나님을 찾고 하나님의 은혜와 의(義)를 구하지 않는
부요하고 배부른 자들에게는 화가 있을 것입니다. 더욱이 마지
막 심판 때 지옥의 판결을 받게 될 때, 그들은 영원히 아무 위로
를 받지 못하며 주리고 애통하며 울게 될 것입니다. 26절에서 예
수께서는 또 말씀하셨습니다.

◆◆◆

"모든 사람이 너희를 칭찬하면 화가 있도다. 저희 조상들이 거

　모든 사람이 칭찬하는 사람은 진리의 사람인 표를 잃어버린 자입니다. 그래서 주께서는 그런 자에게 화가 있다고 말씀하신 것입니다. 옛날 이스라엘 백성은 거짓 선지자들에게 이런 칭찬을 했습니다. 오늘날도 마찬가지입니다.

　하나님의 종들에게는 항상 두 가지 상반된 반응이 있습니다. 하나는 그를 인정하고 존중하고 사랑하고 따르는 것이요, 다른 하나는 그를 무시하고 미워하고 비난하고 배척하는 것입니다. 왜냐하면 하나님의 말씀들은 의인에게는 위로와 힘과 기쁨이 되지만, 악인에게는 두려움과 고통과 찔림이 되기 때문입니다.

　예수께서는 많은 병자들을 고쳐주셨습니다. 그것들은 기적이었습니다. 예수님의 가르침은 세상의 선생들의 가르침과 달랐습니다. 예수께서는 가난과 주림과 우는 것이 복되며, 부요와 배부름과 웃음이 화라고 가르치셨습니다. 그의 가르침은 현세 중심, 세상 중심이 아니고, 하나님 중심, 내세 중심이었습니다. 주님의 제자는 예수님 때문에 사람들에게 미움과 배척과 비난과 핍박을 받는다면, 그것은 참 제자의 표시요, 장차 천국에서 큰 상급이 있는 일이기 때문에 오히려 기뻐해야 합니다. 그는 항상 신구약 성경에 기록된 대로 하나님의 온전하신 뜻만 선포하고 실행하는 종이 되어야 합니다. 이것이 말씀으로 임하는 하나님 나라입니다.

삼위일체적 사랑

누가복음 6장 27절~38절

그리스도인의 천국헌장은 십계명입니다. 이 십계명은 하나님을 사랑하고 이웃을 사랑하라는 성경전서의 정신이요, 가치입니다. 본문은 원수 사랑의 핵심 교훈을 제시합니다. 이것은 산상수훈에서 원수 사랑의 교훈이 한 부분을 차지하고(마5:38-48), 다른 주제들이 나머지 부분을 차지하는 것(마5:21-37)과 잘 비교됩니다. 원수사랑은 누가복음에서 중요한 주제입니다(27, 35, 10:36,37, 23:34). 예수께서는 27, 28절에서 말씀하셨습니다.

◆◆◆

"그러나 너희 듣는 자에게 내가 이르노니, 너희 원수를 사랑하며 너희를 미워하는 자를 선대하며 너희를 저주하는 자를 위하여 축복하며 너희를 모욕하는 자를 위하여 기도하라."

우리는 원수를 대적하고, 우리를 미워하는 자를 미워하고, 우리를 저주하는 자를 저주하고, 우리를 모욕하는 자를 모욕하는 것은 일반적 생각입니다. 그러나 예수님의 가르침은 사람들의 일반적 생각을 뛰어넘습니다. 구약의 율법 레위기 19장 18절에서 "원수를 갚지 말라"고 명하셨으나, 예수님의 가르침은 이 율법의 말씀보다 더 나아가 원수를 사랑하고 우리를 미워하는 자를 선대하고, 우리를 저주하는 자를 축복하고, 우리를 모욕하는 자를 위해 기도하라고 가르치셨습니다. 예수께서는 또 29, 30절에서 말씀하셨습니다.

◆◆◆

"너의 이 뺨을 치는 자에게 저 뺨도 돌려대며 네 겉옷을 빼앗는 자에게 속옷도 거절하지 말라 네게 구하는 자에게 주며 네 것을 가져가는 자에게 다시 달라 하지 말며."

이 말씀은 악한 자를 대적하거나 보복하지 말고, 그에게 끝까지 선을 행하라는 것입니다. 이 말씀은 물론 도적질이나 강도질이나 폭력이나 살인을 정당한 일로 허용하라는 뜻은 아닙니다. 이 말씀은 범죄의 억제를 금하신 것이 아니고 보복 정신을 정죄하신 것이라고 말하였습니다.

사회적으로는 법이 필요하고 범죄의 처벌도 필요합니다. 그러나 그때도 가능한 한 사랑의 원리가 적용되어야 합니다. 악한 자를 대적하지 말고 그에게 보복하지 말라는 주님의 교훈은 특히 개인의 행위에 적용됩니다. 주께서는 우리에게 보복 대신에 양보를 요구하십니다. 이를 위해 우리는 오래 참아야 하며 정당한 권리도 때로는 포기해야 합니다. 보복은 보복을 불러오고 피는 피를 불러옵니다. 주께서는 검을 가지는 자는 다 검으로 망한다고 말씀하셨습니다(마 26:52). 우리는 악한 자들을 사랑으로 이겨야 합니다. 로마서 12장 17-21절은 이 원리를 잘 교훈합니다.

◆◆◆

"아무에게도 악으로 악을 갚지 말고 모든 사람 앞에서 선한 일을 도모하라. 할 수 있거든 너희로서는 모든 사람으로 더불어 평화하라. 내 사랑하는 자들아, 너희가 친히 원수를 갚지 말고 진노하심에 맡기라. 기록되었으되 원수 갚는 것이 내게 있으니 내가 갚으리라고 주께서 말씀하시니라. 네 원수가 주리거든 먹이고 목마르거든 마시우라. 그리함으로 네가 숯불을 그 머리에 쌓아 놓으리라. 악에게 지지 말고 선으로 악을 이기라."

우리가 원수를 사랑해야 할 이유는 우리를 위한 하나님의 사랑 때문입니다. 우리가 연약하여 죄인 되었고, 하나님과 원수 되었을 때, 하나님께서는 우리를 사랑하셨고, 우리를 위해 독생자를 십자가에 희생시키셨습니다(롬 5:6-8, 10). 이것이 기독교 복음의 내용입니다. 하나님께서 이렇게 우리를 사랑하셨기 때문에 우리도 원수를 사랑해야 합니다. 우리는 원수를 사랑하며 우리에게 악을 행하는 자에게 선을 베풀어야 합니다.

십자가에 달리신 주께서는 자기를 못 박는 자들을 향해 "아버지여, 저희를 사하여 주옵소서. 자기의 하는 것을 알지 못함이니이다"(눅 23:34)라고 말씀하셨습니다. 스데반도 돌에 맞아 죽으면서 무릎을 꿇고 "주여, 이 죄를 저들에게 돌리지 마옵소서"(행

7:60)라고 기도하였습니다. 손양원 목사는 자기 두 아들을 죽였던 공산당원을 자기 아들로 삼았습니다. 우리는 우리의 자녀가 밖에서 맞고 들어오면, "잘 참았다. 때리는 것보다 맞는 것이 낫다"고 가르쳐야 합니다.

마태복음 7장 12절에 보면, 주께서는 기도에 대한 교훈의 결론으로 31절과 같이 "그러므로 무엇이든지 남에게 대접을 받고자 하는 대로 너희도 남을 대접하라"고 말씀하셨습니다. 이 말씀은 대인관계에서, 우리가 남에게서 이해와 사랑을 받기를 원한다면, 우리가 먼저 그를 이해하고 그를 사랑해야 한다는 것입니다. 이것이 사랑의 원리입니다. 사랑은 무례히 행하지 않고 자기 유익을 구하지 않습니다(고전 13:5). 예수께서는 32, 33절에서 이렇게 말씀하셨습니다.

◆◆◆

"너희가 만일 너희를 사랑하는 자만을 사랑하면 칭찬 받을 것이 무엇이냐 죄인들도 사랑하는 자는 사랑하느니라. 너희가 만일 선대하는 자만을 선대하면 칭찬 받을 것이 무엇이냐 죄인들도 이렇게 하느니라."

우리가 우리를 사랑하는 자들만 사랑한다면, 우리는 세상 사람들과 다를 바가 없을 것입니다. 구원이 정말 하나님의 형상의 회복이라면, 우리는 우리의 변화된 삶을 통하여 하나님의 구원의 참됨과 가치 있음을 증거해야 할 것입니다. 예수께서는 또 34절에서 말씀하셨습니다.

◆◆◆

"너희가 받기를 바라고 사람들에게 꾸어 주면 칭찬 받을 것이 무엇이냐 죄인들도 그만큼 받고자 하여 죄인에게 꾸어 주느니라."

주께서는 본문에서 "아무것도 바라지 말고 빌려주라"고 가르치십니다. 성도들이 남에게 돈을 빌려줄 때 원금을 받는 것은 정당한 일이지만, 이자를 받는 것은 합당치 않다는 말씀입니다. 성도들 간에는 장사나 돈거래를 하지 않는 것이 좋습니다. 성도의 교제는 순수한 것이 좋습니다. 예수께서는 또 35-36절에서 말씀하셨습니다.

◆◆◆

"오직 너희는 원수를 사랑하고 선대하며 아무 것도 바라지 말고 꾸어 주라 그리하면 너희 상이 클 것이요 또 지극히 높으신 이의 아들이 되리니 그는 은혜를 모르는 자와 악한 자에게도 인자하시니라. 너희 아버지의 자비로우심 같이 너희도 자비로운 자가 되라."

원수를 사랑하며 남을 선대하며 이자를 바라지 않고 빌려주는 자들에게는 상이 클 것입니다. 천국에서 성도가 받을 상급은 지상에서 행한 순종과 선행에 따라 차등이 있을 것입니다. 하나님께서는 상에 대한 약속으로 성도의 순종과 선행을 격려하십니다. 또 이런 선한 삶은 하나님의 자녀다운 삶입니다. 하나님께서는 경건한 자들에게나 불경건한 자들에게나 골고루 햇빛과 비를 내리시는 자비로우신 하나님이십니다. 그러므로 우리가 모든 사람을 사랑하고 원수까지도 사랑한다면, 우리는 하나님의 성품을 본받은 자가 될 것입니다. 이것은 하나님께서 우리 모두에게 원하시는 바입니다.

27절부터 36절까지의 말씀은 요약하면 서너 가지가 있습니다. 첫째는 원수까지도 사랑하고 악한 자를 선대하라는 것입니다. 둘째는 남이 우리에게 잘해주기를 바라지 말고 우리가 남에게 먼저 잘 해주라는 것입니다. 셋째는 가난한 자들에게 대가 없이 빌려주라는 것입니다. 이것이 다 하나님의 자비하신 성품을 본받은 하나님의 자녀다운 행위요, 처신입니다. 우리는 구원받은 하나님의 자녀답게 그렇게 살아야 합니다. 예수께서는 또 37-38절에서 말씀하셨습니다.

◆◆◆

"비판하지 말라 그리하면 너희가 비판을 받지 않을 것이요 정죄하지 말라 그리하면 너희가 정죄를 받지 않을 것이요. 용서하라 그리하면 너희가 용서를 받을 것이요. 주라 그리하면 너희에게 줄 것이니 곧 후히 되어 누르고 흔들어 넘치도록 하여 너희에게 안겨 주리라. 너희가 헤아리는 그 헤아림으로 너희도 헤아림을 도로 받을 것이니라."

"비판치 말라"는 교훈은 어떤 경우에도 판단치 말라는 뜻은 아닙니다. 마태복음 23장에 보면, 주께서는 바리새인들과 서기관들의 외식을 신랄하게 비판하셨습니다. 갈라디아서 2장 11절에 보면, 안디옥에서 바울은 베드로를 책망하였고, 고린도전서에서 바울은 교회의 여러 문제를 판단하고 바른 길을 교훈하였습니다. 디모데전서 5장 20절은, "범죄한 자들을 모든 사람 앞에 꾸짖어 나머지 사람으로 두려워하게 하라"고 말합니다. 특히 성경이 이단을 배격하라고 가르칠 때 진리와 비진리에 대한 분명한 판단을 전제한 말씀입니다. 그러나 우리 모두는 사사로이 혹은 성급하게 남을 판단하지 말아야 합니다.

본문은 또 37하, 38상반절에서 사사로운 비판과 정죄를 버리고 남을 용서하고 구제하라고 교훈합니다.

◆◆◆

"용서하라, 그리하면 너희가 용서를 받을 것이요, 주라 그리하면 너희에게 줄 것이니 곧 후히 되어 누르고 흔들어 넘치도록 하여 너희에게 안겨 주리라."

용서와 구제, 이것은 하나님께서 성도들에게 보이신 명확한 뜻입니다. 그것은 성도의 중요한 생활 규칙의 하나입니다. 원문에는 "주라, 그리하면 그들이 너희에게 줄 것이니"라고 되어 있습니다. 이것은 이 세상에서 보상을 받음을 가리킵니다. "후히 되어 누르고 흔들어 넘치도록"이라는 표현은 밀가루를 되에 가득히 채워 주는 것 같은 풍성한 보상을 묘사하신 것입니다.

비판하지 말고 용서하고 구제함으로 헤아림을 도로 받지 아니하고, 하나님을 사랑하고 이웃을 사랑하며 원수까지 사랑하는 삼위일체적 사랑을 통해 이 땅에서도 풍성한 복을 누리며 살 수 있기를 축복하며 소원합니다.

예수님의 제자입니까?

예수님은 그분을 따르는 제자라고 하면서도 세상 것을 추구하고 좋은 열매를 맺지 않으면 가짜 신앙인이라고 말씀하십니다. 그렇다면 진짜 예수님의 제자는 어떤 삶을 살아갑니까? 진정한 예수님의 제자는 참된 선생이신 예수님의 가르침인 성경 말씀을 믿고 따라야 합니다. 예수님이라는 나무에 붙어 있는 신자는 의의 열매를 맺을 수 있습니다. 나아가 하나님의 말씀인 성경을 읽고 연구하며 행하는 자가 참된 신자입니다.

본문은 맹인이 맹인을 인도할 수 없고, 제자가 스승을 능가할 수 없다는 짧은 두 비유(39-42절), 나무의 종류를 보여 주는 열매(43-45절), 평지 수훈의 결론으로 대조되는 두 건축자의 비유(46-49절)로 나누어집니다. 본문은 표면적으로 원수 사랑의 교훈과는 다르게 새로운 주제, 곧 형제 사랑을 다루는 것처럼 보입니다. 그러나 외관상 그렇게 보일 뿐입니다. 예수님이 형제 사랑을 다루신 것은 형제 사랑이 원수 사랑으로 나아가는 중요한 길목에 있기 때문입니다. 가까이 있는 형제를 사랑하지 못하면서 도처에 있는 원수를 사랑하는 것은 불가능합니다.

또한 나무의 성격을 결정하는 열매에 대한 말씀은 성품의 됨됨이가 바뀌어야 형제 사랑을 할 수 있고, 이를 넘어서 원수 사랑을 실천하는 것이 가능함을 보여 줍니다. 평지 수훈의 결론에서는 제자들이 말만 하는 자가 아니라, 듣고 그대로 실천하는 자가 되어야 함을 두 건축자의 비유를 통해 생생하게 보여 줍니다.

1. 원수 사랑과 관련된 두 비유, 티와 들보의 비유

예수께서는 또 비유로 본문 누가복음 6장 39, 40절에서 말씀하셨습니다.

◆◆◆

"맹인이 맹인을 인도할 수 있느냐? 둘이 다 구덩이에 빠지지 아니하겠느냐? 제자가 그 선생보다 높지 못하나 무릇 온전하게 된 자는 그 선생과 같으리라."

'맹인이'라는 말은 무지한 인도자들을 가리키고, '맹인을'이라는 말은 무지한 교인들을 가리킵니다. 구덩이는 교리적, 윤리적 오류와 그로 인한 낭패를 가리킵니다. 진리의 바른 지식과 바른 삶이 없이 남을 인도하는 자는 자신도 망하고 그가 인도하는 자들도 망하게 할 것입니다. 우리는 그런 인도자가 되지 말아야 하고, 또 그런 자의 인도를 받는 자들도 되지 말아야 합니다. "제자가 그 선생보다 높지 못하다"는 말은 선한 뜻에서도, 나쁜 뜻에서도 가능할 것입니다. 선한 선생에게서는 선한 영향을 받음으로 배울수록 좋으나, 악한 선생에게서는 악한 영향을 받음으로 배우지 않을수록 좋을 것입니다. 예수께서는 또 41, 42절에서 말씀하셨습니다.

❖ ❖ ❖

"어찌하여 형제의 눈 속에 있는 티는 보고 네 눈 속에 있는 들보는 깨닫지 못하느냐? 너는 네 눈 속에 있는 들보를 보지 못하면서 어찌하여 형제에게 말하기를, 형제여 나로 네 눈 속에 있는 티를 빼게 하라 할 수 있느냐? 외식하는 자여, 먼저 네 눈 속에서 들보를 빼라. 그 후에야 네가 밝히 보고 형제의 눈 속에 있는 티를 빼리라."

'티'는 작은 결함을 비유하고 '들보(통나무)'는 비교할 수 없이 큰 결함을 비유합니다. 사람은 자신의 큰 잘못과 결함은 깨닫지 못하고 남의 작은 결함과 잘못은 지적하기 쉽습니다. 그러나 주께서는 우리가 자신의 큰 부족을 먼저 깨닫고 그것을 고친 후에, 남의 작은 부족에 대해 지적하라고 가르치셨습니다. 우리는 자신의 부족을 고친 후에 형제를 권면해야 합니다. 37절부터 42절까지의 말씀은 몇 가지의 교훈을 줍니다.

첫째로, 우리는 사사로이 혹은 성급하게 남을 판단하고 비판하고 정죄하지 말아야 합니다. 우리는 율법을 지키는 자이지 남을 심판하는 자가 아니기 때문입니다. 우리는 그 대신에 남을 용서하고 남에게 선을 베푸는 자가 되어야 합니다. 둘째로, 우리는 진리의 지식과 실천이 없이 남을 지도하고 권면하려고 하지 말아야 합니다. 우리는 맹인이 맹인을 인도하다가 둘 다 구덩이에 빠지는 것같이 되어서는 안 됩니다. 셋째로, 우리는 남의 부족과 실수와 결함을 지적하기 전에 자신의 부족을 먼저 살펴야 합니다. 먼저 자신의 큰 부족을 깨닫고 고친 자만이 남의 작은 부족에 대해 지적하고 그것을 고쳐줄 수 있습니다.

여러분이 따르는 가르침은 예수님의 가르침입니까? 아니면 세상의 교훈입니까? 혹시 맹인 선생을 따르고 있지 않습니까? 예수 그리스도만이 우리의 참된 선생이시오, 그분의 가르침이 담겨 있는 성경만이 진리입니다. 따라서 성경 말씀을 믿고 따를 때 영적 무지에서 벗어나 온전해집니다. 또한 주의 말씀을 읽고 묵상할 때 우리는 자신의 눈 속에 있는 들보를 볼 수 있습니다. 그래서 회개하며 믿음으로 하나님께 나아갑니다.

2. 나무와 열매의 관계, 마음에서 비롯되는 선과 악

예수께서는 또 본문 43-45절에서 말씀하셨습니다.

◆◆◆

"못된 열매 맺는 좋은 나무가 없고 또 좋은 열매 맺는 못된 나

나무와 열매는 사람의 인품과 행위를 비유합니다. 좋은 나무가 좋은 열매를 맺고 나쁜 나무가 나쁜 열매를 맺듯이, 좋은 사람은 좋은 말과 행위를 하고 나쁜 사람은 나쁜 말과 행위를 합니다. 나무는 각각 그 열매로 압니다. 사람의 인품과 말과 행위는 같이 가기 때문에, 사람의 인품은 그의 말과 행위를 보아 알 수 있습니다. 우리는 하나님의 자녀이므로 평소 훈련을 통해 말과 행위에 있어서 거룩하고 선해야 합니다.

오늘날 교회 안에는 적당히 믿어도 구원받을 수 있다는 거짓 복음이 들어와 있습니다. 좋은 열매 없는 좋은 나무 없듯이, 의의 열매를 맺지 못하는 참된 신자는 없습니다. 참된 예수님의 제자는 성령으로 새 마음을 가진 자입니다. 참된 제자는 부활하신 예수 그리스도라는 나무에 붙어 좋은 열매를 맺습니다. 열매 없이도 구원을 받는다는 거짓 가르침에 속지 마십시오. 하나님의 사랑을 받고 그분을 사랑하며 말씀을 믿음으로 풍성한 의의 열매를 맺는 주님의 참된 제자들이 되시기 바랍니다.

3. 행하지 않음에 대한 책망, 집을 짓는 자의 비유

예수께서는 또 46-49절에서 말씀하셨습니다.

◆◆◆

"너희는 나를 불러 주여, 주여 하면서도 어찌하여 나의 말하는 것을 행하지 아니하느냐? 내게 나아와 내 말을 듣고 행하는 자마다 누구와 같은 것을 너희에게 보이리라. 집을 짓되 깊이 파고 주초를 반석 위에 놓은 사람과 같으니 큰물이 나서 탁류가 그 집에 부딪치되 잘 지었기 때문에 능히 요동하지 못하였거니와 듣고 행하지 아니하는 자는 주추 없이 흙 위에 집 지은 사람과 같으니 탁류가 부딪치매 집이 곧 무너져 파괴됨이 심하니라."

주께서는 행위의 중요성을 강조하십니다. 우리가 예수님을 '주님'이라고 고백할진대, 우리는 그의 가르치신 바들을 행하려 해야 할 것입니다. 또 그의 말씀을 행하는 자는 튼튼한 기초 위에 집을 짓는 사람과 같습니다. 그는 홍수가 나도 흔들리거나 무너지지 않을 것입니다. 홍수는 환난이나 재난을 가리킵니다. 그러나 그 말씀을 행하지 않는 자는 튼튼한 기초 없이 집을 세우는 자와 같습니다. 그는 환난의 날에 낙심케 될 것입니다. 사람이 행위로 구원을 받을 수 없으나 행위 없이 구원받는 것도 아닙니다. 참된 믿음은 반드시 계명 순종의 행위로 증거 됩니다.

주께서는 우리의 행위가 중요함을 교훈하셨습니다. 우리가 구원받았다면, 우리는 선한 말과 행위로 우리의 구원을 증거해야 합니다. 또 순종의 행위는 집을 튼튼히 짓는 것과 같습니다. 평소에 행함이 없는 자는 환난 중에 실패할 것이지만, 행함이 있는 자는 실패치 않고 승리할 것입니다.

참된 예수님의 제자는 하나님의 말씀을 읽고 말씀대로 살고자 노력합니다. 그래서 참된 제자의 삶은 한마디로 '듣고 행하는 자'의 삶입니다. 참된 제자는 어떤 시련과 유혹이 와도 믿음이 요동하지 않으며 마지막 때 심판이 아닌 구원에 이릅니다. 오늘 여러분이 행해야 할 말씀은 무엇입니까? 말씀을 삶의 나침반으로 삼을 때 예수님의 제자로 살아가는 자신을 발견할 수 있습니다.

예수님의 제자는 거짓 가르침을 경계해야 합니다. 적은 누룩이 온 덩이에 퍼지는 것처럼, 거짓 가르침은 우리의 삶을 파괴합니다. 하나님의 말씀만을 사랑하고 따르며 그대로 행하는 자가 되시기를 소망합니다.

예수님께
칭찬받은 믿음

본문은 예수님이 죽어가는 백부장의 종을 말씀으로 치유하신 기사를 다룹니다. 여기서 백부장은 장로들과 친구들을 예수님께 보내 도움을 요청했으나, 그 자신은 예수님께 나아오지 않았습니다. 그것은 백부장이 예수님의 도움을 받을 자격이 충분히 있다고 인정하는 유대인 장로들의 생각과 백부장 자신의 생각이 근본적으로 달랐기 때문입니다.

누가는 본 기사를 예수님이 평지수훈을 모두 마치신 후에 가버나움에 들어가셨을 때 벌어진 사건으로 소개합니다(1절). 이것은 의도적으로 예수님의 평지설교 내용과 본문의 치유 기적을 연결하기 위한 것입니다. 이러한 연결은 백부장이 예수님 앞에서 보여 준 신앙, 곧 오직 그분의 말씀만 듣고 이에 순종하겠다는 자세가 예수님이 평지수훈을 통해 제자들에게 요구하셨던 제자의 이상적인 자세임을 잘 드러냅니다. 백부장은 "주여, 주여!"하면서 그분의 말씀대로 행하지 않아 예수님의 책망을 받는 자가 아니라, 주님의 이름을 부르면서 주님의 말씀대로 온전히 순종하는 자였습니다.

1. 가버나움으로 들어가신 예수님

[1-3절], 예수께서는 모든 말씀을 백성에게 들려주시기를 마치신 후 가버나움으로 들어가셨습니다. 가버나움은 예수께서 이미 많은 병자를 고쳐주셨던 곳이었습니다. 누가복음 4장에는 가버나움 회당에서 더러운 귀신 들린 사람을 고치신 일과, 시몬의 집에서 중한 열병으로 아파 누워 있던 시몬의 장모를 고쳐주신 일과, 해 질 때 집에 모여든 여러 병자에게 일일이 손을 얹어 고쳐주신 일 등이 기록되어 있습니다.

가버나움에 있는 어떤 백부장의 사랑하는 종이 병들어 죽게 되었는데 예수의 소문을 듣고 유대인의 장로 몇을 보내어, 오셔서 그 종을 구원하시기를 청하였습니다. 백부장(百夫長)은 로마의 군대 조직의 한 지휘관이었습니다. 이름 그대로, 그는 군사 100명을 지휘하는 장교였습니다. 그는 물론 로마 사람이었습니다. '사랑하는'이라는 (엔티모스)는 '소중히 여기는'이라는 뜻입니다. 그가 주인에게 소중히 여김을 받았던 것은 충성스런 종이었기 때문일 것입니다. 자기의 맡은 일에 충실한 것이 충성(忠誠)입니다. 충성된 종은 주인에게 소중히 여김을 받을 것입니다. 그런데 그 종이 병이 들었습니다. 약간 아픈 정도가 아니고 거의 죽게 될 정도로 아팠습니다. 그러나 그 종은 결국 고침을 받았습니다.

이 백부장은 좋은 점들을 가진 사람이었습니다. 첫째로, 그는 자기의 종을 사랑하였습니다. 물론 그 종도 주인에게 충성했겠지만, 그 주인은 자기 종을 사랑하고 소중히 여겼습니다. 그 종이 거의 죽게 되었지만, 그는 그를 포기하지 않았고 그를 살리기 위해 유대인의 장로들을 예수님께 보내었습니다. 이 백부장은 종을 사랑하는 동정심과 인간애를 가지고 있었습니다.

2. 백부장의 선행과 겸손

[4-5절], 그들은 예수께 나아와 간절히 구하였습니다. "이 일을 하시는 것이 이 사람에게는 합당하니이다. 그가 우리 민족을 사랑하고 또한 우리를 위하여 회당을 지었나이다."

백부장의 좋은 점 두 번째는 그가 이스라엘 백성을 사랑했고 그들을 위해 회당을 지어주었다는 것입니다. 회당을 짓는 것은 돈과 시간과 힘이 드는 일입니다. 그런데 그는 자기 지위와 자기 재력을 활용하여 유대인들을 위해 회당을 지어주었습니다. 이것을 보면 그는 하나님을 경외하는 자이었습니다. 그렇지 않았다면, 회당을 짓기 위해 자기의 돈과 시간과 힘을 그렇게 들이지 않았을 것입니다. 사람은 마음과 사랑이 가는 곳에 돈을 사용합니다. 하나님을 사랑하는 사람은 하나님을 위해 돈을 기꺼이 사용할 것입니다. [6-8절], 예수께서 함께 가실 때에 그 집이 멀지 아니하여 백부장이 벗들을 보내어 말했습니다.

◆◆◆

"주여, 수고하시지 마옵소서. 내 집에 들어오심을 나는 감당치 못하겠나이다. 그러므로 내가 주께 나아가기도 감당치 못할 줄을 알았나이다. 말씀만 하사 내 하인을 낫게 하소서. 나도 남의 수하에 든 사람이요 제 아래에도 병사가 있으니 이더러 가라 하면 가고 저더러 오라 하면 오고 내 종더러 이것을 하라 하면 하나이다."

백부장의 좋은 점 세 번째는 그가 자신의 심히 부족함을 깨달았다는 것입니다. 그는 예수께서 자기 집에 들어오심을 감당치 못하겠으며, 자기가 그에게 나아가기도 감당치 못하겠다고 말했습니다. 그것은 자신의 심히 부족하고 보잘것없음을 고백한 것입니다. 사회적으로 부족함이 별로 없어 보이고 높은 마음을 가질 만했던 그 백부장이 자신의 부족함과 보잘것없음을 깨닫고 고백한 겸손한 사람입니다.

3. 백부장의 믿음

백부장의 좋은 점 네 번째는 그가 예수님의 지극히 크심을 깨달았다는 것입니다. 즉 그는 예수님께 대한 바른 지식과 바른 믿음을 가졌던 것입니다. 그가 예수님께 '주여'라고 고백한 것은 예수님을 자신의 참된 주인으로, 그것도 신적 권세를 가진 주인, 즉 신적 존재로 인정하는 뜻이 있었습니다. "말씀만 하사 내 하인을 낫게 하소서"라는 원문의 전통 본문은 "말씀만 하소서, 그리하면 내 하인이 낫겠나이다"입니다. 자기가 군인으로서 아랫사람에게 무엇을 명령하면 그가 순종한다고 말한 것을 보면, '말씀만 하소서'라는 그의 말은 결국 예수님의 신성(神性)을 고백한 것입니다. 하나님이 아니고서는 말씀 한마디로 병을 고칠 수 없습니다. 병을 지배하고 병에게 명령할 수 있는 분은 하나님밖에 없습니다. "빛이 있으라"는 말씀 한마디로 빛을 창조하셨던 전능하신 창조주 하나님만이 말씀 한마디로 병을 고치실 수 있습니다. [9-10절] 예수께서는 들으시고 그를 기이히 여겨 돌이키셔서 따르는 무리에게 말씀하셨습니다.

◆ ◆ ◆

"내가 너희에게 이르노니 이스라엘 중에서도 이만한 믿음은 만나보지 못하였노라."

'이만한 믿음'이라는 원어는 '이렇게 큰 믿음'이라는 뜻입니다. 예수께서는 세상의 외적인 영광을 보고 경탄하신 적은 없으셨지만, 백부장의 이 큰 믿음을 보고는 놀라셨습니다. 더욱이 "이스라엘 중에서도 이렇게 큰 믿음을 만나보지 못하였다"는 말씀을 보면 그 백부장은 이방인이었습니다. 이방인인 그가 이렇게 큰 믿음을 소유하였다는 사실은 참으로 놀라운 일이었습니다. 그것은 하나님의 놀라운 은혜이었습니다. 하나님께서는 주기를 원하시는 자에게는 누구에게나 은혜를 주시는 것이 분명합니다. 보내었던 사람들이 집으로 돌아가 보니 [아팠던] 종이 이미 강건하여졌습니다.

본문이 증거하는 중심인물은 백부장이나 그의 종이 아니고 바로 예수님이십니다. 그는 말씀 한마디로 병에게 명령하실 수 있고 병을 고치실 수 있고 과연 고치셨던 신적 구주이신 것입니다. 예수님은 그 백부장의 집에 가시지도 않았습니다. 그는 그의 소원대로 단지 말씀만 하셨습니다. 그러나 그 백부장의 사랑하는 종은 그 죽을병에서 고침을 받았습니다. 그 종은 하나님의 은혜로 강건하여졌습니다.

1절부터 10절까지는 몇 가지 교훈을 줍니다. 첫째로, 예수께서는 하나님의 아들 그리스도이십니다. 그는 말씀 한마디로 그 종을 죽을병에서 고쳐주셨습니다. 그가 하나님의 아들이 아니시면, 이런 병 고침은 불가능했습니다. 예수님은 하나님의 아들 그리스도이십니다. 그가 우리를 죄와 지옥 형벌에서 건져내셔서 영광스런 영생의 천국으로 인도하십니다.

둘째로, 백부장의 믿음과 같은 큰 믿음을 사모합시다. 우리는 예수님을 주님으로, 신적 구주로 바로 깨닫고 믿고 따르기를 원합니다. 우리는 그의 말씀 한마디가 생명의 능력임을 믿고, 그의 모든 말씀의 진실함과 가치를 바로 깨닫고, 그 말씀을 존중하며 믿고 행하며 그를 따르기를 원합니다. 물론 이러한 믿음은 하나님의 은혜로만 가능합니다. "오 주여, 우리에게도 이런 큰 믿음을 허락해 주시옵소서!"

셋째로, 우리는 부수적으로 이 백부장의 인품도 본받읍시다. 우선, 우리는 그의 동정심과 인간애를 본받읍시다. 그는 자기 종을 자기 몸처럼 사랑했습니다. 또 우리는 그 백부장이 유대인을 위해 회당을 지어준 일을 본받읍시다. 그것은 하나님을 사랑하는 표이었습니다. 또 우리는 백부장처럼 자신의 부족과 무자격함과 보잘것없음을 깨닫는 겸손한 인격자들이 됩시다. 하나님을 참으로 경외하는 자는 결코 교만할 수 없고 겸손할 것입니다.

결론적으로 예수님께 칭찬받은 믿음은 간절히 구하는 믿음(1-6절), 권세를 인정하는 믿음(7, 8절), 응답받은 믿음(9, 10절)입니다. 예수님은 지금도 그분의 자녀들의 믿음을 칭찬하기 원하십니다. 하늘 보좌를 다스리시는 예수님의 권세를 믿으십시오. 그리고 모든 문제를 그분께 맡기십시오. 여러분 모두 백부장처럼 예수님께 칭찬받는 믿음의 사람들이 되시기를 간절히 소원합니다.

세상을 회복시키시는 메시아

누가복음 7장 11절~23절

본문 말씀은 예수님이 나인 성 과부의 아들을 살리신 기적(11-17절)과 세례 요한이 그의 제자들을 통해 예수님께 질문한 것, 그리고 예수님의 답변(18-23절)을 다루고 있습니다. 구약의 두 선지자 엘리야와 엘리사가 간절히 기도함으로써 죽은 자를 살린 것을 염두에 둘 때, 단지 말씀 한마디로 죽은 청년을 살리신 예수님은 얼마나 더 큰 선지자인지 쉽게 알 수 있습니다. 그렇다면 우리가 주위의 수많은 고통 가운데 있는 세상 사람들을 기적적으로 치유하시고 살리시는 예수님의 권능이 어떠하신지, 이 시간도 들려주시는 하나님의 음성을 함께 들을 수 있기를 바랍니다.

1. 나인성 과부의 외아들을 살리심 11절~17절

[11절], 그 후에 예수께서 나인이란 성으로 가실 때 [그의 많

은] 제자들과 허다한 무리가 동행하였습니다. 나인 성은 갈릴리 지방 남부 이스르엘 평원의 한 작은 마을입니다. 나사렛에서 몇 킬로미터 남쪽에 있습니다. 예수님 곁에 있는 사람들을 '그의 많은 제자들과 허다한 무리로' 표현한 것은 그 둘을 구별하는 뜻이 있어 보입니다. 예나 오늘날이나 예수님 곁에는 항상 두 부류의 사람들이 있습니다. 하나는 그를 구주로 믿고 따르는 제자들이고, 다른 하나는 영생의 진리를 구하는 관심을 가졌거나 혹은 단순한 호기심을 가지고 따르는 사람들입니다.

[12절], 예수께서 성문에 가까이 오셨을 때에 사람들이 한 죽은 자를 메고 나오는 장례 행렬이 있었습니다. 그는 그 어머니의 외아들이었고 어머니는 과부였습니다. 그 성의 많은 사람들도 그와 함께 나왔습니다. 이 장례는 매우 슬프고 불행스러운 일이었습니다. 그 외로운 과부에게 위로와 소망과 의지가 되었을 하나밖에 없는 아들의 장례식이었기 때문입니다. 긍휼과 능력을 지닌 예수께서 그 광경을 보고 그냥 지나칠 수 없으셨습니다.
그 마을의 많은 사람들은 그 장례식에 참여하여 죽은 자를 묻기 위해 따라 나오고 있었습니다. 그 많은 사람들은 예수께서 행하실 놀라운 기적을 볼 것이며 그 기적의 증인이 될 것입니다. 이와 같이 예수님의 기적은 한적한 곳에서 은밀하게 이루어지는 것이 아니고 많은 사람들 앞에서 공개적으로 이루어질 것입니다.

[13절], 주께서는 그 과부를 보시고 불쌍히 여기시고 울지 말라고 말씀하셨습니다. 복음서 저자가 예수님을 '주께서'라고 표현한 것은 그가 행하실 기적을 염두에 두고 한 것 같습니다. '주'라는 말은 세상의 주권자 곧 하나님이라는 뜻입니다. 예수님은 참된 신성을 가진 신적 구주이십니다. 죽음은 인간이 저지른 죄의 형벌로 왔으나, 예수님은 죽을 우리를 불쌍히 여기십니다. 그는 그 과부에게 울지 말라고 말씀하셨습니다. 주 예수 그리스도께서는 죽음으로 인해 슬퍼하는 인간들의 눈물을 그치게 하실 수 있습니다. 오직 신적 구주께서만 그렇게 할 수 있으십니다.

[14절], 그가 가까이 오셔서 그 관에 손을 대셨습니다. 당시의 관은 오늘날의 것과 같은 관이 아니고 일종의 침대 같은 것이었을 거라고 합니다. 주께서 가까이 오셔서 그 관 혹은 침대에 손을 대시자 그것을 멘 자들이 멈추어 섰습니다. 예수께서는 "청년아, 내가 네게 말하노니 일어나라"고 말씀하셨습니다. '내가 네게 이르노니'라는 표현은 하나님의 권위를 나타냅니다. 구약 시대에 엘리야나 엘리사도 죽은 자를 살린 적이 있지만, 그것은 하나님 앞에 기도함으로써 그 기도의 응답으로 기적을 행한 것이었습니다. 그러나 예수께서는 자신의 권위로, 말씀 한마디로 기적을 행하셨습니다. "내가 네게 이르노니 일어나라." 죽은 자를 살리실 수 있는 분은 하나님뿐이십니다. 그런데 예수께서 그렇게 하셨습니다.

[15절], 그 죽었던 청년은 일어나 앉고 말도 하였고 예수께서 는 그를 그 어머니에게 주셨습니다. 기적이 일어났습니다. 그것 은 엘리야와 엘리사 시대 이후 처음 있는 일이었을 것입니다. 예 수께서 야이로의 딸과 나사로를 살리신 것은 그 후의 일들이었 을 것입니다. 그 살아난 청년이 "말도 하였다"는 것은 그가 확실 히 살아났음을 증거합니다.

이 기적은 예수께서 하나님의 아들, 곧 신적 구주이심을 증거 합니다. 예수님은 단순히 하나님의 능력으로 기적을 행한 것이 아니셨습니다. 그는 하나님의 능력을 구하지 않으셨습니다. 그 는 단지 자신이 가지고 있는 하나님의 능력을 사용하셨습니다. 하나님의 속성을 가지고 계신 그는 바로 하나님이십니다. 그렇 지 않다면, 그는 이런 일을 행하실 수 없었을 것입니다.

[16-17절], 모든 사람이 두려워하며 하나님께 영광을 돌리며 "큰 선지자가 우리 가운데 일어나셨다"고 말하였고 또 "하나님 께서 자기 백성을 돌아보셨다"고 했습니다. 그 과부의 기쁨과 받 은 위로는 두말할 것도 없을 것입니다. 예수께 대한 이 소문이 온 유대와 사방에 두루 퍼졌습니다.

예수께서는 죽은 자를 말씀 한마디로 살리심으로써 자신이 하나님의 아들이심을 증거하셨습니다. 죽은 자에게 일어나라고 명령할 수 있는 자는 하나님 외에 아무도 없습니다. 예수는 확실 히 하나님의 아들이십니다. 또 예수께서는 죽은 자를 살리심으 로 우리의 부활의 보장이 되셨습니다. 그는 죽은 그 청년에게서 죽음을 내쫓으시고 생명을 회복시켜 주셨습니다. 이 사건은 장차 주께서 죽은 자들을 부활시키실 것이라는 보장입니다. 우리는 사도신경의 고백대로 "몸이 다시 사는 것과 영원히 사는 것을 믿습니다." 예수께서는 이와 같이 죽은 자들을 살리셨을 뿐 아니라 죽은 지 삼일 만에 부활하심으로 우리의 부활에 대한 보장이 되셨습니다.

예수께서는 인간의 불행을 행복으로 변화시키신 구주이십니다. 그는 심히 슬퍼하고 절망했던 과부에게 큰 기쁨과 위로를 주셨습니다. 예수께서는 죄와 슬픔, 불행과 허무, 죽음과 지옥 형벌로부터 우리를 건져주셨고, 우리에게 기쁨과 위로를 주셨습니다.

2. 요한의 질문에 대답하심 18절~23절

[18절], 요한의 제자들은 이 모든 일을 요한에게 고하였습니다. 그들은 백부장의 종의 죽을병을 고쳐주신 일과 나인성 과부의 죽은 외아들을 살려주신 일 등을 다 고하였을 것입니다. 그 당시에 요한은 옥에 갇혀 있었습니다. 마태는 같은 사건을 "요한이 옥에서 그리스도의 하신 일을 듣고 제자들을 보내어"(마 11:2)라고 증거하였습니다.

[19-20절], 요한이 그 제자 중 둘을 불러, 주께 보내어 말하기

를, "오실 그이가 당신이 오니이까, 우리가 다른 이를 기다리오리이까 하라"고 했습니다. '오실 그이'는 메시아를 가리켰다고 봅니다. 그들은 예수께 나아가 말했습니다. "세례 요한이 우리를 보내어 당신께 말하기를 오실 그이가 당신이오니이까, 우리가 다른 이를 기다리오리이까 하더이다."

세례 요한이 왜 제자들을 보내어 이런 의심 어린 질문을 하게 했는지 알 수 없습니다. 유력한 주석가들은 요한이 의심이 생긴 것이 아니고 단지 자기 제자들의 믿음을 굳게 해주려고 한 것뿐일 것이라고 추측하기도 합니다. 그러나 이 질문의 내용이 두 번이나 반복된 것과 22절에 "너희는 가서 요한에게 고하라"는 말씀과 23절에 "누구든지 나를 인하여 실족하지 아니하는 자는 복이 있도다"는 말씀을 볼 때, 예수님의 말씀은 요한의 제자들에게보다 요한에게 주어진 것 같습니다. 그렇다면, 요한은 옥중에서 예수님에 대해 일시적으로 의심이 생겼던 것 같습니다. 그는 하나님의 뜻이 예수님을 통하여 빨리 이루어지지 않는다고 생각하며 의심했을지도 모릅니다.

[21절], 마침 그때에 예수께서 질병과 고통과 악귀 들린 자를 많이 고치시며 또 많은 소경을 보게 하셨습니다. 예수께서 병자들을 고치신 사건들은 성경에 자세히 기록된 것들 외에도 수없이 많았습니다. 예수께서는 많은 병자들을 고쳐주셨고 많은 기적을 행하셨습니다. 요한복음 21장 25절은, "예수의 행하신 일이 이 외에도 많으니 만일 낱낱이 기록된다면 이 세상이라도 이

기록된 책을 두기에 부족할 줄 아노라"고 말했습니다.

[22-23절], 예수께서는 대답하시기를, "너희가 가서 보고 들은 것을 요한에게 고하되 소경이 보며 앉은뱅이가 걸으며 문둥이가 깨끗함을 받으며 귀머거리가 들으며 죽은 자가 살아나며 가난한 자에게 복음이 전파된다 하라. 누구든지 나를 인하여 실족치 아니하는 자는 복이 있도다"고 하셨습니다. 예수께서 중풍병, 나병, 소경, 앉은뱅이, 귀머거리 등의 병자들을 고치시고 죽은 자를 살리신 일들은 그가 하나님의 아들 그리스도이심을 밝히 증거합니다. 그의 행하신 기적들보다 더 확실한 증거는 없을 것입니다. 그것은 요한과 제자들에게 확신을 줄 것입니다. 우리에게도 치유와 부활과 영생의 확신을 주십니다.

가장 위대한 선지자
요한

누가복음 7장 24절~35절

본문은 세례 요한이 보낸 두 제자가 돌아간 후에, 예수님이 무리에게 요한의 신분과 정체와 관련해서 하신 말씀을 주된 내용으로 합니다. 그 구체적인 내용은 세례 요한의 정체에 대한 예수님의 자문자답(24-28절), 세례 요한에 대한 유대인들의 상반된 반응(29-30절), 그리고 세례 요한과 예수님께 제대로 반응하지 못하는 세대에게 주신 비유와 설명(31-35절)입니다.

여기서 예수님이 지적하신 핵심적인 교훈은 세 가지입니다. 첫째, 구원 역사의 관점에서 볼 때 세례 요한은 선지자 중 가장 위대한 자인 동시에 가장 작은 자입니다. 둘째, 그 당시 세대는 요한과 예수님의 서로 다른 사역에 대해 모두 그릇된 반응을 보였습니다. 셋째, 세례 요한과 예수님은 각각 자기 시대에 맞는 사역을 제대로 감당하였습니다.

[24-25절], 요한의 보낸 자가 떠난 후에 예수께서 무리에게 요한에 대하여 말씀하시되 "너희가 무엇을 보려고 광야에 나갔더냐? 바람에 흔들리는 갈대냐? 그러면 너희가 무엇을 보려고 나갔더냐? 부드러운 옷 입은 사람이냐? 보라 화려한 옷을 입고 사치하게 지내는 자는 왕궁에 있느니라"라고 하셨습니다. '바람에 흔들리는 갈대'는 문자적으로 갈대를 가리킬지도 모르나, 문맥상 마음에 확신이 없고 의심하는 인물을 의미한 듯합니다.

세례 요한은 유대 광야에서 회개의 세례를 전파했고 많은 사람들은 그곳으로 나아가 그의 설교를 듣고 회개했었습니다. 그때의 요한은 확신이 없거나 의심하는 인물이 아니었습니다. 그는 확신에 넘친 자였습니다. 또 그는 외모를 치장하거나 남의 칭찬을 구하는 자도 아니었습니다. 그는 낙타 털옷을 입고 메뚜기와 들 꿀을 먹고 지냈습니다. 그러나 지금 그는 옥중에서 잠시 연약하여져 있는 것 같습니다. 하나님의 은혜가 아니고서는 아무도 고난의 현실에서 끝까지 믿음을 지킬 수 없습니다. [26-28절], 예수께서는 또 말씀하셨습니다.

◆◆◆

"그러면 너희가 무엇을 보려고 나갔더냐? 선지자냐? 옳다, 내가 너희에게 이르노니 선지자보다도 훌륭한 자니라. 기록된 바 보라 내가 내 사자를 네 앞에 보내노니 그가 네 앞에서 네 길을 준비하리라 한 것이 이 사람에 대한 말씀이라. 내가 너희에게 말하노니 여자가 낳은 자 중에 요한보다 큰 자가 없도다. 그러나 하나님의 나라에서는 극히 작은 자라도 그보다 크니라."

예수님께서는 세례 요한이 '선지자보다도 훌륭한 자'라고 증거하셨습니다. 요한은 구약 말라기에 예언된 대로 하나님께서 메시아 앞에 보내실 그 사자였습니다. 요한은 구약 선지자들 중에 가장 큰 선지자였습니다. 그가 예수 그리스도를 목격하였고 그에게 세례까지 베풀었고 백성들에게 그가 어떤 분인지 소개했다는 점을 생각할 때 그는 구약의 선지자들이 가지지 못했던 특권을 가진 자였습니다.

그러나 예수님께서는 돌연히 "하나님의 나라에서는 극히 작은 자라도 저보다 크니라"고 말씀하십니다. 마태복음에는 다음과 같은 내용이 첨가되어 있습니다.

◆◆◆

"세례 요한의 때부터 지금까지 천국은 침노를 당하나니 침노하는 자는 빼앗느니라 모든 선지자와 율법이 예언한 것은 요한까지니"(마 11:12-13).

여기의 '하나님의 나라' 혹은 '천국'은 다니엘 2장의 예언이나 예수님의 천국 비유(마 13장) 등에 비추어볼 때 신약교회를 가리킵니다. 세례 요한은 구약시대와 신약시대의 분기점에 서 있었습니다. 신약교회의 지극히 작은 성도가 세례 요한보다 크다는 말씀은, 예수님이 어떤 분이신가 하는 지식과 믿음에 있어서 그러하다는 뜻입니다. 신약성도들은 이 점에 있어서 구약성도들보다 그리고 세례 요한보다 더 큰 특권을 누리고 있습니다. 신약성도들은 예수 그리스도에 대해 밝히 듣고 배우고 믿고 확신합니다.

[29-30절], 모든 백성과 세리들은 이미 요한의 세례를 받았으므로 이 말씀을 듣고 하나님을 의롭다 하였으나, 바리새인과 율법사들은 그의 세례를 받지 아니함으로 스스로 하나님의 뜻을 저버렸습니다.

2. 이 세대의 사람들에 대해 증거하심 `31절~35절`

[31-35절], 예수께서는 또 말씀하셨습니다. "이 세대의 사람을 무엇으로 비유할까? 무엇과 같은가? 비유하건대 아이들이 장터에 앉아 서로 불러 이르되 우리가 너희를 향하여 피리를 불어도 너희가 춤추지 않고 우리가 곡하여도 너희가 울지 아니하였다 함과 같도다. 세례 요한이 와서 떡도 먹지 아니하며 포도주도 마시지 아니하매 너희 말이 귀신이 들렸다 하더니 인자는 와서 먹고 마시매 너희 말이, 보라 먹기를 탐하고 포도주를 즐기는 사람이요 세리와 죄인의 친구로다 하니 지혜는 자기의 모든 자녀로 인하여 옳다 함을 얻느니라."

예수께서는 이 세대 사람들을 장터에서 친구들과 노는 아이들의 말의 내용에 비유하신 것이 아니고, 이런 말을 하는 아이들에 비유하셨습니다. 그 아이들은 친구들에게 "우리가 너희를 향해 피리를 부는데 너희는 춤추지 않고 우리가 애곡하는데 너희는 울지 않았다"고 말했습니다. 이것은 심히 자기중심적인, 주관적인 판단과 불평과 원망이며 부당한 비난입니다. 당시의 바리새인들과 율법사들은 세례 요한에게나 예수님에게 그런 부당한 판단과 비난을 했던 것입니다. 그들은 이런 비난만 일삼는 자들이었습니다. 그들은 참으로 불쌍한 자들이었습니다.

그러나 지혜는 자기의 모든 자녀로 인하여 옳다 함을 얻을 것입니다. 지혜는 예수님 자신을 가리킨 것 같고, 그의 모든 자녀는 신약교회의 신자들을 가리켰다고 봅니다. 신약교회의 신자들은 예수님에 대한 올바른 지식과 믿음과 평가를 가질 것입니다.

교회 안에는 세 부류의 사람들이 있습니다. 첫째는 예수님을 부정하는 자들입니다. 바리새인들과 율법사들이 그런 부류에 속합니다. 그들은 장터에서 친구들에게 자기중심적 판단과 불평을 늘어놓는 아이들과 같습니다. 그들은 세례 요한에 대해서도, 예수 그리스도에 대해서도 주관적 판단과 불평과 비난을 쏟아놓습니다. 그들은 참으로 불쌍한 자들입니다.

둘째는 예수 그리스도를 의심하는 자들입니다. 세례 요한은 지금 그런 상태에 있는 것 같습니다. 한때 예수님을 믿었으나 고난의 현실 속에서 마음과 믿음이 약해진 자들입니다. 그러나 누구든지 예수님을 인해 실족하지 않는 자가 복이 있습니다.

셋째는 예수 그리스도를 확신하는 자들입니다. 그들은 예수님이 하나님의 아들 그리스도이신 것을 분명히 깨닫고 그를 믿은 자들입니다. 주의 말씀대로, 그들 중 지극히 작은 자는 현재 의심하는 세례 요한보다 더 큰 자입니다. 예수 그리스도께 대한 지식과 믿음은 하나님의 은혜입니다. 우리는 이 지식과 이 믿음을 굳게 지켜야 합니다.

예수 그리스도께 대한 모든 무지와 완악함, 불신앙과 의심을 다 버리고 성경의 충만한 증거들에 근거하여 예수님을 우리 주와 구주로 확신하고 그를 따르며 성경의 모든 교훈을 실천할 수 있으시기를 바랍니다. 말씀과 성령으로 충만하여 전도와 봉사의 삶을 사는 우리 모두 되시기를 소원합니다.

세례 요한은 위대한 전도자였습니다. 그는 늘 담대했으며 죽음을 두려워하지 않았습니다(9:7-9). 전도가 무엇이기에 그를 이토록 담대하게 만들었습니까?

1) 전도의 가치(24-28상)

이 세상에서 가장 가치 있는 일은 전도입니다. 예수 그리스도의 십자가 사역을 보지도, 알지도 못한 세례 요한이 예수님이 그리스도인 것을 알고 전했다는 이유로 주님께 이런 큰 평가를 받았습니다. 그렇다면 우리는 모든 구원 사역을 이루신 예수 그리스도와 그분의 십자가를 아는 자들입니다. 예수님의 십자가 복음을 전하십시오. 하나님은 이 일을 가장 귀하게 여기시며 여러분을 누구보다 높이실 것입니다.

2) 전도의 능력(28하-29)

복음은 누구에게나 전해야 하는 것입니다. 예수님이 용서 못할 죄인이 없으며 보혈의 공로가 해결하지 못할 형벌도 없습니다. 전도는 사탄의 종노릇하는 자를 해방시키며 죽은 자를 일으킵니다. 예수님의 십자가의 복음을 전할 때 주의 능력이 나타납니다.

3) 전도의 열매(30-35)

전도할 때 사람들에게 배척당할 수도 있습니다. 사람들은 자신이 죄인인 사실과 하나님의 심판이 있다는 사실을 인정하기 싫어합니다. 그래서 복음을 멸시하고 대적합니다. 전도보다 하나님을 기쁘시게 하는 일은 없습니다. 그러므로 복음을 전할 때 배척당하더라도 낙심하지 말고 예수 그리스도의 십자가의 복음을 전하십시오. 주님은 복음을 세상 끝까지 전하라고 명령하셨습니다.

죄 용서와
사랑의 관계

누가복음 7장 36절~50절

본문의 무대는 바리새인 시몬의 집에서 있었던 식탁 교제입니다. 이 기사는 바리새인과 율법 선생들이 예수님의 식탁 교제를 아주 부정적으로 간주한 것을 배경으로 합니다(30, 33, 34절). 시몬은 예수님과 함께 한 식탁 교제를 그 동네에 살던 죄 많은 여인이 망쳐 놓았다고 생각했습니다. 그러나 이것은 외관상의 문제였습니다.

예수님과 함께 한 식탁 교제를 망쳐 놓은 자는, 초대받지 않았는데 그 자리에 와서 예수님의 용서와 사랑에 감격해서 눈물을 흘리며 그분의 발에 향유를 붓고 자기 머리털로 이를 닦아 낸 여인이 아니었습니다. 오히려 정반대로 예수님을 집에 초대했으나 진심으로 그분을 대하지 않은 시몬 자신이었습니다. 그에게는 예수님의 식탁 교제 때 나타나는 구원의 감격과 기쁨이 전혀 없었기 때문입니다. 향유를 부은 여인의 이야기는 누가복음 5장의 중풍병자의 죄 용서와 치유사건(17-26절)과 같은 주제를 다루면서 이 주제를 더욱 발전시킵니다.

1. 죄 사함에 대한 감사 `36절~39절`

[36-39절], 한 바리새인이 예수께 자기와 함께 잡수기를 청하였습니다. 그래서 그는 그 바리새인의 집에 들어가 앉으셨습니다. 그 동네에 죄인인 한 여자가 있었습니다. '죄인인 한 여자'라고 말한 것을 보면, 그 여자는 그 동네에서 죄인으로 잘 알려진 인물이었던 것 같습니다. 그는 예수께서 바리새인의 집에 앉으셨음을 알고 향유 담은 옥합을 가지고 와서 예수님의 뒤로 그 발 곁에 서서 울며 눈물로 그 발을 적시고 자기 머리털로 씻고 그 발에 입 맞추고 향유를 부었습니다.

그 여자는 자신의 부족을 생각하고 예수님 앞으로 나가기를 부끄러워했던 것 같습니다. 그녀가 예수님의 발 곁에 서서 울며 눈물로 그 발을 적신 것은 자신의 죄를 회개하는 표이었을 것입니다. 또 눈물로 적신 그의 발을 자기 머리털로 씻고 그 발에 입 맞추고 향유를 부은 것은 자신을 지극히 낮추고 예수님을 지극히 높이고 귀하게 여기고 사랑하는 행동이었음이 분명합니다. 그 여자가 자신의 죄를 철저히 뉘우치고 예수님을 하나님의 아들 그리스도로 믿고 그를 높이고 사랑하지 않았다면, 그는 결코 이런 이상한 행동을 하지 못했을 것입니다.

예수님을 청한 바리새인은 이것을 보고 마음에 말했습니다.

“이 사람이 만일 선지자더면 자기를 만지는 이 여자가 누구며 어떠한 자 곧 죄인인 줄을 알았으리라.” 그는 예수가 평범한 한 인간이며 그 여자가 어떤 자인지 모르고 계시다고 생각하였습니다.

2. 예수님에 대한 두 가지 태도 40절~47절

[40-41절], 그 바리새인의 이름은 시몬이었습니다. 예수께서 대답하셨습니다. “시몬아, 내가 네게 이를 말이 있다.” 그가 말했습니다. “선생님, 말씀하소서.” 그가 예수님을 '선생님'이라고 부른 것을 보면, 그는 아직 예수를 주님으로 깨닫지 못하고 선생님 정도로만 알고 있었던 것 같습니다. 예수께서는 시몬의 생각과 마음도 또 그 여자에 대해서도 잘 알고 계셨습니다. 예수께서는 빚 주는 사람에게 빚진 자가 둘이 있어 하나는 500데나리온을 졌고 하나는 50데나리온을 졌다고 말씀하셨습니다. 그는 사람의 죄를 빚에 비유하셨습니다. 어떤 이는 500데나리온의 빚을 졌고 어떤 이는 50데나리온의 빚을 졌다고 하신 것은 사람의 죄의 정도와 크기가 각기 다르다는 것을 보여 줍니다. 모든 죄가 다 사람을 지옥에 들어가게 하지만, 죄의 정도는 사람마다 각각 다릅니다.

[42-43절], 예수께서는 또 말씀하셨습니다. “그 빚진 자들이

갚을 것이 없으므로 주인이 둘 다 탕감하여 주었으니 둘 중에 누가 저를 더 사랑하겠느냐?" 시몬이 대답하였습니다. "제 생각에는 많이 탕감함을 받은 자니이다." 주께서는 "네 판단이 옳다"고 말씀하셨습니다. 모든 사람은 하나님 앞에서 자신의 죄를 보상할 능력이 없었습니다. 그러나 우리는 하나님께 모든 죄의 용서를 받았습니다. 죄의 크기에 따라 용서의 크기도 다릅니다. 또 용서의 크기에 따라 하나님을 사랑하는 크기도 달라질 것입니다. 큰 죄의 용서를 받은 자는 하나님을 더 크게 사랑할 것입니다. 그러나 모든 죄가 본질상 지옥 형벌을 받을 만한 것일진대 우리의 죄 용서는 말로 표현할 수 없을 정도로 큽니다. 그러므로 하나님을 향한 우리의 사랑은 얼마나 커야 하겠습니까!

[44-47절], 예수께서는 여자를 돌아보시며 시몬에게 말씀하셨습니다.

◆◆◆

"이 여자를 보느냐? 내가 네 집에 들어오매 너는 내게 발 씻을 물도 주지 아니하였으되, 이 여자는 눈물로 내 발을 적시고 그 머리털로 씻었으며 너는 내게 입맞추지 아니하였으되 저는 내가 들어올 때로부터 내 발에 입맞추기를 그치지 아니하였으며, 너는 내 머리에 감람유도 붓지 아니하였으되 저는 향유를 내 발에 부었느니라. 이러므로 내가 네게 말하노니 저의 많은 죄가 사하여졌도다. 이는 저의 사랑함이 많음이라. 사함을 받은 일이 적은 자는 적게 사랑하느니라."

예수께서는 시몬과 그 여자를 비교하십니다. 시몬은 예수님을 식사 초청하고도 당시의 예절대로 발 씻을 물을 주지 않았으나, 그 여자는 눈물로 주의 발을 적시고 그 머리털로 씻었습니다. 시몬은 예수님께 존경의 표로 입을 맞추지 않았으나, 그 여자는 주께서 들어와 앉으셨을 때부터 그의 발에 계속 입 맞추었습니다. 시몬은 예수님께 그 흔한 감람유도 붓지 않았지만, 그 여자는 값비싼 향유를 주의 발에 부었습니다. 시몬과 그 여자의 행위는 그 차이가 너무 컸습니다.

예수께서 말씀하고자 하는 요점은, 많은 죄를 사함 받은 사람이 하나님을 많이 사랑할 것이고, 적은 죄를 사함 받은 사람이 하나님을 적게 사랑할 것이라는 것입니다. 그 여자가 주님을 향해 극진한 사랑과 존경을 보인 것은 그의 많은 죄가 용서함 받았다는 표시였습니다.

[48-50절], 예수께서는 그 여자에게 "네 죄 사함을 얻었느니라"고 말씀하셨습니다. 죄는 사람을 불행과 죽음과 영원한 멸망으로 이끌며, 죄인이 가지는 죄에 대한 가책도 그를 우울하게 만들고 기쁨도, 평안도, 용기도, 힘도 가지지 못하게 만듭니다. 그러나 죄 사함은 기쁨과 평안, 용기와 힘의 원천일 뿐만 아니라, 거룩한 삶과 성화(聖化)의 기초와 원동력입니다.

함께 앉은 자들은 속으로 말하였습니다. "이 사람이 누구이기에 죄도 사하는가?" 예수님이 누구이신지 잘 알지 못하는 사람들의 의심과 의문은 당연한 일일 것입니다. 사람의 죄의 용서는 하나님의 고유한 일입니다. 하나님 외에 그 누구도 죄를 사할 수 없습니다. 그러나 예수께서는 죄를 사하는 권세를 가지고 계셨다는 사실은 바로 그가 하나님의 아들 곧 신성을 가지신 구주이심을 증거하는 것입니다.

예수께서는 그 여자에게 "네 믿음이 너를 구원하였으니 평안히 가라"고 말씀하셨습니다. 구원은 믿음을 통해 이루어집니다. 그 여자에게는 이 믿음이 있었습니다. 이 믿음이 그로 하여금 구주 예수 앞에 나아와 회개와 감사의 많은 눈물을 흘리게 만들었고 자신을 낮추도록 하였고 하나님과 구주를 극진히 높이며 사랑하게 만들었습니다.

36절로 50절에서 우리는 몇 가지 진리를 배웁니다. 첫째로, 모든 사람은 먼저 자신의 죄를 깨달아야 합니다. 예수님을 식사 초청했던 그 바리새인은 그런 깨달음이 없었습니다. 그러나 죄인으로 알려진 그 여자는 자신의 죄를 깊이 깨닫고 있었습니다. 예수님은 죄인을 불러 구원하시려고 세상에 오셨습니다. 자신이 의롭다고 생각하는 자는 구주가 필요치 않다고 생각하겠지만, 자신이 죄인임을 아는 자는 그를 절실히 필요로 합니다.

둘째로, 예수님은 죄를 사하시는 구주이십니다. 예수님은 구주이시며 구원의 핵심은 죄 사함입니다. 죄는 사람을 불행하게 만들었지만, 죄 사함의 구원은 사람의 불행을 행복으로 만들며 우리에게 하나님의 자녀 됨과 영생의 복을 가져다줍니다. 사실, 예수께서 죄 사함을 주시는 구주시라는 사실 자체가 그가 하나님의 아들이신 증거입니다.

셋째로, 죄 사함을 많이 받은 사람은 주님을 많이 사랑합니다. 죄 사함의 크기는 하나님과 예수 그리스도를 사랑함의 크기에 비례할 것입니다. 우리는 우리의 죄의 심각함을 깨달아야 합니다. 형제를 미워하는 것은 살인이며 마음으로라도 음욕을 품는 것은 간음입니다. 탐심은 돈을 섬기는 우상숭배이며, 불순종은 하나님 대신 자기를 섬기는 우상숭배입니다. 또 우리는 죄의 형벌이 죽음이요, 영원한 지옥에 던지움이라는 사실도 철저히 깨달아야 합니다. 그때 주께서 주시는 죄 사함의 깊이를 깨달을 수 있습니다. 또 이럴 때 우리는 저 여인과 같이 주님 앞에 엎드려 눈물을 흘리며 주 예수 그리스도를 사랑하고 섬기는 자가 될 수 있습니다.

열매를 맺는
복음의 능력

누가복음 8장 1절~15절

본문은 예수님의 하나님 나라 운동에 대한 요약(1-3절), 씨 뿌리는 자의 비유(4-8절), 이 비유에 대한 설명(9-15절)으로 이루어져 있습니다. 이 비유는 하나님의 나라와 사탄의 나라 사이에서 벌어지는 영적 전쟁에 대한 중대한 비밀을 담고 있습니다.

1. 예수님의 전도 활동 1절~3절

◆◆◆

"그 후에 예수께서 각 성과 마을에 두루 다니시며 하나님의 나라를 선포하시며 그 복음을 전하실새 열두 제자가 함께하였고"(1절).

예수께서는 하나님의 나라를 선포하시고 전도하셨습니다. 하나님의 나라는 예수 그리스도의 설교의 중심 주제였습니다. 그는 처음 설교하셨을 때 "회개하라, 천국이 가까웠느니라"(마 4:17)고 외치셨습니다. 하나님의 나라는 예수 그리스도를 통해 선포되었고 그를 통하여 시작되었고 장차 그의 재림으로 완성될 것입니다. 사람은 오직 물과 성령으로 거듭나서 죄를 회개하고 예수 그리스도를 구주로 믿음으로써만 그 나라에 들어갈 수 있습니다(요 3:3, 5).

하나님의 나라는 좋은 나라입니다. 하나님께서 통치하시는 나라이기 때문입니다. 거기에는 죄가 없고 마귀의 시험도 없습니다. 거기에는 의와 평안과 기쁨이 충만합니다(롬 14:17; 벧후 3:13). 거기에는 죽음과 두려움과 눈물과 고통이 없습니다(계 21:4). 세상에서 악인들이 구원받고 변하여 의롭고 선한 사람이 되어 들어가는 곳이 그 나라입니다. 예수께서는 이 일을 위해 십자가 위에서 죽으시고 3일 만에 다시 살아나셨습니다. 어떤 죄인도 회개하고 예수님만 믿으면 구원받아 그 나라에 들어가기 때문에, 이 나라의 소식은 좋은 소식입니다.

예수께서 전도 활동을 하실 때 열두 제자들이 그와 함께하였습니다. 그들은 예수님의 교훈들과 행하신 일들을 듣고 보고 배우고, 그 후에 예수 그리스도의 교훈들과 행하신 일들을 증거하는 예수님의 증인들이 되었습니다. 성도들은 무엇보다 건전한 교회의 집회들에 성실히 참석하여 성경말씀을 잘 배워야 합니다. 그것이 바른 신앙생활의 지름길입니다. 성경적 설교와 교훈이 있는 교회는 성도들에게 큰 복입니다.

"또한 악귀를 쫓아내심과 병 고침을 받은 어떤 여자들 곧 일곱 귀신이 나간 자 막달라인이라 하는 마리아와, 또 헤롯의 청지기 구사의 아내 요안나와 또 수산나와 다른 여러 여자가 함께하여 자기들의 소유로 그들을 섬기더라"(2-3절).

예수님과 함께한 자들 중에는 귀신이 쫓겨나고 병 고침을 받은 많은 여인이 있었습니다. 이들 중에서 주님의 전도 활동에 동역했던 여자들이 있었습니다.

막달라 마리아는 그 대표적 인물이었던 것 같습니다. 그는 일곱 귀신이 들렸던 자이었습니다. 그의 과거가 어떠했을지 짐작할 만합니다. 또한 헤롯의 청지기 구사의 아내 요안나도 있었습니다. 그는 당시에 고위 관리의 아내 즉 귀부인이었을 것입니다. 또 그 외에도 다른 여러 여자가 있었습니다. 그 여자들은 자기들의 소유로 예수님과 제자들을 섬겼습니다. 예수께서는 "너희를 위하여 보물을 하늘에 쌓아 두라"(마 6:20)고 말씀하셨는데, 보물을 하늘에 쌓는다는 것은 전도와 구제를 위해 돈을 사용하는 것을 말합니다.

헌금은 주께 대한 믿음과 주님과 성도들에 대한 사랑의 표시입니다(고후 9:13; 8:8). 우리가 우리를 죄와 지옥 형벌에서 건져주신 예수 그리스도를 참으로 믿는다면, 우리는 즐거이 헌금할 것입니다. 헌금은 하나님을 믿는 믿음의 열매이며 하나님께서 받으실 만한 향기로운 제물이며 하나님을 기쁘시게 하는 일입니다(빌 4:17-18). 전도자들을 위한 물질적 후원은 후원자 자신의 믿음에도 유익이 많습니다. 예수께서는 "네 보물이 있는 그 곳에 네 마음도 있다"(마 6:21)고 말씀하셨습니다. 하나님의 나라와 복음을 위해 돈을 많이 쓴 자는 항상 하나님과 교제하며 천국을 소망하게 될 것입니다.

2. 씨 뿌리는 자의 비유 4절~8절

[4-8절], 각 동네 사람이 예수께로 나아와 큰 무리를 이루었고 예수께서는 비유로 말씀하셨습니다.

◆ ◆ ◆

"씨를 뿌리는 자가 그 씨를 뿌리러 나가서 뿌릴새 더러는 길가에 떨어지매 밟히며 공중의 새들이 먹어버렸고, 더러는 바위 위에 떨어지매 났다가 습기가 없으므로 말랐고, 더러는 가시떨기 속에 떨어지매 가시가 함께 자라서 기운을 막았고, 더러는 좋은 땅에 떨어지매 나서 백배의 결실을 하였느니라"(5-8절).

이 말씀을 하시고 외치셨습니다. "들을 귀 있는 자는 들을지어다." 청각장애인 외에는 들을 귀는 누구에게나 다 있습니다. 그러나 참으로 듣는 것은 단지 말의 소리만 듣는 것이 아니고 말의 뜻을 깨닫는 것입니다. 말씀을 듣고 깨닫는 '들을 귀' 있는 자들이 되시기를 소원합니다.

3. 비유에 대한 설명(9-15절) 9절~15절

[9-10절], 제자들이 이 비유의 뜻을 묻자, 예수는 말씀하셨습니다.

◆◆◆

"하나님 나라의 비밀을 아는 것이 너희에게는 허락되었으나 다른 사람에게는 비유로 하나니 이는 그들로 보아도 보지 못하고 들어도 깨닫지 못하게 하려 함이라"(10절).

예수께서 천국 복음을 '비밀'이라고 표현하신 것은 이 진리가 일반 사람들의 생각과 다르고, 선택받은 자들에게만 이해되기 때문입니다. 선택받은 자들은 하나님을 두려워하고 자신의 죄를 회개하고 예수 그리스도를 믿게 될 것입니다.

하나님의 나라의 비밀을 아는 것이 제자들에게는 허락되었지만, 다른 사람들에게는 허락되지 않았다는 말씀은 선택의 진리를 의미합니다. 선택의 진리는 하나님의 구원이 제한적임을 말합니다. 믿음이나 구원은 모든 사람의 것이 아닙니다(살후 3:2). 선택의 진리는 인간의 구원이 하나님의 주권에 달려있음을 말해 줍니다. 구원은 하나님이 주셔야 인간이 받을 수 있습니다.

◆◆◆

"그런즉 하나님께서 하고자 하시는 자를 긍휼히 여기시고 하고자 하시는 자를 강퍅케 하시느니라"(롬 9:18).

인간은 구원을 위해 하나님의 긍휼을 구할 것밖에 없습니다. 선택의 진리는 또 우리의 구원이 값비싼 구원임을 증거합니다. 구원은 우리가 돈으로 살 수 없고 우리 힘으로 얻을 수 없는 것이며 온 세상과도 바꿀 수 없는 것입니다.

[11절], 예수께서는 씨 뿌리는 비유를 설명하셨습니다. 그는 "씨는 하나님의 말씀이요"라고 하셨습니다. 씨 속에는 생명이 있습니다. 죽은 것 같은 씨가 땅에 심길 때 그 속에서 싹이 나서 자랍니다. 하나님의 말씀은 생명의 말씀이며 죽은 영혼들을 살리는 말씀입니다. 물론 성경에 증거된 복음 진리만 하나님의 말씀입니다. 이 복음 외에 다른 복음은 없습니다. 바른 성경 교훈만 씨가 됩니다. 그러므로 아름답고 듣기 좋은 인간의 말보다 바른 성경적 설교와 교훈이 귀하고 중요합니다.

[12절], 예수께서는 "길가에 있다는 것은 말씀을 들은 자니 이에 마귀가 가서 그들이 믿어 구원을 얻지 못하게 하려고 말씀을 그 마음에서 빼앗는 것이요"라고 말씀하셨습니다. 구원은 복음 진리를 믿음으로 얻어집니다. 말씀을 빼앗기는 것은 말씀을 깨닫지 못하거나 잊어버리는 것을 가리킵니다. 구원이 세상에서 가장 귀하고 가치 있는 것인데, 사람들은 그 가치를 깨닫지 못하고 복음을 깨닫지 못하고 그것을 세상의 것보다 크게 여기지 않고 소홀히 여긴다는 것입니다.

[13절], 예수께서는 또 "바위 위에 있다는 것은 말씀을 들을 때에 기쁨으로 받으나 뿌리가 없어 잠깐 믿다가 시련을 당할 때에 배반하는 자요"라고 말씀하셨습니다. 일시적이고 기분적인 믿음은 참믿음이 아닙니다. 뿌리가 없다는 것은 복음에 대한 확고한 지식과 믿음이 없다는 뜻입니다. 시련은 잘못된 생각과 판단 혹은 이해 부족에서 생긴 마음의 동요뿐 아니라, 믿음 때문에 당하는 환난과 핍박 등을 가리킵니다(마 13:21).

[14절], 예수께서는 또 "가시떨기에 떨어졌다는 것은 말씀을 들은 자이나 지내는 중 이생의 염려와 재물과 향락에 기운이 막혀 온전히 결실하지 못하는 자요"라고 말씀하셨습니다. 세상의 염려와 재물과 쾌락은 하나님의 말씀을 행하지 못하게 막는 가시들입니다. 이런 가시들을 제거하고 끊어버려야 합니다.

[15절], 예수께서는 또 "좋은 땅에 있다는 것은 착하고 좋은 마음으로 말씀을 듣고 지키어 인내로 결실하는 자니라"고 말씀하셨습니다. 씨가 좋은 땅에 심어진 경우는 좋은 마음으로 말씀을 듣고 지키어 인내로 결실하는 것입니다. 인내로 결실한다는 것은 말씀의 계속적 실천에는 인내가 필요함을 암시합니다. 좋은 땅에 떨어진 씨만 열매를 맺습니다. 하나님의 은혜로 바르게 말씀을 받고 깨닫고 확신하고 자기를 부정하고 그 말씀을 힘써 실천하는 옥토와 같은 좋은 마음을 소유하여 복음의 능력으로 많은 열매를 맺는 우리 모두가 되시기를 소망합니다.

복음을 듣고 믿고 순종하자

본문은 등불 비유(16-18절), 예수님의 가족 방문 기사(19-21절), 풍랑을 잠잠하게 하신 기적(22-25절)으로 나누어집니다.

1. 등불의 비유 16절~18절

[16절], 예수께서는 말씀하셨습니다. "누구든지 등불을 켜서 그릇으로 덮거나 평상 아래에 두지 아니하고 등경 위에 두나니 이는 들어가는 자들로 그 빛을 보게 하려 함이라."

'평상'은 '침상'을 가리키고, '등경'은 '등잔대'를 가리킵니다. 등불은 하나님의 말씀을 가리킵니다. 하나님의 말씀은 빛과 같습니다(시 119:105). 밤에 빛이 꼭 필요하듯이, 세상에는 하나님의 말씀이 꼭 필요합니다. 왜냐하면 세상의 많은 사람들이 하나님도, 인생의 목적도 알지 못하는 어두움 가운데 있기 때문입니다.

그들은 하나님의 말씀을 통해 무지와 죄악에서 건짐을 받을 것입니다. 말씀의 빛은 세상에 큰 유익을 줍니다. 우리는 다 그 유익을 받은 자들입니다.

[17절], 예수께서는 또 "숨은 것이 장차 드러나지 아니할 것이 없고 감추인 것이 장차 알려지고 나타나지 않을 것이 없느니라"고 말씀하셨습니다. 하나님의 말씀은 공개적입니다. 하나님의 말씀은 모든 사람에게 비취는 데 의미가 있고 가치가 있습니다. 그 보배로운 진리를 짓밟기 때문에 "거룩한 것을 개에게 주지 말며 너희 진주를 돼지 앞에 던지지 말라"는 말씀이 있지만(마 7:6), 예수님의 말씀들은 모든 사람 앞에서 공개적으로 말해졌고 가르쳐졌던 것들입니다.

요한복음 18장에 보면, 예수께서는 "내가 드러내어 놓고 세상에 말하였노라. 모든 유대인들의 모이는 회당과 성전에서 항상 가르쳤고 은밀히는 아무것도 말하지 아니하였도다"(요 18:20)라고 말씀하셨습니다. 하나님의 말씀은 모든 사람에게 널리 전파되어야 할 말씀입니다. 그러므로 오늘날 우리들은 이 진리를 땅끝까지 널리 전파하고 가르쳐야 합니다. 이것이 교회의 사명입니다.

[18절], 예수께서는 또 말씀하셨습니다. "그러므로 너희가 어떻게 들을까 스스로 삼가라. 누구든지 있는 자는 받겠고 없는 자는 그 있는 줄로 아는 것까지 빼앗기리라."

‘있는 자’와 ‘없는 자’라는 표현은 하나님의 말씀에 대한 믿음과 행함에 관계된다고 봅니다. ‘있는 자’ 곧 하나님의 말씀을 믿고 행하는 자는 하나님의 더 많은 은혜를 받을 것이지만, ‘없는 자’ 곧 믿음과 행함이 없는 자는 자기가 가지고 있다고 생각하던 것조차도 빼앗길 것입니다. 우리 모두는 하나님의 말씀을 믿고 행하는 자가 되어 더 많은 하나님의 은혜를 누리시기를 소원합니다.

2. 모친과 동생들이 찾아옴 19절~21절

[19절], 예수님의 어머님과 그 동생들이 왔으나 무리를 인하여 가까이하지 못했습니다. ‘그 동생들’은 예수님의 친동생들을 가리킨다고 봅니다. 천주교 학자들은 마리아가 예수님 외에 다른 자녀들을 낳지 않았고, 여기에 ‘그 동생들’은 그의 사촌들을 가리킬 것이라고 주장합니다. 그러나 성경은 예수님을 마리아의 맏아들이라고 증거하고(마1:25. 눅2:7), 또 그의 동생들의 이름을 열거합니다(마 13:55, 막 6:3).

[20-21절], 어떤 이가 말했습니다. “당신의 어머니와 동생들이 당신을 보려고 밖에 서 있나이다.” 예수께서 대답하셨습니다. “내 어머니와 내 동생들은 곧 하나님의 말씀을 듣고 행하는 이 사람들이라.”

예수께서는 영적 가족을 더 중시하셨습니다. 육신의 가족을 잘 보살피고 돌보는 것은 인간의 기본적 의무입니다(딤전 5:8). 그러나 우리는 '내 가족', '내 식구'라는 육신적 가족의 한계를 넘어, 온 세상의 모든 믿는 자들을 포함하는 '하나님의 가족'이라는 거대한 가족 개념을 가질 수 있어야 합니다. 구원받은 모든 성도는 다 하나님의 영원한 가족입니다.

16절로 21절까지에서 우리는 하나님의 말씀의 몇 가지 성격을 깨닫습니다. 첫째로, 하나님의 말씀은 빛입니다. 둘째로, 하나님의 말씀은 공개적입니다. 하나님의 말씀은 만인들을 위해 공개된 내용입니다. 성경은 그것을 사모하고 연구하고자 하는 모든 사람에게 열린 말씀이며 교회가 온 세상에 널리 전파해야 할 말씀입니다. 셋째로, 하나님의 말씀은 실천적입니다. 하나님께서는 우리가 그 말씀을 듣고 믿고 행하는 자가 되기를 원하십니다. 넷째로, 하나님의 말씀은 교회적입니다. 하나님의 말씀을 믿고 행하는 자들은 하나님의 가족들입니다. 그들이 바로 신약교회입니다. 그들은 이 세상 사는 동안 서로 사랑해야 할 형제자매들입니다. 그들은 장차 천국에 들어가서도 영원히 거룩한 사랑의 교제를 나눌 자들입니다. 우리는 이 빛 된 하나님의 말씀을 듣고 행하고 온 세상에 널리 전파합시다. 그 말씀으로 구원받은 자들을 사랑하는 자들이 됩시다.

3. 광풍을 잔잔케 하심 22절~25절

[22-23절], 하루는 예수께서 제자들과 함께 배에 오르셔서 그들에게 "호수 저편으로 건너가자"고 말씀하셨습니다. 그들이 떠나 행선할 때에 예수께서는 잠이 드셨습니다. 그는 잠이 부족하시도록 바쁜 하루하루를 보내셨던 것 같습니다. 물론 그는 성경이 밝히 증거하는 대로 영원 전부터 계신 하나님의 아들, 곧 하나님이시지만, 그는 또한 참으로 사람이셨습니다.

그때 마침 광풍이 호수로 내리쳐 배에 물이 가득하게 되어 위태하였습니다. 광풍의 원인은 다양할 것입니다. 그것은 순전히 자연적 현상일 수도 있습니다. 또한, 마귀의 장난으로 광풍이 일어날 수도 있습니다. 그러나 이 모든 일들은 다 하나님의 허락 속에서만 가능합니다. 이 세상에서 하나님의 주권적 손길 밖에서 일어나는 일은 아무것도 없습니다.

본문에 나타난 한 사실은 제자들이 예수님과 함께 행선했는데도 광풍을 만났다는 것입니다. 세상에는 어려운 일들이 많이 있으며 구원받은 성도들에게도 그러합니다. 애굽에서 나온 이스라엘 백성들에게 여러 가지 어려운 일들이 있었듯이, 구원받은 성도들의 삶 속에도 어려운 일들이 많이 있습니다. 그러나 성도들에게 닥친 모든 일들은 언제나 유익을 줍니다. 고난은 성도들에게 믿음과 겸손과 성결의 유익을 줍니다.

[24-25절], 제자들은 그에게 나아와 깨우며 말했습니다. "주

여, 주여, 우리가 죽겠나이다." 예수께서는 잠이 깨셔서 바람과 물결을 꾸짖으셨습니다. 그러자 바람이 그쳐 잔잔하여졌습니다. 그는 제자들에게 "너희 믿음이 어디 있느냐?"라고 책망하셨습니다. 그들은 예수님을 믿는다고 했지만, 아직 믿음이 부족했고, 어려운 일을 당했을 때 당황하고 믿음 없는 모습을 나타냈습니다. 우리는 어려운 일을 만날 때에 두려워하거나 당황하지 말고 하나님의 하시는 구원을 보며 믿음으로 잠잠히 하나님을 바라며 기다려야 합니다(출 14:13-14; 시 62:1).

그러나 믿음 없는 모습으로이긴 하지만, 제자들이 예수님을 깨운 것은 당면한 문제의 해결이 되었습니다. 그들과 함께 계셨던 예수님은 그들의 불안과 두려움을 제거하실 수 있는 분이셨습니다. 극악한 위기 상황은 예수님의 말씀 한마디로 즉시 평온한 환경으로 변화되었습니다. 성경은 환난 날에 하나님께 간구하라고 교훈합니다(시 50:15).

그들은 두려워하고 기이히 여기며 서로 말하였습니다. "그가 누구이기에 바람과 물을 명하매 순종하는가?" 예수께서 광풍을 잔잔케 하신 이 사건은 그가 하나님의 아들이심을 증거합니다. 잠을 자는 분명히 사람이시지만, 바람과 물결을 꾸짖으시는 자는 분명히 사람 이상이십니다. 하나님께서만 바람과 파도를 주장하실 수 있습니다. 예수께서 그 일을 하셨다는 것은 그가 하나님의 아들이심을 증거하는 것입니다. 이것이 이 사건이 성경에 기록된 이유입니다.

22절로 25절까지에서 우리는 몇 가지 교훈을 찾습니다. 첫째로, 제자들은 예수님과 함께 행선했는데도 광풍을 만났습니다. 우리는 그것들이 하나님께서 뜻 가운데 허락하신 것들이며, 우리에게 결국 유익을 줄 것이라는 것을 믿읍시다. 둘째로, 예수께서는 말씀 한마디로 광풍을 잔잔케 하심으로써 자신이 하나님의 아들 되심을 증거하셨습니다. 셋째로, 본문은 광풍을 대처하는 바른 방법에 대해 암시합니다. 우리는 광풍을 만났을 때에 두려워하거나 당황하지 말고 믿음으로 잠잠히 하나님만 바라야 합니다. 그의 구원하는 손길을 기다려야 합니다.

우리는 아무것도 염려하지 말고 감사한 마음으로 하나님께 기도하며 모든 것을 그에게 의탁해야 합니다. 믿음과 인내와 간구, 오직 그것만이 이 세상에서 때때로 일어나는 광풍에 대처하는 성도의 바른 태도입니다. 두려움이나 염려는 우리의 믿음 없음을 드러낼 뿐입니다. 예수 그리스도의 복음을 듣고 믿고 순종하며 삽시다.

구원을 베푸시는 예수님

거라사인의 군대 귀신 축출 사건은 8장에 기록된 하나님 나라와 사탄 나라 사이의 두 번째 영적 전쟁 기사입니다. 바로 앞에 기록된 풍랑을 잠잠하게 하신 사건과 연결되어 있으나, 이 사건보다 하나님 나라의 승리와 사탄 나라의 패배를 더욱 선명하게 보여 줍니다. 이방인의 땅에서 막강한 군대 귀신이 예수님의 권위 있는 명령 한마디로 축출되었기 때문입니다.

그러나 군대 귀신에게 사로잡혔던 사람에게만 하나님 나라의 승리가 나타났고, 나머지 사람들은 돼지 치는 사람들의 말을 듣고 예수님을 배척함으로써 여전히 사탄 나라의 속박과 올무에서 벗어나지 못합니다. 이것은 하나님의 나라가 본격적으로 이방인의 땅에 전파될 날이 아직 오지 않았음을 보여 줍니다. 반면 군대 귀신으로부터 완전한 자유를 얻은 사람은 즉각적으로 예수님의 제자가 되어 그분의 발치에 앉아 하나님의 말씀을 듣고 있었습니다. 이 광경은 씨 뿌리는 자의 비유에서 열매 맺는 옥토의 모습을 잘 보여 줍니다.

1. 가라다의 귀신 들린 자

[26-27절], 예수께서는 갈릴리 맞은편 거라사인의 땅에 이르러 육지에 내리셨습니다. 갈릴리 맞은편에는 '가다라'라는 마을이 있었습니다. 그 도시 사람으로서 오랫동안 귀신들린 자 하나가 예수님을 만났습니다. 이 사람은 옷을 입지 아니하며 집에 거하지도 아니하고 무덤 사이에 거하는 자이었습니다. 그 귀신들린 자의 특징들은, 첫째, 옷을 입지 않는 것이었습니다. 그는 단정치 않았습니다. 둘째, 그는 집에 거하지 않았다. 즉 안정이 없었습니다. 인간의 삶에 있어서 집은 휴식과 사랑의 장소인데, 그는 그런 정상적인 삶을 저버렸습니다. 셋째, 그는 무덤 사이에 거했습니다. 그는 죽은 자들과 함께 사는 자와 같았습니다.

[28-29절], 넷째, 그는 힘이 셌고 사람들이 통제하기 힘들었습니다. 그는 예수님을 보고 부르짖으며 그 앞에 엎드리어 큰 소리로 그를 부르며 말했습니다. "지극히 높으신 하나님의 아들 예수여, 나와 당신과 무슨 상관이 있나이까? 당신께 구하노니 나를 괴롭게 마옵소서." 그것은 예수께서 이미 더러운 귀신을 명하여 그 사람에게서 나오라고 하셨기 때문이었습니다. "귀신이 가끔 이 사람을 붙잡으므로 그는 쇠사슬과 고랑에 매여 보호되

었으나 그 맨 것을 끊고 귀신에게 몰려 광야로 나갔다”(마 8:28)는 그가 심히 사나와 아무도 그 길로 지나갈 수 없을 정도였다고 말했고, 마가복음 5장 5절은 그가 밤낮 무덤 사이에서나 산에서 늘 소리 지르며 돌로 제 몸을 상하고 있었다고 했습니다. 그는 전혀 이성에 지배를 받지 않고 감정에만 사로잡혀 있는 매우 비정상적이고 불쌍한 자이었습니다.

이러한 특징들에 더하여 두 가지 내용이 더 첨가될 수 있습니다. 하나는 그가 예수님이 어떤 분인지 알아보았다는 점입니다. 그는 예수께 “지극히 높으신 하나님의 아들 예수여”라고 불렀습니다. 또 하나는 그가 예수님의 권세를 인정하고 그에게 간구했다는 점입니다. 28절뿐 아니라, 또한 31절과 32절에도 그가 예수님께 간구했다고 기록되어 있습니다. 이것을 보면, 귀신들도 예수님에 대한 상당한 지식을 가지고 있었습니다. 단지 그들은 예수님을 믿지 않으며 구원을 받지 못할 뿐이었습니다.

2. 그 사람에게서 나오라

예수께서는 그 귀신에게 “그 사람에게서 나오라”고 명하셨습니다. 그가 그렇게 명령하실 수 있는 것은 그가 하나님의 아들이시기 때문이었습니다. 사람은 누구도 귀신에게 그런 명령을 할 수 없으나, 하나님의 아들께서는 그런 명령을 하실 수 있습니다. 그는 귀신들도 주관하십니다. 귀신들은 그의 권세와 능력을 알고 있었고 인정하고 있었습니다.

[30-31절], 예수께서 "네 이름이 무엇이냐?"라고 물으시니 그는 "군대"라고 말하였습니다. '군대'라는 '레게온'은 로마 군대 조직의 단위를 가리켰습니다. 그것은 수백 명의 기병과 5, 6천 명의 보병으로 구성되었다고 합니다. 그가 그렇게 말한 것은 많은 귀신이 들렸기 때문입니다. 그는 보통 귀신들린 사람과 달랐습니다. 그래서 그렇게 무덤에 살며 사람들이 통제할 수 없이 사나웠고 크게 소리를 질렀던 것입니다.

그는 무저갱(無底坑)으로 들어가라 하지 마시기를 간구하였습니다. '무저갱'(無底坑)이라는 '아뷔쏘스(abusso)'는 '밑바닥이 없는 곳' 곧 지옥을 가리킵니다. 예수께서 다른 곳에서 증거하신 대로, 지옥은 '마귀와 그 사자들[귀신들]을 위해 예비된 영영한 불'(마 25:41)입니다. 귀신들이 무저갱에 던져질 것을 두려워하는 것을 보면, 그들은 자신들이 장차 거기에 던져질 운명에 처해 있다는 것을 알고 있었습니다.

[32-36절], 마침 거기 많은 돼지 떼가 산에서 먹고 있었습니다. 마가복음 5장 13절은 거기에 '거의 2천 마리'의 돼지들이 있었다(막 5:13)고 말합니다. 귀신들은 그 돼지에게로 들어가게 허락하시기를 간구하였습니다. 그가 허락하시자 귀신들은 그 사람에게서 나와 돼지들에게로 들어갔습니다. 그 떼가 비탈로 내리달아 호수에 들어가 몰사하였습니다. 치던 자들은 그 된 것을 보고 도망하여 성내와 촌에 고하였습니다.

하나님께서는 때때로 공의로운 재앙을 통해 악한 자를 징책하시고 사람들에게 세상 재물이 헛됨을 일깨우치십니다. 사람에게 물질적 큰 손실이 있어도 물질을 의지하고 사랑하는 삶이 허무함을 깨닫는 큰 유익도 있습니다. 실상, 귀신들린 한 사람의 가치는 그 돼지 2천 마리의 가치보다 더 컸습니다. 사람의 생명은 천하보다 귀합니다(마 16:26).

3. 사람들의 불신과 욕심

사람들은 그 된 것을 보러 나와서 예수께 이르러 귀신 나간 사람이 옷을 입고 정신이 온전하여 예수의 발아래 앉은 것을 보고 두려워하였습니다. 귀신들렸던 자가 구원받은 것을 본 자들이 그들에게 와서 그 일에 대해 말하였습니다. 예수님의 기적들은 어느 한 곳에서 은밀하게 이루어진 것들이 아니었고 많은 사람들이 보는 데서 이루어졌습니다. 성경은 그것들을 본 증인들의 증언들입니다. 우리는 성경의 이 진실한 증거적 성격을 깨닫고 성경의 모든 내용을 믿어야 합니다.

[37-39절], 거라사인의 땅 근방 모든 백성은 크게 두려워하여 그에게 떠나가시기를 구하였습니다. 그들에게는 예수께서 하나님의 아들 그리스도이신지 알고자 하는 마음이 없었습니다. 이런 놀라운 일이 일어났는데도 그들은 예수님이 누구신지 깨달

지 못하였습니다. 그들 속에는 메시아에 대한 갈망, 구원에 대한 갈망이 없었습니다. 그러나 요한복음 4장에 보면, 사마리아 사람들은 달랐습니다. 그들은 우물가에서 예수님을 만났던 한 여자의 증거를 받고 예수님을 믿었고, 예수께 나아와 그들과 함께 유하기를 청하였고, 예수께서 거기에 이틀을 유하시며 말씀을 전해주시므로 많은 사람들이 예수님을 믿었습니다(요 4:39-42).

예수께서 배에 올라 돌아가실 때 귀신 나간 사람이 함께 있기를 구하였습니다. 그의 태도는 동네 사람들의 태도와 달랐습니다. 그러나 예수께서는 그를 보내며 말씀하셨습니다. "집으로 돌아가 하나님이 네게 어떻게 큰 일 행하신 것을 일일이 고하라." 그는 가서 예수께서 자기에게 어떻게 큰 일 하신 것을 온 성내에 전파하였습니다.

26절로 39절까지의 말씀에서 우리는 몇 가지의 교훈을 얻습니다. 첫째로, 예수님은 신적 능력과 권세를 가지신 분이십니다. 귀신들은 예수님이 누구신지 알고 있었고 그의 신적 권세와 능력을 인정하여 그에게 무엇을 간구하였습니다. 예수님은 귀신들에게 그 사람에게서 나오라고 명하셨고, 또 그들의 간구를 허락하셔서 돼지 떼에 들어가게 하셨습니다. 이 일은 인간이 할 수 없는 일이었습니다. 예수께서는 이 일을 통해 자신이 하나님의 아들이심을 분명히 증거하셨습니다. 이 사실을 믿고 확신합시다.

둘째로, 인간의 구원의 가치는 참으로 큽니다. 돼지 2천 마리의 손실은 크지만, 귀신들린 자가 고침을 받은 것은 그보다 더 가치 있는 일이었습니다. 단정치 못하여 옷을 입지 않았고 안정이 없어 집에 거하지 않았고 죽은 자들처럼 무덤 사이에 거하였고, 매우 거칠고 사나워 통제하기 힘들었고 자기의 몸도 상하게 하였던 그 불쌍한 사람이 고침을 받았습니다. 인간의 가치는 참으로 크고 구원의 가치는 비교할 수 없이 큽니다. 우리는 인간의 생명, 그것도 영원한 생명이 천하보다 귀함을 알아야 합니다.

셋째로, 우리는 예수님을 알고 영접합시다. 가다라인들은 그를 알지 못하고 떠나시기를 간구하였습니다. 그러나 우리는 그 귀신들렸다가 고침 받은 사람처럼 주 예수님과 함께 있기를 소원해야 합니다. 우리는 주 예수 그리스도와 함께 거하며 그를 섬기며 그를 증거하기를 소원합시다.

두려워하지 말고
믿기만 하라

본문은 두 여자를 살리신 기적의 사건을 하나로 연결해서 다룹니다. 두 사건을 하나로 연결하는 고리는 숫자 12(42-43절), 여자, 죽음, 그리고 예수님이 여인과 야이로에게 하신 동일한 말씀(48, 50절)입니다. 누가는 의도적으로 두 사건을 샌드위치 구조로 연결했습니다. 야이로의 딸 치유 기사를 시작(40-42절)과 마지막(49-56절)에 배치하고, 그 사이에 의도적으로 혈루증 걸린 여인의 치유 기사(43-48절)를 끼워 넣었습니다. 이 여인의 간증은 야이로의 믿음을 촉구하는 큰 역할을 합니다.

하나님 나라의 구원의 능력을 보여 주는 두 기적은 모두 죽음의 속박에서 건져냄을 받은 기적입니다. 12년간 혈루증으로 고생하던 여인은 죽음을 향해 가는 자였고, 야이로의 딸은 죽음의 문턱을 넘어 장례식만 남겨 놓은 상태였습니다. 죽음의 두 모습은 사탄나라의 최악의 결과를 보여 줍니다(히 2:14,15).

[40-42절], 예수께서 돌아오시자 무리가 환영하였습니다. 이는 다 기다렸기 때문입니다. 회당장인 야이로라 하는 사람이 와서 예수님의 발아래 엎드렸습니다. '회당장'은 유대인들이 하나님께 예배하기 위해 모이던 곳인 회당에서 가장 높은 책임을 가진 사람을 가리킵니다. 그는 예수께서 자기 집에 오시기를 간구했습니다. 그것은 그에게 열두 살 먹은 외딸이 있어 죽어가고 있었기 때문입니다. 이런 어려운 일을 당했을 때, 그는 자신의 자존심이나 체면을 생각할 겨를이 없이 겸손히 예수님 앞에 엎드려 간청하였습니다. 그는 예수님이 자기 딸을 고쳐주실 수 있다고 믿었음에 틀림없습니다. 그의 간청은 예수님께 대한 그의 믿음의 표현이었습니다. 예수께서 가실 때에 무리가 그를 옹위하였습니다.

[43-44절], 그때 열두 해를 혈루증으로 앓는 중에 아무에게도 고침을 받지 못하던 한 여자가 예수님의 뒤로 와서 그의 옷 가에 손을 대니 혈루증이 즉시 그쳤습니다. 혈루증은 피가 멈추지 않는 출혈병입니다. 전통본문에는, '혈루증으로 앓는 중에'라는 말 다음에 '의사들에게 그 가산(家産)을 다 허비하였으되'라는 말이 있습니다. 그녀는 참으로 불쌍한 병자이었습니다. 그는 12년이나 투병 생활을 했고 병 치료를 위해 재산을 다 허비했고 심각한 열등감과 좌절과 낙심 속에 있었음에 틀림없습니다.

그러나 그녀는 오랜 고난을 통해 세상을 의지하고 바라는 마음 대신 하나님의 긍휼만 찾고 구하는 겸비한 심령이 되었던 것 같습니다. 그때 그녀는 예수님에 대해 들었고 그를 믿었고 그에게 나아왔습니다. 예수님의 뒤로 온 것은 그의 열등감과 수치감 때문이었을 것입니다. 그에게는 예수님 앞에 나올 용기조차 없었습니다. 그녀는 예수님의 뒤로 와서 그 옷 가에 손을 대었습니다. 그것은 예수님께 대한 그의 믿음의 표현 방식이었습니다. 믿음의 표현 방식은 사람마다 각각 다른 것 같습니다. 많은 이들은 예수님 앞에 나와 자신들의 소원을 아뢰었습니다. 그러나 이 여자는 조용히 예수님 뒤로 와서 단지 그 옷 가에 손을 대었습니다.

그런데 놀라운 일이 일어났습니다. 그의 출혈이 즉시 그쳤습니다. 12년간이나 누구에게도 고침을 받지 못했던 그 몸의 출혈이 즉시 멈춘 것입니다. 불치의 병이 놀랍게 치료되었습니다. 이것은 인간의 생각으로서는 도저히 이해할 수 없는 사건이었습니다. 이것은 확실히 인간의 능력의 한계 밖에 있는 일이었습니다. 이것은 오직 하나님의 능력의 일이었습니다. 예수님의 신적 인격과 능력이 또 한 번 드러났습니다.

[45-47절], 예수께서 "내게 손을 댄 자가 누구냐?"라고 하시자 다 아니라고 하였습니다. 그때에 베드로가(베드로와 및 함께 있는 자들이) "주여, 무리가 옹위하여 미나이다"라고 말했습니다. 예수께서는 "내게 손을 댄 자가 있도다. 이는 내게서 능력이 나간 줄 앎이로다"고 말씀하셨습니다. 그 여자는 숨기지 못할 줄을 알고 떨며 나아와 엎드리어 그 손댄 까닭과 곧 나은 것을 모든 사람

앞에서 고하였습니다. 이 사건도 많은 사람 앞에서 이루어졌고 많은 사람 앞에서 확인되었습니다. 예수님의 기적들은 항상 그러하였습니다. 기독교 복음의 성격 전반이 그러하였습니다. 기독교 복음은 많은 증인들의 진실한 증언들에 근거한 것입니다.

[48절], 예수께서는 "[힘을 내라], 딸아. 네 믿음이 너를 구원하였으니 평안히 가라"고 말씀하셨습니다. 구원의 이치는 비슷합니다. 당시에 많은 병자들이 있었겠지만, 이 여자와 같이 예수님을 알고 믿고 의지한 자만이 예수께로 나올 수 있었습니다. 이와 같이, 죄인인 인생은 하나님의 긍휼과 능력을 의지하고 그의 보내신 구주 예수 그리스도를 믿고 의지할 때 구원을 받습니다.

[49-50절], 아직 말씀하실 때에 회당장의 집에서 사람이 와서 말했습니다. "당신의 딸이 죽었나이다. 선생을 더 괴롭게 마소서." 예수께서 들으시고 말씀하셨습니다. "두려워 말고 믿기만 하라. 그리하면 딸이 구원을 얻으리라." 주님을 믿고 살아가는 삶의 여정에서도 성도는 기쁘고 즐거운 일도 만나지만 때로는 슬프고 두려운 일도 만날 것입니다. 그러나 우리가 주권적 섭리자이며 선한 목자이신 하나님을 믿는다면 우리는 두려워 말고 오직 그를 믿고 의지하고 의탁해야 할 것입니다.

[51-53절], 그는 집에 이르러 베드로와 요한과 야고보와 및 아이의 부모 외에는 함께 들어가기를 허락하지 아니하셨습니다.

모든 사람이 아이를 위하여 울며 통곡할 때 예수께서는 "울지 말라. 죽은 것이 아니라 잔다"고 말씀하시자 그들은 그가 죽은 것을 아는 고로 비웃었습니다. 예수께서는 죽음을 잔다고 표현하셨습니다. 그것은 그가 그를 깨우실 것이기 때문이었습니다. 부활의 소망 때문에 죽음은 잔다고 표현될 수 있었습니다.

[54-55절], 예수께서는 아이의 손을 잡고 "아이야(헤 파이스)[소녀야], 일어나라"고 부르셨습니다. 그러자 그의 영(靈)이 돌아와 아이가 곧 일어났습니다. 예수님의 말씀은 능력이었습니다. 마치 죽은 아이가 그의 음성을 듣듯이, 그가 말씀하시자 곧 죽은 자가 살아난 것이었습니다. 그 소녀가 살아난 것은 즉각적이었습니다. 사람들의 생각에 불가능하게 보이는 그 생명의 회복이 하나님의 능력으로 즉시 이루어졌습니다. 예수께서는 그 아이에게 먹을 것을 주라고 명하셨습니다.

[56절], 그 부모는 놀랐습니다. 예수께서는 이 일을 아무에게도 말하지 말라고 경계하셨습니다. 그가 그렇게 경계하신 이유는 사람들이 예수께서 세상에 오신 목적을 오해하지 않게 하기 위함이었을 것입니다. 예수님은 육신의 병이나 고쳐주고 죽은 자들이나 살려주기 위해 오신 것이 아니었습니다. 그는 그보다 더 근본적인 죄 문제를 해결하시기 위해 오셨습니다. 예수님은 죄인을 불러 회개시키기 위해 또 자기 목숨을 많은 사람의 대속물로 주시기 위해 오셨습니다(눅 5:32; 마 20:28).

40절로 56절까지는 몇 가지 교훈을 줍니다.

첫째로, 세상에는 불행한 일들이 많이 있지만, 예수께서는 세상의 불행과 그 원인인 죄 문제의 해결을 위해 오신 신적 구주이십니다. 예수는 열두 해를 혈루증으로 고통당하는 한 여인을 고쳐주셨습니다. 또 그는 회당장의 열두 살된 외동딸을 살려주셨습니다. 이것은 신적 능력의 일들이었습니다. 이것들은 예수께서 신적 구주, 곧 하나님의 아들 그리스도이심을 확실히 증거합니다.

둘째로, 이런 사건들은 구원의 복음 원리를 암시합니다. 세상의 모든 불행한 일들의 근본 원인은 죄요 그 마지막은 죽음과 지옥 형벌이지만, 사람은 회개하고 예수 그리스도의 대속(代贖)을 믿으면 죄 씻음과 의롭다고 하심과 영원한 생명의 구원을 얻습니다. 자신의 부족을 깨닫고 겸손히 예수 그리스도께 나아와 그를 믿는 자마다 구원을 얻습니다.

셋째로, 오늘날에도 우리에게는 크고 작은 문제들이 있지만, 오직 예수 그리스도를 의지하고 기도함으로 해결 받습니다. 주께서는 그 혈루증 여인에게 "네 믿음이 너를 구원하였다"고 말씀하셨고, 딸이 죽었다는 소식을 들은 회당장에게 "두려워 말고 믿기만 하라. 그리하면 딸이 구원을 얻으리라"고 말씀하셨습니다. 그들은 믿음으로 기적을 경험하였습니다. 오늘날도 믿는 자는 기도함으로 응답받고 문제의 해결을 얻습니다.

예수님은 절망적인 죽음조차 해결하시고 생명을 주시는 전능하신 분입니다. 죽음조차 생명으로 해결하시는 전능하신 예수님을 믿을 때 은혜로 구원을 받을 수 있습니다. 예수님을 믿지 않는 자는 예수님과 그분을 믿는 신자를 비웃고 조롱해 결국 생명과 능력을 알지 못합니다.

제자의 길(道)

[1절], 예수께서는 열두 제자를 불러 모으시고 모든 귀신을 제어하며 병을 고치는 능력과 권세를 주셨습니다. 그것은 하나님께서 주시는 능력과 권세였습니다. 하나님의 나라를 전파하고 영혼들을 구원하는 사역은 단지 사람의 말로 되지 않고 하나님의 능력의 역사(役事)가 필요하였습니다. 사도 바울도 "하나님의 나라는 말에 있지 아니하고 오직 능력에 있다"(고전 4:20)고 말했습니다. 열두 제자들 가운데는 예수님을 판 가룟 유다도 포함되었을 것이며 그도 하나님의 능력을 받았고 그것을 행사하였을 것입니다. 그러나 그는 진심으로 주를 믿지 않았고 따르지 않았습니다. 하나님의 능력을 나타내는 일은 중생한 믿음 없이도 가능한 것 같습니다. 주께서는 다른 곳에서 말씀하셨습니다.

◆◆◆

"그 날에 많은 사람이 나더러 이르되 주여, 주여 우리가 주의 이름으로 선지자 노릇하며 주의 이름으로 귀신을 쫓아내며 주의 이름으로 많은 권능을 행치 아니하였나이까 하리니 그때에 내가 저희에게 밝히 말하되 내가 너희를 도무지 알지 못하니 불법을 행하는 자들아, 내게서 떠나가라 하리라"(마 7:22-23).

[2절], 예수께서는 열두 제자들에게 그런 능력과 권세를 주시고 하나님의 나라를 전파하며 병든 자를 고치게 하려고 내보내셨습니다. 예수께서 제자들에게 주신 임무는 두 가지였습니다. 첫째는 하나님의 나라를 전파하는 것이었습니다. 이것은 제자들에게 주어진 일차적 임무, 곧 사명이었습니다. '하나님의 나라'라는 말에서 '나라'(바실레이아)는 왕국을 가리킵니다. 하나님의 나라는 민주국가가 아닙니다. 흔히, 민주국가는 국민의, 국민에 의한, 국민을 위한 국가라고 표현됩니다. 민주국가는 주권이 국민에게 있어서 국민에 의해 다스려지며 국민의 행복을 추구하는 국가입니다. 이런 개념은 국민을 자존적 존재처럼 가정하는 맛이 있습니다.

그러나 인간은 자존적(自存的) 존재가 아니고 의존적 존재입니다. 인간은 하나님께서 창조하심으로 존재케 되었고 부모가 낳음으로 출생되었습니다. 인간은 이웃과 함께 살 수밖에 없는 존재입니다. 여기에 민주국가의 관념 속에 근본적으로 부족한 점이 있습니다. 인간은 스스로 자신의 존재 의미를 부여할 수 있는 존재가 아닙니다.

하나님의 나라는 하나님이 왕이시며 하나님께서 다스리시는 신정(神政) 국가입니다. 그 나라의 궁극적 목표는 하나님의 영광을 위한 것입니다. 지극히 지혜로우시고 의로우시고 선하신 하나님께서는 물론 그의 백성의 참된 행복을 위하여 섭리하십니다.

사람은 창조주 하나님의 통치권을 인정하고 복종함으로 그 나라에 참여합니다. 세상이 하나님의 창조하신 세계임에도 불구하고 죄를 지음으로 하나님을 알지 못하는 세상이 되었습니다. 사람들은 하나님을 알지 못하고 하나님의 뜻과 정반대로 불경건하고 우상숭배적이고 부도덕하고 음란한 자들이 되었습니다. 세상은 사탄과 악령들의 활동하는 곳이 되었습니다. 그러므로 하나님의 나라를 선포하는 것은 사람들이 창조주와 섭리자이신 하나님을 인정하고 그에게로 돌아와 그 앞에 겸손히 순종하며 그의 뜻을 행하라고 선포하는 것입니다.

예수께서 제자들에게 주신 두 번째 임무는 병자들을 고치는 것이었습니다. 하나님의 나라의 선포, 회개와 구원이 일차적으로 중요하지만, 몸의 건강도 중요합니다. 사람은 영육으로 구성된 존재이며 영육으로 건강해야 행복할 수 있습니다. 사람의 영은 죄 씻음과 의롭다 하심으로 새 생명을 얻고 성경말씀을 양식 삼아 힘을 얻지만, 몸은 병들지 않고 건강해야 일도 잘할 수 있습니다. 가난한 자들에게 먹을 것을 주고 병자들을 돌보아 주는 것은 영혼 구원 다음으로 중요합니다.

[3절], 예수께서는 제자들에게 또 말씀하셨습니다. "[그러나] 여행을 위하여 아무것도 가지지 말라. 지팡이나 주머니나 양식이나 돈이나 두 벌 옷을 가지지 말라." 예수께서는 그들이 가지

지 말아야 할 것들을 몇 가지 열거하셨습니다. 첫째는 지팡이입니다. '지팡이'라는 (랍도스)는 길 갈 때 의지하는 지팡이와 자기 몸을 방어하는 데 쓰는 호신용 막대기를 포함하는 것 같습니다. 둘째는 주머니입니다. 그것은 물건들을 집어넣을 수 있는 가죽 가방이나 지갑을 가리킵니다. 셋째는 양식이며, 넷째는 돈이며, 다섯째는 두 벌 옷입니다. 그러나 예수가 후에 전대나 주머니 등을 허용하신 것을 보면(눅 22:35-36), 전도자가 평생 그런 것을 가지지 말라는 뜻은 아니라고 봅니다. 그것은 단지 전도자가 세상 염려나 세상의 물질생활에 얽매이지 말라는 뜻으로 이해됩니다.

[4절], 예수께서는 또 "어느 집에 들어가든지 거기서 유하다가 거기서 떠나라"고 말씀하셨습니다. 전도자는 어느 집에 들어가든지 거기서 만족하며 활동해야지 더 나은 집을 찾아 옮겨다니지 말아야 합니다. 물질적, 환경적 조건을 찾아다니는 자는 전도자답지 못합니다. 세상에서도 직장인이 가능하면 한 직장에 오래 근무하는 것을 미덕으로 생각합니다. 대우가 더 좋은 곳을 찾아 옮겨 다니면 그의 인격에 흠이 될 수 있습니다. 세상일도 한 우물을 파는 것이 일반적으로 좋습니다. 전도자는 더더욱 그렇습니다. 세상의 것을 초월하여 하나님의 영광만을 위하여 나선 자가 세상의 조건에 마음을 쓴다면 중심이 잘못된 것입니다. 그러므로 전도자는 언제 어디서나 자족하는 마음으로 살아야 할 것입니다.

[5-6절], 예수께서는 또 말씀하셨습니다. "누구든지 너희를 영

접지 아니하거든 그 성에서 떠날 때에 너희 발에서 먼지를 떨어 버려 저희에게 증거를 삼으라.” 제자들은 나가서 각 마을에 두루 행하여 처처에 복음을 전하며 병을 고쳤습니다. 세상에는 하나님의 복음을 거절하는 자들이 있습니다. 전도자는 그런 곳에 오래 머물 필요가 없습니다. 또 다른 곳에 복음을 전해야 하기 때문입니다. 따라서 전도자는 여러 곳에 두루 행하며 복음을 전해야 합니다. 전도자는 그를 영접하지 않는 곳을 떠날 때 그의 발에서 먼지를 떨어 버림으로 그들에게 증거를 삼아야 했습니다. 그것은 하나님의 복음에 제시된 구원의 복이 그들과 상관없다는 것을 생생하게 증거하는 행위일 것입니다.

1절로 6절까지에서 우리는 몇 가지 교훈을 얻습니다.

첫째로, 교회의 사명은 하나님의 나라를 전파하는 것입니다. 하나님의 나라는 하나님께서 통치하시고 백성들이 그에게 순종하는 나라입니다. 하나님의 나라에 인생의 행복과 소망이 있습니다. 교회의 사명은 하나님의 나라의 복음을 세상 끝까지 전파하는 것입니다. 이것은 예수님의 사명이었고 그가 제자들에게 명하신 일이었고 제자들이 행한 일이었습니다. 우리는 이 사명을 위해 마음과 힘과 정성을 다 모으며 다 바쳐야 합니다. 가난한 자들과 환자들을 돌보는 일은 단지 교회의 부수적인 일일 뿐입니다.

둘째로, 교회는 세상일에 얽매이지 말아야 합니다. 전도자들은 물론이고 일반 신도들도 하나님의 주신 세계 전도라는 큰 사명을 위해 세상일을 작게 여겨야 할 것입니다. 하나님께서는 우리에게 세상에서 먹을 것과 마실 것, 그리고 입을 것과 거처할 곳을 주실 것이며 성도는 그것으로 만족하며 살아야 합니다. 성경은 "우리가 세상에 아무것도 가지고 온 것이 없으매 또한 아무것도 가지고 가지 못하리니 우리가 먹을 것과 입을 것이 있은즉 족한 줄로 알 것이니라"고 말합니다(딤전 6:7-8).

주님께서는 갈릴리 지방에서 여러 가지 이적을 베푸시며 복음 사역을 행하시는 중에 주님의 사역을 효율적으로 진행하시기 위해 열두 제자를 따로 파송하셨습니다. 선교는 성도의 의무요, 그 삶의 본질입니다(마 5;13-16). 우리는 본문의 말씀을 통하여 이 시대에 합당한 선교는 무엇인지 그리고 그것을 어떻게 수행해 나갈 것인지에 대해 알아보았습니다.

영국의 역사가 아널드 토인비가 "세상에는 수많은 사람들이 희망의 역사를 기대하지만, 역사의 수레바퀴는 정작 몇몇 사람들의 손에 의하여 희망으로 향해 움직여진다"고 했듯이 우리는 복음 사역의 방관자나 들러리 인생이 되기보다 그 주역들이 되어야 하겠습니다(고전 9:22, 23). 인생은 누구나 주님만을 자랑해야 하는 사명적 존재입니다(고전 1:29-31). 이것이 예수의 제자도(弟子道)입니다.

당황하고
두려워하는 헤롯

본문 말씀을 살펴보면 예수님의 명성은 팔레스타인 전역에 퍼져, 어떤 사람은 세례 요한이 다시 살아났다고 하고, 어떤 사람은 엘리야가 나타났다고도 하며, 또 어떤 사람은 옛 선지자 중에서 한 사람이 살아났다고도 했습니다(7, 8절). 이 소식을 들은 분봉왕 헤롯은 매우 당황하고 두려워했습니다.

1. 헤롯이 당황한 이유 7절~9절

[9절], 왜냐하면 어떤 이는 요한이 죽은 자 가운데서 살아났다고도 하였기 때문입니다. 그래서 헤롯은 "요한은 내가 목을 베었거늘 이제 이런 일이 들리니 이 사람이 누군가?"라고 하면서 그를 보고자 하였습니다. 분봉왕 헤롯은 대헤롯의 아들로서 세례 요한을 죽였을 뿐만 아니라(막 6:14-29), 예수께서 재판받으실

때 그를 조롱했던 자입니다(눅 23:7-12). 그렇다면 죽은 세례 요한의 소문을 들었을 때 헤롯은 왜 당황했을까요?

첫째로 그는 부활을 믿지 않는 현실주의자인 사두개파였기 때문입니다. 분봉왕 헤롯은 에돔인으로서 당시 유대 사회의 권력을 관장하고 있던 사두개 교도였으므로 죽은 자의 부활 같은 것은 전혀 믿지 않는 현실주의자였습니다. 그러나 자기의 통치 관할 구역인 갈릴리에서 예수의 명성이 높아가고 그를 추종하는 백성들이 많아지자, 예수에 대한 관심을 갖지 않을 수 없게 되었습니다. 더구나 그가 전에 자기가 죽인 세례 요한이 다시 살아난 것이라는 소문을 들었을 때는 당황하지 않을 수 없었던 것입니다.

왜냐하면 그것은 부활이 없다고 믿는 교리, 즉 그가 믿는 교리와 들리는 소문이 일치하지 않았기 때문입니다. 그가 믿는 교리대로라면 죽은 사람은 절대 다시 살아날 수 없습니다. 그런데 많은 백성이 예수를 다시 살아난 세례 요한으로 믿고 있다는 데서 혼란이 생긴 것입니다. 사람이 당황할 때는 전혀 예기치 않은 일이 일어났을 때입니다. 헤롯에게 있어서 세례 요한의 부활 소문은 그의 허를 찌른 것이 되어 그의 막강한 권력에도 불구하고 그를 당황하게 만들었습니다.

둘째로 양심의 가책이 생겼기 때문입니다. 사람에게는 양심이 있기 때문에 죄를 짓고는 편안할 수 없습니다. 잠언에는 "악인은 쫓아오는 자가 없어도 도망하나 의인은 사자같이 담대하니라"(잠 28:1)고 말했습니다. 그가 이복동생의 아내인 헤로디아와 부정한 결혼을 한 것을 세례 요한이 힐책한 데 대하여 불쾌하게는 생각했지만, 내심으로는 오히려 그를 '의롭고 거룩한 사람으로 알고 두려워하여 보호'(막 6:20)하려는 생각까지 하고 있었는데, 살로메의 춤값으로 어쩔 수 없이 그를 죽이게 한 죄에 대하여 다시 양심의 가책을 느꼈던 것입니다.

부활을 믿지 않는 그였으나 죽은 세례 요한이 다시 살아났다는 소문을 들었을 때 그의 양심은 다시 그의 죄를 일깨워 고발하고 있었습니다. 그를 책망하던 요한의 음성이 그의 영혼 속에서 메아리치고 있었던 것입니다. 은밀히 지은 죄가 남을 속일 수는 있어도 하나님과 자기 양심만은 절대 속일 수 없으며, 하나님으로부터 용서받지 않은 죄는 양심의 가책에서 결코 벗어날 수 없는 것입니다. 헤롯에게 있어서 요한은 죽은 것이 아니라 그의 양심의 깊숙한 곳에 언제나 살아 있었던 것입니다. 제아무리 왕이라 할지라도 양심은 어찌할 수 없는 것입니다.

헤롯은 자신이 죽인 요한이 살아난 줄로 여겨 걱정하고 두려워합니다. 아무리 대단한 권력을 가진 사람이라도 죄의 문제를 해결하지는 못합니다. 예수의 소문을 들은 헤롯은 걱정하고 괴로워하기만 할 뿐 회개의 자리로까지 나아가 돌이키지 않습니다. 죄 때문에 걱정하는 것과 회개하는 것은 전혀 다른 모습입니다. 예수의 이름이 들릴 때 나는 내 죄 때문에 걱정합니까? 아니면 회개합니까? 회개했다면 죄에서 돌이킨 구체적 증거는 무엇입니까?(16절)

2. 믿음이 흔들리는 이유

첫째로 거짓 믿음이었기 때문에 흔들립니다. 헤롯은 헛된 교리를 믿고 있었습니다. 세례 요한은 살아났다는 소문만으로도 그의 믿음은 당황하고 흔들렸습니다. 그것은 그가 믿는 교리가 부활이 없다고 가르쳤기 때문입니다. 거짓된 믿음이 조그마한 충격에도 흔들린다는 것은 지극히 당연한 일입니다. 종교는 참이어야 하며, 참은 불변하는 진리이어야 하고, 교리는 생명을 바쳐서라도 지키는 것이 참 믿는 자의 믿음입니다. 그러나 헤롯은 그렇지 못했습니다. 대체적으로 권력을 가진 자나 부자들의 믿음이란 때때로 하나의 장식물에 불과할 때가 많습니다. 그런 믿음은 하나님을 만홀히 여기는 짓이며, 자기를 기만하는 비열한 행위입니다.

둘째로 허약한 믿음이기 때문에 흔들립니다. 거짓 믿음뿐만 아니라 허약한 믿음도 흔들립니다. 시험과 환란이 많은 세상에서 허약한 믿음을 가지고는 하나님의 뜻대로 살아갈 수가 없습니다. 즉 허약한 믿음이란 유혹에 약한 믿음, 환란에 쉽게 굴복하는 믿음인 것입니다. 이러한 믿음은 헤롯이 세례 요한의 소문을 듣고 당황한 것처럼, 예수께서 재림하셨다는 소문을 듣고도 당황할 믿음입니다. 이런 믿음을 가진 사람들은 예수께서 더디 오시기를 바라고 계십니다.

이에 비해 확고한 믿음을 가지고 성결된 생활을 하는 사람은 주님께서 빨리 오시기를 학수고대합니다. 당황하고 두려워하는 자는 하늘나라에 들어갈 수가 없습니다(계 21:8). 믿음이 적은 자, 믿음이 약한 자는 하루속히 강한 믿음으로 성장시켜야 합니다. 굳건한 믿음을 가진 사람들에게 주님은 말씀하고 계십니다. "이 반석 위에 내 교회를 세우리니 음부의 권세가 이기지 못하리라"(마 16:18).

본문에서 두 사람의 뚜렷이 상반된 삶의 모습을 볼 수 있습니다. 세례 요한의 위대한 설교자로서의 삶과 그의 순교적 죽음과 당시 갈릴리를 다스리던 정치가로서의 헤롯 안티파스의 타락한 삶입니다. 우리는 본문을 통해서 과연 어떻게 사는 것이 아름다운 삶이며 후회하지 않는 삶인지를 생각할 필요가 있습니다.

겉으로 보기에는 헤롯이 행복한 삶을 사는 것 같습니다. 그는 갈릴리의 최고의 권력자였고 자기가 하고 싶은 것은 다 해본 사람입니다. 그러나 하나님 앞에서 그는 범죄자였고 살인자였으며 양심의 가책을 받으면서 살아야 했던 사람입니다. 세례 요한은 세상적으로 보면 유명한 설교자이지만 사적으로는 그렇게 행복했던 것 같지 않습니다. 그러나 그는 진리를 위하여 살았으며 진리를 증거하다가 죽었습니다. 특히 그는 왕을 두려워하지 않는 설교자였습니다. 그리고 순교함으로 하나님 앞에서 가장 영광스러운 죽음을 맞이했습니다.

이것을 볼 때 우리는 행복의 조건이 이 세상에서 많은 것을 누리면서 살다가 죽는 것으로 보아서는 안 된다는 것을 알 수 있습니다. 사람이 행복했는지 그렇지 않은지는 얼마나 진리를 나타내며 진리대로 살다가 죽느냐 하는 것으로 판단해야 합니다. 그러므로 세례자 요한은 가장 복된 삶을 살았고 헤롯은 가장 비참한 삶을 살았던 사람입니다.

헤롯은 평소에도 세례 요한이 참으로 의롭고 거룩한 사람이라는 것을 알고 존경했습니다. 그러나 세례 요한이 간음이나 음란 같은 죄를 책망하는 설교를 할 때에는 번민하면서 그의 설교를 들었을 것입니다. 헤롯은 어떤 의미에서는 다른 통치자들보다 하나님의 진리의 감화를 더 받을 수 있는 상황에 있었습니다. 그런데 헤롯은 끝까지 진리의 편에 서지 못하고 아주 악한 방향으로 사용하였습니다. 그 이유는 크게 두 가지로 생각할 수 있습니다.

하나는 헤롯이 진리를 객관적으로 듣는 것은 좋아했지만 자기에게 적용되는 것은 아주 싫어했습니다. 다른 하나는 헤롯이 사람들의 인정을 받고 싶어 했습니다. 헤롯의 마음속에는 늘 두 가지가 싸우고 있었습니다. 지금 자기가 죄를 짓고 있다는 양심의 가책과 또 아름답고 똑똑한 헤로디아를 버리고 싶지 않은 정욕입니다. 그래서 헤롯은 정신적인 문제가 생길 수밖에 없었습니다. 세례 요한을 죽이고 난 후에는 선지자를 죽였다는 양심의 가책으로 괴로워하다가 예수님의 소문을 듣고 죽은 세례 요한이 다시 살아나서 자기에게 복수를 시작했다는 공포에 빠지게 된 것입니다. 두려워하고 당황하는 헤롯에게서 우리는 회개함으로 반석 같은 믿음을 회복하는 그리스도인들이 되기를 소원합니다.

벳새다의 기적

누가복음 9장 10절~17절

아마도 예수님의 공생애 기간 동안 베푸신 이적들 중 가장 널리 알려지고 가장 자주 언급된 이적은 바로 벳세다 광야에서 일어난 오천 명을 먹이신 오병이어의 기적일 것입니다(마 14:13-21, 막 6:30-44, 요 6:1-13). 벳세다에 모인 자들은 가련한 군중들이었습니다. 이러한 상황 속에서 우리는 제자들과 군중들, 그리고 예수님에 대하여 생각해 볼 수 있을 것입니다.

◆◆◆

"사도들이 돌아와 자기들이 행한 모든 것을 예수께 여쭈니 데리시고 따로 벳새다라는 고을로 떠나 가셨으나 무리가 알고 따라왔거늘 예수께서 그들을 영접하사 하나님 나라의 일을 이야기하시며 병 고칠 자들은 고치시더라"(10-11절).

예수가 사도들을 따로 한적한 곳으로 데리고 가신 것은 그들에게 쉴 시간을 주기 위함이셨을 것입니다. 사람에게는 휴식 시간이 필요합니다. 그런데 무리는 그것을 알고 그를 따라왔습니다. 그들의 열심은 대단하였습니다. 하나님께서 은혜와 부흥을 주시면, 사람들의 마음은 하나님을 향해 간절할 것입니다. 그러나 하나님께서 내버려두시면 사람들의 마음은 냉랭하고 거칠고 반항적일 수밖에 없을 것입니다. 구원은 하나님의 긍휼 안에 있고 교회의 부흥도 하나님의 긍휼의 손 안에 있습니다.

예수께서는 그들을 영접하시며 하나님 나라의 일을 이야기하시며 병 고칠 자들은 고치셨습니다. 그에게는 영혼들에 대한 관심과 사랑이 있으셨습니다. 그는 모여든 사람들에게 하나님의 나라의 일을 이야기하셨습니다. 세상 나라는 죄악되며 장차 심판을 받아 멸망할 것이라고 말씀하셨습니다. 그리고 하나님께서 한 나라를 세우실 것이며 그 나라는 영원하며 영원히 멸망치 않을 것이라고 말씀하셨습니다. 하나님의 나라는 인류의 소망과 기대입니다. 예수께서는 사람들의 육신의 병들도 고쳐주셨습니다. 천국에는 병도, 고통도, 죽음도 없을 것입니다. 천국에서 우리는 영육으로 건강하게 영생할 것입니다. 하나님은 그 나라를 우리에게 약속하셨습니다. 하나님의 나라는 우리에게 가장 복된 소망입니다.

[12-17절], 날이 저물어 가자 열두 사도가 나아와 말하였습니다. 12절을 보십시오. "날이 저물어 가매 열두 사도가 나아와 여짜오되 무리를 보내어 두루 마을과 촌으로 가서 유하며 먹을 것을 얻게 하소서 우리가 있는 여기는 빈 들이니이다." 예수님의

가르침은 날이 저물도록 계속됩니다. 그러자 제자들은 '빈들'까지 자신들을 찾아온 무리에게 책임감을 느끼면서 예수께 주변 마을로 사람들을 보내 스스로 배고픔을 해결하게 하자고 제안합니다. 하지만 예수님은 대답하십니다. 13절을 보십시오.

◆◆◆

"예수께서 이르시되 너희가 먹을 것을 주라 하시니 여짜오되 우리에게 떡 다섯 개와 물고기 두 마리밖에 없으니 이 모든 사람을 위하여 먹을 것을 사지 아니하고서는 할 수 없사옵나이다 하니."

예수님은 제자들에게 "너희가 먹을 것을 주라"고 하십니다. 이것은 무슨 말씀일까요? 양 떼는 리더가 책임져야 한다는 말씀입니다. 바로 믿음을 발휘하라는 것입니다. 물 위를 걷고, 풍랑을 잠잠케 했던 예수님을 믿으라는 '눈에 보이지 않는 암시'가 들어 있다는 사실입니다. 14절을 보십시오.

◆◆◆

"이는 남자가 한 오천 명 됨이러라 제자들에게 이르시되 떼를 지어 한 오십 명씩 앉히라 하시니."

제자들이 무리를 오십 명씩 질서정연하게 앉혔습니다. 그러므로 무리의 숫자는 대략적으로 파악될 수 있었습니다. 예수께서는 떡 다섯 개와 물고기 두 마리를 가지고 하늘을 우러러 축사하시고 떼어 제자들에게 주어 무리 앞에 놓게 하셨습니다. 그런데 놀랍게도 그 저녁에 거기에 있었던 모든 사람이 다 배불리 먹었고 남은 조각을 열두 바구니에나 거두었습니다. 떡을 먹은 사람들이 남자만 약 5천 명이었으니, 여자와 아이들까지 합하면 만 명 이상은 되었을 것입니다. 이것은 기적(奇蹟)이었습니다. 이것은 인간의 이성으로는 이해하기 어려운 일이었습니다. 그러나 그 놀라운 기적이 일어났습니다. 이 기적은 사복음서에 다 기록되어 있습니다.

예수님의 기적의 잔치는 예상치 못한 장소에서 예상치 못한 시간에 일어났습니다. 사람들은 이렇게 풍성한 복이 자기들을 기다리고 있을 줄 전혀 예상하지 못했습니다. 그런데 바로 그곳에서 하나님의 능력이 나타난 것입니다. 이 사건은 예수님의 다른 모든 기적 사건과 더불어 예수께서 하나님의 아들 그리스도 되심, 즉 그의 신적 인격과 메시아 사역을 증거합니다. 유대인 예수님, 그는 단순히 한 인간이 아니셨고 참된 신성(神性)을 가진 인간이셨습니다.

우리는 하나님과 예수 그리스도의 신성(神性)의 능력을 믿고 의지합시다. 하나님의 나라는 단지 말에 있지 않고 하나님의 능력에 있습니다. 우리는 하나님의 품 안에 사는 하나님의 백성입니다. 주께서는 제자들에게 능력과 권세를 입혀 주셨고, 친히 떡 기적을 통해 자신의 신성을 증거하셨습니다. 그는 우리의 필요한 것들을 채워주실 수 있는 능력자이심을 증거하신 것입니다. 하나님이 광야에서 생활하던 이스라엘 백성을 만나로 먹이셨듯이, 예수님은 목자 없는 양 같은 무리를 배불리 먹이십니다. 이렇게 나의 참된 목자이신 예수님을 따르는 인생은 광야에 있어도 부족함이 없습니다(시 23:1).

우리는 오병이어 사건에 대해 이야기할 때 하나님의 기적에 대해 많이 생각합니다. 필요를 채우셨다는 이야기입니다. 물론 이것도 중요한 메시지입니다. 그러나 그것보다 더 중요한 메시지는 주님이 그들을 불쌍히 여기셨다는 것입니다. 영적으로 방황하고 있으므로 배고픔도 잊어버리고 예수님의 말씀에 귀를 기울이면서 따라다니는 그들을 불쌍히 여기셨습니다. 우리가 이렇게 놀라운 하나님과 주 예수 그리스도를 믿고 산다면 무엇이 걱정이며 염려이겠습니까? 주께서는 말씀하셨습니다.

◆◆◆

"그러므로 염려하여 이르기를 무엇을 먹을까? 무엇을 마실까? 무엇을 입을까 하지 말라. 이는 다 이방인들이 구하는 것이라. 너희 천부께서 이 모든 것이 너희에게 있어야 할 줄을 아시느니라. 너희는 먼저 그의 나라와 그의 의를 구하라. 그리하면 이 모든 것을 너희에게 더하시리라"(마 6:31-33).

사도 바울도 간증하기를, "어떠한 형편에든지 내가 자족하기를 배웠노니 내가 비천에 처할 줄도 알고 풍부에 처할 줄도 알아 모든 일에 배부르며 배고픔과 풍부와 궁핍에도 일체의 비결을 배웠노라. 내게 능력 주시는 자 안에서 내가 모든 것을 할 수 있느니라"(빌 4:11-13)고 하였습니다. 주 예수 그리스도만 믿고 의지하며 기다립시다.

내가 붙들고 있으면 보리떡 다섯 개가 그대로 있지만, 예수님께 내어놓았을 때 오천 명을 먹이고 열두 광주리나 남았습니다. 이것은 예수님께 내 자신을 드리는 것이 얼마나 복된 일인지를 보여 줍니다. 많은 사람들이 배부르게 먹었다고 하시지 않고 오천 명이 먹고 열두 광주리가 남았다고 분명하게 성경은 기록하고 있습니다.

무한한 능력의 주님이 우리 가운데 계십니다. 우리가 주님의 이름을 부를 때 주님은 우리를 만져주실 것이며, 우리의 부족한 것을 넉넉하게 하실 것이며, 건널 수 없는 장애도 극복할 수 있게 하실 것입니다. 우리가 믿는 주님은 창조의 하나님이시며 자연법칙에 구애받지 않는 하나님이시며 은혜가 흘러넘치는 하나님입니다. 우리가 믿음으로 나아갈 때에 주님이 우리를 변함없는 능력으로 복을 주실 것입니다.

주님을 따라가는 길

누가복음 9장 18절~27절

본문의 말씀은 예수님의 제자도, 즉 주님을 따라가는 길에 대한 말씀입니다.

[18-20절], 예수께서 따로 기도하실 때에 제자들이 주와 함께 있었습니다. 그는 그들에게 물으셨습니다. 18, 19절. "예수께서 따로 기도하실 때에 제자들이 주와 함께 있더니 물어 이르시되 무리가 나를 누구라고 하느냐 대답하여 이르되 세례 요한이라 하고 더러는 엘리야라, 더러는 옛 선지자 중의 한 사람이 살아났다 하나이다." 세상 사람들은 예수님에 대해 세계적 종교의 창시자나 역사상 뛰어난 선생 정도의 심히 부분적인 견해들을 가지고 있습니다.

20절. "예수께서 이르시되 너희는 나를 누구라 하느냐 베드로가 대답하여 이르되 하나님의 그리스도시니이다 하니." 예수께서는 제자들에게 "너희는 나를 누구라 하느냐?"라고 물으셨습니다. 그때 베드로는 "하나님의 그리스도시니이다"라고 대답하였습니다. 그것은 예수님에 대한 바른 견해이었습니다. '하나님의 그리스도'라는 말은 하나님께서 보내신 혹은 하나님께로부터 오신 그리스도라는 뜻이라고 봅니다. 그것은 아마 신성(神性)을 가진, 즉 신적 본질을 가진 그리스도라는 뜻을 포함할지도 모릅니다. 그리스도는 '기름부음을 받은 자'라는 뜻으로 구약성경에 예언된 자이십니다(단 9:24-26).

그러나 [21절], "경고하사 이 말을 아무에게도 이르지 말라 명하시고." 예수께서는 자신이 하나님의 그리스도이심을 아무에게도 이르지 말라고 제자들에게 명령하셨습니다. 그 이유는 아직 때가 이르지 않았기 때문입니다. 사람들은 메시아가 오시면 이스라엘 나라를 로마 제국의 속박으로부터 해방시키고 또 물질적 가난과 궁핍으로부터 건져내어 줄 것을 기대했던 것 같습니다. 그러나 메시아의 사명은 그런 것이 아니었습니다.

물론 궁극적으로 메시아 왕국은 정치적 안정과 경제적 풍요함을 가질 것이지만, 그는 정치와 경제의 문제보다 더 근본적인 문제를 해결하실 것입니다. 그것은 죄인을 불러 회개시키는 것입니다. 메시아는 사람들을 죄로부터 건져주시는 구주로 오셨습니다. 사람들에게 이런 메시아의 사명을 이해시키는 데는 시간이 더 필요했습니다.

예수께서는 [22절], "이르시되 인자가 많은 고난을 받고 장로들과 대제사장들과 서기관들에게 버린바 되어 죽임을 당하고

제삼일에 살아나야 하리라 하시고"라고 말씀하셨습니다. 예수
께서는 자신의 고난과 죽음과 부활에 대해 말씀하셨습니다. '인
자'(人子)라는 명칭은 그의 인성(人性)을 가리킵니다. 예수께서는
신성(神性)으로는 하나님 아버지와 동일한 본질이시며 동등되시
지만, 인성(人性)으로는 우리와 동일한 본질이십니다.

　예수께서는 평안을 누리고 사람들에게서 영광을 취하실 자로
이 세상에 오시지 않았고, 많은 고난을 받으실 고난의 종으로 오
셨습니다(사 53장). 그는 부패된 종교 지도자들에 의해 버린바 되
시고 죽임을 당하실 것입니다. 부패된 교회는 하나님을 대적할
것입니다. 그러나 그는 죽임을 당한 지 3일 만에 다시 살아나실
것입니다. 그는 자신의 부활을 예언하셨습니다. 만일 그가 부활
하시지 않았다면, 그는 거짓 예언자일 것이며, 하나님의 그리스
도가 아니고 사람들을 속이는 자에 불과했을 것입니다. 그러나
그는 과연 자신이 예언한 대로 부활하셨습니다!

　그는 또 무리에게 [23절], "또 무리에게 이르시되 아무든지 나
를 따라오려거든 자기를 부인하고 날마다 제 십자가를 지고 나
를 따를 것이니라"고 말씀하셨습니다. 이 말씀은 주를 믿고 따
르고자 하는 모든 신자에게 적용됩니다.

　주님을 따르는 길은 첫째로 자신을 부정하는 것입니다. 그것
은 자기의 생각과 인생관과 가치관을 부정하는 것을 의미한다.
우리 자신이 본래 갖고 있었던 생각과 인생관과 가치관은 허무
하고 죄악되었습니다. 그것은 하나님의 뜻에 맞지 않고 올바르

지 못한 것들이었습니다. 주님을 따르는 길은 둘째로 날마다 자기 십자가를 지고 따르는 것입니다. '날마다'라는 말은 '꾸준히, 변함없이'라는 뜻이며, '제 십자가를 지고'라는 말은 각자에게 하나님께서 주신 십자가를 끝까지, 즉 죽기까지 지고 가야 함을 보입니다.

예수께서는 또 말씀하셨습니다. [24절], "누구든지 제 목숨을 구원하고자 하면 잃을 것이요 누구든지 나를 위하여 제 목숨을 잃으면 구원하리라"(必生卽死, 必死卽生). 우리가 자기를 부정하고 자기의 십자가를 지고 주를 따라야 할 이유는, 우리가 육신의 목숨만을 위해 산다면 결국 영원한 생명을 잃어버릴 것이지만, 우리가 주를 위해 육신의 목숨을 잃는다면 영원한 생명을 얻을 것이기 때문입니다. '나를 위하여'라는 말은 예수를 믿는 믿음 때문에 라는 뜻입니다.

주께서는 두 종류의 생명에 대해 말씀하십니다. 하나는 육신의 목숨이고, 다른 하나는 영원한 생명입니다. 육신적 생명만을 위해 살려고 하는 자는 영원한 생명을 잃어버릴 것이지만, 예수 그리스도를 위해 육신의 생명을 잃어버린다면 그는 영원한 생명을 소유한 자가 될 것입니다. 예수께서는 친히 고난과 죽음을 거쳐 부활하셨습니다. 이제 고난과 죽음과 부활은 그를 믿는 제자들 모두의 삶의 과정입니다.

예수께서는 또 말씀하셨습니다. [25절], "사람이 만일 온 천하를 얻고도 자기를 잃든지 빼앗기든지 하면 무엇이 유익하리요." 우리가 자기를 부정하고 자기 십자가를 지고 주님을 따라야 할 이유는 영생의 가치가 크기 때문입니다. 사람이 온 천하를 얻었다 해도 자기의 영혼이 지옥에 던져진다면 무슨 유익이 있겠습니까? 그러므로 인간이 영생을 얻는 것은 참으로 가치 있는 일입니다.

예수께서는 또 말씀하셨습니다. [26절], "누구든지 나와 내 말을 부끄러워하면 인자도 자기와 아버지와 거룩한 천사들의 영광으로 올 때에 그 사람을 부끄러워하리라." 본문은 계속해서 사람이 자기를 부정하고 제 십자가를 지고 주를 따르는 길이 얼마나 가치 있는 일임을 강조하신 것입니다. 인성을 가지신 예수께서는 성경에 예언된 대로 그리고 만국 교회가 믿고 소망하는 대로 눈으로 볼 수 있게, 또 심판주로서 많은 천사들과 함께 영광스럽게 다시 오실 것입니다. 그때 예수님과 그의 말씀을 부끄러워하던 자들은 부끄러움을 당할 것입니다. 주께서는 그들을 인정치 않으시고 그들을 하나님의 백성의 수에서 제외하실 것입니다.

예수께서는 또 말씀하셨습니다. [27절], "내가 참으로 너희에게 이르노니 여기 서 있는 사람 중에 죽기 전에 하나님의 나라를 볼 자들도 있느니라." 이 말씀은 다음에 나오는 변화산 사건을 가리킨다고 봅니다. 그 사건은 장차 예수 그리스도의 재림으

로 이루어질 하나님의 나라의 영광을 미리 맛보게 하신 사건이
라고 봅니다. 18절부터 27절까지의 말씀에서 우리는 몇 가지 진
리를 정리해 봅니다.

첫째로, 예수님은 하나님의 그리스도이십니다. 그는 하나님
께서 우리를 위해 보내주신 신적 구주이십니다. 그 증거는 성
경이 증거 하는 대로 그의 기적들과 십자가에 죽으심과 부활하
심입니다.

둘째로, 주님을 따르는 길은 자기를 부정하고 제 십자가를 지
고 그를 따르는 것입니다. 그것은 고난과 죽음을 각오하며 바른
믿음을 지키고 자기의 직무를 다하며 하나님 앞에 충성하는 길
입니다.

셋째로, 주님을 따르는 길은 영원한 생명의 길입니다. 예수께
서 고난을 당하셨고 십자가에 죽임을 당하셨으나 삼일 만에 부
활하신 것처럼, 우리도 자신을 부정하고 날마다 자기의 십자가
를 지고 주님을 따르면 영원한 생명에 이를 것입니다. 그것은 우
리가 행함으로 구원을 얻는다는 말이 아니고, 영생에 이르는 과
정을 말하는 것입니다. 영생에 이르는 자마다 자기를 부정하고
자기 십자가를 지고 주님을 따를 것입니다.

오직 예수만 보이더라

누가복음 9장 28절~36절

지난주일 설교 본문 마지막 27절에서 예수님께서는 이렇게 말씀하셨습니다.

♦♦♦

"내가 참으로 너희에게 이르노니 여기 서 있는 사람 중에 죽기 전에 하나님의 나라를 볼 자들도 있느니라."

이 말씀은 오늘 나오는 변화산 사건을 가리킨다고 말씀드렸습니다. 이 사건은 장차 예수 그리스도의 재림(再臨)으로 이루어질 하나님의 나라의 영광을 미리 맛보게 하신 사건이라고 봅니다. 본문에서 예수님은 가장 사랑하는 제자 셋을 데리고 산에 기도하러 올라가셨습니다. 예수님께서 기도하시면서 산위에서 변화(變化)되시는 모습을 살펴봅시다.

♦♦♦

"이 말씀을 하신 후 팔 일쯤 되어 예수께서 베드로와 요한과

이 말씀을 하신 후 8일쯤 되어 예수께서 베드로와 요한과 야고
보를 데리시고 기도하시러 산에 올라가셔서 기도하실 때에 그
의 용모(容貌)가 변화되고 그의 옷이 희어져 광채(光彩)가 났습니
다. 그의 얼굴은 영광스러운 얼굴이 되었고 그의 옷도 희고 광채
가 나는 옷으로 변화되었습니다. 흰색은 성결함을 나타내고 그
광채는 그의 영광을 나타냅니다. 그것은 그의 인격의 성결함과
그의 신성(神性)의 영광입니다.

그때 문득 두 사람이 예수님과 함께 말하는데 모세와 엘리야
였습니다. 하나님께서는 그들이 환상 중에 모세와 엘리야를 보
게 하셨습니다. 그것은 세 제자로 하여금 모세와 엘리야가 살아
있으며 천국에서 영광을 누리고 있음을 잠시 동안이라도 보게
하였습니다. 모세와 엘리야는 영광 중에 나타나서 장차 예수께
서 예루살렘에서 별세(別世)하실 것에 대해 말하였습니다. 예수
님의 죽으심은 예수님의 생애에서 가장 중요한 사건이었습니
다. 성경 전체가 증거하는 대로, 그것은 하나님의 택한 자들을
대속(代贖)하기 위한 죽임이었기 때문입니다.

본문 28-31절을 살펴보면, 우선 예수님께서 변화되는 것이 기

도할 때였음을 알 수 있습니다. 또한 예수님께서 변화되실 때 광채가 났습니다. 하나님의 영광으로 빛나는 예수님의 모습이 아름답듯이 기도로써 변화 받은 사람의 모습은 참으로 아름답습니다. 이 아름다움은 안에서 솟아나는 내적인 아름다움, 영적인 아름다움입니다. 또한 예수님께서 변화되실 때 모세와 엘리야가 나타났습니다. 모세와 엘리야는 이스라엘을 대표하는 위대한 사람들이었습니다. 모세는 율법을 상징하며, 엘리야는 예언을 상징합니다.

이 두 사람이 예수님을 찾아온 이유는 무엇일까요? 예수님은 인간의 육체를 가지고 오신 분입니다. 그러므로 인간이 겪는 고통을 예수님도 겪을 수밖에 없습니다. 예수님도 마찬가지로 죽음에 대한 두려움, 제자의 배반, 백성들의 비난으로 몹시 괴로우셨을 것입니다. 모세와 엘리야는 이런 상태의 예수님을 위로하고 격려하기 위해 찾아온 것입니다. 또한 스승의 죽음으로 자칫 낙담과 실의에 빠질지도 모를 제자들의 믿음을 다시 강하게 하려고 온 것입니다. 그들이 예수님의 변화된 모습과 모세와 엘리야가 수종드는 모습을 본다면, 예수님께서 하나님의 아들임을 확실히 재인식할 것이며, 그들이 영원히 모셔야 할 위대한 스승임을 깨닫고 크게 위안을 받을 것입니다.

31절에서 모세와 엘리야는 예수님의 죽음에 대해 이야기했습니다. 본문의 '별세'라는 말이 헬라어 로는 '출애굽' 혹은 '탈출'의 뜻을 가지고 있습니다. 즉 그리스도의 죽음은 이스라엘 백성이 애굽 땅에서 탈출하듯이 이 세상의 속박으로부터 벗어난다는 뜻입니다. 하나님께서 애굽의 포로였던 이스라엘을 자유하게 하셨듯이, 그리스도는 이 세상 죄를 모두 지고 가시므로 세상 사람 모두를 죄의 속박으로부터 자유하게 하십니다.

이스라엘이 애굽의 속박에서 자유를 얻었듯이, 그리스도인의 죽음은 죄의 속박에서 자유를 얻어 영원한 본향, 자유와 기쁨만이 있고, 걱정 근심 고통이 전혀 없는 하늘나라에 들어감을 뜻하는 것입니다. 그러나 세상 사람들의 죽음은 참으로 비참합니다. 그들의 죽음은 곧 영원한 고통의 시작이기 때문입니다. 그리스도인의 죽음과는 너무나도 대조적인 죽음입니다. 이 세상을 떠난다는 의미에서 그 죽음은 같을 수 있지만 그 영혼이 가는 곳은 완전히 반대되는 곳입니다.

◆◆◆

"베드로와 및 함께 있는 자들이 깊이 졸다가 온전히 깨어나 예수의 영광과 및 함께 선 두 사람을 보더니, 두 사람이 떠날 때에 베드로가 예수께 여짜오되 주여 우리가 여기 있는 것이 좋사오니 우리가 초막 셋을 짓되 하나는 주를 위하여, 하나는 모세를 위하여, 하나는 엘리야를 위하여 하사이다 하되 자기가 하는 말을 자기도 알지 못하더라"(32-33절).

베드로와 및 함께 있는 자들은 피곤하여 졸다가 아주 깨어 예수님의 영광과 및 함께 선 두 사람을 보았습니다. 이 순간은 너무나도 고귀하고 값진 순간이었습니다. 하나님으로부터의 계시

(啓示)는 여러 방법으로 주어집니다. 그러나 오늘날의 모든 계시는 말씀을 통해 주어집니다. 그러므로 말씀을 순종하는 삶은 계시를 수용하고 그에 따른 합당한 삶을 사는 것입니다. 제자들처럼 계시가 주어지는 예배 현장에서 잠을 자는 성도가 되어서는 안 됩니다.

그 두 사람이 떠날 때 베드로는 33절에서 예수님께 말했습니다. "주여 우리가 여기 있는 것이 좋사오니 우리가 초막 셋을 짓되 하나는 주를 위하여, 하나는 모세를 위하여, 하나는 엘리야를 위하여 하사이다." 베드로는 주의 영광을 보는 것이 너무 좋아서 자기의 하는 말을 자기도 알지 못하며 이런 말을 했습니다.

❖❖❖

"이 말 할 즈음에 구름이 와서 그들을 덮는지라 구름 속으로 들어갈 때에 그들이 무서워하더니, 구름 속에서 소리가 나서 이르되 이는 나의 아들 곧 택함을 받은 자니 너희는 그의 말을 들으라 하고, 소리가 그치매 오직 예수만 보이더라 제자들이 잠잠하여 그 본 것을 무엇이든지 그 때에는 아무에게도 이르지 아니하니라"(34-36절).

이 말 할 즈음에 구름이 와서 그들을 덮었습니다. 구름 속으로 들어갈 때에 그들이 무서워하였는데 구름 속에서 소리가 났습니다. "이는 나의 아들 곧 택함을 받은 자니 너희는 그의 말을 들으라." 소리가 그치자 오직 예수님만 보였습니다. 제자들은 잠잠하여 그 본 것을 무엇이든지 그때에는 아무에게도 말하지 않았습니다. 후에 베드로는 그의 서신에서 이 사건에 대해 말했습니다(벧후 1:16-18).

36절 말씀에서 "오직 예수만 보이더라"고 하듯 두렵고 영광스러운 구름이 걷히자, 제자들의 시야에는 오직 예수님만 남아 있었습니다. 우리의 신앙은 연단의 구름이 걷힌 후 더욱 온전해지는데, 그것은 결국 그리스도만을 내 삶의 주님으로 더욱 깊고 확실하게 인식하기 때문입니다. 구름이 걷힌 후 세 제자들의 신앙은 더 확실하고 온전하게 주님께 뿌리를 내렸던 것입니다(벧전 5:10). 그러므로 의인 욥은 고난과 연단의 구름이 걷힌 후 기쁘게 고백하기를 "내가 주께 대하여 귀로 듣기만 하였사오나 이제는 눈으로 주를 뵈옵나이다"(욥 42:5)라고 했습니다. 어렵고 힘든 구름 덮인 세상살이 가운데서도 우리는 오직 예수님만 보이는 신앙생활을 할 수 있으시기를 간절히 소원합니다.

28절로 36절까지에서 우리는 몇 가지의 진리를 봅니다. 첫째로, 하나님께서는 세 제자에게 예수 그리스도의 영광을 친히 보여 주셨습니다. 이것은 제자들에게 믿음의 견고함과 위로와 격려를 주시기 위함이었습니다. 그들은 이 경험을 통해 예수님을 더욱 알게 되었을 것입니다.

둘째로, 예수님의 죽음은 그의 생애에서 가장 중요한 일입니다. 영광 중에 나타난 모세와 엘리야의 대화 주제는 바로 그것이었습니다. 예수께서는 죽기 위해 오셨고, 십자가에 죽으심으로 우리의 모든 죄악을 대속하셨습니다. 그의 부활은 십자가의 죽음 후에 올 것이었습니다.

셋째로, 하나님께서는 친 음성으로 예수 그리스도에 대해 증거 해주셨습니다. 그 내용은 예수께서 하나님의 사랑하는 아들이시라는 것과, 우리가 그의 음성을 들어야 한다는 것입니다. 하나님께서 친 음성으로 확실하고 시원하게 증거해 주셨습니다. 우리는 그 증거를 통해 예수님이 하나님의 아들이심을 확신하고 그를 따르며 그의 모든 말씀에 복종합시다!

믿음과 성품의 성숙

누가복음 9장 37절~50절

오늘 설교 제목은 '믿음과 성품의 성숙'입니다. 이것은 곧 제자도의 핵심입니다. 본문을 단락으로 나누면 귀신들린 아이 치유(37-43상반절), 예수님의 수난 예고(43하-45절), 가장 큰 자 토론(46-48절), 배타주의를 경계하심(49-50절)입니다. 본문을 강해하여 보겠습니다.

❖❖❖

"이튿날 산에서 내려오시니 큰 무리가 맞을새, 무리 중의 한 사람이 소리 질러 이르되 선생님 청컨대 내 아들을 돌보아 주옵소서 이는 내 외아들이니이다. 귀신이 그를 잡아 갑자기 부르짖게 하고 경련을 일으켜 거품을 흘리게 하며 몹시 상하게 하고야 겨우 떠나 가나이다"(37-39절).

나인성 과부의 외아들의 경우나 회당장 야이로의 외딸의 경우처럼, 이 경우에도 어떤 사람에게 하나밖에 없는 외아들, 그에게 가장 소중한 것에게 불행의 일이 있었습니다. 하나님께서는 때때로 이 세상에서 우리에게 가장 소중한 것에게 불행을 주심으로써 세상의 헛됨을 깨닫고 하나님께로 돌아오게 하십니다.

그 아버지는 말하였습니다. "귀신이 저를 잡아 갑자기 부르짖게 하고 경련을 일으켜 거품을 흘리게 하며 몹시 상하게 하고야 겨우 떠나가나이다." 마태복음은 그 아이의 병을 간질이라고 말하였습니다. 성경은 자주 질병과 악령의 관련성을 말합니다. 이 간질병은 악령의 활동이었습니다. 악령은 그 아이 속에서 활동하며 소리를 치며 부르짖고 거품을 흘리며 경련을 일으키고 그 몸을 심히 상하게 만들었습니다. 마태복음은 그가 자주 불에도 넘어지며 물에도 넘어졌다고 말합니다(마 17:15).

❖❖❖

"당신의 제자들에게 내쫓아 주기를 구하였으나 그들이 능히 못하더이다. 예수께서 대답하여 이르시되 믿음이 없고 패역한 세대여 내가 얼마나 너희와 함께 있으며 너희에게 참으리요 네 아들을 이리로 데리고 오라 하시니"(40-41절).

제자들은 그 아이의 병을 고쳐주지 못했습니다. 제자들도 병을 고치며 귀신을 내어 쫓는 권세를 받았지만, 이 아이의 병은 고치지 못했습니다. 마태복음에 보면, 예수께서는 그들에게 믿음이 적기 때문에 못했다(마 17:20)고 말씀하셨습니다. 귀신의 활동도 정도의 차이가 있고 병을 고치는 권세에도 그러했습니다. 일반 사람들도, 제자들도 믿음이 없었습니다.

"올 때에 귀신이 그를 거꾸러뜨리고 심한 경련을 일으키게 하는지라. 예수께서 더러운 귀신을 꾸짖으시고 아이를 낫게 하사 그 아버지에게 도로 주시니, 사람들이 다 하나님의 위엄에 놀라니라. 그들이 다 그 행하시는 모든 일을 놀랍게 여길새 예수께서 제자들에게 이르시되, 이 말을 너희 귀에 담아 두라 인자가 장차 사람들의 손에 넘겨지리라 하시되, 그들이 이 말씀을 알지 못하니 이는 그들로 깨닫지 못하게 숨긴 바 되었음이라 또 그들은 이 말씀을 묻기도 두려워하더라"(42-45절).

그 아버지가 아이를 예수께 데려올 때에 귀신은 그를 거꾸러뜨리고 심한 경련을 일으키게 하였습니다. 예수께서는 더러운 귀신을 꾸짖으시고 아이를 낫게 하셨습니다. 귀신은 더러운 영입니다. 귀신은 범죄하여 타락한 천사입니다. 그것은 음란하고 속이는 사악한 영입니다. 예수께서는 그 아이를 그의 아버지에게 도로 주셨습니다. 사람들은 다 하나님의 위엄에 놀랐고 그의 행하시는 모든 일을 기이히 여겼습니다. 예수께서는 그의 신성의 영광을 다시 한번 나타내셨습니다.

예수께서는 제자들에게 말씀하셨습니다. "이 말을 너희 귀에 담아두라. 인자가 장차 사람들의 손에 넘기우리라." 주께서는 자신의 고난과 죽음에 대해 말씀하셨습니다. 그것이 그가 이 세상에 오신 이유이었고 이 세상에서 하실 가장 중요한 일이었습니다. 그러나 그들은 이 말씀을 알지 못하였습니다. 그것은 그들이 그 말씀을 깨닫지 못하도록 숨김이 되었기 때문입니다. 또 그들은 이 말씀을 묻기도 두려워하였습니다.

37절로 45절까지에서 우리는 몇 가지의 교훈을 얻습니다. 첫째로, 우리는 예수님의 신성(神性)을 한 번 더 확인합니다. 귀신 들린 외아들을 고쳐주신 이 사건은 그가 하나님의 아들 그리스도이심을 증거합니다.

둘째로, 하나님께서는 우리에게 영육의 건강을 주십니다. 사람은 범죄한 이후, 육신적으로 또 정신적으로 병든 존재가 되었습니다. 그러나 구주 예수께서는 이 세상에 계실 때 육신적 질병들과 정신적 질병들을 다 고쳐주셨습니다. 하나님께서는 우리에게 영육의 건강을 주실 수 있습니다.

셋째로, 우리는 우리를 위해 죽으신 예수님을 생각하고 그를 따라가야 합니다. 예수님은 친히 고난의 길을 가셨습니다. 그의 사도들도 고난의 삶을 살았습니다. 주께서는 제자들에게 자신을 부정하고 자기 십자가를 지고 그를 따르라고 교훈하셨습니다. 신앙생활은 현세와 내세에서 영육의 복을 받아 누리는 삶일 뿐 아니라, 현세에서 고난도 받는 삶입니다.

◆◆◆

"제자 중에서 누가 크냐 하는 변론이 일어나니, 예수께서 그 마음에 변론하는 것을 아시고 어린 아이 하나를 데려다가 자기 곁에 세우시고, 그들에게 이르시되 누구든지 내 이름으로 이런 어린 아이를 영접하면 곧 나를 영접함이요 또 누구든지 나를 영

제자들 가운데서 누가 더 크냐는 변론이 일어났습니다. 그런 경쟁심은 인간의 뿌리 깊은 죄악성인 교만과 명예심에서 나온 것이며, 그것은 결국 자기를 사랑하며 세상을 사랑하는 것입니다. 사람은 이런 것들 때문에 남을 시기하고 다툽니다. 그것은 우리를 위해 자신을 주시기 위해 종으로 오신 예수 그리스도의 마음과는 너무 다릅니다. 주님과 함께 지내며 많은 말씀들의 가르침을 받았지만, 아직 제자들 속에는 죄성이 그대로 있고 아직 주님을 본받는 제자 되기에 부족하였습니다.

예수께서는 그들의 마음의 욕심과 복잡함을 아셨습니다. 주님은 사람의 중심을 다 아십니다(요 2:24). 그는 제자들의 문제점을 고쳐주기를 원하셨습니다. 그는 그것을 위해 어린아이 하나를 데려다가 자기 곁에 세우시고 그들에게 말씀하셨습니다.

◆ ◆ ◆

"누구든지 내 이름으로 이런 어린 아이를 영접하면 곧 나를 영접함이요 또 누구든지 나를 영접하면 곧 나를 보내신 이를 영접함이라 너희 모든 사람 중에 가장 작은 그가 큰 자니라."

우리가 예수님을 믿기 때문에 예수님의 이름으로 어린아이를 영접하는 것은, 우리가 곧 예수님을 영접하는 것이며, 또 우리가 예수님을 영접하면 그를 보내신 하나님을 영접하는 것입니다. 예수님을 따르는 자들 가운데 자신을 낮추고 작은 일 하나를 즐거이 감당하는 그 사람이 큰 자입니다. 모든 종류의 명예심과 욕심을 버리고 오직 겸손히 주 예수 그리스도를 섬기며 그의 이름으로 이웃을 돌아보는 자는 큰 자로 인정을 받을 것입니다.

보아너게 곧 우뢰의 아들이라는 별명이 있었던(막 3:17) 요한은 성격이 급했던 것 같습니다. 사도 시대에는 예수님의 이름으로 귀신을 내어 쫓는 일들이 있었습니다. 그러나 예수님의 제자들은 그가 자기들과 함께 따르지 않기 때문에 그의 행위를 금지하였습니다. 어떤 이유로 그가 예수님의 이름으로 귀신을 내어 쫓게 되었는지, 또 왜 그가 그러면서도 예수님과 제자들을 따르지는 않았는지 알 수 없지만, 그가 비록 제자들을 따르지 않는다 해도, 제자들이 그를 제재할 권한은 없었습니다. 만일 제자들이 그에게 자기들을 따르라고 강요한다면, 제자들은 종파주의적 마음을 가진 자들이 될 것입니다.

여기에 관용의 정신이 있습니다. 물론 관용에는 한계선이 있습니다. 그것은 '예수님의 이름 안에서'라는 한계선입니다. 그러나 우리는 예수님의 이름을 가진 자들을 향해 '우리 교회에만 속해야 한다'는 종파주의적 마음을 가져서는 안 됩니다. 우리는 예수 그리스도의 이름을 부르는 모든 자들을 향해 관용을 가질 수 있어야 합니다. 예수님은 자기들을 반대하지 않는 사람들을 우호적인 사람들로 간주하라고 가르치십니다(50절).

집단 내에서 더 높은 자로 인정받으려고 다투는 모습과 함께 예수님의 제자들이 버려야 할 모습은 집단 밖에 있는 사람들을 배척하는 태도입니다. 제자들의 공동체는 원수를 사랑할 뿐 아니라, 적대적이지 않은 사람들을 우호적인 자들로 간주해야 합니다. 이는 배타주의를 버리고 포용심을 가지라는 뜻입니다. 예수님을 따르는 제자는 복음을 위해 서로 협력해야 합니다.

3부

예루살렘으로 가는 여정

누가복음 9장 51절 – 19장 27절

예루살렘을 향한 십자가의 길

누가복음 9장 51절~62절

예루살렘을 향해 가시는 예수님의 여정이 본문부터 19장까지 기록되어 있습니다. 이 여정에서 예수님은 하나님 나라의 복음을 계속 전하십니다. 본문의 구성은 51-56절(사마리아인들이 받아들이지 않음-예수님을 배척하는 사람들), 57-62절(예수님을 따르려는 사람들-고난 각오, 가족관계 초월)입니다.

◆◆◆

"예수께서 승천하실 기약이 차가매 예루살렘을 향하여 올라가기로 굳게 결심하시고, 사자들을 앞서 보내시매 그들이 가서 예수를 위하여 준비하려고 사마리아인의 한 마을에 들어갔더니, 예수께서 예루살렘을 향하여 가시기 때문에 그들이 받아들이지 아니 하는지라"(51-53절).

예수께서는 승천하실 때가 되어가므로 예루살렘을 향해 올라가기로 굳게 결심하시고 사람들을 앞서 보내셨습니다. 그는 예루살렘에서 십자가에 죽임을 당하셔야 했습니다. 인간 예수님은 십자가의 죽음의 시간이 가까워져 올수록 긴장되었겠지만, 아버지의 뜻을 따라 굳게 결심하며 그 길을 가셨습니다.

그들은 가서 예수님을 위해 예비하려고 사마리아인의 한 마을에 들어갔습니다. 그러나 그들은 예수께서 예루살렘을 향하여 가시는 것을 알고 그들을 받아들이지 않았습니다. 사마리아인들은 유대인들과 사이가 좋지 않았습니다. 그것은 유대인들이 그들을 반쯤 이방인으로 여기며 낮추어 보았기 때문이었습니다. 사실, 사마리아인들의 육신적 혈통이나 종교는 순수하지 못하고 혼합되어 있었습니다.

◆◆◆

"제자 야고보와 요한이 이를 보고 이르되 주여 우리가 불을 명하여 하늘로부터 내려 저들을 멸하라 하기를 원하시나이까"(54절).

야고보와 요한은 엘리야의 일을 기억하면서, 하늘에서 불을 내리게 하여 그들을 멸하는 것이 어떻겠는가 하고 주님께 물은 것입니다. 예수께서는 돌아보시며 꾸짖으시고 함께 다른 촌으로 가셨습니다. 주께서는 악한 자를 대적지 말고 그들을 위해 기도하고 원수를 사랑하라고 가르치셨습니다(마 5:39, 44).

46절로 56절까지의 말씀은 겸손과 관용과 온유를 우리에게 가르쳐줍니다. 그것은 자기를 부정하고 날마다 제 십자가를 지고 따르라는 그의 교훈에 첨가될 덕목입니다. 겸손과 관용과 온

유는 주 예수 그리스도의 성품입니다(마 11:29). 주의 제자 된 우리는 명예심, 경쟁심, 교만, 좁은 마음, 보복심 등을 다 버리고 주께서 가르치신 겸손과 관용과 온유의 마음을 가져야 합니다.

◆◆◆

"길 가실 때에 어떤 사람이 여짜오되 어디로 가시든지 나는 따르리이다. 예수께서 이르시되 여우도 굴이 있고 공중의 새도 집이 있으되 인자는 머리 둘 곳이 없도다 하시고"(57-58절).

길 가실 때에 어떤 사람이 말했습니다. "어디로 가시든지 나는 따르리이다." 그것은 귀한 결심이며 고백입니다. 그것은 "주의 인도하심 따라, 어디든지 주를 따라, 주와 같이 가려네"라는 찬송가 가사와 같은 고백입니다. 이것은 주를 진실히 믿고 따르는 자들만이 할 수 있는 고백일 것입니다.

그러나 예수께서는 그 사람을 격려하는 대신 매우 부담되는 말씀을 하셨습니다. 그것은, 보잘것없는 들짐승이나 날짐승도 거처가 있지만, 예수님은 안정된 거처가 없다는 말씀입니다. 주께서는 전도 활동의 마지막 때에 제자들과 함께 가진 유월절 식사도 어떤 사람의 다락방에서 하셨고 그 밤의 휴식도 감람산에서 하셨습니다.

주님의 전도 사역에는 물질적 안정이 없었습니다. 주를 따르는 자들은 주의 가신 길을 따라갈 각오를 해야 합니다. 그러나 어디든지 주를 따르겠다고 말한 그 사람은 이런 각오가 없었던 것 같습니다. 우리가 참으로 예수님을 따르려면, 우리는 자신을

부정하고 자기 십자가를 지고 또 가난과 고난과 비천함을 각오
하며 따라야 합니다.

◆◆◆

"또 다른 사람에게 나를 따르라 하시니 그가 이르되 나로 먼저
가서 내 아버지를 장사하게 허락하옵소서. 이르시되 죽은 자들
로 자기의 죽은 자들을 장사하게 하고 너는 가서 하나님의 나라
를 전파하라 하시고"(59-60).

두 번째 사람도 예수님을 주님으로 고백했고 주를 따르겠다
는 뜻을 갖고 있었습니다. 그러나 그는 먼저 가서 그의 부친을
장사하도록 허락해 주기를 예수께 구했습니다. 그의 요청은, 그
의 부친이 아직 돌아가지 않으셨다면 돌아가실 때까지 그를 보
살피겠다는 의미이든지, 혹은 그의 부친이 돌아가셨다면 그 장
례식의 지루한 미신적 행위들, 예를 들어, 7일 애곡이나 1년간의
애도 등을 포함할지도 모르겠습니다. 여하튼 그의 요청은 하나
님의 일보다 세상에서 해야 할 인간의 도리가 더 중요하다고 생
각하는 그의 생각을 나타내었습니다.

예수께서는 그에게 말씀하셨습니다. "죽은 자들로 자기의 죽
은 자들을 장사하게 하고 너는 가서 하나님의 나라를 전파하라."
처음의 '죽은 자들'이라는 말은 영적으로 죽은 자들 곧 하나님을
알지 못하고 죄 가운데 사는 사람들을 가리키며, 두 번째의 '죽은
자들'이라는 말은 육신적으로 죽은 자들 곧 장례를 행해야 할 대
상자들을 가리킵니다. 부모를 공경하며 그들이 돌아가셨을 때

장례를 잘 행하는 것은 자식으로서 당연한 도리입니다. 단지, 주의 말씀은 더 높은 명령, 더 크고 더 중요하고 더 급한 일이 있다는 것을 의미합니다. 이것은 구약에 대제사장에게 명한 말씀과 비슷합니다(레 21:10-11). 그는 부모로 인하여도 더러워지게 말고 성소에서 나오지 말아야 했습니다.

주께서는 전임사역자인 제자들에게 '하나님의 나라를 전파하라'는 임무를 주셨습니다. 그것은 지극히 높으신 하나님의 명령이며 세상의 그 어떤 일보다도 더 크고 더 중요하고 더 긴급한 일입니다. 하나님께서는 전도의 일이 세상의 일 때문에, 심지어 가족관계의 기본적인 일 때문에라도 방해받지 않고 지장을 받지 않기를 원하십니다. 하나님께서는 하나님의 나라를 전파하는 일이 세상의 모든 일들 가운데서 가장 우선적으로 수행되기를 원하시는 것입니다.

◆◆◆

"또 다른 사람이 이르되 주여 내가 주를 따르겠나이다마는 나로 먼저 내 가족을 작별하게 허락하소서. 예수께서 이르시되 손에 쟁기를 잡고 뒤를 돌아보는 자는 하나님의 나라에 합당하지 아니하니라 하시니라"(61-62).

이 사람도 예수님을 '주님'이라고 고백했고 그를 따르겠다고 말했습니다. 그것도 귀한 결심이며 고백이었으나, 그는 '먼저' 자기 가족들과 작별하도록 허락해 달라고 주께 요청하였습니다. 사람이 자기 가족들과 작별하는 것은 매우 당연한 절차일 것입니다. 그러나 이 경우도 주님의 대답을 보면 그 사람의 마음속에 있는 우선순위의 혼란이 문제였습니다.

예수께서는 말씀하셨습니다. "손에 쟁기를 잡고 뒤를 돌아보는 자는 하나님의 나라에 합당치 아니하니라." 예수는 그 사람의 마음의 혼란을 보고 계셨습니다. 그는 밭 가는 자가 앞을 바라보며 밭을 갈아야 할 것이라는 비유를 말씀하셨습니다. 만일 밭 가는 자가 밭을 갈면서 자꾸 뒤를 돌아보면 이랑이 비뚤어지고 말 것입니다. 손에 쟁기를 잡았다는 비유는 하나님 나라의 일을 맡았다는 뜻입니다. 뒤를 돌아보는 것은 세상일을 염려하고 걱정하는 것입니다. 즉 하나님 나라의 일꾼으로 부름을 받았으면서도 세상의 일에 대해 염려하고 걱정하고 있는 자는 하나님의 나라에 합당치 않다고 말씀하신 것입니다.

그는 옛날 롯의 아내와 같습니다. 롯의 아내가 뒤를 돌아보지 말라는 하나님의 명령을 어기고 뒤를 돌아본 것은 세상 애착을 끊어버리지 못했기 때문일 것이다. 그는 뒤를 돌아보았기 때문에 소금기둥이 되었습니다(창 19:26). 복음의 일꾼들이 세상의 애착을 끊어버리지 못하면 천국의 직무에 지장을 초래하게 될 것입니다. 하나님께 교회의 직분을 맡은 자들은 그것을 가장 크게 여기고 그 직분에 지장을 받지 않도록 처신해야 하나님을 기쁘시게 할 수 있습니다. 세상 염려나 세상 애착 때문에 직분을 다하지 못하는 자는 천국에 합당치 않습니다.

본문은 먼저 직분자들에게 적용될 것입니다. 그들은 일반 신자들보다 더욱 주께서 가신 길을 따라야 합니다. 그러나 우리 모두는 세상일보다 하나님 나라 일을 더 크고 가치 있게 여기며 주를 따라야 합니다. 우리는 특히 주님을 믿고 따를 때 가난과 경제적 불안정과 비난받음을 각오해야 합니다. 우리는 단순히 세상에서의 평안을 위해 하나님을 섬기며 주님을 믿고 따르는 것이 아니고, 하나님의 나라를 위해, 영원한 생명과 평안을 위해 주님을 믿고 따릅니다. 그러므로 우리는 세상에서 가난과 비천함과 고난을 싫어하지 않고 참고 감당해야 합니다.

또 직분자들은 가족관계의 기본적인 일들까지도 초월하고 하나님의 일에 전심전력해야 한다. 그것은 가족관계를 무시하거나 경시하라는 뜻이 아닙니다. "네 부모를 공경하라"는 계명은 하나님의 명령이며 그의 뜻입니다(출 20:12; 딤전 5:8). 그러나 복음을 전파하라는 하나님의 명령은 세상의 그 어떤 일보다 더 크고 중요하고 긴급한 일이기 때문에, 복음의 일꾼들과 교회의 직분자들은 세상일 때문에, 심지어 가족관계 때문에 그 일이 지장이나 방해를 받아서는 안 될 것입니다. 이것이 예루살렘을 향하여 가시는 주님의 십자가의 길을 따르는 제자의 길입니다.

누가복음 10장 1절~16절

예수님은 십자가의 길을 가시기 전에 직접 다니실 수 없는 많은 지역에 70명의 제자를 파송하십니다. 70명의 제자가 파송되는 상황은 9장에서 12명의 사도들이 파송될 때보다 더 시급한 상황이 분명합니다. 예수님이 이미 십자가의 죽음을 밝히셨고 그 시간이 얼마 남지 않았기 때문입니다.

예수님은 양들을 이리 가운데로 보내는 심정으로 70명을 파송하십니다. 추수할 것은 많은데 일꾼이 적다고 하시며, 전도여행을 위한 지침을 주십니다. 그들을 영접하지 않는 동네에서는 경고의 메시지를 남기라고 하십니다. 예수님은 고라신과 벳세다와 가버나움을 향해 화를 선포하십니다.

◆◆◆

"그 후에 주께서 따로 칠십 인을 세우사 친히 가시려는 각 동네와 각 지역으로 둘씩 앞서 보내시며 이르시되 추수할 것은 많되 일꾼이 적으니 그러므로 추수하는 주인에게 청하여 추수할 이후에 주께서는 12 사도들 외에 또 70인을 세우셔서 친히 가시려는 각 동네, 각 처소로 둘씩 앞서 보내셨습니다. 전도자들을 둘씩 보내신 것은 그들이 확실한 증언으로 증거하고, 또 서로를 위로하고 격려하며 혹은 권면의 말로 붙들어주게 하기 위함이었을 것입니다.

주님께서는 전도를 추수에 비유하셨습니다. 씨는 이미 뿌려졌습니다. 유대인들에게는 선지자들에 의해 뿌려졌습니다. 씨가 심어지고 자라 추수하기까지는 시간이 필요하였습니다. 추수할 것, 즉 구원 얻을 영혼들이 많습니다. 그러나 일꾼이 적습니다. 그러므로 예수님은 추수하는 주인에게 청하여 추수할 일꾼들, 즉 전도자들을 많이 보내어 주소서 하라고 말씀하셨습니다.

하나님은 추수하는 주인이십니다. 그는 천국 백성의 씨를 뿌리게 하셨고 그것을 자라게 하셨고 또 그것을 추수하게 하십니다. 오늘날은 세상의 종말이 더 가까우므로, 전도자들이 더 많이 필요합니다. 140년 전에, 우리나라에 복음을 전해주었던 서양 선교사들처럼, 우리도 주 예수님을 알지 못하는 자들에게 복음을 전해주어야 합니다.

◆◆◆

"갈지어다 내가 너희를 보냄이 어린 양을 이리 가운데로 보냄과 같도다"(3절).

주께서는 또 말씀하셨습니다. 주님께서는 3절 이하에서 전도자들의 위험과 고난을 암시하시면서 그들의 임무에 대해 말씀하십니다. 첫째로, 전도자들은 가야 합니다. 주 예수께서 하늘의 영광의 세계를 떠나 이 세상에 내려오신 것처럼, 전도자들은 복음이 필요한 곳으로 가야 합니다(마 28:19, 가서 제자 삼으라; 막 16:15, 온 천하에 다니며 만민에게 복음을 전파하라). 둘째로, 전도자들은 죽음을 각오해야 합니다. 세상에는 이리 같은 악한 자들과 핍박자들이 많습니다. 그러므로 전도자들은 고난과 죽음을 각오하며 이 사명을 감당해야 합니다.

◆ ◆ ◆

셋째로, 전도자들은 물질적 염려를 버려야 합니다. "전대나 배낭이나 신발" 등은 생활 문제에 대한 염려 즉 물질적 염려를 의미합니다. 그런 염려는 우리를 전도자로 부르시고 보내시는 주님께 다 맡겨야 합니다.

넷째로, 전도자들은 오직 자기 임무만 생각해야 합니다. 주께서는 "길에서 아무에게도 문안하지 말라"고 말씀하셨습니다. 그것은 목적지에 이르기 전에 다른 일에 관여하지 말고, 오직 자기에게 부여된 전도만 생각하고 그 일에 충실해야 한다는 뜻이라고 봅니다.

"어느 집에 들어가든지 먼저 말하되 이 집이 평안할지어다 하라. 만일 평안을 받을 사람이 거기 있으면 너희의 평안이 그에게 머물 것이요 그렇지 않으면 너희에게로 돌아오리라. 그 집에 유하며 주는 것을 먹고 마시라 일꾼이 그 삯을 받는 것이 마땅하니라 이 집에서 저 집으로 옮기지 말라"(5-7절).

다섯째로, 전도자들은 어느 집에 들어가든지 먼저 그 집의 평안을 기원해야 합니다. 모든 사람에게 평안을 기원할지라도, 하나님의 평안은 평안을 받을 만한 자들에게만 임합니다. 평안을 받을 만 한 사람이 아니면 전도자에게 돌아오게 됩니다.

여섯째로, 전도자들은 한집에 유하며 다른 곳으로 옮겨 다니지 말아야 합니다. 주님께서는 "그 집에 유하며 주는 것을 먹고 마시라 일꾼이 그 삯을 받는 것이 마땅하니라 이 집에서 저 집으로 옮기지 말라"고 말씀하셨습니다. 전도자들은 더 나은 조건을 찾아 이동하지 말아야 합니다. 전도자들은 복음을 위해 고난을 자청한 자들입니다. 그들은 환경과 조건에 대해서는 초월하는 태도를 가지고 일해야 합니다.

◆◆◆

"어느 동네에 들어가든지 너희를 영접하거든 너희 앞에 차려 놓는 것을 먹고, 거기 있는 병자들을 고치고 또 말하기를 하나님의 나라가 너희에게 가까이 왔다 하라. 어느 동네에 들어가든지 너희를 영접하지 아니하거든 그 거리로 나와서 말하되, 너희 동네에서 우리 발에 묻은 먼지도 너희에게 떨어버리노라 그러나 하나님의 나라가 가까이 온 줄을 알라 하라. 내가 너희에게 말하노니 그 날에 소돔이 그 동네보다 견디기 쉬우리라"(8-12절).

일곱째로, 전도자들은 어떤 동네에 가든지 오직 하나님의 나라를 전파해야 합니다. 주께서는 말씀하셨습니다. '하나님의 나라'는 전도자들이 전해야 할 내용입니다. 그것은 예수께서 전파하신 주제이며 성경의 대주제입니다. 그것은 죄인들의 현재의 구원의 문제이며 구원받은 자들의 장래의 영광, 곧 부활과 천국에서의 영광스런 영생의 문제입니다.

그러나 전도에 대해서는 두 가지 반응이 있을 것입니다. 어떤 이들은 영접할 것이지만, 다른 이들은 거절할 것입니다. 예수님 당시에도, 오늘날에도 그러할 것입니다. 하나님의 복음이 전파될 때 사람들은 두 가지 반응으로 나뉩니다. 하나님의 복음을 영접하고 믿는 자들이 있는가 하면, 그것을 영접하지 않고 믿지 않는 자들이 있습니다.

주님께서는 전도자들이 전한 복음을 거절한 자들에 대해 "내가 너희에게 말하노니 그날에 소돔이 그 동네보다 견디기 쉬우리라"고 말씀하셨습니다. 마지막 날 악인들이 부활하여 심판을 받을 때, 복음을 거절한 자들은 소돔 사람들보다 더 큰 벌을 받을 것입니다.

◆◆◆

"화 있을진저 고라신아, 화 있을진저 벳새다야, 너희에게 행한 모든 권능을 두로와 시돈에서 행하였더라면 그들이 벌써 베옷을 입고 재에 앉아 회개하였으리라. 심판 때에 두로와 시돈이 너희보다 견디기 쉬우리라. 가버나움아 네가 하늘에까지 높아지겠느냐 음부에까지 낮아지리라”(13-15).

고라신과 벳새다 사람들은 기적들을 보고도 회개하지 않았고 믿지 않았습니다. 그러므로 심판의 날에 고라신과 벳새다 사람들은 두로와 시돈 사람들도 더 큰 벌을 받을 것입니다. 기적 체험과 믿음은 별개의 문제입니다. 예수께서는 또 “가버나움아, 네가 하늘에까지 높아지겠느냐 음부에까지 낮아지리라”고 말씀하셨습니다. 가버나움 사람들도 천국에 갈 것같이 생각했으나, 지옥의 형벌을 피할 수 없을 것입니다. 회개치 않는 자는 지옥의 형벌을 피할 수 없습니다.

♦♦♦

“너희 말을 듣는 자는 곧 내 말을 듣는 것이요 너희를 저버리는 자는 곧 나를 저버리는 것이요 나를 저버리는 자는 나 보내신 이를 저버리는 것이라 하시니라”(16절).

전도자들의 말을 듣는 자는 곧 주님의 말씀을 듣는 자요, 그들을 저버리는 자는 곧 주님을 저버리는 자이며 그를 보내신 하나님을 저버리는 것입니다. 여기에 구원과 심판의 갈림길이 있습니다.

1절로 16절까지에서 몇 가지 교훈을 얻습니다. 첫째로, 우리는 전도자들을 위해 기도합시다. 추수할 것은 많되 일꾼이 적습니다. 우리는 하나님께 세계 복음화의 사명 완수를 위해 일꾼들을 많이 일으켜 주시기를 구합시다. 둘째로, 전도자들은 세상 염려를 버리고 오직 하나님 나라만 전파해야 합니다. 그들은 어디에든지 가야하며 자신의 안일을 구하지 말아야 합니다. 셋째로, 전도에는 항상 두 가지 상반된 반응이 있음을 알고 낙심치 말아야 합니다. 영접하는 자들이 있으나, 영접하지 않고 거부하는 자들도 있습니다. 전도는 영생과 멸망, 천국과 지옥을 나누는 엄숙한 사역입니다. 그러므로 예수 그리스도의 능력과 권위를 의지함으로 승리하는 성도들이 되시기를 소망합니다.

예수님과 제자의 기쁨

누가복음 10장 17절~24절

본문 말씀은 전도여행에서 돌아온 제자들이 주님의 이름으로 귀신을 항복시킨 것을 기뻐합니다. 예수님은 그것보다 제자들 이름이 하늘에 기록된 것을 기뻐하라고 하십니다. 예수님은 성령으로 기뻐하시며 하나님 아버지께 기도하십니다. 그리고 제자들에게 그들이 보는 것을 보는 눈은 복이 있다고 하십니다.

◆◆◆

"칠십 인이 기뻐하며 돌아와 이르되 주여 주의 이름이면 귀신들도 우리에게 항복하더이다. 예수께서 이르시되 사탄이 하늘로부터 번개 같이 떨어지는 것을 내가 보았노라"(17-18절)

70인이 기뻐 돌아와 말하였습니다. "주여, 주의 이름이면 귀신들도 우리에게 항복하더이다." 예수께서 말씀하셨습니다. "사탄이 하늘로부터 번개 같이 떨어지는 것을 내가 보았노라." 하늘에서 활동하던 사탄과 악령들이 하늘로부터 땅으로 떨어졌습니다. 요한계시록 12장은 사탄과 그 사자들이 하늘에서 내어쫓겼다고 말합니다. 예수 그리스도의 사역은 사탄과 악령들을 파하고 지옥 갈 죄인들을 구원하는 사역입니다. 그것은 전도를 통해 이루어집니다. 죄인들은 전도를 통해 회개하고 주 예수께로 돌아와 구원받고 사탄의 권세에서 벗어나 거룩하고 선한 삶을 살다가 천국에 들어갑니다.

◆◆◆

"내가 너희에게 뱀과 전갈을 밟으며 원수의 모든 능력을 제어할 권능을 주었으니 너희를 해칠 자가 결코 없으리라"(19절).

하나님께서는 창세기 3장 15절에서 장차 여인의 후손으로 오실 그리스도께서 뱀의 머리를 상하게 하실 것을 예언하셨습니다. 과연 예수 그리스도께서는 뱀의 머리를 상하게 하실 것이며, 이제 사탄과 악령들을 제어할 능력을 그의 제자들에게도 주십니다. '너희를 해할 자가 결단코 없으리라'는 말씀은 그들의 구원과 영생의 보장을 의미한다고 봅니다.

◆◆◆

"그러나 귀신들이 너희에게 항복하는 것으로 기뻐하지 말고 너희 이름이 하늘에 기록된 것으로 기뻐하라 하시니라"(20절).

예수께서는 또 말씀하셨습니다. 예수 믿는 자와 그를 전도하는 자의 이름이 생명책에 기록됩니다. 이 일은 귀신들을 굴복시키는 것보다 더 기쁘고 복된 일입니다.

17절부터 20절까지에서 우리는 몇 가지 진리를 깨닫습니다. 첫째로, 우리는 전도를 통해 사탄의 권세 아래 있는 자들을 구원해 냅니다. 악령들의 권세가 아무리 강할지라도, 예수 그리스도의 권세는 그보다 더 크십니다. 사람들은 죄와 사탄의 권세 아래 살다가 영원한 지옥 형벌을 받을 수밖에 없었으나, 전도를 통해 구원받고 천국 백성이 됩니다. 전도는 세상에서 이웃을 위해 할 수 있는 가장 귀하고 복된 일입니다.

둘째로, 이 세상에서 구원받은 성도를 해할 자는 아무도 없습니다. 성도는 하나님의 은혜로 예수 그리스도의 대속 사역으로 영생을 얻었습니다. 이것이 구원입니다. 그것은 죽음에서 생명으로, 사탄의 권세에서 하나님의 나라로, 지옥에서 천국으로 옮겨지는 것입니다. 이 세상의 그 무엇도 성도들에게서 이 영원한 생명을 빼앗을 수 없습니다.

셋째로, 성도의 기쁨의 이유는 그의 이름이 천국에 기록된 것입니다. 죄를 회개하고 주 예수 그리스도를 믿음으로 구원받은 자들은 그들의 이름이 천국에 기록됩니다. 이것은 예수 그리스도의 피가 우리의 모든 죄를 씻음으로써 가능합니다. 그것은 우리의 기쁨의 이유가 됩니다. 그러므로 성도들은 주 안에서 항상 기뻐할 수 있습니다(빌 4:4; 살전 5:16).

❖❖❖

"그때에 예수께서 성령으로 기뻐하시며 이르시되 천지의 주 재이신 아버지여 이것을 지혜롭고 슬기 있는 자들에게는 숨기시고 어린 아이들에게는 나타내심을 감사하나이다 옳소이다 이 예수께서는 제자들이 그리스도를 알고 구원받고 나아가 전도하며 영혼들을 구원한 사실을 성령으로 기뻐하셨습니다. 구원은 우리 모두의 기쁨의 이유입니다. 주님께서는 하나님을 "천지의 주재이신 아버지"라고 부르셨습니다. 하나님께서는 천지를 창조하신 자이시며 주관하시는 자이십니다. 인간의 구원은 그의 뜻에 달려 있습니다. 물론, 인간이 회개하고 믿어야 하지만, 그 근원은 하나님의 뜻이라는 말입니다.

하나님께서는 구원의 지식을 세상에서 지혜로운 자들에게 숨기시고 어린아이들에게 나타내셨습니다. 세상에 지혜로운 자들이 하나님의 구원의 지식을 더 잘 또 더 많이 가지는 것이 아닙니다. 오히려 반대로 순진한 어린아이 같은 자들이 하나님을 더 잘 믿고 구원을 받습니다. 그 당시 유대의 나이 든 정치지도자들과 종교지도자들은 예수님을 죽이려 했지만, 어린아이들은 예루살렘 성에 들어오시는 주님을 영접하며 '호산나' 찬송을 불렀습니다. 오늘날도 유치부 어린이들이 하나님의 말씀을 더 잘 받아들입니다. 그러므로 우리의 어린 자녀들에게 세상 공부나 노래나 춤보다 하나님의 말씀을 잘 가르쳐야 합니다.

하나님께서 세상에 지혜로운 자들에게는 구원의 지식을 숨기시고 어린아이들에게 나타내시는 것은, 사람이 자신의 힘으로 구원 얻지 못하고 오직 하나님의 은혜로 얻는다는 것을 알게 하시기 위함입니다. 이것은 세상에 지혜 있는 자가 구원을 얻지 못한다는 뜻이 아닙니다. 지혜 있는 자도 자신의 지혜를 의지하지 않고 하나님의 은혜의 복음을 그대로 믿으면 구원을 받을 것입니다. 이것이 하나님의 뜻입니다.

◆◆◆

주께서는 자신과 하나님 아버지와의 특별한 관계를 증거하셨습니다. 이것은 그의 신성(神性)을 증거하신 말씀입니다. 만일 예수님이 하나님이 아니시라면 그는 이런 말씀을 하실 수 없었을 것입니다. 하나님께서는 구원의 모든 권한을 아들에게 주셨습니다.

그러므로 이제 구원은 구주 예수 그리스도의 소원에 달렸습니다. 그가 소원하여 그 심령에 깨달음을 주시는 자는 다 깨닫고 회개하고 믿어 구원을 받을 것입니다. 예수 그리스도는 죄인들을 실제로 구원하시는 구주이십니다.

◆◆◆

제자들이 보고 듣는 것은 하나님께서 세상에 보내주신 메시아 곧 그리스도와 그의 말씀들입니다. 예수님이 하나님의 아들 그리스도이신 것을 깨닫고 그를 보고 그의 말씀을 듣는 자들은 복이 있습니다. 사실, 예수 그리스도의 오심은 인류 역사의 가장 결정적 사건입니다. 구원은 예수 그리스도로 말미암은 죄 사함과 부활과 영생이며 영광의 천국에 들어감입니다. 그것은 참으로 복 중의 복, 곧 세상에서 가장 귀한 복입니다.

그러나 예수님 당시에 많은 사람들이 그가 누구신지 알지 못하였듯이, 말씀이 온 세계에 전파되고 있는 오늘날에도 많은 사람들은 예수님이 누구신지 알지 못하고 있습니다. 그러나 예수님을 아는 것이 구원입니다. 그를 알지 못하고서는 아무도 구원을 받을 수 없습니다.

21절로 24절까지의 말씀은 구원 지식의 신비와 복을 증거하고 있습니다. 첫째로, 하나님께서는 구원의 지식을 세상에서 지혜롭고 슬기 있는 자들에게 숨기시고 어린아이들에게 나타내셨습니다. 어린아이는 연령적으로 어린아이들도 되겠지만, 영적으로 어린아이처럼 순진한 자들을 가리킵니다. 구원은 하나님의 복음을 어린아이처럼 단순하게 받아들이고 믿는 자들에게 주어지는 하나님의 선물입니다. 하나님께서는 전도의 미련한 방법으로 믿는 자들을 구원하시기를 기뻐하셨습니다.

둘째로, 구원의 참지식은 하나님의 아들 예수 그리스도의 소원대로 계시를 받는 자에게 주어집니다. 예수님은 구원의 방법만 제시하고 구원의 결정권은 사람에게 맡겨두시는 자가 아니고, 실제로 죄인을 죄에서 구원해내시는 구주이십니다. 그는 죄인의 어두운 마음에 깨달음을 주셔서 그들로 하여금 죄를 회개하고 그를 믿게 하십니다. 구원은 하나님께 달려 있습니다. 예수 그리스도는 죄인의 구주이십니다.

셋째로, 구원의 복은 이 세상에서 가장 귀한 복입니다. 구원은 세상의 불행의 근본적 원인인 죄 문제의 해결입니다. 그것은 예수 그리스도의 보배로운 피로 죄 씻음 받음과 그 결과로 얻는 부활과 영생을 포함합니다. 그것은 이 세상의 그 무엇과도 비교할 수 없는 귀한 복입니다. 주 예수 그리스도로 말미암는 구원은 이 세상에서 가장 귀한 복입니다.

영생을 얻는 길

우리는 예수님을 믿음으로 구원받고 영생을 얻습니다. 예수님을 믿으면 그분의 가르침대로 살아야 합니다. 그렇지 않으면 예수님을 믿는 것이 아닙니다. 예수님의 가르침은 이웃 사랑을 행하면 구원받는다는 것인데, 이러한 사랑을 실천할 수 있는 힘이 믿음에서 나옵니다. 그러므로 믿음으로 구원받는다고 말할 수 있습니다. 그러나 이웃사랑의 열매가 없다면 참된 믿음이 있는지 확신할 수 없습니다.

이웃의 경계를 유대인으로 정하고, 유대인 안에서도 이웃이 아닌 사람들을 분리하던 당시 유대인들과 달리 예수님은 적대적인 이방인도 이웃의 범위에 포함하도록 가르치셨습니다. 예수님이 가르치신 이웃 사랑은 강도 만난 유대인을 돌보아 준 사마리아인의 비유를 통해 예시됩니다.

어떤 율법교사가 예수님을 시험하고자 질문을 했습니다. "선생님, 내가 무엇을 하여야 영생을 얻겠습니까?" 예수님께서 "율법에 무엇이라고 기록하였으며, 너는 그것을 어떻게 이해하고 있느냐?"라고 묻자, 그는 "네 마음을 다하고 네 목숨을 다하고 네 뜻을 다하여, 주 너의 하나님을 사랑하여라"고 하였고, 또 "네 이웃을 네 몸과 같이 사랑하여라"고 하였습니다. 그랬더니 예수님께서 "네 대답이 옳다 그대로 행하여라 그러면 살 것이다"라고 말씀하셨습니다.

그 율법교사는 여기서 멈추지 않고 자기를 옳게 보이고 싶어서 예수님께 말했습니다. "그러면 내 이웃이 누구입니까?"라고 묻는 그 사람에게 예수님께서는 소위 선한 사마리아인의 비유를 들었습니다. 제가 보기에는 비유라기보다 실화였을 것입니다. 왜냐하면 제사장과 레위인을 나쁜 사람으로 비유하고서는 그 당시 예수님은 살아남지 못했을 것이기 때문입니다. 제사장과 레위인은 그 강도 만난 사람을 보고도 피하여 지나갔습니다.

그러나 어떤 사마리아 사람은 길을 가다가 그 사람을 보고, 측은한 마음이 들어서, 가까이 가서, 그 상처에 올리브기름과 포도주를 붓고, 싸맨 다음에, 자기 짐승에 태워서, 여관으로 데리고 가서, 돌보아 주었습니다. 다음날 그는 돈을 더 주면서 "비용이 더 들면 내가 돌아오는 길에 갚겠습니다"라고 하였습니다.

이 이야기를 마치신 후 예수님은 그 율법교사에게 물었습니다. "너는 이 세 사람 가운데서 누가 강도 만난 사람에게 이웃이 되어 주었다고 생각하느냐?" 그가 대답했습니다. "그에게 자비를 베푼 사람입니다." 예수님께서 뭐라고 말씀하십니까? "가서, 너도 그와 같이 하여라."

"그러면 내 이웃이 누구입니까?"라고 묻는 율법교사에게 그 당시 사건 중의 하나였던 이야기를 하신 후, "이 세 사람 가운데 누가 강도 만난 사람의 이웃이냐?" 물으시는 예수님의 의도 속에 교회의 사명이 무엇인지를 묻고 있습니다.

어떤 사마리아 사람, 그는 강도 만난 사람을 보고 측은히 생각하였습니다. 피하지 않고 가까이 갔습니다. 기름과 포도주를 상처에 붓고 치료했습니다. 그러고는 그냥 두지 않고 자기 짐승에 태워 여관으로 데리고 가서 돌보아 주었습니다. 그 이후의 문제까지 책임을 져 주었습니다.

이 착한 사마리아 사람의 경우 몇 가지 특징이 있습니다. 무엇보다 중요한 것은 그의 이름이 없다는 것입니다. '선한 사마리아 사람'- 그것뿐입니다. 오직 긍휼, 오직 불쌍히 여기는 마음으로, 단순한 마음으로 이렇게 선을 행동으로 옮겼습니다. 뿐만 아니라 죽어 가는 그 사람을 자기 나귀에 태우고 갔으며, 그 주막집에서도 돈을 주고, "비용이 더 들었으면 내가 다 갚겠습니다"라고 합니다. 끝까지 책임을 지는 것입니다. 이 아름다운 마음을 보십시오.

이 선한 사마리아 사람은 아무런 대가도 요구하지 않았습니다. 아무런 기대도 없고 조건도 없습니다. 그저 불쌍히 여겼을 뿐입니다. 그리고 행동에 옮겼습니다. 이것은 아버지 하나님의 마음입니다. 마태복음 5장에 보면, "하늘 아버지께서는 악한 자의 밭에도 비를 내리시고 선한 자의 밭에도 비를 내리신다 하늘 아버지의 온전하심과 같이 너희도 온전하라"고 예수님은 말씀하십니다. 바로 그런 마음입니다.

긍휼을 베푸는데 뭘 따질 것입니까? 선한 일 하는데 뭘 더 가릴 것입니까? 바로 이것이 이웃을 만드는 마음인 것입니다. 이웃을 찾을 것이 아니라 내가 좋은 이웃이 되어야 한다는 것을 잊지 마십시오. 여러분 내가 베풀지 않는 친절을 어디서 받겠습니까? 내가 먼저 친절하지 않은데 누가 나한테 친절하겠습니까? 내가 먼저 좋은 이웃이 되어야 합니다. 예수님 말씀대로 이웃을 내 몸과 같이 사랑해야 합니다. 지금 우리 주위의 가족, 친구, 동료 중에는 본문의 강도당한 사람과 같이 사단에게 당해 영육 간에 고통을 받고 있는 영혼이 많습니다. 우리의 도움을 요청하는 모든 사람이 우리의 이웃입니다.

에리히 프롬이라고 하는 심리학자의 "건강한 사회"라는 책이 있습니다. 여기서 말합니다. "건강한 사회란 생산적 사랑을 하는 곳이다." 책임을 지고 존경을 하고 이해하고 기다려 주는 생산적 사랑이 있을 때 건강한 사회입니다. 생산적 생각이 있어야 부분에 매이지 않고 전체를 생각할 줄 알고, 나를 생각하지 않고 이웃을 생각할 줄 알고, 과거에 매이지 않고 미래를 생각할 줄 아는 그것이 건강한 사회입니다. 그 사회가 행복을 아는 사람들의 모임입니다.

결과에 의한 행복이 아니라 과정에 의한 행복, 봉사자체를 행복으로 알아야 합니다. 선한 일 자체를 즐기는 것입니다. 자원 봉사를 즐기는 것입니다. 그런 사회가 복된 사회입니다. 그리고 양심이 살아 있어서 항상 마음 깊은 곳에서 자기 소리를 들을 줄 알아야 합니다. 남의 소리가 아닌 내 소리를, 그런 자성(自省)이 있어야 합니다. 그런 인격이 있는 사회가 건강한 사회라고 말합니다.

여러분 현대인에게 있는 큰 죄가 고독입니다. 고독은 죄입니다. 이기심과 자기중심적인 성향 때문에 이웃을 다 잃어버렸습니다. 심지어는 자식까지 잃어버렸습니다. 남편도 없고 아내도 없습니다. 이웃이 없습니다. 왜? 내가 버렸기 때문입니다. 그러므로 이제 나는 어떻게 살아야 하겠습니까? 예수님께서 말씀하십니다. "가서 너도 이와 같이 하라."

칼 라너라는 신학자는 "Encounter with Silence"라고 하는 유명한 책에서 "현대인은 하나님도 잊어버리고 이웃도 잊어버리고 산다"고 했습니다. 우리는 강도 만난 자의 이웃이었던 선한 사마리아 사람을 본받아야 합니다. 이것이 참된 예수 그리스도의 복음적인 사랑과 봉사입니다.

본문 마지막 말씀인 37절에서 예수님께서 말씀하십니다. "가서 너도 이와 같이 하라." 이와 같이는 "네 마음을 다하고 네 목숨을 다하고 네 뜻을 다하여, 주 너의 하나님을 사랑하여라"고 하였고, 또 "네 이웃을 네 몸과 같이 사랑하여라"입니다.

참된 사랑은 하나님 사랑, 이웃 사랑, 원수 사랑의 삼위일체적 사랑입니다. 본문 28절에서 예수님께서 "이를 행하라 그러면 살리라"고 말씀하셨습니다. 우리 모두가 사는 복된 길, 생명의 길, 진리의 길은 오직 사랑뿐입니다. 성경은 영생이 예수 그리스도를 믿음으로 얻어지는 것이지 행위나 노력으로 되어지는 것이 아님을 밝히고 있습니다. 세상에는 이처럼 영적 진리를 제대로 알지 못해 그릇된 길로 가고 있는 영혼이 많습니다.

여러분이 이런 사람들에게 참 복음, 참된 영생의 길을 증거하여 올바른 길로 방향전환시키는 현장전도제자가 되시기를 주님의 이름으로 축원합니다. 우리 모두 사랑의 실천자로서 영생을 얻을 선한 사마리아인들이 되시기를 소망합니다.

권리 포기와
이타적 사랑

누가복음 10장 38절~42절

지금 우리 사회의 화두(話頭)가 "존중과 배려 곧 경청"입니다. 말씀에 귀 기울이는 것은 다른 어떤 사역보다 중요합니다. 베다니 마을에 오신 예수님을 마르다가 자기 집으로 영접합니다. 마르다의 동생 마리아는 주님의 발 앞에 앉아 말씀에 귀 기울입니다. 본문 말씀을 함께 읽으며 사순절의 묵상을 해 봅시다.

1. 마르다와 마리아 38절~42절

[38-39절], 그들이 길 갈 때에 예수께서 한 마을에 들어가셨는데 '마르다'라 이름 하는 한 여자가 자기 집으로 영접하였습니다. 마르다가 살았던 마을은 베다니이었습니다(요 11:1). 그 집에는 마르다와 마리아와 나사로가 살고 있었고 그들은 경제적 여유가 어느 정도 있었던 것 같습니다. 마르다는 자기 집이 있었

고 예수님과 아마 그 일행을 자기 집에 영접하였고 음식으로 대
접하였습니다. 요한복음에 보면, 마리아가 300데나리온 가량
의 값이 나가는 지극히 값비싼 순전한 나드 향유 한 근을 예수
님의 발에 부었는데, 그것을 보면, 그들이 가난하지 않았던 것
같습니다.

예수님을 자기 집에 영접한 것은 마르다의 믿음을 나타냅니
다. 많은 사람들이 예수님을 영접하지 않았습니다. 그러나 마르
다는 그를 영접하였습니다. 사도 바울이 전도할 때도 믿지 않는
자들은 그를 핍박하였으나 믿는 자들은 그를 영접하였습니다.
빌립보에서 하나님을 공경하는 자주 장사 루디아는 바울을 강
권하여 자기 집에 며칠 머물게 하였습니다(행 16:12-15). 빌립보 감
옥의 간수도 밤에 바울에게 전도를 받고 그와 그 집 식구들이 다
세례를 받은 후 바울 일행을 데리고 자기 집에 올라가서 음식을
차려 대접하였습니다(행 16:33, 34).

마르다에게 마리아라는 동생이 있었는데, 그는 주의 발아래
앉아 그의 말씀을 듣고 있었습니다. 오라비 나사로가 죽었을 때
마르다가 예수님 앞에서 그가 마지막 날에 부활할 것을 믿는다
(요 11:24)고 고백한 것을 보면, 마르다는 믿음이 있는 자이었습니
다. 그러나 그의 동생 마리아는 언니보다 더 믿음이 깊었던 것
같습니다. 그는 주의 말씀 듣기를 사모하였고, 얼마 후, 값비싼
향유를 그에게 부었습니다.

마르다는 예수님 일행을 대접하기 위해 식사 준비하는 일이 많아 마음이 분주했습니다. 세상일이 다 그러하지만, 여자들이 부엌에서 음식 맛을 내기 위해 정성을 기울이는 것은 바쁘고 힘든 일이며 마음 쓰이는 일입니다. 오늘날과 같은 현대식 부엌일도 그런데 옛날에는 얼마나 더하며, 손님들이 집안에 들어와 있는 형편에서는 더욱 그러했을 것입니다. 이런 상황에서 마르다는 예수님께 불평스럽게 말했습니다. "주여, 내 동생이 나 혼자 일하게 두는 것을 생각지 아니하시나이까? 저를 명하사 나를 도와주라 하소서."

마르다의 이런 불평스런 말은 인간의 이성과 상식에 비추어 볼 때 이해되고도 남음이 있습니다. 실상, 음식을 준비하고 대접하는 것 같은 외적인 봉사의 일들은 결코 불필요하거나 덜 중요한 것이 아닙니다. 성경은 이런 외적 봉사의 일을 선한 것으로 장려합니다.

그때 주께서는 대답하셨습니다. "마르다야, 마르다야 네가 많은 일로 염려하고 근심하나, 몇 가지만 하든지 혹은 한 가지만이라도 족하니라. 마리아는 이 좋은 편을 택하였으니 빼앗기지 아니하리라." "그러나 몇 가지만 하든지 혹 한 가지만이라도 족하니라"는 구절은 전통본문에는 "그러나 필요한 것은 한 가지이다"라고 되어 있습니다. 주께서 좋게 여기신 '이 좋은 편'이란 하나님의 말씀을 듣고 배우는 일입니다. 그것은 성경을 읽고 연구하는 일을 포함합니다. 이 사순절에 이 좋은 편을 택하여 실천하시는 여러분이 되시기를 소원합니다.

예수님을 보고 그분 말씀을 듣는 것보다 더한 복은 없습니다 (10:23, 24). 교회에서 봉사하는 것은 중요하지만, 말씀 듣는 시간을 빼앗길 정도로 봉사하는 것은 좋지 않습니다. 예배와 사역에 균형을 이루는 것이 지혜롭습니다. 예수님을 두고 마르다와 마리아가 보인 차이점은 무엇인가요? 봉사하느라 바쁜 나머지 예배를 소홀히 하는 나를 주님은 어떻게 보실까요?

좋은 일이라고 해서 무조건 열심을 낸다면 미련한 것입니다. 마리아처럼 더 좋은 것이 무엇인지 생각하고 선택해야 합니다. 열정을 다 쏟아부어 더는 아무것도 할 수 없다고 말하는 사람이 있습니다. 남을 섬기는 일보다 중요한 것은 말씀 안에서 성장하는 것입니다. 그래야 다른 사람도 말씀 안에 서도록 도울 수 있습니다. 위대한 믿음은 언제나 말씀을 듣는 것에서부터 시작됨을 기억하며 말씀 앞으로 나아가기에 힘써야 합니다. 진정으로 복음을 가진 사람에게서는 자기 권리를 포기함으로 다른 사람을 배려하는 자기희생적 섬김이 나타납니다. 곧 권리 포기와 이타적 사랑입니다.

3. 하나님의 말씀

하나님의 말씀을 듣고 배우는 일이 가장 중요한 까닭은, 첫째로, 사람들로 하여금 예수님을 믿어 구원을 얻게 하는 길이기 때문입니다. 영혼 구원은 하나님의 뜻이며 예수께서 이 세상에 오신 목적이며(요 3:16; 6:39, 40), 하나님께서 성경을 주신 일차적 목적입니다(딤후 3:15).

둘째로, 그것이 우리의 믿음의 성장과 인격의 변화를 가져오는 일이기 때문입니다. 믿음은 들음에서 납니다(롬 10:17). 다른 많은 봉사의 일들은 육의 양식과 같습니다. 육의 양식은 먹어도 결국 죽는 양식입니다. 사람이 살기 위해 육의 양식을 먹으나 그 양식을 먹을수록 육체는 점점 늙어가고 죽어갑니다. 그러나 하나님의 말씀은 영의 양식입니다. 사람은 떡으로만 살지 않고 하나님의 입으로부터 나오는 말씀으로 삽니다(마 4:4).

하나님의 말씀은 우리의 믿음을 자라게 하며 우리의 지식과 인격을 선하고 거룩하게 만듭니다. 우리가 그 양식을 섭취하면 할수록 우리의 영은 더욱 새로워지고 활기를 얻습니다. 성경은 영의 양식입니다. 모든 성경은 하나님의 감동으로 된 것으로 우리에게 교훈과 책망과 바르게 함과 의로 교육하기에 유익하며 우리로 온전케 하는 말씀입니다(딤후 3:16-17). 우리는 하나님의 말씀을 듣고 배움으로써 점점 더 거룩하여지며 겸손해지며 선한 인격자가 되어 갑니다. "하나님의 말씀과 기도로 거룩하여짐이라"(딤전 4장 5절).

38절로 42절에서 우리는 몇 가지 교훈을 얻습니다. 첫째로, 우리는 마르다처럼 예수님을 영접하는 자들이 되어야 합니다. 많은 사람들이 예수님을 알지 못했고 믿지 않고 영접하지 않았고 도리어 배척하고 핍박하였습니다. 그러나 우리는 성경의 증언들을 통해 예수 그리스도를 구주와 주님으로 확신하고 그를 환영하고 그의 종들과 성도들도 영접합시다.

둘째로, 주의 종들과 성도들을 대접하는 것은 결코 잘못된 일이거나 불필요한 일이 아닙니다. 주의 종들과 성도들을 물질로 섬기는 것은 선한 일이며 칭찬 들을 일입니다. 사도 바울은 우리에게 "성도들의 쓸 것을 공급하며 손 대접하기를 힘쓰라"(롬 12:13)고 교훈하였습니다. 우리는 할 수 있는 대로 선한 일들을 많이 힘써야 합니다.

셋째로, 그러나 하나님의 말씀을 듣고 배우는 일은 모든 선한 일들 가운데 가장 귀하고 중요한 일입니다. 우리는 그 일을 가장 귀하게 여기고 그 일에 힘써야 할 것입니다. 그 일은 우리의 영혼의 구원과 관계되며 우리의 믿음의 성장과 인격의 변화에 관계됩니다. 우리는 개인적으로 성경을 읽고 묵상하고 연구하기를 힘써야 합니다. 또 우리는 모든 공적 집회 시간에 빠지지 말고 참석하여 성경 말씀을 듣고 배우기를 힘쓰시기를 소원합니다.

예수님은 여인들이 교육받지 못하던 당시 사회 속에서 자신의 가르침을 듣는 여인이 기회를 박탈당하지 않도록 보호하셨습니다. 이를 위해 음식 준비를 최대한 간소화하도록 하셨습니다. 자신이 누릴 수 있는 것을 포기하시면서 남을 배려하신 예수님의 모습은 자신의 권리를 포기하며 남에게 기회를 주는 이타적 사랑을 보여 줍니다. 우리도 이 각박하고 어려운 세대 가운데 내가 누릴 수 있는 권리를 포기함으로 다른 사람을 배려하는 선한 사마리아인들이 모두 되시기를 간절히 소원합니다.

이렇게 기도하라

'주기도문은 모든 기도의 알파벳'이라고 했던 종교개혁자 마틴 루터가 "주님의 참된 기도정신을 망각한 많은 사람들로 인해 주기도가 최대의 순교자가 되었다"라고 개탄하였습니다. 신앙생활에서 가장 심각한 문제는 예배와 기도가 형식화되는 것입니다. 이 시간 기도를 개혁하고 예수님께서 가르쳐주신 기도를 회복해 사실적인 응답을 받고 하나님의 영광을 보게 되는 기도의 사람이 되시기를 주님의 이름으로 축원합니다.

[1절], 예수님께서 한 곳에서 기도하고 마치시자, 제자 중 하나가 말했습니다. "주여, 요한이 자기 제자들에게 기도를 가르친 것과 같이 우리에게도 가르쳐 주옵소서." 예수님께서는 친히 기도하기를 힘쓰셨습니다. 예수님은 새벽에 일찍 일어나 조용한 곳에 나가 기도하셨고 늦은 밤에도 기도하셨으며 또 때때로 밤새도록 기도하기도 하셨습니다. 신성을 가지신 예수님께서 시

시때때로 기도하셨다면, 연약성과 죄악성을 가진 인간뿐인 우리는 얼마나 더 자주, 또 더 많이 기도해야 하겠습니까?

[2절], 예수님께서는 "너희는 기도할 때 이렇게 하라"고 말씀하시며 기도를 가르쳐주셨습니다. 주께서 가르쳐 주신 기도는 우리의 기도의 모범이 됩니다. 그 기도는 전체적으로 우리가 먼저 하나님의 것을 구하고 그다음에 우리 자신의 것을 구해야 함을 가르쳐 줍니다.

먼저 "아버지여"라는 말이 전통본문에는 "하늘에 계신 우리 아버지여"라고 되어 있습니다. 하나님께서 하늘에 계시다는 말은 하나님의 초월성을 나타냅니다. 주께서 하나님을 "우리 아버지"라고 표현하신 것은, 육신의 아버지가 자녀들을 낳고 보호하고 의식주의 문제를 책임지듯이, 하늘에 계신 하나님 아버지께서 우리의 창조자이시며 보호자이시며 공급자이심을 나타냅니다. 예수님께서는 "그러므로 염려하여 이르기를 무엇을 먹을까 무엇을 마실까 무엇을 입을까 하지 말라. 이는 다 이방인들이 구하는 것이라. 너희 천부(天父)께서 이 모든 것이 너희에게 있어야 할 줄을 아시느니라"(마 6:31-32)고 말씀하셨습니다. 주님이 가르쳐 주신 '기도의 내용'을 함께 봅시다.

1. 예수님께서 가르쳐 주신 기도의 첫 번째 내용은 "하나님의 이름이 거룩히 여김을 받으시옵소서"라는 것입니다. 하나님은 지극히 거룩하시고 의로우시고 선하시고 진실하시지만, 그의

피조물인 인간은 심히 불결하고 음란하며 불의하고 사악하며 거짓됩니다. 그러므로 첫 번째 기도 내용은 사람들에 의해 더럽혀진 하나님의 이름이 거룩하게 되기를 구한 것입니다.

2. 예수님께서 가르쳐 주신 기도의 두 번째 내용은 "하나님의 나라가 임하옵소서"라는 것입니다. 하나님의 나라는 성경의 중요한 주제입니다. 이것은 예수님과 사도들의 설교의 주제이었습니다. 하나님의 나라는 하나님의 통치가 이루어지는 나라를 말합니다. 피조물은 마땅히 창조주 하나님의 통치권을 인정하고 하나님의 말씀에 순종해야 하였습니다.

그러므로 하나님 나라의 임함은 하나님의 통치권의 회복입니다. 소요리문답은 이것을 '은혜의 나라'와 '영광의 나라'로 표현하였습니다. 은혜의 나라는 하나님의 나라의 영적, 현재적 측면을 말합니다. 그것은 전도를 통해 영혼들의 거듭남으로 시작됩니다. 그러므로 하나님의 나라의 임함은 복음 전파의 일, 그것을 통한 영혼 구원의 일, 또 그로 말미암아 참된 교회들이 설립되는 일을 가리킨다고 하겠습니다. 우리는 이 일을 위해 기도해야 합니다.

하나님의 나라는 또한 영광의 나라를 가리킵니다. 그것은 하나님의 나라의 미래의 측면을 말합니다. 그것은 영육의 구원과 물질세계의 회복을 포함합니다. 그것은 예수 그리스도의 재림으로 이루어질 것입니다. 그것은 하나님의 영광으로 충만한 나라요, 의와 기쁨과 평강이 넘치는 나라입니다. 우리는 지금 세상에서 의와 진리와 순수한 복음과 바른 교회를 위해 때때로 고난을 당하지만, 장차 그 나라에서 기쁨과 위로와 보상을 얻을 것입니다.

3. 본문에는 없지만 전통본문에는 그 다음에, "아버지의 뜻이 하늘에서 이루어 진 것같이 땅에서도 이루어지게 하소서"라는 말씀이 있습니다. 이것은 마태복음의 내용(6:10)과 같습니다. 이것은 주께서 가르쳐 주신 기도의 세 번째 내용입니다. 이것은, 하늘에 있는 천사들과 성도들이 하나님의 뜻에 순종하듯이, 땅 위에 있는 성도들도 그렇게 하게 하시기를 구한 것입니다.

하나님의 뜻은 우리의 구원입니다. 이 구원은 인간이 하나님의 은혜로 죄로부터 구원을 얻는 것(엡 2:8)이지만, 거기에는 세 가지 단계가 있습니다. 하나는 과거적 단계입니다. 그것은 죄로 죽었던 영혼들이 하나님의 부르심과 예수 그리스도의 대속 공로로 인해 거듭나서, 죄를 회개하고 예수 그리스도를 믿어 죄사함과 의롭다 하심을 얻고 하나님의 자녀가 되는 것입니다. 이것이 중생(重生)(요 3:5)과 사죄(赦罪)(행 2:38)와 칭의(稱義)(롬 3:23-24)와 양자(養子)(요 1:12)입니다. 이 단계는 예수 그리스도를 믿는 모든 자들에게 이미 이루어졌습니다.

또 하나는 현재적 단계입니다. 그것은 예수님 믿고 구원받은 신자들이 실제 생활 속에서 하나님께 순종함으로 거룩의 열매를 맺고 흠과 점이 없고 책망할 것이 없는 온전한 인격자가 되는 것입니다(롬 6:22). 이것이 성화(聖化)입니다. 하나님의 뜻은 우리의 거룩함과 온전함입니다(살전 4:3, 딤후 3:16-17). 이것은 개인적으로 우리 자신이 죄를 떠나고 하나님께 순종하는 생활이지만, 교회적으로는 교회가 배교(背敎)와 타협하지 않고 그 순수함을 지키는 것입니다.

또 하나는 미래적 단계입니다. 그것은 구원받은 신자들이 장차 예수 그리스도의 재림 때에 영광스러운 몸이 되고 영광의 천국에 들어가 영생 복락을 누리는 영화(靈化)입니다(롬 8:29-30, 계 21-22장).

우리 편에서, 하나님의 뜻을 이루는 방법은 믿음과 순종을 통해서입니다. 사람은 하나님과 주 예수 그리스도를 믿음으로 구원을 받고 의롭다 하심을 얻습니다(롬 3:22, 엡 2:8). 또 구원받은 성도들은 성경의 모든 교훈을 순종함으로써 점점 더 거룩해집니다. 또 교회들도 모든 인본적, 세속적 생각과 방법을 버리고 오직 성경의 모든 교훈을 전심으로 믿고 따를 때 순결한 교회가 될 것입니다.

또 우리는 개인적으로, 교회적으로 복음을 전하여 영혼들을 구원하시는 하나님의 뜻을 순종해야 합니다. 전도는 하나님의 뜻입니다. 수많은 영혼이 죄 가운데 죽어가고 있습니다. 우리는 그들에게 복음을 전해야 할 책임이 있습니다. 우리는 이 일을 위해 기도하고 우리 자신을 힘써 드려야 합니다. 우리는 기도할 때 먼저 하나님의 일들을 기도합시다. 우리는 하나님의 이름이 거룩히 여김을 위해, 하나님의 나라가 임하기를 위해, 또 하나님의 뜻이 이루어지기를 위해 기도해야 합니다.

4. [3-4절], 예수께서 가르쳐 주신 기도의 네 번째 내용은 "우리에게 날마다 일용할 양식을 주옵소서"라는 것입니다. 사람이 영의 양식인 하나님의 말씀, 곧 성경책을 읽고 묵상함으로 영적 활기를 얻지만, 주께서는 특히 육의 양식을 위해서도 기도하라고 가르치신 줄 압니다. 하나님께서는 우리에게 날마다 필요한 육의 양식도 주실 것이며, 우리는 그것을 위해서도 기도해야 합니다.

5. 주님께서 가르쳐 주신 기도의 다섯 번째 내용은 "우리가 우리에게 죄지은 모든 사람을 용서하오니 우리 죄도 사하여 주옵소서"라는 것입니다. 죄는 하나님과의 교제를 끊고 영적 죽음을 가져왔습니다. 예수 그리스도께서 2천 년 전 십자가 위에 죽으심으로 우리의 죄를 대속하셨을 때, 우리의 과거와 현재와 미래의 죄는 다 용서되었고, 우리는 하나님 앞에서 의롭다 하심을 얻었습니다. 그러나 현실 속에서 우리가 범하는 실수와 죄는 여전히 죄이며 그것이 하나님을 불쾌하게 만들 것은 분명합니다.

그러므로 신앙생활에 있어서 죄 사함은 필수적인 일입니다. 그것은 마치 몸에 침투한 병균을 죽이거나 제거하는 것과 같습니다. 그러므로 신약성경은 여전히 회개에 대해 말씀합니다(고후 7:10; 계 2:5; 3:19). 그러나 주께서는 "우리가 우리에게 죄지은 모든 사람을 용서하오니"라고 말씀하셨습니다. 이것은, 우리가 하나님 앞에서 죄 사함 받기를 원한다면 우리가 서로의 허물과 부족을 용서해야 한다는 사실을 교훈합니다.

6. 예수께서 가르쳐 주신 기도의 여섯 번째 내용은 "우리를 시험에 들게 하지 마옵시고 [다만 악에서 구하옵소서]"라는 것입니다. 전통본문에는 "다만 악에서 구하옵소서"라는 말씀이 첨가되어 있습니다. 우리의 큰 문제는 육신적, 경제적 문제가 아니고 죄의 문제입니다. 우리는 죄 사함도 중요하지만, 죄에 떨어지지 않는 것도 매우 중요합니다. 주님이 '이렇게 기도하라'고 가르쳐 주신 대로 진실되게 기도하시기를 축원합니다.

기도의 응답과 보장

누가복음 11장 5절~13절

예수님이 '이렇게 기도하라'고 가르치신 주기도문은 하나님 나라가 임하도록 간구하는 기도, 죄 사함을 비는 기도, 마귀의 시험을 이기도록 구하는 기도입니다. 이것은 결국 성령을 달라는 기도입니다. 하나님의 통치는 메시아를 통해 시작되며, 성령을 통해 지속되고, 죄 사함을 이루고, 마귀의 포로를 해방하고, 마귀의 시험을 이기도록 합니다.

예수님의 길을 따라가는 제자들은 아버지 하나님께 기도함으로 아버지의 도우심을 받아 살아가게 됩니다. 예수 그리스도로 말미암아 하나님을 아버지라고 부를 수 있는 특권을 가진 자는 주저하지 않고 아버지께 기도할 수 있습니다. 그리고 이 기도는 반드시 응답됩니다. 뿐만 아니라 하나님은 우리에게 성령님을 보내 주십니다. 그러므로 하나님께 기도하는 성도는 십자가의 길을 능히 걸어갈 수 있습니다.

예수님은 기도의 자세와 방식, 기도의 응답과 보장을 비유로 가르치십니다. 비유의 주인공은 밤중에 친구에게 먹을 것을 꾸어 달라고 요청합니다(5, 6절). 이스라엘 땅에서는 태양열을 피하고자 밤에 여행하기도 했으므로 밤중에 손님이 찾아오는 일은 특이한 일이 아니었을 것입니다.

[5-8절], 예수님께서는 또 말씀하셨습니다. "너희 중에 누가 벗이 있는데 밤중에 그에게 가서 말하기를 벗이여, 떡 세 덩이를 내게 꾸어 달라. 내 벗이 여행 중에 내게 왔으나 내가 먹일 것이 없노라 하면, 그가 안에서 대답하여 이르되 나를 괴롭게 하지 말라 문이 이미 닫혔고 아이들이 함께 나와 침실에 누웠으니 일어나 네게 줄 수가 없노라 하겠느냐? 내가 너희에게 말하노니 비록 벗 됨으로 인하여서는 일어나서 주지 아니할지라도 그 간청함(강청함, 아나이데이아)을 인하여 일어나 그 요구대로 주리라."

주께서는 이 비유를 통해 우리가 하나님께 '간청(강청)의 기도'를 드려야 할 것을 교훈하셨습니다. 아무리 친한 친구일지라도 밤중에 무엇을 빌려달라는 것은 무례한 일이지만, 그 사람이 친구의 청을 들어준 것은 친구이기 때문이 아니라, 그의 강청함 곧 끈질김 때문이었습니다.

우리는 하나님께 기도할 때 몇 번 아뢰다가 중단하지 말고 끈질기게 조르듯이 강청의 기도를 올려야 합니다. 하나님께서는 우리의 사랑하는 아버지이시며 또 그에게는 밤중같이 불편하여 우리의 청을 들어주시기 힘든 때가 없으십니다. 그러므로 우리가 그에게 기도하면 들어주실 것이며, 특히 강청의 기도를 드리면 잘 들어주실 것입니다.

하나님께서 강청의 기도를 요구하시는 것은 우리의 유익을 위해서입니다. 우리는 강청의 기도를 통해 자신의 교만과 자존심을 버리고 자기를 부정하게 되고 겸손해집니다. 또 우리는 강청의 기도를 통해 하나님을 더 굳세게 의지하게 됩니다. 하나님께서는 이런 유익을 주시려고 우리의 기도를 금방 들어주지 않으시고, 우리가 그에게 강청의 기도를 올리기를 기다리시는 것입니다. 그러므로 우리는 늘 하나님을 의지하며 시시때때로 간절한 강청의 기도를 올리기를 소원합니다.

[9-10절], 예수님께서는 이어서 말씀하셨습니다. "내가 또 너희에게 이르노니 구하라 그러면 너희에게 주실 것이요, 찾으라 그러면 찾을 것이요, 문을 두드리라 그러면 너희에게 열릴 것이니, 구하는 이마다 받을 것이요 찾는 이가 찾을 것이요 두드리는 이에게 열릴 것이니라."

기도의 응답은 기도하는 자에게 주어집니다. 기도하면 응답을 얻습니다. "구하라, 찾으라, 문을 두드리라"는 반복적이고 점점 강해지는 뜻을 가진 이 말씀은 끈질긴 기도를 묘사합니다. 또 "그러면, 그러면, 그러면"이라는 말씀은 기도에는 반드시 하나님의 응답이 뒤따른다는 것을 가리킵니다.

원문에는 10절 초두에 '왜냐하면'이라는 말이 있습니다. 그것은 기도의 응답에 대한 근거로서 기도는 반드시 응답된다는 것을 다시 한번 더 강조합니다. "구하는 이마다, 찾는 이가, 두드리는 이에게"라는 표현은 기도하는 당사자가 응답을 받는 것이며 그가 기도하지 않으면 하나님의 응답을 기대할 수 없음을 나타냅니다.

기도는 하나님께서 자기 자녀들을 인도하시는 방법입니다. 기도는 범사에 하나님을 인정하고 하나님을 의지하는 길입니다. 우리는 기도를 통해 하나님과 동행합니다. 기도는 하나님께 대한 우리의 믿음의 표현이며 증거입니다. 하나님을 믿는 자마다 기도하며, 하나님을 굳게 믿는 자는 힘 있게 기도하며, 하나님을 믿지 않는 자는 기도하지 않을 것입니다. 우리의 기도는 하나님께 대한 우리의 믿음에 비례합니다.

[11-13절], 주께서는 또 말씀하셨습니다. "너희 중에 아버지된 자로서 누가 아들이 생선을 달라 하는데 생선 대신에 뱀을 주며 알을 달라 하는데 전갈을 주겠느냐? 너희가 악할지라도 좋은 것을 자식에게 줄 줄 알거든 하물며 너희 하늘 아버지께서 구하는 자에게 성령을 주시지 않겠느냐?"

하나님께서는 우리의 기도에 대해 좋은 것으로 응답하십니다. 주님께서는 다시 한번 더 사람의 예를 사용하십니다. 전통본문에는 "생선을 달라 하면"이라는 말 앞에 "떡을 달라 하면 돌을 주며"라는 구절이 있습니다. 아들이 아버지에게 떡을 달라 하면 돌을 줄 자가 없고 생선을 달라 하면 뱀을 줄자가 없고 달걀을 달라 하면 전갈을 줄 자가 없습니다. 악한 사람도 그러하다면, 하물며 지극히 선하신 하나님께서 그의 사랑하는 자녀들에게 얼마나 더 좋은 것들을 주시겠습니까?

"하물며 너희 천부께서 구하는 자에게 성령을 주시지 않겠느냐?"는 말씀은 성령이 하나님께서 주시는 복들 중에 가장 귀한 복임을 증거합니다. 성령은 하나님의 영이시며 하나님 자신이십니다. 그는 우리를 거룩한 길로 이끄시는 거룩한 영이시며 우리에게 진리의 지식과 믿음, 또 생명의 활기와 힘, 또 위로와 기쁨을 주십니다. 예수 믿는 신약성도는 이미 성령을 받았습니다 (롬 8:9). 그는 이제 성령의 인도하심을 늘 구하며 느끼며 그의 위로와 힘을 받으며 살아가면 됩니다.

5절로 13절까지는 기도에 대한 교훈입니다. 기도는 성도의 특권입니다. 그것은 마치 은행에 많은 돈을 저축해 놓고 필요할 때마다 찾아 쓰는 것과도 같습니다. 우리는 부요하신 하나님께 우리의 필요한 것들을 기도로 요청하며 그의 선하심을 따라 풍성히 받습니다. 기도는 하나님의 살아계심을 체험할 수 있는 길입니다. 하나님은 우리의 육신의 눈으로 뵈올 수 없는 분이시지만, 우리는 그가 우리의 기도를 응답하실 때 그의 존재를 더욱 체험하고 실감하게 됩니다.

그러나 기도의 응답은 기도하는 자들에게, 때때로 강청의 기도를 하는 자들에게 주어집니다. 우리는 겸손히, 믿음을 가지고,

간절히, 낙심치 말고 기도해야 합니다. 기도할 때 우리는 모든 좋은 것을 얻을 것입니다. 우리는 특히 성령의 충만함을 얻을 것입니다. 그것은 매우 복된 일입니다. 그것은 하나님과 동행함을 느끼며 체험하는 것이기 때문입니다. 기도하며 응답받는 것은 성도의 특권입니다.

우리는 아버지 하나님의 거룩한 이름과 완전한 통치가 임하도록 먼저 기도하고, 매일 우리의 필요를 제공해 주시고 우리를 하나님에게서 멀어지게 하는 죄와 유혹에서 지켜주시기를 기도해야 합니다. 하나님을 신뢰하며 계속 기도하는 자에게 하나님은 최상의 것 곧 성령을 주실 것입니다. 기도하는 그 시간만큼 소중한 시간은 없습니다.

능력으로 임하는
하나님 나라

본문 말씀을 통하여 능력으로 임하는 하나님의 나라를 다함께 살펴봅시다.

[14절], 예수께서 한 말 못 하게 하는 귀신을 쫓아내시니 귀신이 나가매 말 못 하는 사람이 말을 했습니다. 무리가 놀랍게 여겼습니다. 귀신은 실제로 존재합니다. 귀신은 타락한 천사 곧 악한 영입니다. 본문의 사건에서와 같이 귀신은 어떤 사람의 뇌신경에 나쁜 영향을 줌으로, 그로 하여금 언어 기능이 마비되게 하였습니다.

그런데 예수께서 그 말 못 하게 하는 귀신을 내쫓아 주셨으며 그 벙어리는 말하게 되었습니다. 그것은 심리 치료 방법이나 반복적 언어 훈련으로 된 것이 아니고 귀신을 쫓아내심으로 된 것이었습니다. 그것은 전적인 하나님의 은혜로 되는 것입니다. 특히 귀신을 내쫓는 일은 우리가 기도하고 금식하는 방법 외에는 다른 방법이 없습니다(마 17:21). 예수님은 영계와 물질계를 다스리시는 하나님의 아들 그리스도이십니다.

[15-16절], 그들 중에 어떤 사람들은 그가 귀신의 왕 바알세불을 힘입어 귀신을 쫓아낸다고 말하였고, 또 어떤 사람들은 예수를 시험하여 하늘로서 오는 표적을 구하였습니다. '바알세불'은 '더러운 것[우상들]의 주'라는 뜻이라고 합니다. 예수께서 귀신을 쫓아내신 행위가 모든 사람에게 다 믿음을 주지는 못했습니다. 믿음은 하나님의 전적인 은혜입니다. 그러므로 우리는 단순히 기적을 추구하지 말고 하나님의 은혜를 구해야 합니다.

말 못 하게 하는 귀신을 내어 쫓은 예수님의 기적이 놀라웠음에도 불구하고 어떤 이들은 그를 비난하기를, 그가 귀신들의 왕 바알세불을 힘입어 귀신을 쫓아낸다고 했습니다. 능력의 예수를 믿지 못하고 그를 '귀신들의 왕'이라고 비난하다니, 인간은 참으로 무지하고 악합니다. 또 어떤 이들은 그를 시험하여 하늘로서 오는 표적을 구하였습니다. '하늘로서 오는 표적'이란 하나님께서 주신 것이라고 확인할 만한 기적을 가리킵니다.

그들은 또 다른 신기한 일들을 구한 것이었습니다. 그것은 믿음의 근거를 구한 것이라기보다 단순히 호기심을 위한 요청이라고 보여집니다. 참으로 믿기를 원하는 자들을 위해, 하나님께서는 이미 충분한 기적들을 주셨습니다. 오늘날 우리가 참으로 믿고자 한다면, 성경에 기록된 기적들은 우리의 믿음을 위해 충분합니다.

[17-19절], 예수께서는 그들의 생각을 아시고 말씀하셨습니다. "스스로 분쟁하는 나라마다 황폐하여지며 스스로 분쟁하는 집은 무너지느니라. 너희 말이 내가 바알세불을 힘입어 귀신을 쫓아낸다 하니 만일 사탄이 스스로 분쟁하면 저의 나라가 어떻게 서겠느냐? 내가 바알세불을 힘입어 귀신을 쫓아내면 너희 아들들은 누구를 힘입어 쫓아내느냐? 그러므로 저희가 너희 재판관이 되리라."

예수께서는 단지 그들의 말에 대해 대답지 않으시고 그들의 생각을 아시고 대답하셨습니다. 그것은 자신이 귀신들의 왕 바알세불을 힘입어 그런 일을 행할 수 없다는 답변이었습니다. 주님은 '스스로 분쟁하는 나라마다 황폐하여지며 스스로 분쟁하는 집은 무너진다'는 일반적 진리를 들어 말씀하셨습니다. '분쟁한다'는 원어는 '나뉜다'는 뜻입니다. 한 가정이든지 한 나라든지 분쟁하여 둘로 나뉘어 있다면 그 가정이나 그 나라는 견고하고 평안하게 세워질 수 없고 무너지고 황폐하여질 것입니다. 주께서는 이런 일반적 진리를 들어, '사탄이 스스로 나뉜다면 어떻게 그 나라가 서겠는가'라고 반문하셨습니다.

또 주께서는, '만일 내가 귀신들의 왕을 힘입어 귀신을 내쫓는다면, 너희 아들들은 누구를 힘입어 그렇게 하는가'라고 반문하셨습니다. 유대인들 가운데는 귀신을 쫓아낸다고 하는 자들이 더러 있었던 것 같습니다. 예수님을 따르지 않던 어떤 사람도 예수님의 이름으로 귀신을 내어 쫓는 일을 행하였습니다(눅 9:49).

유대인들은 그런 자들에 대해서 예수께 했던 비난과 같은 비난을 하지 않았던 것 같습니다. 그들은 자기 아들들에 대해서는 관대하였으나 예수님께 대해서는 그렇지 않았습니다.

[20-22절], 주께서는 또 말씀하셨습니다. "그러나 내가 만일 하나님의 손을 힘입어 귀신을 쫓아낸다면 하나님의 나라가 이미 너희에게 임하였느니라. 강한 자가 무장을 하고 자기 집을 지킬 때에는 그 소유가 안전하되 더 강한 자가 와서 그를 굴복시킬 때에는 그가 믿던 무장을 빼앗고 그의 재물을 나누느니라."

예수께서는 이제 자신의 행위가 귀신들의 왕을 힘입어 한 것이 아니고 하나님의 손을 힘입어 한 것임을 증거하십니다. 사람들은 예수님을 비난하는 어떤 이들의 잘못된 말들로 인해 가질 수 있는 예수님과 그의 사역에 대한 오해를 풀고 그가 참으로 하나님의 아들 그리스도이심을 알고 믿어야 합니다. 예수께서는 특히 자신이 하나님의 손을 힘입어 귀신들을 쫓아내는 것이 하나님의 나라의 임함을 나타낸다고 증거하셨습니다. 이스라엘 사회는 심히 타락하여 사탄과 악령들의 지배를 받는 영적으로, 도덕적으로 어두워진 사회가 되었습니다. 그러나 하나님의 아들 우리 주 예수 그리스도의 오심과 그의 사역들로 말미암아 하나님의 통치가 이루어지는 것입니다. 주님이 오시면 사탄과 악령들의 세력이 제거되고 하나님의 다스리심이 이루어지는 것입니다.

사탄과 악령들은 힘이 있는 천사들입니다. 그들이 무장을 하고 자기 집을 지킬 때에는 자기들의 소유물들이 다 그의 손안에 있습니다. 그러나 그들보다 더 강한 자이신 하나님의 아들 예수 그리스도께서 오셔서 그들을 이기실 때 그들의 무장을 빼앗으시고 그들의 소유물들을 구원하실 것입니다. 이제 주 예수 그리스도의 사역들을 통해 이런 일들이 일어나고 있는 것입니다.

[23절], 예수께서는 "나와 함께 아니하는 자는 나를 반대하는 자요 나와 함께 모으지 아니하는 자는 헤치는[흩어지게] 자니라"고 말씀하셨습니다. 예수는 자신을 비난하는 저 악한 자들에 대해 두 가지를 말씀하셨습니다. 첫째로, 그들은 예수님을 반대하고 예수님의 구원 운동을 방해하고 하나님의 구원하실 백성들을 흩어지게 하는 자들입니다. 예수와 함께 영혼들을 구원하려 하지 않는 자들은 구원 운동의 방해자요 교회를 흩어지게 하는 자들입니다. 우리는 결코 그런 자들이 되지 말아야 합니다.

[24-26절], 주께서는 또 말씀하셨습니다. "더러운 귀신이 사람에게서 나갔을 때에 물 없는 곳으로 다니며 쉬기를 구하되 얻지 못하고 이에 이르되 내가 나온 내 집으로 돌아가리라 하고, 가서 보니 그 집이 청소되고 수리되었거늘, 이에 가서 저보다 더 악한 귀신 일곱을 데리고 들어가서 거하니 그 사람의 나중 형편이 전보다 더 심하게 되느니라."

둘째로, 그들이 만일 예수님을 참으로 영접하지 않는다면 그들의 마지막 형편은 더 나빠질 것입니다. 사탄과 악령들의 지배를 받던 이스라엘 사회가 예수 그리스도를 통해 사탄과 악령들이 일시적으로 내쫓김을 받았지만, 만일 사람들이 예수 그리스도의 복음을 듣고 그 은혜를 체험하고도 주를 영접하고 순종치 않으면, 사탄과 악령들이 이전보다 더 많이 들어와 활동하게 되어 그 마지막 형편은 더 나빠질 것입니다.

14절로 26절까지에서 우리는 몇 가지 교훈을 받습니다. 첫째로, 우리는 예수께서 하나님의 능력으로 귀신을 내쫓으셨음을 바로 알아야 합니다. 둘째로, 우리는 예수 그리스도를 통해 하나님의 나라가 이미 세상에서 시작되었음을 알아야 합니다. 셋째로, 우리는 예수 그리스도를 영접하고 따르며 주와 함께하고 주와 함께 영혼들을 모아야 합니다. 우리는 주를 위하고 주의 백성을 모으는 자가 되기를 축원합니다.

[27절], 이 말씀 하실 때에 무리 중에서 한 여자가 음성을 높여 "당신을 밴 태와 당신을 먹인 젖이 복이 있나이다"라고 말했습니다. 흔히 사람들은 훌륭한 사람들과의 혈육적 관계를 자랑하며 뽐냅니다.

[28절], 예수께서는 "오히려 하나님의 말씀을 듣고 지키는 자가 복이 있느니라"고 말씀하셨습니다. 그는 혈육관계가 중요한

것이 아니고 하나님의 말씀을 듣고 지키는 것이 더 중요하다고 말씀하셨습니다. 하나님의 말씀은 성경에 기록되어 있습니다. 성경은 구원의 말씀이요 영생의 말씀입니다. 그러므로 하나님의 말씀을 듣고 행한다는 것은 복음을 듣고 믿어 구원을 얻은 자로서 하나님의 말씀을 행하는 것을 가리킵니다. 우리 모두 하나님의 말씀을 듣고 지킴으로 부활절 후 기쁨의 50일 동안 능력으로 임하는 하나님의 나라를 경험하시기를 축원합니다.

어두움을 밝히는 등불

누가복음 11장 29절~36절

본문 말씀을 요약하면, 예수님은 표적을 구하는 악한 세대에게 요나의 표적 밖에 보일 것이 없다고 하십니다. 심판 때에 남방 여왕과 니느웨 사람들이 이 세대 사람을 정죄할 것입니다. 예수님은 솔로몬과 요나보다 더 크신 분이기 때문입니다. 예수님은 몸의 등불인 눈을 밝혀 자신 안에 어둠이 있는지 살피라고 하셨습니다. 그래서 오늘 설교 제목을 "어둠을 밝히는 등불"로 설정했습니다.

[29-30절], 무리가 모였을 때 예수님께서 말씀하셨습니다. "무리가 모였을 때에 예수께서 말씀하시되 이 세대는 악한 세대라 표적을 구하되 요나의 표적 밖에는 보일 표적이 없나니, 요나가 니느웨 사람들에게 표적이 됨과 같이 인자도 이 세대에 그러하리라."

예수님 당시 유대인들은 정치적 해방을 이루어 줄 군사적 메시아를 기다렸습니다. 따라서 군사적 승리가 곧 메시아라는 증거인 셈이었습니다. 이러한 고정관념 때문에 그들은 예수님이 누구인지 제대로 파악하지 못했습니다. 유대인들은 눈이 어두운 사람처럼 예수님을 밝히 볼 수 없었습니다. 그들의 눈을 어둡게 하는 원인은 그들이 가진 의도로 발생한 고정관념이었습니다. 이 고정관념은 유대인들의 인식 작용을 지배했습니다.

예수님 당시의 세상은 불경건하고 부도덕하였습니다. 사람들은 예수님을 알지 못하고 믿지 못하였습니다. 그들이 예수께 표적을 구하지만, 진심으로 믿으려는 동기에서가 아니고 단지 호기심에서일 뿐이었습니다. 예수께서는 이미 많은 표적과 기적들을 행하셨으나, 사람들은 그를 알지 못하고 또 다른 표적들을 구하는 것입니다.

이때 예수께서는 오직 요나의 표적밖에는 보일 표적이 없다고 말씀하셨는데, 요나의 표적은 예수님을 증가하는 마지막 가장 큰 표적이기 때문입니다. 요나의 표적이란, 요나가 삼일 동안 큰 물고기 뱃속에 들어갔다가 나온 것처럼 예수께서 십자가에 죽으시고 무덤에 장사 지낸 바 되신 후, 제3일에 부활하실 것을 가리킵니다. 그것은 예수님을 증거하는 마지막 표적이 될 것입니다. 그것은 예수님을 최종적으로 확증할 것입니다.

사악한 니느웨 사람들도 선지자 요나의 설교를 듣고 회개했지만, 고정관념에 사로잡힌 유대인은 메시아 예수님의 설교를 듣고도 회개하지 않았습니다. 이러한 고정관념은 예수님을 십자가에 못 박아 죽임으로써 예수님을 하나님의 저주를 받은 자로 선언하려는 음모를 꾸며 실행하는 데까지 나아갔습니다. 그들은 이러한 음모를 실행하기 위해 예수님이 로마제국을 전복하려는 정치범이라고 빌라도에게 모함했습니다.

십자가형이 집행되어 아무도 예수님을 믿지 못하게 하려는 그들의 계획은 성공하는 것 같았지만, 하나님의 한 수로 모든 것이 뒤집혔습니다. 하나님의 저주를 받은 자라는 십자가의 선언은 부활로 인해 무효가 되고, 오히려 예수님이 하나님의 아들이심이 입증되었습니다. 우리 시대에도 고정관념은 많은 사람에게 공유되어 의심받지 않고 사람의 눈을 가려, 잘못된 확신에 도달하게 합니다. 하지만 하나님은 역사 속에서나 종말에 이 고정관념을 심판하실 것입니다.

[31-32절], 예수께서는 또 말씀하셨습니다. "심판 때에 남방 여왕이 일어나 이 세대 사람을 정죄하리니 이는 그가 솔로몬의 지혜로운 말을 들으려고 땅 끝에서 왔음이거니와 솔로몬보다 더 큰 이가 여기 있으며, 심판 때에 니느웨 사람들이 일어나 이 세대 사람을 정죄하리니 이는 그들이 요나의 전도를 듣고 회개하였음이거니와 요나보다 더 큰 이가 여기 있느니라."

주께서는 자신이 솔로몬보다 더 크신 자이며 또 요나보다 더 크신 자임을 증거하셨습니다. 그것은 인간적 교만이나 자랑의 말이 아닙니다. 왜냐하면 그는 한 인간으로서가 아니고 하나님의 아들로서 말씀하시는 것이기 때문입니다. 이것은 진리요, 사실 그대로인 것입니다. 예수님은 솔로몬보다, 요나보다 더 크신 자이십니다.

솔로몬 때에 남방 여왕은 솔로몬의 말을 듣기 위해 먼 곳에서 찾아왔었고, 니느웨 사람들은 요나의 설교를 듣고 회개했지만, 이 악한 세대는 솔로몬과 요나보다 더 크신 예수님의 말씀을 듣기를 사모하지 않고 그 말씀을 들어도 회개하려 하지 않으니 얼마나 악한 것입니까! 그러므로 예수께서는 하나님의 심판 때에 남방 여왕과 니느웨 사람들이 이 세대 사람들을 정죄할 것이라고 말씀하셨습니다. 과연 마지막 심판 날에 그들이 다 부활하여 예수님의 말씀 듣기를 거절하고 회개하기를 거절한 이 세대의 사람들을 정죄할 것입니다.

불신앙은 완악함의 증거입니다. 악한 세대 사람들은 기적만 구하고 자기들에게 유익한 것들만 추구합니다. 그러나 회개하고 돌이킬 기회가 영원하지 않음을 기억해야 합니다.

[33-36절], 예수께서는 또 말씀하셨습니다. "누구든지 등불을 켜서 움 속에나 말 아래에 두지 아니하고 등경 위에 두나니 이는 들어가는 자로 그 빛을 보게 하려 함이라. 네 몸의 등불은 눈이라 네 눈이 성하면 온 몸이 밝을 것이요 만일 나쁘면 네 몸도 어두우리라. 그러므로 네 속에 있는 빛이 어둡지 아니한가 보라. 네 온 몸이 밝아 조금도 어두운 데가 없으면 등불의 빛이 너를 비출 때와 같이 온전히 밝으리라 하시니라."

주께서는 마음의 눈에 대해 말씀하십니다. 그것은 내면적 지식과 사상과 깨달음을 가리킵니다. 그것은 마음의 등불과 같습니다. 그것은 유일하신 하나님과 그의 아들 예수 그리스도를 알고 복음과 구원과 영생과 천국을 아는 지식입니다. 이것은 성경의 바른 지식입니다.

영의 눈을 떠야 주님을 알 수 있습니다. 예수님은 등불을 예로 들어 말씀하십니다. 우리가 등불을 켜서 높이 등잔대 위에 두는 것은 그 장소에 들어가는 사람이 빛을 보게 하기 위함입니다. 예수님은 우리 몸의 등불이 '눈'(34절)이라고 하십니다. 여기서 '눈'은 '영적인 눈'을 의미합니다. '눈이 좋으면 온몸도 밝을 것'이라는 말은 영적 눈이 좋으면 예수님의 정체와 그분의 말씀을 깨달을 수 있다는 뜻입니다.

예수님은 "만약 너희 온몸이 빛으로 가득하고 어두운 부분이 하나도 없으면 마치 등불이 너희를 환하게 비출 때처럼 너희 몸도 온전히 빛날 것이다"(36절)라고 하십니다. 우리가 영적 눈을 뜨고 말씀을 받아들이면 말씀이 우리를 새로운 사람으로 변화시킬 것입니다.

27절로 36절까지의 내용은 혈육관계보다 하나님의 말씀을 지키는 것이 복되다는 것과 예수님은 솔로몬과 요나보디 그신 분이시라는 것과 우리는 마음속의 빛이 밝아야 한다는 것입니다. 이 세 가지의 내용은 결국 한가지의 교훈을 줍니다. 그것은, 하나님의 말씀, 즉 하나님께서 보내신 하나님의 아들 예수 그리스도에 관한 바른 지식을 가지고 그를 믿음으로 구원을 받고, 또 하나님의 뜻을 깨달아 죄를 회개하고 의와 선을 행하는 참된 행복자가 되어야 한다는 것입니다. 성경에 대한 바른 지식은 우리의 마음의 등불이며 그것은 우리로 바른 길로 인도합니다.

어둠의 바다를 항해하는 영혼에게 필요한 것은 구원의 항구로 안내하는 등대입니다. 예수님의 빛으로 구원의 항구에 이른 우리는 이제 복음의 빛으로 어둠에서 헤매는 영혼을 이끄는 등대가 되어야 합니다. 영혼을 인도하는 등대 역할에는 적지 않은 헌신이 필요합니다. 외딴곳에서 바다를 향해 밤마다 빛을 낸다는 것은 쉬운 일이 아닙니다. 그럼에도 어둠 속에서 헤매는 한 영혼을 위해 우리는 등대의 사명을 멈추어서는 안 됩니다.

[37-38절], 예수께서 말씀하실 때에 한 바리새인이 자기와 함께 점심 잡수시기를 청하므로 들어가 앉으셨는데, 잡수시기 전에 손 씻지 않는 것을 바리새인이 보고 이상히 여겼습니다. 음식을 들기 전에 손을 씻는 것은 당시의 관습이었던 것 같습니다. 주께서 당시의 관습을 따르지 않은 것은 그것이 인간의 전통에 불과하기 때문일 것입니다. 우리는 하나님께서 성경에 가르쳐 주신 것들만 권위 있게 여겨야 하고 성경에 가르치지 않은 관습들에 너무 사로잡힐 필요가 없습니다.

[39절], 예수께서 "주께서 이르시되 너희 바리새인은 지금 잔과 대접의 겉은 깨끗이 하나 너희 속에는 탐욕과 악독이 가득하도다"라고 말씀하셨습니다. 예수님은 때와 장소를 가리지 않고 필요한 것들을 교훈하셨습니다. 바리새인들은 거룩한 삶을 말하면서 내적 성결을 중시하지 않고 외적 성결만 강조하였습니

다. 그들의 마음속에 탐욕과 악독이 가득한 것이 문제였습니다. 참 경건은 내면적 성결로 나타납니다. 마음이 바르고 깨끗하고 착한 것이 중요합니다.

[40-41절], 예수께서는 또 말씀하셨습니다. "어리석은 자들아 겉을 만드신 이가 속도 만들지 아니하셨느냐, 그러나 그 안에 있는 것으로 구제하라. 그리하면 모든 것이 너희에게 깨끗하리라."

사람의 겉이 아무리 아름답고 단정해 보여도 그의 영혼과 마음이 깨끗하고 바르지 못하면 그는 하나님 앞에서 무가치한 사람입니다. 그래서 주께서는 그들의 내면적 불결을 지적하신 것입니다.

주께서는 그 해결책으로 "오직 그 안에 있는 것으로 구제하라"고 말씀하셨습니다. '그 안에 있는 것'이라는 '타 에논타'는 옛날 영어성경은 '너희가 가지고 있는 것들'이라고 번역하였습니다. 바리새인들은 지금 마음속에 물질에 대한 탐욕이 가득하여 가난한 자들에게 구제할 줄 모르고 있습니다. 그들은 하나님 앞에서 이 탐욕의 죄를 회개하고 탐욕을 버리고 가난한 자들에게 구제해야 합니다. 구제는 가난한 자들을 돌아보는 것입니다. 가난한 자들에게 구제하는 일은 하나님께서 율법에서도 강조하여 교훈하신 바입니다(신 15:7-11). 그러므로 구제는 성도들이 하나님의 말씀을 순종하여 의와 선을 행하는 여부를 판별할 수 있는 중요한 표시가 됩니다.

옛날 멸망 당했던 소돔성 사람들은 물질적으로 부요하였으나 가난한 자들에게 구제할 줄 몰랐고, 그것이 그들이 멸망한 중요한 죄악의 내용들 중 하나였습니다(겔 16:49). 그러나 사람이 탐심을 버리면, 구제할 수 있습니다. 우리는 외모만 깨끗하고 아름답게 꾸미는 자가 되지 말고, 마음속을 깨끗하고 아름답게 꾸미는 자가 되어야 합니다. 우리는 우리의 가진 것을 절제 있게 사용하며 가난한 이웃에게 구제해야 합니다.

[42-43절], 예수께서는 또 말씀하셨습니다. "화 있을진저 너희 바리새인이여 너희가 박하와 운향과 모든 채소의 십일조는 드리되 공의와 하나님께 대한 사랑은 버리는도다 그러나 이것도 행하고 저것도 버리지 말아야 할지니라. 화 있을진저 너희 바리새인이여 너희가 회당의 높은 자리와 시장에서 문안 받는 것을 기뻐하는도다."

바리새인들은 율법대로 하나님께 십일조를 드리는 생활을 실천하였습니다. 십일조는 소득의 십 분의 일을 하나님께 바치는 것으로서 성경에 가르치신 헌금의 주요 원리입니다(레 27:30-33, 말 3:8-12). 십일조는 만물이 다 하나님의 것이며 물질의 소득이 다 하나님의 복임을 인정하며 감사하며 고백하는 표시입니다. 바리새인들이 십일조 생활을 실천한 것은 잘한 일이었습니다.

그러나 주께서는 십일조 같은 종교적 규례보다 내면적 도덕성, 즉 하나님의 공의와 사랑을 실천하는 것이 더 중요하다고 교훈하셨습니다. 종교적 규례와 내면적 도덕성은 둘 다 필요합니다. 우리는 이것도 행하고 저것도 버리지 말아야 합니다. 그러나 그 둘 중에 더 중요한 것은 내면적 도덕성입니다. 바리새인들은 종교적 규례는 중시했으나 내면적 덕을 버린 것이 큰 죄였습니다. 그러므로 주께서는 그들에게 화가 있다고 말씀하신 것입니다.

또 바리새인들은 회당에서 높은 자리에 앉는 것과 시장에서 문안받는 것을 좋아하였습니다. 그것은 그들의 명예심과 교만을 나타냅니다. 이것도 역시 큰 죄이므로 주께서는 그들에게 화를 선포하셨습니다. 겸손은 하나님께서 우리에게 요구하시는 덕목입니다. 주께서는 "너희 중에 큰 자는 너희를 섬기는 자가 되어야 하리라. 누구든지 자기를 높이는 자는 낮아지고 누구든지 자기를 낮추는 자는 높아지리라"고 말씀하셨습니다(마 23:11-12).

[44절], 예수께서는 또 "화 있을진저 너희여, 너희는 평토장한 무덤 같아서 그 위를 밟는 사람이 알지 못하느니라"고 말씀하셨습니다. 전통본문에는 '너희여'라는 말 다음에 '서기관들과 바리새인들, 위선자들이여'라고 되어 있습니다. '평토장한 무덤'은 겉으로 보기에는 깨끗하지만, 그 속에는 부패하고 더러운 죄성으로 가득한 인간의 마음을 가리켰다고 봅니다. 바리새인들과 서기관들은 겉보기에는 경건하고 단정하였으나 그들 속에는 탐욕과 더러운 것들이 가득하였다는 말입니다. 하나님의 뜻은

우리의 내면적 성결과 단장입니다. 우리는 단순히 종교적 규례를 지키지 말고 공의와 사랑을 실천하고, 교만과 명예심을 버리고 겸손과 마음의 성결과 단장을 구하며 힘쓰기를 소원합니다.

[45-46절], "한 율법교사가 예수께 대답하여 이르되 선생님 이렇게 말씀하시니 우리까지 모욕하심이니이다. 이르시되 화 있을진저 또 너희 율법교사여 지기 어려운 짐을 사람에게 지우고 너희는 한 손가락도 이 짐에 대지 않는도다"라고 말씀하셨습니다. '율법사'는 '서기관'과 같은 말로서 율법 학자를 가리킵니다. 그러나 그들은 말로만 사람들을 가르쳤습니다. 그들은 지기 어려운 짐들을 사람들에게 지우고 자기들은 한 손가락도 움직이려 하지 않았습니다. 그러나 하나님께서는 우리의 의롭고 선한 행위와 삶을 원하십니다.

[47-48절], 주께서는 또 말씀하셨습니다. "화 있을진저 너희는 선지자들의 무덤을 만드는도다. 그들을 죽인 자도 너희 조상들이로다. 이와 같이 그들은 죽이고 너희는 무덤을 만드니 너희가 너희 조상의 행한 일에 증인이 되어 옳게 여기는도다."

그들이 선지자들의 무덤을 가꾸면서도 하나님의 아들 예수 그리스도를 미워하고 죽이려 한 것은, 선지자들을 핍박하고 죽였던 그들의 선조들의 삶과 동일합니다. 그것은 큰 위선입니다. 하나님의 원하시는 바는 단지 선지자들을 존경하고 그들을 기념하는 것보다, 그들의 사상과 인격과 삶을 본받는 것입니다.

[49-51절], 주께서는 또 말씀하셨습니다. "그러므로 하나님의 지혜가 일렀으되 내가 선지자와 사도들을 그들에게 보내리니 그 중에서 더러는 죽이며 또 박해하리라 하였느니라. 창세 이후로 흘린 모든 선지자의 피를 이 세대가 담당하되, 곧 아벨의 피로부터 제단과 성전 사이에서 죽임을 당한 사가랴의 피까지 하리라 내가 너희에게 이르노니 과연 이 세대가 담당하리라."

구약 백성들은 하나님의 많은 종들을 핍박하고 죽였습니다. 아벨의 피로부터 성전 뜰에서 죽임을 당한 사가랴(대하 24:20-21)의 피까지 창세 이후로 흘린 모든 의인과 선지자들의 피를 이 세대가 담당할 것입니다. 그것은 그 세대가 참된 의인이시오, 선지자이신 하나님의 아들 예수 그리스도를 거절하고 핍박하고 마침내 죽일 것이라는 사실에 근거합니다. 유대 지도자들이 예수님을 십자가에 못 박는 죄악은 인류 역사와 구약 역사의 모든 죄악의 절정일 것입니다.

[52절], 예수께서는 또 "화 있을진저 너희 율법교사여 너희가 지식의 열쇠를 가져가서 너희도 들어가지 않고 또 들어가고자 하는 자도 막았느니라 하시니라"고 말씀하셨습니다. 율법사들은 성경을 연구하고 가르치는 자들이었습니다. 그러나 그들은 자기들에게 주어진 지식의 열쇠를 오용하였습니다. 그들의

지식은 행위를 동반하지 않은 지식이었습니다. 행함 없는 지식은 위선자들을 만들어 내며 종교를 부패시킬 뿐입니다. 또 그런 위선자들은 죄인들이 하나님께로 나아오는 길을 오히려 방해합니다.

[53-54절], "거기서 나오실 때에 서기관과 바리새인들이 거세게 달려들어 여러 가지 일을 따져 묻고, 그 입에서 나오는 말을 책잡고자 하여 노리고 있더라."

우리는 바리새인들과 서기관들과 같은 위선자가 될 수 있다는 것을 항상 생각하고 그런 위선자가 되지 않도록 조심해야 합니다. 하나님의 뜻은 내면적 성결과 내면적 단장, 즉 거룩하고 선한 인격과 삶에 있다는 사실을 기억하고 참된 성도가 되기를 힘써야 합니다. 우리는 교만과 탐심을 버리고 겸손히 하나님과 동행하며 의와 사랑을 실천해야 합니다.

절대적 신앙

누가복음 12장 1절~12절

코로나 팬데믹이 끝난 것을 '엔데믹'이라고 합니다. 코로나 팬데믹 이후를 '포스트코로나'라고 합니다. 그런가 하면 근대주의(modernism) 이후를 포스트모더니즘(post-modernism, 탈근대주의)이라고 합니다. 그렇다면 과연 포스트모더니즘이란 무엇일까요? '포스트모더니즘'이란 용어를 간단히 정리하면 다음과 같습니다.

"포스트모더니즘이란 모더니즘이란 말에다 '뒤'나 '후'(後)를 뜻하는 포스트(post)라는 접두어를 붙여 만든 말이다. 이 말은 1960-70년대 미국에서 문학과 건축 등의 예술 관련 분야에서 만들어진 말인데, 말 그대로 모더니즘 이후에, 모더니즘과 상반되는 특징을 갖는 작품이나 작가, 혹은 취향이나 태도 등을 지칭하기 위해 사용되었다"라고 하고 있습니다. 한마디로 표현하면 모더니즘의 난해한 지성주의와 포스트모더니즘의 반지성주의의 대립으로 볼 수 있습니다. 모더니즘의 절대주의와 포스트모더니즘의 상대주의의 대립으로도 볼 수 있습니다.

기독교 진리는 절대적인 신앙인데, 오늘날 포스트모더니즘 시대에 상대적 신앙의 위기를 경험하고 있습니다. 설교 제목을 "절대적 신앙"이라고 강조한 것도 이러한 관점에서 정한 것입니다. 신앙은 어제나 오늘이나 절대적인 것이지 상대적일 수 없습니다. 본문 말씀을 통하여 하나님만 두려워해야 하는 절대적 신앙을 상고해 봅시다.

[1절], 그동안에 수만 명이 모여 서로 밟힐 만큼 되었는데, 예수님께서는 먼저 제자들에게 "바리새인들의 누룩 곧 외식을 주의하라"고 말씀하셨습니다. 외식이란 겉과 속이 다른 것을 말합니다. 겉으로는 하나님을 잘 섬기는 것 같지만 속으로는 그를 부정하고 그를 무시하는 것이며, 겉으로는 깨끗한 것 같지만 속으로는 탐욕과 미움과 음란으로 가득한 것입니다. 외식은 '누룩'과 같이 조용히 많은 심령에게 악영향을 끼치며, 교회를 형식적으로 만들고 생명력을 빼앗습니다. 그러므로 우리는 이런 형식주의와 외식을 주의해야 합니다.

[2-3절], 예수님께서는 또 말씀하셨습니다. "감추인 것이 드러나지 않을 것이 없고 숨긴 것이 알려지지 않을 것이 없나니, 이러므로 너희가 어두운 데서 말한 모든 것이 광명한 데서 들리고 너희가 골방에서 귀에 대고 말한 것이 지붕 위에서 전파되리라."

여기서는 바리새인들의 감추인 악들이 다 드러날 것이라는 뜻으로 말씀하신 것 같습니다. 바리새인들의 은밀한 탐심과 미움과 음란 등은 다 드러나고 말 것입니다. 세상에 은밀한 것이란 없습니다. 그러므로 우리는 감추인 악들을 버리고 정정당당하게 살아야 합니다. 예를 들어, 우리는 은밀하게 남을 비난하여 형제의 명예를 손상시키지 말고 밝은 데로 나아와 정정당당하게 충고하는 것이 옳습니다.

[4절], 예수님께서는 또, "내가 내 친구 너희에게 말하노니 몸을 죽이고 그 후에는 능히 더 못하는 자들을 두려워하지 말라"고 말씀하셨습니다. 몸의 죽음으로 사람의 생명이 다 끝나는 것이 아닙니다. 사람의 영혼은 불멸적이기 때문에 그것은 몸의 죽음 이후에도 존재합니다. 단지 그것이 천국에서 안식을 누리는가, 지옥에서 고통을 당하는가의 차이가 있습니다. 몸의 죽음 후의 영혼의 상태는 심판자 하나님의 손에 달려 있습니다. 그러므로 우리는 몸을 죽이고 그 후에는 더 무엇을 할 수 없는 사람을 두려워하지 말아야 합니다.

[5절], 예수님께서는 또 말씀하셨습니다. "마땅히 두려워할 자를 내가 너희에게 보이리니 곧 죽인 후에 또한 지옥에 던져 넣는 권세 있는 그를 두려워하라 내가 참으로 너희에게 이르노니 그를 두려워하라."

하나님께서는 사람을 죽인 후 그를 지옥에 던져 넣는 권세를 가지고 계십니다. 지옥은 불의 고통이 있는 곳입니다. 지옥의 교리는 예수 그리스도께서 친히 말씀하신 것입니다(마 5:29-30, 막 9:43-49). 지옥은 하나님께서 악인들에게 최종적으로 내리시는 공의로운 형벌입니다. 지옥에 대한 두려움은 죄인들을 회개시키는 정당하고 유익한 방편입니다.

[6-7절], 예수님께서는 또 말씀하셨습니다. "참새 다섯 마리가 두 앗사리온에 팔리는 것이 아니냐 그러나 하나님 앞에는 그 하나도 잊어버리시는 바 되지 아니하는도다. 너희에게는 심지어 머리털까지도 다 세신 바 되었나니 두려워하지 말라 너희는 많은 참새보다 더 귀하니라."

앗사리온은 데나리온 은전의 16분의 1의 값이 나가는 동전입니다. 하나님께서는 보잘것없는 참새 한 마리도 잊어버리지 않으십니다. 인간은 참새보다 귀합니다. 사람은 그 머리털까지도 하나님 앞에 다 세신 바 되었습니다. 그는 우리를 아시고 잊지 않으시고 귀히 여기십니다. 그러므로 우리는 사람들의 핍박이나 불안한 장래의 일들을 두려워할 것이 없습니다.

[8-9절], 예수님께서는 또 말씀하셨습니다. "내가 또한 너희에게 말하노니 누구든지 사람 앞에서 나를 시인하면 인자도 하나님의 사자들 앞에서 그를 시인할 것이요. 사람 앞에서 나를 부인하는 자는 하나님의 사자들 앞에서 부인을 당하리라."

사람들 앞에서 예수님을 시인한다는 말씀은 그를 거부하고 핍박하고 죽이려는 이 세상 속에서 그를 인정하고 증거하는 것을 말합니다. 그러면 주께서는 마지막 날 하나님의 심판대 앞에서 그를 안다고 인정하실 것입니다. 우리의 신앙고백은 마음속으로 하는 것일 뿐만 아니라, 또한 사람들 앞에서 공적으로 하는 것이어야 합니다. 하나님께서는 우리의 공적인 고백을 원하십니다.

[10절], 예수님께서는 또 "누구든지 말로 인자를 거역하면 사하심을 받으려니와 성령을 모독하는 자는 사하심을 받지 못하리라"고 말씀하셨습니다. 예수님의 신성(神性)은 그의 인성(人性)에 가리어져 있어서 사람들이 그것을 잘 알지 못하였습니다. 그러므로 사람이 단순히 예수님을 한 인간으로 알고 거역한다면 그는 사하심을 얻을 것입니다. 그러나 예수님의 신성의 영광이 때때로 드러나고 그의 하신 일이 명백히 성령으로 된 것임이 드러났음에도 불구하고, 그 성령의 역사를 거역하는 것은 성령을 모독하는 죄 곧 용서받을 수 없는 죄가 될 것입니다. 하나님의 능력의 일들을 보고도 그것을 대적하는 자들은 하나님을 대적하는 매우 완악한 자들이요, 구원의 가망이 없는 자들일 것입니다.

[11-12절], 예수님께서는 또 말씀하셨습니다. "사람이 너희를 회당이나 위정자나 권세 있는 자 앞에 끌고 가거든 어떻게 무엇

초대교회 시대는 예수님 믿는 일 때문에 핍박을 받았던 시대였습니다. 그것은 마치 우리나라 역사에서 일제시대와 같았고 공산 치하의 때와 같았습니다. 믿는 이들은 유대교 회당들에서도 심문과 핍박을 받고 세상 권세자들 앞에서도 그러할 것입니다. 주님께서는 그 일을 예견하시면서, 그들이 어떻게 또 무엇을 변명하며 말할지 염려하지 말라고 말씀하십니다. 성령께서 그 때에 마땅히 할 말을 그들에게 가르쳐 주실 것이기 때문입니다. 하나님께서는 이러한 심문들을 통해 유대의 무지한 종교지도자들에게나 세상의 위정자들에게 예수 그리스도의 구원의 복음이 증거되기를 원하셨습니다.

1절로 12절까지의 말씀에서 우리는 세 가지 교훈을 얻습니다. 첫째로, 우리는 외식(外飾)을 조심합시다. 외식은 누룩과 같아서 다른 이들에게 악영향을 미칩니다. 교회 안에 외식자들이 많으면 그런 교회는 심히 혼란할 것입니다. 우리는 외식을 조심하고 항상 진실을 말하고 진실하게 행합시다.

둘째로, 우리는 사람을 두려워하지 말고 오직 하나님만 두려워합시다. 사람들은 우리의 몸만 죽일 수 있을 뿐입니다. 그러나 하나님은 사람의 영혼을 지옥에 던지실 수 있는 분이십니다. 우리는 사람을 두려워할 때 시험에 빠지고(잠 29:25), 또 외식하게 되고 심지어 변절하게도 됩니다. 우리는 사람을 두려워하지 말고 오직 하나님만 두려워합시다.

셋째로, 우리는 사람들 앞에서 주 예수 그리스도를 시인합시다. 우리는 기회 있을 때에 우리의 믿음과 구원을 입으로 간증합시다. 또 예배당에 나올 때 성경책을 들고 오는 것이나, 식사 때에 기도하는 것이나, 전철에서나 직장에서 쉴 때에 성경책을 읽는 것이나 전도하는 것 등은 그것의 작은 실천입니다. 우리는 절대적 신앙을 가지고 사람들 앞에서 예수님을 담대히 시인합시다.

탐심(貪心)에 대한 경계(警戒)

누가복음 12장 13절~21절

어느 부자가 죽으면서 많은 돈을 두고 가자니 아까웠습니다. '저승에 가서 혹시라도 돈이 필요하면 어떻게 할까? 만약을 위해서 조금이라도 가지고 가고 싶은데 방법이 없을까?'라고 고민했습니다. 그런데 아무리 생각해도 곧 죽는 자기의 부탁을 들어줄 것 같지 않았습니다. 자식도 믿을 수 없었습니다. 그래서 세 사람을 선택했습니다. 자기 변호사와 주치의와 성직자였습니다. '이분들이라면 욕심 때문에 나를 속이지는 않겠지. 내 부탁을 들어주겠지'라고 생각하고 각자에게 100만 달러씩 주면서 "이 돈을 내 관 속에 꼭 넣어 주십시오"라고 부탁했습니다. 300만 달러면 아쉬운 대로 될 것 같았기 때문입니다.

장례식이 끝나고 돌아오는 길에 세 사람은 서로 궁금했습니다. 의사가 성직자에게 물었습니다. "관 속에 100만 달러를 넣었습니까?" 성직자가 대답했습니다. "아무리 그래도 십일조는 떼어야 하지 않겠나? 그분의 신앙을 위해서 90만 달러만 넣었네.

자네는 어떻게 했는가?”“병원 시설을 새롭게 하는데 많은 사람의 도움이 필요해요. 평소 건강에 지대한 관심을 가졌던 고인의 뜻이라 믿고, 50만 달러를 그분의 이름으로 병원에 기부했습니다.”그 얘기를 듣더니 변호사가 화를 냈습니다. “아무리 그래도 그렇지, 고인의 부탁인데 그러면 되겠는가?”“그럼, 자네는 다 넣었는가?”“물론 이지, 다만 부피를 생각해서 가계수표로 바꾸어 넣었네.” 100% 떼어먹은 것입니다.

인생은 나그네입니다. 이 땅에서 천년만년 사는 것이 아닙니다. 하나님을 부정하고, 회개하지 않으며, 교만하고 탐욕에 사로잡혀서 잔인한 시대가 되어 가고 있습니다. 우리는 세상에 물들지 말고, 하나님을 바라보며 말씀만을 따라가야 합니다. 복음으로 세상을 물들이는 여러분이 되시기를 축원합니다.

[13-14절], 사람들 중에서 어떤 사람이 예수님께 말하였습니다. “선생님, 제 형제에게 유산을 저와 나누라고 말씀해 주십시오.” 아마도 그의 형이 부모의 유산을 다 가지려 했던 것 같습니다. 율법에 의하면, 부모의 유산은 비록 장자가 동생보다 두 배를 얻지만(신 21:17), 동생도 나누어 가지게 되어 있었습니다. 즉 유산의 3분의 1을 가집니다. 그런데 형은 그 유산을 다 가지려 한 것 같습니다.

그러나 예수님께서 그의 요청을 거절하시면서 말씀하셨습니다. “이 사람아, 누가 나를 너희 재판관이나 분배인으로 세웠느냐?” 예수님은 그런 일에 관여하기를 원치 않으셨습니다. 주께서는 마지막 날 인간의 모든 일을 심판하실 것입니다. 그때에는 그 형이 유산을 정당하게 분배했는지도 심판하실 것입니다. 그러나 예수님께서는 지금 그런 일을 위해 이 세상에 오신 것이 아니었습니다. 예수님은 단지 죄인들을 불러 회개시키는 일과 자신을 속죄 제물로 드리는 일을 위해 오신 것이었습니다. 오늘날 교회의 사명은 예수님의 사명을 계승하는 것, 곧 전도하는 것입니다. 교회는 오직 전도하는 일과 전도자들을 양성하는 일을 해야 합니다.

[15절], 예수님께서는 또 말씀하셨습니다. "너희는 조심해서 모든 탐욕을 삼가라! 사람의 생명이 그 재산의 넉넉함에 있는 것이 아니다." 형만 탐심이 있었던 것이 아니고 동생도 탐심이 있었습니다. 그에게 탐심이 없었다면 주님께 그런 문제를 가지고 오지도 않았을 것입니다. 탐심은 부자들에게만 있지 않고 가난한 자들에게도 있을 수 있습니다. 우리는 탐심이 우리 속에 침입해 들어오지 못하도록 주의하고 경계해야 합니다.

돈에 대한 애착은 탐심에 뿌리를 두고 있습니다. 사람은 탐심이 있을 때 돈을 사랑하게 되고 부(富)하려는 마음을 가지게 됩니다. 성경은 부하려는 마음이 모든 악의 뿌리가 된다(딤전 6:9-10)고 말했습니다. 실상 물질적 부요(富饒)는 우리에게 큰 시험 거리입니다. 사람은 부요할 때 마음이 해이해지고 물질을 더 의지하기 쉽고, 교만해지고 쾌락에 빠지기 쉽고, 외도하기 쉽습니다. 사람의 생명은 그 소유의 넉넉한 데 있지 않습니다.

[16-19절], 예수님께서는 물질적 부요가 헛됨을 한 비유로 말씀하셨습니다. 한 부자가 그 밭에 소출이 풍성하므로 마음으로 '내가 곡식 쌓아둘 곳이 없으니 어떻게 할까?'라고 생각하며 말했습니다. "이렇게 해야겠다. 지금 있는 창고를 부수고 더 크게 지어 내 모든 곡식과 물건을 거기에 쌓아 두어야겠다. 그리고 나서 내 영혼에게 말하겠다. 영혼아, 여러 해 동안 쓸 물건을 많이 쌓아 두었으니 편히 쉬고 먹고 마시고 즐겨라." 그 부자는 그가 맞이한 그 풍년이 하나님의 은혜인 줄을 알지 못했습니다. 그는 하나님께서 적당한 때에 비를 내려주지 않으셨다면 풍년 추수는 불가능했다는 것을 깨닫지 못하였습니다. 그의 관심과 생각은 물질적 부요와 그것을 즐기는 일에만 집중되어 있었습니다.

[20절] 하나님께서는 그 농부에게 말씀하셨습니다. "이 어리석은 사람아! 오늘 밤 네 영혼을 네게서 찾을 것이다. 그러면 네가 너를 위해 장만한 것들을 다 누가 갖게 되겠느냐?" 하나님께서는 그 부자를 어리석은 자라고 부르셨습니다. 그 부자는 그 물질적 부요가 어디 부터 왔는지, 또 자신의 건강과 생명, 그리고 행복이 어디로부터 오는지에 대해 바른 생각을 하지 못하고 있었습니다. 그는 물질만 많으면 자신이 행복할 것이라고 생각하고 있었습니다.

그러나 그의 목숨은 하나님의 손에 달려 있었습니다. 하나님께서는 그 부자의 영혼을 그날 밤에 불러 가실 것입니다. 하나님께서 부르시면 사람은 누구나 이 세상을 떠날 수밖에 없습니다.

주님께서는 "그러면 네가 너를 위해 장만한 것들을 다 누가 갖게 되겠느냐?"고 물으십니다. 그가 죽고 나면 그의 쌓아놓은 많은 곡식은 그에게 아무 소용이 없게 될 것이며 다른 이가 누리게 될 것입니다. 그의 생명은 그의 소유의 넉넉함과 아무 상관이 없을 것입니다. 물질은 사람이 살아 있는 동안만 유익할 뿐입니다.

[21절], 주님께서는 그 비유의 결론으로 "자기를 위해 재물을 쌓아두면서도 하나님께 대해 부요하지 못한 사람은 이와 같다"고 말씀하셨습니다. 자기를 위해 돈을 벌고 돈을 모을 줄은 알지만, 하나님을 알지 못하고 하나님을 섬길 줄 모르는 자들은 바로 이 어리석은 농부와 같은 자라고 말씀하셨습니다.

또 그는 이 비유에서 우리가 하나님께 대하여 부요한 자가 되어야 한다고 교훈하셨습니다. 하나님께 대해 부요한 사람이란, 하나님을 알며 하나님을 사랑하고 성경을 읽고 묵상하며 기도에 힘쓰고 죄를 버리고 온유와 겸손, 사랑과 헌신, 인내와 절제로 자신을 단장하며, 예수 그리스도의 복음을 전하며 하나님께서 주신 재능을 따라 하나님을 섬기는 사람을 가리킵니다. 우리는 하나님께서 주신 은사를 따라 주님의 교회에서 각양 봉사의 일에 참여하는 그런 자가 되어야 합니다.

우리는 교회의 사명에 충실합시다. 교회는 전도와 말씀 사역에 힘써야 합니다. 우리는 탐심을 버립시다. 우리는 부(富)하려는 마음과 물질에 대한 탐심을 버려야 하며, 더러운 이익을 구해서는 안 됩니다. 부요한 자들은 그 부로 선한 일을 해야 하며, 우리 모두는 힘 있는 대로 구제에 힘써야 합니다.

성도는 탐욕을 경계해야 합니다. 이 땅에서는 물질이 필요하지만, 재산이 넉넉하다고 영생을 누리는 것은 아닙니다. 제자는 자신의 인생을 재물이 아닌 영생의 말씀으로 채워야 합니다. 하나님은 탐욕스러운 한 부자를 향해 '어리석은 사람'이라고 하십니다. 오늘 밤 그 영혼을 찾으시면, 그 많던 재물이 아무 소용이 없기 때문입니다. 자기를 위해 재물을 쌓아두면서 선용할 줄 모르는 사람은 어리석은 사람입니다. 반면, 지혜로운 사람은 생명의 주인이신 하나님께 대해 부요합니다.

재물은 나를 위해 쌓아두면 안 되고, 하나님 나라를 위해 사용해야 합니다. 하나님을 향한 감사와 어려운 이웃들에게 베풀려는 마음이 있어야 합니다. 영원한 것에 가치를 두는 지혜로운 자로 오늘을 살아가시기를 축원합니다.

공급자이신 하나님을 신뢰하라

가난한 이민자 상인의 아들로 태어나 세계적으로 유명한 호텔 왕이 된 콘래드 힐튼 회장의 일화입니다. 그는 힐튼 호텔을 창업했는데, 어린 시절 어머니로부터 늘 이런 말을 들었다고 합니다. "네가 성장하면 나도 네 아버지도, 형제들도 모두 네 곁을 떠나게 될 것이다. 그렇다고 네가 혼자가 되는 건 아니야, 왜냐하면 늘 너와 동행해 주시는 예수님이 계시기 때문이지. 그러니 그분께 모든 걱정과 근심을 맡겨라. 그러면 그분이 너에게 힘과 용기를 주실 것이란다."

어린 힐튼은 그 당시 이런 어머니의 얘기가 도대체 무슨 이야기를 하는지도 몰랐습니다. 세월이 흘러 그는 장성하여 기업을 경영하는 사업가가 되었습니다. 그러는 중에 수많은 고비를 만났고 수많은 고통과 시련 속에서 낙담할 때마다 어린 시절 어머니께서 해주신 이 이야기가 떠올랐답니다. 훗날 그는 이렇게 고백합니다.

"경제공황이 닥치고 호텔이 파산하게 되었을 때 내 머릿속에는 지난날 이해하지 못했던 어머니의 말씀이 떠올랐습니다. 언제나 나와 함께하시는 분을 깨닫게 된 것입니다. 그래서 나는 곧 말씀대로 어려운 문제에 항복하지 않고 예수님께로 달려가 내 문제를 아뢰었습니다. 그러자 그 즉시 나와 함께하신 주님의 도움의 손길이 느껴지더군요. 나는 이렇게 해서 어떤 고난과 어려움도 이겨 낼 수 있었습니다."

이 세상에는 수많은 근심과 염려가 있는데 이러한 근심에 대한 해결책은 세상에 있지 않습니다. 많은 지식인과 철학자, 또 종교가 해결책을 제시하지만, 이는 일시적인 것이요, 추상적인 것입니다. 그 해결책을 예수님께서 우리에게 주신 것입니다. 하나님 나라의 복음, 그리스도의 복음이 해결책인 것입니다.

1. 의식주 문제를 염려하지 말라

[22-23절], 예수님께서는 또 제자들에게 말씀하셨습니다. "또 제자들에게 이르시되 그러므로 내가 너희에게 이르노니 너희 목숨을 위하여 무엇을 먹을까 몸을 위하여 무엇을 입을까 염려하지 말라. 목숨이 음식보다 중하고 몸이 의복보다 중하니라." 육신을 가진 우리는 이 세상에 사는 동안 먹을 것과 입을 것과 거처할 곳이 필요합니다. 사람이 그런 문제를 염려하는 것은 미래의 불확실함 때문입니다. 그러므로 의식주 문제를 염려하는

것은 당연하게 보입니다. 그러나 예수님께서는 우리에게 의식주 문제를 염려하지 말라고 말씀하셨습니다.

[24-26절], 예수님께서는 또 말씀하셨습니다. "까마귀를 생각하라 심지도 아니하고 거두지도 아니하며 골방도 없고 창고도 없으되 하나님이 기르시나니 너희는 새보다 얼마나 더 귀하냐? 또 너희 중에 누가 염려함으로 그 키를 한 자라도 더할 수 있느냐? 그런즉 가장 작은 일도 하지 못하면서 어찌 다른 일들을 염려하느냐?" 하나님께서는 모든 새를 먹이시고 기르십니다. 그런데 하나님의 형상대로 창조된 사람은 새들보다 얼마나 더 귀한 존재입니까? 더욱이, 우리는 하나님의 아들 예수 그리스도의 피로 구속(救贖)함을 얻었습니다. 그러므로 보잘것없는 새들도 먹이시는 하나님께서 우리를 먹이시지 않겠습니까? 또 우리가 무엇을 염려한다고 우리의 생명의 기간을 조금이라도 더 연장할 수 있겠습니까?

[27-28절], 주님께서는 또 말씀하셨습니다. "백합화를 생각하여 보라 실도 만들지 않고 짜지도 아니하느니라 그러나 내가 너희에게 말하노니 솔로몬의 모든 영광으로도 입은 것이 이 꽃 하나만큼 훌륭하지 못하였느니라. 오늘 있다가 내일 아궁이에 던져지는 들풀도 하나님이 이렇게 입히시거든 하물며 너희일까 보냐 믿음이 작은 자들아." 자연 만물 속에 나타나 있는 하나님의 창조의 솜씨는 인간이 자기 지혜로 만든 그 무엇보다 뛰어납

니다. 오늘 들에 있다가 내일 아궁이에 던지우는 풀들도 하나님께서 아름답게 입히신다면, 하물며 자기 형상대로 창조된 백성들을 잘 입히지 않으시겠습니까? 이와 같이, 하나님께서 자연 만물들을 먹이시고 입히시는 것을 보면, 그가 우리를 먹이시고 입히실 것이 분명합니다. 더욱이, 우리가 무엇을 염려한다고 이룰 수 있는 것이 없다는 것을 생각한다면, 우리는 염려하지 말아야 합니다.

[29-30절], 주님께서는 또 말씀하셨습니다. "너희는 무엇을 먹을까 무엇을 마실까 하여 구하지 말며 근심하지도 말라. 이 모든 것은 세상 백성들이 구하는 것이라 너희 아버지께서는 이런 것이 너희에게 있어야 할 것을 아시느니라." 의식주의 염려는 하나님을 모르는 이 세상 백성들이 구하는 것입니다. 그들은 오직 모든 문제를 자신들의 힘으로만 해결하려고 염려하며 동분서주합니다. 그러나 하나님께서 온 세상을 주관하시고 다스리심을 아는 하나님의 백성은 그렇게 해서는 안 됩니다.

하나님께서는 의식주의 필요한 것들이 우리에게 있어야 될 줄을 알고 계십니다. 그는 영의 세계만 창조하신 분이 아니시고 물질세계도 창조하신 분이십니다. 그는 우리에게 영혼의 구원과 천국만 주지 않으시고 이 세상에서 육신의 필요한 것들도 주십니다. 우리는 먹을 것과 입을 것과 거처할 것 때문에 염려하지 맙시다. 우리는 섭리자 하나님께서 우리에게 필요한 모든 것들을 주실 줄을 알고 오직 모든 일을 하나님께 맡기고 담대히 하루하루를 살아갑시다.

2. 하나님의 나라를 구하라

[31절], 예수님께서는 "다만 너희는 그의 나라를 구하라 그리하면 이런 것들을 너희에게 더하시리라"고 말씀하셨습니다. '다만'이라는 '플렌'은 강한 대조를 나타내는 말입니다. 의식주의 문제를 염려하지 말고 그 대신 하나님의 나라를 구하라는 뜻입니다. 인간의 참된 행복은 하나님 안에 있습니다. 하나님 없이 사는 것이 모든 불행의 근본 원인입니다. 하나님의 나라를 구한다는 것은 하나님을 인정하고 그의 통치를 받는 것을 의미합니다. 그것은 하나님을 믿고 섬기며 사랑하고 그의 뜻을 즐거이 따르는 것이며, 경건하고 거룩하고 의롭고 선하고 진실하게 사는 것입니다. 우리가 하나님의 나라를 구하며 살면 하나님께서는 우리에게 필요한 의식주에 관한 모든 것을 주실 것입니다.

[32절], 예수님께서는 또 말씀하셨습니다. "적은 무리여 무서워 말라 너희 아버지께서 그 나라를 너희에게 주시기를 기뻐하시느니라." 그는 제자들을 '적은 무리[양무리]'라고 부르셨습니다. 그들은 세상의 많은 사람들에 비해 너무 적은 수의 무리입니다. 더욱이, 물질만능의 시대에, 가난한 자와 부한 자의 격차가 더 심해지는 오늘 시대에 물질을 초월하며 사는 성도들은 세상

에서 위축될 수도 있을 것입니다. 그러나 예수님께서는 "무서워 말라"고 말씀하십니다. 천국은 이 세상과 비교할 수 없이 복되고 가치 있는 곳이기 때문입니다. 우리가 천국의 행복과 가치를 바로 안다면 우리는 결코 찬란해 보이는 이 세상의 영광으로 인하여 위축되지 않을 것입니다. 하나님께서는 그 나라를 우리에게 주기를 기뻐하십니다. 우리는 하나님과 천국을 확신하고 기쁨과 담대함으로 주님을 믿고 따라야 합니다.

[33-34절], 예수님께서는 또 말씀하셨습니다. "너희 소유를 팔아 구제하여 낡아지지 아니하는 배낭을 만들라. 곧 하늘에 둔 바 다함이 없는 보물이니 거기는 도둑도 가까이 하는 일이 없고 좀도 먹는 일이 없느니라. 너희 보물 있는 곳에는 너희 마음도 있으리라." 그는 하나님의 나라를 구하는 삶은 구제하는 삶인 것을 가르쳐주셨습니다.

주님께서는 "너희 소유를 팔아 구제하여 낡아지지 아니하는 배낭을 만들라"고 말씀하셨습니다. 우리는 재산을 자기 행복을 위해 축적만 하지 말고 재산을 팔아 가난한 자들을 위해 사용해야 합니다. 이 세상만 아는 자들은 자신의 행복과 즐거움을 구하며 살 것입니다.

그러나 천국에 소망을 두고 사는 성도는 사는 방식이 달라야 합니다. 그는 주의 명령대로 구제의 일에 힘쓰며 살 것입니다. 탐심을 버리는 자만이 주의 명령에 복종할 수 있을 것입니다. 모든 물질이 하나님의 것이므로 성도는 이 명령에 복종하고 실천해야 합니다.

구제의 대상은 우선 교회 안에 있는 가난한 자들입니다. 초대교회는 이것을 실천하였습니다. 구약의 십일조 규례의 모범을 따라 신약교회의 전임사역자들은 세상 직업을 버리고 복음 사역에 전적으로 헌신한 자들인 만큼 교회가 그들의 필요를 공급하는 것은 합당한 일입니다. 성도들이 하나님의 뜻을 따라 전도와 구제의 일에 자신의 돈과 재물을 쓰는 것은 낡아지지 아니하는 주머니를 하늘나라에 만드는 것과 같습니다. 우리의 보물이 있는 곳에는 우리 마음도 있을 것입니다.

우리는 세상의 의식주의 염려를 버리고 오직 하나님의 나라를 구해야 합니다. 그것은 하나님을 믿고 그의 말씀에 순종하는 것을 말합니다. 또 그런 자들은 주의 명령대로 이 세상에서 구제하기를 힘써야 합니다. 공급자이신 하나님을 신뢰하시기를 축원합니다.

항상 깨어
준비하고 있으라

누가복음 12장 35절~48절

그리스도인들은 예수님의 청지기로서 주인인 예수님의 오심을 기다리며 살아야 합니다. 예수님의 재림이 늦어질 것으로 생각하고 방탕한 모습으로 살아서는 안 됩니다. 예수님은 교회의 청지기들에게 교회를 잘 관리하고 교회 안의 어려운 사람들을 돌보기를 기대하십니다. 또한 예수님은 그리스도인들에게 세상을 맡기시고 세상을 잘 관리하고 세상의 어려운 사람들을 돌보기를 기대하십니다. 재림을 기다리기에 세상에 대한 관심을 버려야 하는 것이 아니라, 예수님이 재림하실 때 칭찬받을 수 있도록 언약 백성의 사명을 신실하게 감당해야 합니다. 본문을 크게 두 문단으로 나누어 볼 수 있습니다. 첫째는, '예비하고 있으라(35-40절),' 둘째는, '지혜 있는 청지기가 되라(41-48절)'입니다. 신실하고 지혜로운 청지기가 되라는 말씀입니다.

[35-36절], 예수님께서는 말씀하셨습니다. "허리에 띠를 띠고 등불을 켜고 서 있으라. 너희는 마치 그 주인이 혼인집에서 돌아와 문을 두드리면 곧 열어 주려고 기다리는 사람과 같이 되라." 당시 유대 나라의 결혼식은 밤에 행해졌고 결혼식에 참석한 사람들은 밤늦게야 자기 집으로 돌아왔습니다. 그러므로 종들은 주인이 돌아오도록 깨어 기다려야 했습니다.

이와 같이, 주님께서는 제자들이 그렇게 깨어 있으라고 하신 것입니다. 깨어 있다는 것은 성실한 신앙생활과 봉사생활을 가리킵니다. 주님께서는 주인이 결혼식에 참여하고 돌아오듯이 자신이 돌아올 것을 말씀하셨습니다. 천국은 이미 시작되었으나 아직 완성되지는 않았습니다. 그것은 장차 주의 재림으로 영광스럽게 이루어질 것입니다. 주의 재림은 교회의 소망입니다. 그러므로 우리는 그가 언제 오시든지 그를 맞을 수 있도록 성실히 그를 믿고 섬기며 따라야 합니다.

[37절], 예수님께서는 또 말씀하셨습니다. "주인이 와서 깨어 있는 것을 보면 그 종들은 복이 있으리로다. 내가 진실로 너희에게 이르노니 주인이 띠를 띠고 그 종들을 자리에 앉히고 나아와 수종들리라." 주님의 재림의 때에 깨어 있는 자들은 복됩니다. 주님께서는 우리를 자리에 앉히시고 친히 띠를 띠고 우리를 대접하실 것입니다. 이것은 너무 황송한 말씀입니다. 어떻게 영광

의 주님께서 우리를 위해 그런 대접을 하신다는 것입니까? 그러나 그는 그렇게 말씀하셨습니다. 그것은 분명히 그의 성실한 종들과 성도들에게 주시는 큰 복의 약속이며 위로의 말씀입니다.

[38절], 예수님께서는 또 말씀하셨습니다. "주인이 혹 이경에나 혹 삼경에 이르러서도 종들이 그같이 하고 있는 것을 보면 그 종들은 복이 있으리로다." 유대인들은 해 질 때부터 해 뜰 때까지의 밤을 넷으로 나누어 일경, 이경, 삼경, 사경이라고 불렀습니다. '이경'은 오후 9시부터 자정까지를 가리키고 '삼경'은 자정부터 새벽 3시까지를 가리킵니다.

주인이 결혼식에 갔다가 한밤중에 올지라도 종들이 깨어 있다가 주인을 맞으면 복되듯이, 주께서 재림하실 때에 그를 기다리다가 맞이하는 종들과 성도들은 복됩니다. 주님께서는 "내가 진실로 속히 오리라"(계 22:20)고 약속하셨습니다. 그 약속은 신실합니다. 그러므로 비록 그가 늦게 오신다고 느껴질지라도 우리는 끝까지 깨어 있어야 하며 성실히 그를 믿고 섬기며 따르고 우리에게 맡겨진 일들에 충성해야 합니다.

[39절], 주님께서는 또 말씀하셨습니다. "너희도 아는 바니 집주인이 만일 도둑이 어느 때에 이를 줄 알았더라면 그 집을 뚫지 못하게 하였으리라." 그는 자신의 재림을 도둑에 비유하셨습니다. 도둑이 집주인이 알 수 없는 시간에 침입하듯이, 주님은 우리가 예측하지 못한 시간에 돌연히 다시 오실 것입니다. 그러

므로 항상 깨어 준비하는 자가 재림의 주님을 기쁨으로 맞이할
수 있는 것입니다.

[40절], 예수님께서는 또 말씀하셨습니다. "그러므로 너희도
준비하고 있으라 생각하지 않은 때에 인자가 오리라 하시니라."
주님의 교훈의 요지는 모든 성도가 주님의 재림을 확신하고 예
비하고 있으라는 것입니다. 그것은 성도들의 성실한 신앙생활
과 봉사생활을 뜻합니다. 주께서는 반드시 다시 오실 것입니다.
그의 약속은 결코 헛되지 않습니다. 그러나 그 시간은 하나님의
주권에 속한 것이기 때문에 알려고 할 필요가 없습니다. 그가 확
실히 다시 오신다는 사실만으로 충분합니다. 그러므로 우리는
불신앙이나 해이함에 떨어지지 말고 주의 재림을 확신하고 예
비하며 성실하게 신앙생활을 하고 봉사생활을 합시다.

2. 지혜 있는 청지기가 되라 41절~48절

[41-42절], 베드로가 말하였습니다. "주께서 이 비유를 우리에
게 하심이니이까 모든 사람에게 하심이니이까.?" 주님께서 말씀
하셨습니다. "지혜 있고 진실한 청지기가 되어 주인에게 그 집
종들을 맡아 때를 따라 양식을 나누어 줄 자가 누구냐?" 주님의
말씀은 일차적으로 하나님의 말씀을 가르치는 자들에게 하신
것이었습니다. 그들은 지혜 있고 충성된 청지기와 같이 신구약

성경에 기록된 하나님의 모든 뜻을 다 설교하고 가르쳐야 합니다. 그것이 깨어 주의 재림을 준비하는 태도입니다.

그러나 목사와 교인들은 함께 갑니다. 목사가 어떠하냐에 따라 그런 유(類)의 교인들이 모입니다. 세속적인 목사들에게는 세속적인 교인들이 모여들 것입니다. 오늘날 교회는 부패하여서 교인들이 부담 없는 신앙생활, 편안한 신앙생활을 하기를 원합니다. 그러나 그것은 곧 해이한 신앙생활이며 세속화된 신앙생활입니다. 그것은 성경에 계시된 하나님의 뜻과 반대됩니다. 성경은 우리가 주의 재림의 날이 가까울수록 더욱 더 권면하여 모이기를 힘써야 한다(히 10:23-25)고 가르쳤습니다.

[43-44절], 예수님께서는 또 말씀하셨습니다. "주인이 이를 때에 그 종이 그렇게 하는 것을 보면 그 종은 복이 있으리로다. 내가 참으로 너희에게 이르노니 주인이 그 모든 소유를 그에게 맡기리라." 주님께서 다시 오실 것인데, 그때 주님은 끝까지 깨어 그를 기다리며 맡겨진 일에 충성하는 목사들에게 복을 주실 것이며 자기의 모든 소유를 그들에게 맡기실 것입니다. 이것은 얼마나 영광스러운 일입니까! 주님께서는 그의 충성된 종들의 충성된 사역들에 대해 좋은 것으로 보상해 주실 것입니다. 그러므로 주의 종들은 주의 약속을 믿고 세상에서 고난을 두려워하지 말고 주의 일에 더욱 충성해야 할 것입니다.

[45-46절], 주님께서는 또 말씀하셨습니다. "만일 그 종이 마

음에 생각하기를 주인이 더디 오리라 하여 남녀종들을 때리며 먹고 마시고 취하게 되면, 생각하지 않은 날 알지 못하는 시각에 그 종의 주인이 이르러 엄히 때리고 신실하지 아니한 자의 받는 벌에 처하리니.” 주 예수께서 다시 오실 때, 깨어 자기가 맡은 일에 충실하지 않고 오히려 교인들을 학대하고 먹고 마시고 취했던 종들에게는 화(禍)가 있을 것입니다. ‘엄히 때린다’는 ‘디코토메오’는 ‘여러 조각으로 자른다, 극히 엄한 벌을 내린다’는 뜻입니다. ‘신실하지 아니한 자의 받는 벌에 처하리니’의 원문은 ‘불신자들이 받을 몫을 주리라’는 뜻입니다. 악한 종들은 극히 엄한 벌을 받고 불신자들과 함께 취급될 것입니다.

[47-48절], 주님께서는 또 말씀하셨습니다. “주인의 뜻을 알고도 준비하지 아니하고 그 뜻대로 행하지 아니한 종은 많이 맞을 것이요. 알지 못하고 맞을 일을 행한 종은 적게 맞으리라. 무릇 많이 받은 자에게는 많이 요구할 것이요 많이 맡은 자에게는 많이 달라 할 것이니라.” 주님의 심판은 공정할 것입니다. 불성실하고 악한 일꾼들은 그들이 가진 지식의 정도에 따라 그리고 그들이 받은 책임의 정도에 따라 벌을 받을 것입니다.

하나님의 뜻에 대해 많이 알면서도 행하지 않은 자들은 잘 몰라서 행하지 못한 자들보다 더 큰 벌을 받을 것입니다. 큰 책임을 가지고도 충성치 못한 자는 작은 책임을 가진 자보다 더 큰 벌을 받을 것입니다. 직분이 크면 책임도 커집니다. 그러므로 직분자는 말과 행실에 있어서 일반 성도보다 더 나은 모범과 열심을 보여야 할 것입니다. 목사들은 지혜롭고 충성된 청지기처럼 신구약성경을 적절하게 전하고 가르쳐야 합니다. 모든 성도는 다 하나님의 뜻을 이해하고 주의 재림을 맞이할 준비를 하며 항상 깨어 성실한 신앙생활을 해야 합니다.

진정한 화평을 주시는 그리스도

누가복음 12장 49절~59절

예수님이 세상에 오신 목적은 성령의 불을 세상에 붙여 세상을 태우기 위함입니다. 이 불은 사람들을 정화(淨化)하고 구원하는 동시에 세상을 심판합니다. 성령을 영접하는 자들은 죄 사함을 받지만, 성령을 거부하고 모독하는 자들은 심판을 받습니다. 이를 위해 예수님은 기어코 십자가에 죽임을 당하셨습니다. 그만큼 예수님은 성령의 불을 세상에 붙이기를 원하셨던 것입니다.

1. 불을 던지러 오심

[49절], 예수님께서는 "내가 불을 땅에 던지러 왔노니 이 불이 이미 붙었으면 내가 무엇을 원하리요?"라고 말씀하셨습니다. 주님께서 의미하신 불은 무엇입니까? 주님께서는 불을 땅에 던

지러 오셨다고 말씀하셨고 이 불이 아직 땅에 붙지 않았다고 암시하셨습니다. 이 불은 복음 전파를 통한 영혼 구원 운동의 불일지도 모르나, 문맥상 복음으로 인해 일어나게 될 분쟁의 불을 가리킨 것 같습니다. 복음은 하나님의 자녀들과 마귀의 자녀들을 나누며, 이때 진리와 비진리, 의와 불의, 성령과 악령의 싸움이 있습니다. 그것은 불가피한 현상입니다. 또 이 싸움은 때때로 핍박으로 나타납니다. 신자는 믿음 때문에 세상의 미움과 핍박을 받습니다.

[50절], 주께서는 또 "나는 받을 세례가 있으니 그것이 이루기까지 나의 답답함이 어떠하겠느냐?"고 말씀하셨습니다. 그가 받으실 세례란 십자가의 고난과 죽음을 가리켰습니다. 그는 성경 다른 곳에서 '세례'라는 말을 그런 뜻으로 사용하신 적이 있습니다.

◆◆◆

"너희 구하는 것을 너희가 알지 못하는도다. 너희가 나의 마시는 잔을 마시며 나의 받는 세례를 받을 수 있느냐?"(막 10:38).

그의 답답하심은 십자가의 고난에 대한 그의 인간적 마음의 고통과 더불어 그 고난을 통해 아버지의 명하신 구원의 일을 이루시려는 그의 간절한 소원을 나타냅니다.

[51-53절], 주께서는 또 말씀하셨습니다. "내가 세상에 화평을

주려고 온 줄로 아느냐? 내가 너희에게 이르노니, 아니라. 도리어 분쟁하게 하려 함이로라. 이 후부터 한 집에 다섯 사람이 있어 분쟁하되 셋이 둘과, 둘이 셋과 하리니 아버지가 아들과, 아들이 아버지와, 어머니가 딸과, 딸이 어머니와, 시어머니가 며느리와, 며느리가 시어머니와 분쟁하리라 하시니라."

평강의 왕이시며(사 9:6) 우리에게 평안을 주시는(마 11:28) 주 예수께서 "내가 세상에 화평을 주려고 온 것이 아니고 분쟁을 주려 왔다"고 말씀하신 뜻이 무엇입니까? '분쟁'이라는 원어 '디아메리스모스'는 '분열, 불화'를 뜻합니다. 그것은 진리와 비진리, 믿음과 불신앙, 구원과 멸망의 분열과 불화를 가리킬 것입니다. 하나님과 사탄, 의와 불의는 화합할 수 없습니다. 하나님의 진리가 선포되면 항상 그 진리를 따르는 자와 그 진리를 거부하는 자로 나뉘는 것입니다. 좁은 문으로 들어가는 자들은 적습니다(마 7:13). 믿는 자는 구원을 받을 것이나, 믿지 않는 자는 정죄를 받을 것입니다(막 16:16).

그것이 복음의 성격입니다. 복음은 분열을 가져옵니다. 복음은 사람들을 둘로 나눕니다. 그것은 믿는 자들과 믿지 않는 자들, 하나님의 자녀들과 마귀의 자녀들로 나누는 것입니다. 복음은 때때로 집안 식구들을 둘로 나누며 신앙 문제로 서로 갈등하게 만듭니다. 그 나뉨과 갈등은 불가피한 것입니다. 52절과 53절에 '분쟁하리라'는 원어 '디아메리스데세타이'는 '나뉘리라, 불화하리라'는 뜻입니다.

그러나 복음으로 인한 갈등은 가정 복음화의 시작과 과정인 경우가 많습니다. 우리가 바라는 것은 우리 가족들이 결국 다 예수님을 믿고 따르는 것이며 구원을 받아 영원히 나누어지지 않고 하나님을 섬기다가 영원한 영광의 천국에 들어가는 것입니다. 하나님의 구원은 가족적 구원입니다. 사도행전 16장 31절에서, "주 예수 [그리스도]를 믿으라. 그리하면 너와 네 집이 구원을 얻으리라"고 말했습니다. 이와 같이 복음으로 인한 갈등은 사회 복음화와 세계 복음화를 이룹니다.

주 예수께서 던지신 복음의 불, 구원의 불이 우리의 가슴 속에 불타오르기를 원합시다. 이 불로 인해 갈등과 분열, 또 심지어 핍박이 우리와 우리 주위에 있을지라도, 우리는 두려워하거나 낙심하거나 위축되지 말고 그 싸움이 마침내 구원의 확장으로 이루어지기를 기도합시다.

2. 이 시대를 분별하라

[54-56절], 주께서는 또 무리에게 말씀하셨습니다. "너희가 구름이 서에서 이는 것을 보면 곧 말하기를 소나기가 오리라 하나니 과연 그러하고 남풍이 부는 것을 보면 말하기를 심히 더우리라 하나니 과연 그러하니라. 외식하는 자여, 너희가 천지의 기상은 분간할 줄을 알면서 어찌 이 시대는 분간하지 못하느냐?"

주께서는 사람들이 날씨와 기후를 분별할 줄 알면서 시대의 징조를 분별치 못한다고 책망하셨습니다. 그것은 자신이 메시아로 온 것을 알지 못하고 믿지 못함을 말씀하신 것이라고 봅니다. 예수께서 메시아라는 사실은 확실한 많은 증거로 증거되었습니다. 누가복음 7장 22절에 보면, 주께서는 세례 요한이 옥중에서 그의 제자들을 보내어 질문한 질문에 대답하시면서 "너희가 가서 보고 들은 것을 요한에게 알리되 맹인이 보며 못 걷는 사람이 걸으며 나병환자가 깨끗함을 받으며 귀먹은 사람이 들으며 죽은 자가 살아나며 가난한 자에게 복음이 전파된다 하라"고 말씀하셨습니다.

예수께서 그리스도이신 증거들이 많음에도 불구하고, 유대인들은 예수님을 거부하였고 그들의 지도자들은 예수님을 비난할 거리를 찾았고 죽이려 하였습니다. 그들은 메시아 시대의 징조를 분별치 못하는 무지한 자들이었습니다.

[57절], 주께서는 또 "어찌하여 옳은 것을 스스로 판단하지 아니하느냐?"고 말씀하셨습니다. 자신의 죄를 회개하고 예수 그리스도를 믿으라는 하나님의 진리는 '옳은 것'입니다. 사람들은 누구나 하나님 앞에서 자신의 죄악 됨을 인정하고 죄에서 돌이키고 죄를 떠나야 하며, 또 하나님의 아들 예수 그리스도를 진심으로 환영하고 믿고 의지해야 합니다. 예수께서 하나님의 아들 그리스도시라는 사실은 확실한 많은 증거로 증거되었습니다. 그러나 사람들은 이 옳은 것을 알지 못하였습니다.

[58-59절], 예수께서는 또 말씀하셨습니다. "네가 너를 고소할 자와 함께 법관에게 갈 때에 길에서 화해하기를(아펠라크다이, 놓여나기를) 힘쓰라. 그가 너를 재판장에게 끌어가고 재판장이 너를 옥졸에게 넘겨주어 옥졸이 옥에 가둘까 염려하라. 네게 이르노니 한 푼이라도[조금이라도] 남김이 없이 갚지 아니하고서는 결코 거기서 나오지 못하리라 하시니라."

이 말씀은 세상에서도 적용될 수 있는 말씀이지만, 특히 우리가 아직 하나님의 심판대 앞에 서기 전에, 아직 우리의 목숨이 끝나기 전에, 아직 마지막 심판의 날이 오기 전에 죄를 회개하고 예수님을 영접함으로써 하나님과 화목해야 할 것을 암시합니다. 그렇지 못하면 우리는 우리의 죄값을 완전히 갚기 전에는 영원한 감옥인 지옥에서 나올 수 없을 것입니다. 실상 이 말씀은, 사람이 자기 힘으로는 자신의 죄값을 다 갚을 수 없기 때문에 영원한 지옥 형벌을 피할 수 없음을 뜻합니다. 그러나 죄인들에게 아직 기회가 있습니다. 지금은 아직 은혜받을 만한 때이며 죄를 회개하고 예수님을 믿을 수 있는 때입니다.

54절로 59절까지에 나타난 주님의 교훈은 무엇입니까? 첫째로, 우리는 메시아 시대를 분별하여 성경에 증거된 역사적 예수께서 하나님의 아들 그리스도이심을 확실히 알아야 합니다. 신약성경은 예수께서 하나님의 아들 그리스도이심을 믿을 만한 확실한 많은 증거로 증거하였습니다. 사람이 자기 마음의 문빗

장을 걸어 잠그고 있지만 않다면, 신약성경에 증거된 예수 그리스도를 확신하고 구원을 얻을 수 있을 것입니다.

둘째로, 죄인들은 아직 길에 있을 때 하나님과 화목해야 합니다. 아직 세상의 종말이 오지 않았고, 아직 구원의 문이 열려 있고, 아직 회개하고 믿을 기회가 있을 때, 그들은 자신의 죄를 회개하고 예수님을 영접하고 믿음으로써 하나님과 화목하는 자가 되어야 합니다.

회개의 열매를
맺지 않으면

본문의 말씀을 요약하면 누구든지 회개하지 않으면 빌라도에게 해를 받은 갈릴리 사람들이나, 실로암에서 망대가 무너져 치어 죽은 사람들처럼 망할 것이라는 말씀입니다. 예수님은 무화과나무 비유를 말씀하십니다. 한 사람이 3년간 열매를 맺지 못한 무화과나무를 찍어 버리라고 명하자, 포도원 지기는 1년 더 두도록 주인에게 청하는 내용입니다.

1. 회개하지 않는 자에게 임할 심판　1절~5절

[1절], 그때 마침 두어 사람이 와서 빌라도가 어떤 갈릴리 사람들의 피를 그들의 제물에 섞은 일로 예수께 전하였습니다. 아마 이 갈릴리 사람들은 예루살렘에 올라와 제사하던 중에 로마 군인들에 의해 체포되는 과정에서 죽임을 당하므로 그들의 피

가 그들의 제물에 섞였던 것 같습니다. 그들은 어떤 큰 죄를 범한 자들이었을 것입니다.

[2-3절], 예수께서는 대답하셨습니다. "너희는 이 갈릴리 사람들이 이같이 해 받으므로 다른 모든 갈릴리 사람보다 죄가 더 있는 줄 아느냐? 너희에게 이르노니, 아니라. 너희도 만일 회개치 아니하면 다 이와 같이 망하리라." 하나님께서 큰 죄인들을 특별한 방식으로 벌하시는 경우들도 있으나, 오히려 참으시고 내버려두시는 경우도 많이 있습니다. 그러므로 어떤 사람의 당한 재난을 보고 저가 큰 죄를 지었다고 성급히 잘못된 결론을 내리는 것은 매우 조심해야 할 일입니다.

우리는 다른 사람이 당한 재난을 우리 자신에게 적용하여 교훈을 삼고 우리 자신을 점검하고 회개하는 기회로 삼아야 합니다. 이것이 주님의 교훈의 중심입니다. 구원은 결코 회개 없이 받는 구원이 아닙니다. 회개는 죄를 깨닫고 버리는 것입니다. 구원은 반드시 회개를 동반한 믿음을 통하여 받습니다. 회개는 구원에 절대 필수적입니다. 죄를 회개치 않고서는 아무도 구원을 받지 못합니다. 사람이 회개하지 않으면 멸망할 수밖에 없습니다. 웨스트민스터 신앙고백 15장 3절은 바르게 말하기를, "회개는 모든 죄인에게 매우 필수적이어서 아무도 그것 없이는 용서를 기대할 수 없다"고 하였습니다.

[4-5절], 예수께서는 또 말씀하셨습니다. "또 실로암에서 망대

가 무너져 치어 죽은 열여덟 사람이 예루살렘에 거한 다른 모든 사람보다 죄가 더 있는 줄 아느냐? 너희에게 이르노니, 아니라 너희도 만일 회개하지 아니하면 다 이와 같이 망하리라." 시온 산 기슭에는 '실로에' 혹은 '실로아'라는 이름의 작은 샘이 있습니다. 거기에 있던 망대가 무너지므로 열여덟 사람이 치어 죽었습니다. 그들은 아마 샘물에 몸을 씻으려고 왔다가 그런 일을 당했는지도 모릅니다. 그것은 사람들이 보기에 우연처럼 보이는 일이었지만, 세상의 모든 일들은 다 하나님의 작정과 섭리 가운데서 일어나는 것입니다. 오늘날에 자동차 사고, 열차 사고, 비행기 사고, 화재, 붕괴 사고 등으로 많은 사람들이 죽는데, 그것도 다 그러합니다.

우리는 이런 일들로 죽은 자들이 우리보다 죄가 더 많아서 그렇게 됐다고 생각해서는 안 됩니다. 우리는 오직 그런 일들을 통해 하나님께서 우리에게 회개를 교훈하신다는 사실을 깨달아야 합니다. 필립 헨리는 "어떤 사람들은 회개에 대해 많이 듣는 것을 좋아하지 않는다. 그러나 나는 그것이 매우 필요하다고 생각하며, 그래서 만일 내가 강단에서 죽는다면 회개를 설교하다가 죽기를 원하며, 만일 내가 강단 밖에서 죽는다면 그것을 실천하다가 죽기를 원한다"라고 했습니다.

모든 사람은 다 회개해야 합니다. 회개는 모든 사람에게 절대적으로 필요합니다. 회개하지 않는 자는 다 멸망하고 맙니다. 사람은 누구나 다 죄를 회개해야 구원을 받습니다. 우리는 하나님의 계명에 어긋난 모든 죄를 다 깨닫고 다 버립시다.

[6절], 예수께서는 비유로 말씀하셨습니다. 한 사람이 포도원에 무화과나무를 심은 것이 있더니 와서 그 열매를 구하였으나 얻지 못하였습니다. 이 비유는 앞에서 하신 회개에 대한 말씀과 연결됩니다. 무화과 열매는 회개의 열매를 가리킵니다. 이것은 예수님 전에 일했던 세례 요한도 강조했던 내용이었습니다. 그는 무리에게 말하기를, "독사의 자식들아, 누가 너희를 가르쳐 장차 올 진노를 피하라 하더냐? 그러므로 회개에 합당한 열매를 맺고 속으로 아브라함이 우리 조상이라 말하지 말라... 이미 도끼가 나무 뿌리에 놓였으니 좋은 열매 맺지 아니하는 나무마다 찍혀 불에 던지우리라"(눅 3:7-9)고 하였습니다.

회개의 열매는 죄악 된 행실을 버리고 경건하고 거룩하고 의롭고 선하고 진실하게 사는 것을 말합니다. 세상은 하나님보다 돈과 쾌락을 더 사랑하고 악하고 음란합니다. 그러므로 하나님께서 우리에게 원하시는 것은 단지 경건한 말이나 모습이 아니고, 우리의 마음의 변화와 변화된 삶입니다. 좋은 열매는 경건하고 선한 삶을 가리킵니다.

3. 마지막 날에 임할 심판 `7절`

[7절], 주인은 포도원지기에게 말하였습니다. "내가 삼 년을

와서 이 무화과나무에 열매를 구하되 얻지 못하니 찍어 버리라. 어찌 땅만 버리게 하겠느냐?” 포도원 지기는 말씀의 사역자들을 가리킵니다. 3년은 하나님께서 각인을 위해 정해두신 기간입니다. 하나님께서는 그 기간에 그가 회개하기를 기다리십니다. 3년은 짧지 않은 기간입니다. 하나님께서는 오래 참으십니다. 그러나 하나님께서는 그가 열매를 맺지 않을 때 땅만 버리도록 계속 그를 그냥 버려두지는 않으실 것입니다. 열매를 못 맺는 무화과나무가 땅만 버리듯이, 회개치 않는 사람이 다른 사람에게 악영향만 미치기 때문에, 하나님께서는 마침내 그를 심판하실 것입니다.

[8-9절], 포도원지기는 대답하였습니다. “주인이여, 금년에도 그대로 두소서. 내가 두루 파고 거름을 주리니 이 후에 만일 열매가 열면 좋거니와 그렇지 않으면 찍어 버리소서 하였다 하시니라.” 포도원 지기는 1년의 기간을 더 허락해 주시면 그 열매 없는 무화과나무를 특별히 관리해 보겠다고 요청하였습니다. 그 특별 관리란 그를 향한 더욱 강력한 말씀의 교훈과 책망과 훈련을 가리킬 것입니다.

거기에 하나님께서 그에게 주실 육체적, 환경적 시련도 포함될 것입니다. 연장된 1년 후에는 두 가지 결과가 남을 것입니다. 회개의 열매를 맺는 자는 하나님의 사랑을 더욱 받고 천국에 넉넉히 들어가게 될 것입니다. 그러나 회개의 열매를 맺지 못하는 자는 천국에 들어가지 못하고 영원히 버림을 당할 것입니다.

고린도전서 6장 9-10절은, "불의한 자가 하나님의 나라를 유업으로 받지 못할 줄을 알지 못하느냐? 미혹을 받지 말라. 음행하는 자나 우상 숭배하는 자나 간음하는 자나 탐색하는 자나 남색하는 자나 도적이나 탐욕을 부리는 자나 술 취하는 자나 모욕하는 자나 속여 빼아사는 자들은 하나님의 나라를 유업으로 받지 못하리라"고 말했습니다.

또 갈라디아서 5장 19-21절은, "육체의 일은 분명하니 곧 음행과 더러운 것과 호색과 우상숭배와 주술과 원수 맺는 것과 분쟁과 시기와 분냄과 당 짓는 것과 분열함과 이단과 투기와 술 취함과 방탕함과 또 그와 같은 것들이라. 전에 너희에게 경계한 것같이 경계하노니 이런 일을 하는 자들은 하나님의 나라를 유업으로 받지 못할 것이요"라고 말했습니다.

회개는 열매로 나타납니다. 그것은 변화된 삶입니다. 불경건과 부도덕에서 경건과 하나님 사랑, 거룩, 의, 선, 진실로 변화된 삶을 말합니다. 하나님께서 죄인들을 위해 정하신 기간이 있습니다. 하나님께서는 오래 참으시며 죄인들이 회개하고 돌아오기를 기다리십니다. 그러나 그 기간이 끝나면 마지막 심판이 있고 천국과 지옥으로 나뉘게 될 것입니다.

그 무엇보다 소중한 영혼

누가복음 13장 10절~21절

오늘 말씀은 안식일에 예수님이 회당에서 가르치시다가, 18년간 병 일으키는 영 때문에 허리가 굽은 여자를 고쳐 주십니다. 안식일에 병 고치신 것을 회당장이 비난하자, 주님은 안식일의 참 의미를 가르치십니다. 하나님 나라는 밭에 심어 나무로 자라난 겨자씨와 가루에 넣어 전부 부풀게 한 누룩과 같다는 내용입니다.

1. 18년 동안 꼬부라진 병자를 고쳐주심 10절~17절

[10-11절], "예수께서 안식일에 한 회당에서 가르치실 때에, 열여덟 해 동안이나 귀신 들려 앓으며 꼬부라져 조금도 펴지 못하는 한 여자가 있더라." 장차 구약의 토요일 안식일은 주 예수 그리스도 안에서 완성되고 폐지되며 하나님의 섭리 안에 신약의

주일로 바뀔 것입니다. 또 회당은 바벨론 포로 생활 이후에 생긴 유대인들의 예배당이었습니다. 예수께서나 사도들이 회당에서 말씀을 가르치신 때는 아직 구약 교회와 신약 교회가 구별되기 전이며, 아직 유대교와 기독교가 명확히 나뉘기 전이었습니다.

그때 거기에 18년 동안 병을 일으키는 영[병마, 질병의 영]에게 시달려 허리를 조금도 펴지 못하는 한 여자가 있었습니다. 악령들은 이 세상에서 불경건하고 악하고 불행한 일들의 배후에 역사하고 있습니다. 이 여인은 오랫동안 이 질병으로 고생하였습니다. 그러나 이제 구주 예수 그리스도를 통해 고침을 받을 때가 왔습니다.

[12절], "예수께서 보시고 불러 이르시되 여자여 네가 네 병에서 놓였다 하시고." 예수께서는 그 여자가 소원하기 전에 그를 보시고 부르셨습니다. 그는 아마 사람들 앞에서 자신의 병 고침을 요청할 용기가 없었을지도 모릅니다. 여하튼 예수께서는 나인성 과부의 죽은 외아들을 살려주셨던 경우처럼 요청받지 않으신 때에 긍휼을 베푸셨습니다. 많은 경우에는 그가 병자들의 소원을 들으시고 긍휼을 베푸셨으나, 이 경우는 그가 말로 표현된 소원을 들음이 없이 긍휼을 베푸신 것이었습니다.

"여자여 네가 네 병에서 놓였다"는 말씀은 병을 치료하시는 예수님의 권위 있는 말씀의 선언이었습니다. 그것은 하나님께서 태초에 천지 만물을 창조하셨을 때 "빛이 있으라"고 말씀하셨던 것과 같은 권위 있는 선언이었습니다. 그 권위 있는 말씀은 곧 그의 신성(神性)의 영광을 드러내었습니다.

[13절], "안수하시니 여자가 곧 펴고 하나님께 영광을 돌리는 지라." 예수께서 말씀하시고 안수하실 때 18년 동안 꼬부라져 조금도 펴지 못했던 그 여인의 몸은 즉시 펴지고 일어나게 되었습니다. 하나님의 능력은 눈으로 볼 수 있게 전달되었습니다. 예수님의 치료는 즉각적이었습니다. 예수께서 중한 열병으로 앓았던 시몬의 장모를 고쳐 주셨을 때도 그가 곧 일어났었고(눅 4:39), 친구들이 데려왔던 중풍병자를 고쳐 주셨을 때도 그가 곧 일어났었습니다(눅 5:25). 이 경우도 그 여자는 곧 몸을 폈고 일어서서 하나님께 영광을 돌렸습니다.

그가 하나님께 영광을 돌린 것을 보면, 그 여자에게 믿음이 있었던 것 같습니다. 오랫동안 사탄에게 매인 바 되었던 이 여인은 이제 그 매임과 그 질병에서 해방되었습니다. 이 일을 통해 예수 그리스도의 신성(神性)의 영광이 증거되었습니다.

[14절], 회당의 책임자인 회당장은 예수께서 안식일에 병 고치시는 것을 분 내어 무리에게 말했습니다. "일할 날은 엿새나 있소. 그러니 그날에 와서 병을 고치고 안식일에는 하지 마시오." 그의 태도는 겉보기에는 안식일을 존중하며 철저히 지키는 것 같았으나, 그에게는 무지와 완악함이 있었습니다. 그는 방금 예수께서 메시아이신 증거를 보았으나 깨닫지 못하고 오히려 완악한 마음을 가지고 있었습니다. 회당 예배를 인도하는 그의 수

고는 무의미하였습니다. 사람의 종교적 직분과 활동은 그의 내면적 경건과 직접 관계가 없는 것 같습니다.

[15-16절], 주께서는 대답하셨습니다. "주께서 대답하여 이르시되 외식하는 자들아 너희가 각각 안식일에 자기의 소나 나귀를 외양간에서 풀어내어 이끌고 가서 물을 먹이지 아니하느냐? 그러면 열여덟 해 동안 사탄에게 매인 바 된 이 아브라함의 딸을 안식일에 이 매임에서 푸는 것이 합당하지 아니하냐?"

그 회당장과 그와 같은 생각을 가진 자들은 외식하는 자들이었습니다. 왜냐하면 그들은 안식일에도 자기들의 소나 나귀를 마구간에서 풀어내어 물을 먹이면서, 이 불쌍한 여인을 오랫동안 사탄의 매임에서 풀어주는 것을 잘못이라고 생각하고 있었기 때문입니다. 사탄은 이 세상을 지배하고 있습니다. 성경은 교회에서 제명 출교 되는 것을 사탄에게 내어준다고 표현하고(고전 5:5), 또 우리가 예수 믿기 전에 흑암의 권세에서 살았다고 표현하고(골 1:13), 또 온 세상은 악한 자 곧 사탄 안에 처해 있다고 표현하였습니다(요일 5:20).

그 여인은 소나 나귀보다 귀한 인간 영혼이었고 더욱이 '아브라함의 딸' 곧 하나님의 택한 백성이었으나 오랫동안 사탄이 준 질병으로 고생하였습니다. 그러나 이제 그는 고침을 받았고 사탄에게서 놓임을 받아 하나님의 약속대로 하늘의 유업을 얻게 되었습니다.

[17절], "예수께서 이 말씀을 하시매 모든 반대하는 자들은 부끄러워하고 온 무리는 그가 하시는 모든 영광스러운 일을 기뻐하니라." '그의 하시는 모든 영광스러운 일들'이란 방금 전에 그가 병을 고치신 일과 그의 바르고 지혜롭고 은혜로운 말씀들을 가리킬 것입니다. 이 사건은 예수께서 하나님의 아들 그리스도이심을 증거합니다. 우리는 예수 그리스도를 확신합시다. 우리는 과거에 죄와 사탄에게 매여 있었으나 이제는 구주 예수 그리스도의 의로 말미암아 구원과 자유함을 얻었습니다. 그러므로 우리가 그리스도께 속한 사람이면 아브라함의 자손이며, 하나님의 나라를 유업으로 받습니다. 할렐루야!

2. 하나님 나라를 비유하심 18절~21절

[18-19절], "그러므로 예수께서 이르시되 하나님의 나라가 무엇과 같을까 내가 무엇으로 비교할까? 마치 사람이 자기 채소밭에 갖다 심은 겨자씨 한 알 같으니 자라 나무가 되어 공중의 새들이 그 가지에 깃들였느니라." 천국은 하나님의 통치하시는 세계입니다. 그것은 사탄과 죄와 죽음의 권세가 없는 세계입니다. 그것은 병 고침을 받았던 한 여인과 같이 죄인들이 사탄의 속박에서 해방되어 들어가는 세계입니다. 비록 이 세상사는 동안에는 마귀의 시험과 장난이 없지 않지만, 그것까지도 하나님의 주권적 통치 안에 있으며 신자는 그것을 능히 이깁니다(롬 8:35-39).

천국은 하나님의 구원 계획의 목표이며 인류 역사의 한 종착지입니다. 그것은 성도들의 소망입니다.

예수께서는 하나님의 나라를 정원에 심은 겨자씨 한 알에 비유하셨습니다. 그는 심은 겨자씨 한 알이 자라서 큰 나무가 되어 공중의 새들이 깃들일 정도가 되듯이, 하나님의 나라가 작은 세력으로 시작하지만, 점점 자라고 확장되며 마침내 크게 된다고 말씀하신 것입니다. 과연 주 예수 그리스도로 말미암은 하나님의 나라 곧 구원받은 영혼들로 구성된 신약교회는 매우 작은 무리로 시작하여 점점 자라 지금은 온 세계에 가득한 단체가 되었습니다.

[20-21절], 예수께서는 또 말씀하셨습니다. "또 이르시되 내가 하나님의 나라를 무엇으로 비교할까? 마치 여자가 가루 서 말 속에 갖다 넣어 전부 부풀게 한 누룩과 같으니라 하셨더라." 하나님의 나라는 또 누룩에 비유되었습니다. 누룩은 보통 악과 그 영향력을 비유하지만 여기서는 하나님의 나라에 비유되었습니다. 뱀이 일반적으로 사탄을 비유하지만, 예수께서 제자들에게 "뱀같이 지혜로워라"(마 10:16)고 말씀하신 것과 같이, 그는 누룩을 '하나님의 나라'에 비유하셨습니다. 여기에서 누룩은 퍼져나가는 것, 즉 확장성을 가리켰습니다. 누룩을 반죽된 가루 서 말 속에 두면 반죽 전체가 부풀게 되는 것처럼, 미미하게 시작된 하나님의 나라는 마침내 온 세계에 퍼져 거대한 교회를 이루며 온 세계를 새롭게 할 것입니다.

하나님의 나라는 작게 시작되었으나 점점 켜져서 마침내 온 세상에 퍼지는 큰 나라가 되었습니다. 그것이 기독교 구원 운동과 교회 운동입니다. 그것은 인간적 계획과 수단 방법으로 무엇을 이루려는 운동이 아닙니다. 인류의 구원 운동은 하나님의 작정과 섭리 가운데 시작되고 점점 확장되어 온 세계에 충만하게 될 것입니다. 그러므로 우리는 오직 주 예수 그리스도를 믿고 구원 얻고 성경 교훈대로 좌우로 치우치지 말고 바르게 믿고 살면서 천국을 사모하며 이 복음을 만민에게 전파하시기를 축원합니다.

좁은 길, 좁은 문

누가복음 13장 22절~35절

이스라엘의 멸망을 예고하신 예수님의 말씀이 성취된 것을 보며 우리는 교훈을 얻어야 합니다. 오늘날 교회 안에 속한 사람들은 자신들의 구원을 의심하지 않습니다. 하지만 입으로는 믿음을 고백하면서 행동으로는 항상 넓은 문으로 가려 한다면 그 고백은 자기 암시일 뿐 참된 믿음이 아닙니다.

1. 구원받는 자와 제외되는 자 `22절~30절`

[22-24절], "예수께서 각 성 각 마을로 다니사 가르치시며 예루살렘으로 여행하시더니 어떤 사람이 여짜오되 주여 구원을 받는 자가 적으니이까 그들에게 이르시되 좁은 문으로 들어가기를 힘쓰라 내가 너희에게 이르노니 들어가기를 구하여도 못하는 자가 많으리라." 예수께서 각 성, 각 마을로 다니며 가르치

시고 예루살렘으로 여행하셨습니다. 우리도 교회에 모여 오는 사람들에게뿐 아니라, 어디서든지 기회 있는 데로 가서 말씀을 가르쳐야 할 것입니다. 어떤 사람이 "주여, 구원을 얻는 자가 적으니이까?"라고 물었습니다. 예수님은 그들에게 말씀하셨습니다. "좁은 문으로 들어가기를 힘쓰라. 내가 너희에게 이르노니 들어가기를 구하여도 못하는 자가 많으리라." 예수님은 이 구절을 포함하여 본문 전체에서 몇 가지 진리를 말씀하셨습니다.

첫째로, 구원의 문은 좁은 문이며 우리가 그 문으로 들어가기를 힘써야 합니다. 그 좁은 문은 예수님을 가리킵니다. 그는 하나님의 보내신 유일한 구주이십니다. 예수님 외에 우리를 죄에서 구원하여 천국으로 인도할 다른 구주가 없습니다.

둘째로, 구원에서 제외될 자들이 많을 것입니다. 마태복음 7장 13-14절에서도 예수님은, "좁은 문으로 들어가라. 멸망으로 인도하는 문은 크고 그 길이 넓어 그리로 들어가는 자가 많고 생명으로 인도하는 문은 좁고 길이 협착하여 찾는 이가 적음이니라"고 말씀하셨습니다. 많은 이들이 멸망의 길로 가고 있습니다.

[25-27절], "집 주인이 일어나 문을 한 번 닫은 후에 너희가 밖에 서서 문을 두드리며 주여 열어 주소서 하면 그가 대답하여 이르되 나는 너희가 어디에서 온 자인지 알지 못하노라 하리니, 그 때에 너희가 말하되 우리는 주 앞에서 먹고 마셨으며 주는 또한 우리의 길거리에서 가르치셨나이다 하나, 그가 너희에게 말하여 이르되 나는 너희가 어디에서 왔는지 알지 못하노라 행악하

는 모든 자들아 나를 떠나 가라 하리라."

셋째로, 구원의 문은 닫힐 때가 올 것입니다. '집 주인'은 예수님 자신을 가리켰습니다. 예수님은 구원의 문 곧 천국의 문을 열고 닫는 권세를 가지고 계십니다. 문이 한 번 닫힌 후에는 아무도 그리로 들어갈 수 없습니다.

넷째로, 구원받지 못하는 자들이 구원받지 못하는 이유는 분명합니다. 집주인은 "나는 너희가 어디로서 온 자인지 알지 못하노라"고 말하였습니다. '어디로서'라는 말은 근원을 가리킵니다. 물론 모든 사람은 범죄 함으로 하나님의 심판 아래 있으므로 우리가 천국 가려면 다른 근원이 필요합니다. 사람은 물과 성령으로 거듭나지 않으면 하나님의 나라에 들어갈 수 없습니다 (요 3:3, 5).

또 주인은 그들을 '행악하는 모든 자들'이라고 표현하셨습니다. 행악자는 천국에서 제외될 것입니다. 회개는 거듭남의 증거입니다. 사람은 거듭나서 죄를 회개해야 구원을 얻을 것이며 구원받은 자는 의와 사랑으로 그 구원을 증거할 것입니다.

다섯째로, 구원받지 못한 자들은 주님을 떠날 수밖에 없습니다. 구원받지 못한 죄인들은 하나님과 함께, 천국에서 살지 못합니다.

[28-29절], "너희가 아브라함과 이삭과 야곱과 모든 선지자는 하나님 나라에 있고 오직 너희는 밖에 쫓겨난 것을 볼 때에 거기서 슬피 울며 이를 갈리라. 사람들이 동서남북으로부터 와서 하

여섯째로, 구원받지 못한 자들은 큰 불행을 당할 것입니다. 구원받지 못한 자들은 밖으로 쫓겨나서 슬피 울며 이를 갊이 있을 것입니다. 그들은 하나님으로부터 영원히 분리되고 더 이상 그의 작은 긍휼도 받지 못할 것이며, 그들에게는 돌이킬 수 없는 슬픔과 고통이 있을 것입니다. 그것은 영원한 지옥 형벌을 가리킵니다.

일곱째로, 먼저 복음을 받은 자들도 멸망할 수 있습니다.

[30절], “보라 나중 된 자로서 먼저 될 자도 있고 먼저 된 자로서 나중 될 자도 있느니라 하시더라”고 말씀하셨습니다. ‘나중 된 자’는 이방인을 가리키며 ‘먼저 된 자’는 유대인을 가리키겠지만, 이 말씀은 또한 먼저 믿은 자와 나중에 믿은 자에게도 적용될 수 있습니다. 구원에는 순서가 없습니다. 우리는 좁은 문이신 예수 그리스도를 믿었는가? 거듭났는가? 우리는 자신의 구원을 점검하고 선행으로 그것을 확인합시다. 구원의 문이 닫힐 때가 올 것이며 많은 이들이 영원한 지옥 형벌을 받을 것입니다.

2. 예수님을 죽이려 함 31절~35절

[31절], “곧 그 때에 어떤 바리새인들이 나아와서 이르되 나가서 여기를 떠나소서 헤롯이 당신을 죽이고자 하나이다.” 여기 헤

롯은 헤롯 대왕의 아들 분봉왕 헤롯 안디바로서 당시 갈릴리 지방을 관할하고 있었습니다(눅 23:7). 예수께서는 아직 갈릴리 지방에 계셨습니다. 헤롯이나 당시의 많은 사람들이 예수님을 영접하지 않고 배척했습니다. 그러나 주를 진실히 믿는 자들은 그를 영접하며 가까이할 것입니다.

[32절], "이르시되 너희는 가서 저 여우에게 이르되 오늘과 내일은 내가 귀신을 쫓아내며 병을 고치다가 제삼 일에는 완전하여지리라 하라." 예수님은 세상 권력자를 두려워하지 않으셨습니다. 그는 선지자적 권위를 가지고 헤롯을 '저 여우'라고 부르셨습니다. 여우라는 말은 그 간교함과 잔인함을 가리키는 말일 것입니다. '오늘과 내일'은 '명확하지 않은 얼마간의 기간'을 가리킨 것 같습니다. 즉 '헤롯의 죽이겠다는 위협 속에서도 내가 얼마 동안 좀 더 나의 일을 계속할 것이다'라는 뜻입니다. '제3일'은 '얼마 있지 않아서 곧'이라는 뜻일 것입니다.

'[내가] 완전하여지리라'는 원어 '텔레이우마이'는 '내가 완전하여지리라'는 뜻 외에 '내가 목표에 이르리라'는 뜻이 있습니다. 그것은 예수님이 십자가에 죽으시고 부활하심으로 그의 대속(代贖)의 사명을 다 이루실 것을 의미했을 것입니다.

[33절], "그러나 오늘과 내일과 모레는 내가 갈 길을 가야 하리니 선지자가 예루살렘 밖에서는 죽는 법이 없느니라"고 말씀하셨습니다. 그는 자신이 예루살렘에서 죽으실 것을 아셨습니

다. 그러나 그는 그런 죽음의 위험 앞에서도 가서야 할 사명의
길을 가셨습니다.

[34절], "예루살렘아 예루살렘아 선지자들을 죽이고 네게 파
송된 자들을 돌로 치는 자여 암탉이 제 새끼를 날개 아래에 모
음 같이 내가 너희의 자녀를 모으려 한 일이 몇 번이냐 그러나
너희가 원하지 아니하였도다." 예루살렘은 많은 선지자들을 죽
이고 그에게 파송된 자들을 돌로 쳤습니다. '암탉이 제 새끼를
날개 아래 모음같이 내가 너희의 자녀를 여러 번 모으려 하였
다'는 말씀은 이스라엘의 목자이신 예수님은 여러 번 이스라엘
을 품으려 하셨지만, 이스라엘은 원치 않고 그를 거절했습니다.
구약교회만 그런 것이 아니었습니다. 신약교회도 타락하고 배
교적이었던 때가 종종 있었습니다. 그러므로 예수님 당시의 교
회처럼, 오늘날 교회들의 신앙의 순수성은 점점 더 약화 되고 있
는 것 같습니다.

[35절], "보라 너희 집이 황폐하여 버린 바 되리라 내가 너희
에게 이르노니 너희가 주의 이름으로 오시는 이를 찬송하리로
다 할 때까지는 나를 보지 못하리라 하시니라." 이 예언은 우리
가 아는 대로 주후 70년 로마 장군 디도의 군대가 예루살렘에
들어왔을 때 성취되었습니다. 또 그는 예루살렘 멸망의 예언과
더불어 자신의 다시 오심에 대해 말씀하셨습니다. "너희가 주의
이름으로 오시는 이를 찬송하리로다 할 때"란 예수님의 재림의

때를 가리켰을 것입니다. 사도신경의 고백대로, 예수님은 하늘로부터 산 자와 죽은 자를 심판하시려고 다시 오실 것입니다.

31절로 35절까지의 교훈은 무엇입니까? 우리는 예수님과 그의 교회를 거절하고 핍박하고 죽이는 자가 되지 맙시다. 예수께서 사랑으로 부르실 때 그의 음성에 응답해 그에게로 나아옵시다. 거기에 참 평안과 영생이 있습니다. 또 우리는 세상의 핍박자들을 두려워 말고 하나님이 주신 사명과 직분을 완수합시다. 우리에게 주어진 하나님의 일을 다 이룰 때까지 우리는 어떤 환경 여건 속에서도 변함없이 충성합시다. 좁은 길, 좁은 문으로 들어갑시다.

옳은 일을
선택하는 사람들

독일의 유명한 신학자 한스 큉은 "당신은 왜 크리스천이 되었는가?"라는 질문에 "올바른 인간이 되려고!"라는 대답을 내놨습니다. 진정한 인간이 되기 위해서는 인간을 만드신 하나님을 인정해야 한다는 것입니다. 하나님을 인정하지 않고는 피조물인 나를 제대로 알 수도 없고, 이 세상을 제대로 살 수도 없습니다. 그러므로 여호와를 경외하는 것이 지혜의 근본입니다. 요사이 방영되는 영화 '한신'에서 이순신 장군은 이 전쟁은 "의와 불의의 싸움"이라고 말했습니다. 옳은 일을 선택하는 사람, 주님이 인정하시는 지도자는 어려운 이들을 돕고, 언제나 자신을 낮추며, 낮은 위치의 사람들과 함께하기를 즐거워하는 사람입니다.

본문의 말씀을 요약하면 예수님이 율법교사와 바리새인에게 안식일에 병 고치는 것이 옳은지 물으십니다. 그리고 수종병(水腫病 / 원어 '휘드로피코스'로 몸이 붓고 심한 갈증을 유발하는 병) 든 자를 고치시며, 그들의 아들이나 소가 우물에 빠지면 안식일에라도 구하지 않겠느냐고 말씀하십니다. 자기를 낮추면 높아진다고 하시며, 되갚을 것 없는 사람들을 잔치에 초청하라고 하십니다. 본문을 세 단락으로 나누어 보면, 1. 수종병 환자를 고쳐주심(1-6절). 2. 자기를 낮출 것(7-11절). 3. 어려운 자들을 대접할 것(12-14절)으로 구분할 수 있습니다.

1. 수종병 환자를 고쳐주심 1절~6절

[1절], 안식일에 예수께서는 바리새인 지도자의 집에 떡을 잡수시러 들어가셨습니다. 그는 그 바리새인의 식사 초대를 거절치 않으셨습니다. 그는 죄인들과 접촉하기를 꺼리지 않으셨습니다. 그것은 그들에게 말씀을 전하고 그 영혼을 구원하는 기회가 되기 때문일 것입니다. 건강한 자에게는 의사가 필요 없고 병자들에게 필요하듯이, 의인들에게는 구주가 필요치 않고 죄인들에게 필요하기 때문입니다(눅 5:31).

그런데 바리새인들은 예수님을 엿보고 있었습니다. '엿보다'는 원어 '파라테레오'는 '자세히 주시하다'라는 뜻입니다. 사람이 상대방을 이해하고 사랑한다면 그를 환영하고 영접할 것이지만, 사람이 그를 오해하고 시기하고 미워한다면 그를 거부하고 주시하고 경계할 것입니다. 바리새인들에게는 예수님을 이해하고 사랑하는 마음 대신에 오해하고 시기하고 미워하는 마음이 많이 있었던 것 같습니다.

[2-4절], 거기에 주님 앞에 수종병 든 한 사람이 있었습니다. 수종병(水腫病)은 고창병(dropsy) 혹은 부종(浮腫)이라고 하는데 몸이 붓는 병입니다. 어떤 사람이 예수께 안식일에 그 병자를 고쳐 주실 것인지 질문했던 것 같습니다. 예수께서는 대답하시며 율법사들과 바리새인들에게 "안식일에 병 고쳐 주는 것이 합당하냐, 아니하냐?"고 물으셨습니다. 그들이 잠잠해지자, 예수께서는 그 사람을 데려다가 고치시고 보내셨습니다.

얼마 전에 예수께서는 18년 동안 귀신들려 앓으며 몸이 꼬부라져 펴지 못하던 여자를 역시 안식일에 고쳐주셨는데(눅 13:15-16), 이번에는 수종병 환자를 고쳐 주셨습니다. 주께서 수종병 환자를 고쳐 주신 것은 그의 크신 긍휼 때문이며 또 그가 신성(神性)을 가진 구주이심을 증거한 것이었습니다. 안식일이라는 종교적 규례를 지키는 것이 중요한 것이 아니고 하나님의 뜻을 이해하고 그 뜻대로 사는 것이 훨씬 더 중요합니다.

하나님은 인애(仁愛)를 원하고 제사를 원치 아니하시며 번제보다 하나님을 아는 것을 원하십니다(호 6:6). 바리새인들은 종교 의식만을 중시하는 무지한 외식자들이 되었습니다. 그러나 종교적 의식이나 형식보다 의롭고 선하고 진실한 삶이 훨씬 더 중요합니다.

[5-6절], 예수께서 또 그들에게 "너희 중에 누가 그 아들이나 소가 우물에 빠졌으면 안식일에라도 곧 끌어내지 않겠느냐?"고 말씀하시니 그들은 이에 대하여 대답하지 못하였습니다. 예수

께서는 자신의 행위의 정당함을 그렇게 표현하셨습니다. 그는 지난번 사건에서도, "외식하는 자들아, 너희가 각각 안식일에 자기의 소나 나귀나 마구에서 풀어내어 이끌고 가서 물을 먹이지 아니하느냐? 그러면 18년 동안 사단에게 매인 바된 이 아브라함의 딸을 안식일에 이 매임에서 푸는 것이 합당치 아니하냐?"(눅 13:15-16)라고 말씀하셨습니다.

안식일에 병을 고치는 일은 이렇게 상식적 추론으로도 그 정당성이 이해되는 일이었지만, 바리새인들은 안식일을 거룩히 지킨다는 생각 때문에 보다 더 중요한 일을 놓치고 있었던 것입니다. 우리도 신앙생활의 더 중요한 내용, 즉 경건과 도덕성을 중시하지 아니하고 단지 종교적 형식만을 붙들지 않도록 조심해야 할 것입니다. 우리는 안식일 혹은 주일을 지킨다는 생각 때문에 영혼을 구원하고 어려운 사람들을 돌아보는 더 중요한 일을 빠뜨리거나 소홀히 여겨서는 안 됩니다. 우리는 종교적 형식이나 규례보다 하나님의 도덕적 명령 즉 의와 선과 진실을 더 중요하게 여기며 그것들을 실천해야 합니다.

2. 자기를 낮출 것 `7절~11절`

[7-10절], 예수께서는 청함을 받은 사람들이 상석(上席, 높은 자리) 택함을 보시고 그들에게 비유로 말씀하셨습니다. "네가 누구에게나 혼인 잔치에 청함을 받았을 때에 높은 자리(상좌)에 앉지 말

라. 그렇지 않으면 너보다 더 높은 사람이 청함을 받은 경우에 너와 그를 청한 자가 와서 너더러 이 사람에게 자리를 내주라 하리니 그때에 네가 부끄러워 끝자리(말석)로 가게 되리라. 청함을 받았을 때에 차라리 가서 끝자리에 앉으라. 그러면 너를 청한 자가 와서 너더러 벗이여 올라앉으라 하리니 그때에야 함께 앉은 모든 사람 앞에 영광이 있으리라.”

상석에 앉으려 하는 마음은 일종의 이기심과 명예심입니다. 그러나 주께서는 혼인 잔치에 청함을 받았을 때 높은 자리에 앉으려 하지 말고 낮은 자리에 앉으라고 교훈하셨습니다. 그것은 우리가 사람들 가운데서 겸손하게 처신하라는 교훈이십니다. 그것은 세상에서 부끄러움을 당하지 않고 존귀케 되는 길이기도 합니다.

[11절], 예수께서는 또 “무릇 자기를 높이는 자는 낮아지고 자기를 낮추는 자는 높아지리라”고 말씀하셨습니다. 겸손은 하나님께서 성경에 명하신 성도의 매우 중요한 덕입니다. 잠언 18장 12절은, “사람의 마음의 교만은 멸망의 선봉이요 겸손은 존귀의 앞잡이니라”고 말했고, 베드로는 “하나님의 능하신 손 아래서 겸손하라. 때가 되면 너희를 높이시리라”(벧전 5:6)고 말했습니다. 교만은 다툼의 원인이기도 하고 하나님과 사람 앞에서 사람을 낮아지게 만들지만, 사람이 겸손하면 다른 사람과도 화평케 되며 하나님과 사람 앞에서 높임과 사랑을 받습니다. 우리는 사람들에게 높임을 받으려 하지 말고, 오히려 자신을 낮추도

록 합시다. 그것이 마땅하며 또 그것이 그가 존귀케 되는 길이
기도 합니다.

3. 어려운 자들을 대접할 것 12절~14절

[12절], 예수께서는 또 자기를 청한 자에게 말씀하셨습니다.
"네가 점심이나 저녁이나 베풀거든 벗이나 형제나 친척이나 부
(富)한 이웃을 청하지 말라. 두렵건대 그 사람들이 너를 도로 청
하여 네게 갚음이 될까 하라." 선을 베푼 후 상대방에게서 그 선
의 갚음을 받으면 먼저 베푼 선이 더 이상 칭찬과 상을 받을 선
이 되지 못할 것입니다.

[13-14절], 예수께서는 또 말씀하셨습니다. "잔치를 베풀거든
차라리 가난한 자들과 몸 불편한 자들과 저는 자들과 맹인들을
청하라. 그리하면 그들이 갚을 것이 없으므로 네게 복이 되리니
이는 의인들의 부활 시에 네가 갚음을 받겠음이라 하시더라." 우
리는 세상에서 단순히 베푸는 생활을 힘써야 합니다. 그러면 의
인들의 부활의 날에 하나님께로부터 칭찬과 보상이 있을 것입
니다. 이것이 보물을 하늘에 쌓는 생활입니다(눅 12:33-34). 가난한
자를 불쌍히 여기고 구제하는 것은 하나님께 꾸어 드리는 것이
며 하나님께서 그 선행을 갚아 주실 것입니다(잠 19:17).
　이렇게 단순히 베푸는 생활은 사람이 내세를 바라볼 때만 가

능합니다. 내세에 하나님의 공의로운 심판을 믿고 하나님의 보응과 보상을 바라볼 때, 사람은 이 세상에서 의롭고 정직하고 선하게 살 수 있고, 또 다른 사람이 알아주지 않고 심지어 오해와 비난을 받을지라도 낙심하지 않을 수 있습니다(갈 6:9-10). 우리는 현세의 육신적, 물질적 복만 생각하지 말고 내세에 천국에서의 영육의 영원한 복을 생각합시다. 우리는 오직 하나님만 소망하고 그의 뜻과 계명을 즐거이 순종하여 이 세상에서 단순히 모든 사람에게 선을 베풀되, 특히 병약하고 가난한 자들에게 선을 베풀도록 합시다.

구원으로 초대받은
복된 성도

누가복음 14장 15절~24절

누구에게나 인생 가운데 특별한 기회가 몇 번 찾아온다고 합니다. 그 기회를 놓치느냐 잡느냐가 성공과 실패를 좌우한다는 것입니다. 복음은 영원한 천국 잔치의 초대장입니다. 이 초대장을 받고 초대에 응하는 자는 영원한 생명을 얻는 일생일대의 기회를 잡는 지혜로운 자입니다. 하나님의 초대보다 더 중요한 일은 없습니다.

본문을 요약하면 예수님과 함께 식탁에 앉아 식사하던 한 사람이 하나님 나라에서 먹는 사람은 복이 있다 하니, 예수님이 큰 잔치를 베푼 주인의 비유를 말씀하십니다. 잔치에 초대된 자들이 모두 참석하기를 사양하자 주인은 가난하고 몸이 불편한 이들, 길 가던 사람을 강권해 들입니다. 처음에 잔치에 초대받은 자들은 한 명도 잔치를 맛보지 못합니다. 본문을 두 단락으로 구분하면, 잔치 참석을 사양한 사람들(15-20)과 잔치에 새롭게 초대받은 사람들(21-24)로 나누어 볼 수 있습니다. 이는 성령을 거절

하는 어리석은 사람들과 구원의 은혜를 입은 복된 사람들로 구
분됩니다.

1. 잔치 참석을 사양한 사람들 15절~20절

[15-17절], 예수님과 함께 식탁에 앉은 사람들 중에 한 사람이
이렇게 말했습니다. "하나님 나라에서 먹는 사람은 복이 있습니
다." 이에 대해 예수께서는 말씀하셨습니다. 원문에는 16절 초
두에 "그에게 이르시되"라고 되어 있습니다. 그 식사 자리에서
도 예수님의 관심은 단지 먹고 마시는 일이 아니고 진리를 가
르치시는 일이었습니다. 주께서는 한 비유를 말씀하셨습니다.

어떤 사람이 큰 잔치를 준비하고 많은 사람을 청하였습니다.
이 비유에서 '어떤 사람'은 하나님이시며 그가 베푼 '큰 잔치'는
신약교회로 시작된 하나님의 나라를 가리킵니다. 하나님께서는
유대인들뿐 아니라 세상에 사는 모든 이방인도 초청하셨습니
다. 우리는 하나님의 나라에서 음식을 먹습니다. 그것은 성찬 교
제이며 성도들 간의 식탁 교제입니다. 그곳에서 우리는 먹는 즐
거움을 누립니다. 하나님께서는 많은 사람들을 그 잔치에 청하
셨습니다. 그는 그 청한 자들에게 종을 보내어 말했습니다. "오
소서. 모든 것이 준비되었나이다." 주인의 뜻을 사람들에게 알리
는 일꾼으로서 본문에 4번이나 언급되는(17, 21, 22, 23절) '종'은 예
수 그리스도와 그 제자들을 상징할 것입니다.

[18-20절], 초청을 받은 사람들은 다 일치하게 사양하였습니다. 하나는, "나는 밭을 샀으매 아무래도 나가 보아야 하겠으니 청컨대 나를 양해(용서)하도록 하라"(18)고 말하였습니다. 또 하나는, "나는 소 다섯 겨리를 샀으매 시험하러 가니 청컨대 나를 양해(용서)하도록 하라"(19)고 말하였습니다. 또 하나는, "나는 장가 들었으니 그러므로 가지 못하겠노라"(20)고 말했습니다.

그들의 핑곗거리는 사람이 세상을 사는 데 있어서 필수적인 일들이었습니다. 성경도 이런 일들에 대해 정죄하지 않고 오히려 장려합니다. 그러나 잔치에 초청을 받았던 그들은 먼저 그 잔치에 참여해야 했었습니다. 하나님께서는 우리가 먼저 하나님의 일을 앞세우기를 원하십니다. 예수께서는 너희는 먼저 하나님의 나라와 그의 의를 구하라(마 6:33)고 말씀하셨습니다.

이것이 안식일 계명이나 십일조 계명의 정신입니다. 성도는 7일 중 하루를 구별하여 하나님께 드리고 나머지 6일을 자신의 일에 쓰며, 소득의 10분의 1을 하나님께 드리고 나머지 10분의 9를 자신의 일을 위해 씁니다. 하나님께서는 우리가 먼저 하나님을 섬기며 하나님의 일을 앞세우기를 원하십니다.

그러나 초청을 받은 사람들은 그 주인을 무시하였습니다. 그들이 그 잔치에 참석한다고 해서 밭의 일을 하지 못하거나 소를 시험하지 못하거나 결혼 생활을 하지 못하는 것은 아니었으나 그들은 그 초청을 사양하였습니다. 예수 믿는 자들은 주일을 거룩히 지킨다고 가난해지지 않습니다. 하나님께서는 오히려 안식일을 지키는 자에게는 복된 약속을 주셨습니다(사 58:14). 믿는 자들은 십일조 헌금을 내기 때문에 가난해지지 않습니다. 오히려 십일조 헌금에는 풍성한 복이 약속되어 있습니다(말 3:10). 그러나 믿음 없는 자는 그 어느 것도 실천할 수 없습니다.

2. 잔치에 새롭게 초대받은 사람들 21절~24절

[21절], 종이 돌아와 주인에게 그대로 고하니 이에 집주인이 노하여 그 종에게 말했습니다. "빨리 시내의 거리와 골목으로 나가서 가난한 자들과 몸 불편한 자들과[병신(病身)들, 불구자(不具者)들]과 맹인(소경)들과 저는 자들을 데려오라." 이것은 우리의 이웃 사람들 가운데서 육신적으로 혹은 물질적으로 어려운 처지에 있는 자들을 데려오라는 뜻입니다. 건강한 자들과 물질적으로 여유를 가진 자들은 그 주인의 잔치 초청을 거절하였으나, 병약한 자들이나 가난한 자들은 그 초청을 들을 것입니다. 우리가 경험하는 바와 같이, 하나님께서는 물질적으로 가난하고 육신적으로 병약한 자들이 먼저 교회로 인도함을 받고 먼저 천국의 복을 받게 하셨습니다.

[22-24절], 종이 말했습니다. "주인이여, 명하신 대로 하였으되 아직도(오히려) 자리가 있나이다." 주인이 종에게 말했습니다. "길과 산울타리 가로 나가서 사람을 강권하여 데려다가 내 집을 채우라. 내가 너희에게 말하노니 전에 청하였던 그 사람들은 하나도 내 잔치를 맛보지 못하리라."

여기의 '내 집'은 하나님의 나라를 가리키며 현재의 교회를 가리킵니다. 하나님의 나라와 교회는 저절로 채워지는 것이 아니고 열심히 전도하고 사람들을 강권함으로 됩니다. 잔치 자리에 오는 것은 바로 회개와 믿음과 순종을 가리킵니다. 처음 잔치 초청을 거절하였던 사람들은 그 잔치에 참여하는 즐거움을 빼앗길 것입니다.

15절로 24절까지의 교훈은 무엇입니까? 첫째로, 우리는 죄를 회개하고 주 예수 그리스도를 믿어 구원을 받고 천국에 들어오라는 하나님의 초청을 거절치 말아야 합니다. 우리는 세상일들이 바쁘다고 핑계하지 말아야 합니다. 우리는 하나님의 일, 곧 죄를 회개하고 주 예수 그리스도를 믿고 하나님의 계명을 지키며 행하는 일을 세상일들보다 먼저 앞세워야 합니다. 우리는 먼저 하나님의 나라와 그의 의를 구하는 자들이 되어야 합니다. 그렇지 않으면, 하나님의 나라에 들어가지 못할 것입니다.

둘째로, 우리는 모든 사람에게 구원의 초청을 해야 하고 사람들을 강권하여 하나님의 집을 채워야 합니다. 우리는 모든 사람을 초청해야 합니다. 그러나 우리는 그 초청을 거절하는 자들에게 언제까지 연연하지 말고 우리의 초청 대상을 변경하고 확대해야 합니다. 우리는 특히 우리 주위에 가난한 자들이나 병약한 자들을 하나님의 집으로 초청해야 합니다. 또 우리는 다른 동네에 있는 사람들도 누구든지 강권하여 하나님의 집을 채워야 합니다. 하나님의 집을 채우는 일은 저절로 되지 않습니다. 우리 모두는 열심으로 전도하고 영혼들을 강권하여 참된 교회로 인도하고 하나님의 나라의 복된 잔치 자리로 인도해야 합니다.

성도는 유대인들이 거부한 예수 그리스도의 복음을 받아 은혜의 잔치에 참여하게 되었습니다. 이제는 그 잔치에 참여하게 되었다는 것에 만족하지 말고 많은 사람을 초대해 잔치자리를 채우라는 하나님의 명령을 준행함으로 충성스러운 하나님 나라의 일꾼으로 살아가시기를 소원합니다.

종교개혁의 선구자인 존 위클리프는 "그리스도는 진리이시다. 그러나 교황은 거짓 그 자체다. 그리스도는 가난하게 사셨는데, 교황은 세상의 화려함을 위해 땀 흘린다. 그리스도는 이 땅의 한정된 권세를 거절하셨는데, 교황은 그걸 갖지 못해서 안달이다. 그리스도만이 교회의 진정한 머리이시고, 교황청은 독으로 가득 찼다. 교황은 적그리스도의 화신이며, 자신을 하나님 위에 올리려는 죄인이다. 심판이 임할 것이다"라고 말했습니다. 좁은 길을 외쳤던 존 위클리프의 시체는 불태워져 강에 뿌려졌고, 그를 따르던 체코의 얀 후스는 화형을 당했습니다. 이로부터 100년이 지난 1517년 마틴 루터와 존 칼빈을 중심으로 종교개혁이 일어났습니다.

[25-27절], 많은 무리가 예수님과 함께 갈 때 예수께서는 돌이키시며 말씀하셨습니다. "무릇 내게 오는 자가 자기 부모와 처자와 형제와 자매와 더욱이 자기 목숨까지 미워하지 아니하면 능히 나

의 제자가 되지 못하고, 누구든지 자기 십자가를 지고 나를 따르지 않는 자도 능히 내 제자가 되지 못하리라.”

예수님과 함께 간다고 다 그의 제자인 것은 아니었습니다. 오늘날도 교회에 출석하는 모든 사람이 다 예수님의 제자는 아닙니다. 예수께서는 자신의 제자와 제자 아닌 자를 분명히 구별하여 말씀하셨습니다. 그는 그에게 오는 자가 자기 부모와 처자와 형제와 자매와 심지어 자기 목숨까지 미워하지 않으면 그의 제자가 될 수 없다고 말씀하셨습니다. 믿음은 가족 관계를 초월한 절대적 차원의 것이라는 말씀입니다.

물론, 주의 말씀은 가족들을 미워하라는 뜻으로 이해되어서는 안 될 것입니다. 왜냐하면 성경은 다른 곳에서 가족을 사랑해야 할 것을 가르쳤기 때문입니다. 에베소서 5장 25절, “남편들아, 아내 사랑하기를 그리스도께서 교회를 사랑하시고 그 교회를 위하여 자신을 주심같이 하라.” 디모데전서 5장 8절, “누구든지 자기 친족 특히 자기 가족을 돌보지 아니하면 믿음을 배반한 자요 불신자보다 더 악한 자니라.”

본문에서 ‘미워한다’는 말씀은 하나님께 대한 의무와 가족에 대한 의무가 충돌하거나 하나님의 명령과 가족의 명령이 충돌할 때, 우리가 하나님의 일을 택해야 한다는 의미에서 사용된 것이라고 봅니다. 우리는 가족의 뜻보다 하나님의 뜻을 따라야 하고 우리 목숨이 위협당하는 환경 속에서도 우리는 신앙의 정절과 절개를 지켜야 합니다.

신앙은 절대적 차원의 것입니다. 사람은 자신의 죄를 회개하고 하나님께로 돌아와 그의 보내신 구주 예수 그리스도를 믿음으로 구원과 영생을 얻습니다. 예수님은 우리를 하나님께로 인도하는 유일한 중보자이시며 우리에게 영생을 주시는 자이십니다. 아무리 사랑스러운 가족이라 할지라도 우리에게 영생을 주지는 못합니다. 사실상 육신의 생명도 연장시켜 주지 못합니다. 불치병에 걸린 우리를 도울 수 있는 가족은 아무도 없습니다. 그러나 예수님은 우리의 생명과 구원이십니다.

우리가 가족에 대한 의무 때문에 하나님의 뜻을 거스르고 예수님을 따르지 못한다면 우리는 구원과 영생을 잃어버릴 것입니다. 우리가 육신의 목숨 때문에 하나님을 거역하고 예수님 따르기를 포기한다면 영생을 잃어버릴 것입니다. 그러나 우리가 그런 상황에서도 하나님과 예수 그리스도를 절대적 차원에서 믿고 순종한다면 우리는 예수님의 참된 제자이며 구원과 영생을 잃어버리지 않을 것입니다.

주께서는 우리가 자기를 부정하고 자기 십자가를 지고 그를 따라야 한다고 말씀하셨습니다. 십자가를 지고 간다는 것은 현실에서 자기를 부정하며 사는 것을 의미합니다. 고난의 현실은 자기 부정의 시험대요, 훈련장입니다. 성도는 현실에서 자기를 부정하고 주를 따라야 합니다. 그것은 주의 말씀과 본을 따라 사는 것을 가리킵니다.

[28-30절], 예수께서는 또 말씀하셨습니다. "너희 중에 누가 망대를 세우고자 할진대 자기의 가진 것이 준공하기까지에 족할는

지 먼저 앉아 그 비용을 계산하지 아니하겠느냐? 그렇게 아니하여 그 기초만 쌓고 능히 이루지 못하면 보는 자가 다 비웃어, 이르되 이 사람이 공사를 시작하고 능히 이루지 못하였다 하리라.” 사람은 무슨 일을 하려 할 때 먼저 그 비용을 계산하여 그 일이 가능하다고 판단될 때 시작해야지, 그런 검토가 없이 그냥 시작하면 일을 완수하지 못하고 중도에 그칠 수밖에 없을 것이며 사람들의 비웃음을 당할 것입니다.

[31-32절], 예수께서는 또 말씀하셨습니다. “또 어떤 임금이 다른 임금과 싸우러 갈 때에 먼저 앉아 일만 명으로써 저 이만 명을 거느리고 오는 자를 대적할 수 있을까 헤아리지 아니하겠느냐? 만일 못할 터이면 그가 아직 멀리 있을 때에 사신을 보내어 화친을 청할지니라.” 자신의 군사력이 상대방보다 부족하다고 판단되면 처음부터 전쟁을 시작하지 않고 사신을 보내어 정치적으로 해결하려고 할 것입니다. 군사력을 비교해 보지 않고 어리석게 전쟁을 일으킬 자는 없을 것입니다.

[33절], 예수께서는 또 “이와 같이 너희 중의 누구든지 자기의 모든 소유를 버리지 아니하면 능히 내 제자가 되지 못하리라”고 말씀하셨습니다. 위의 두 비유가 암시하는 바는, 사람이 자기의 가진 것으로는 예수님의 제자가 될 수 없다는 것입니다. 망대를 건립하는 것과 다른 나라와 전쟁하는 것은 예수님의 제자가 되는 것에 비유되었고, 건축비용을 예산하는 것과 전투력을 비교하는 것은 우

리 자신의 모든 소유를 가지고서는 할 수 없다는 것을 암시합니다.

인간이 가지고 있는 것들은 영생을 위해서는 아무 가치가 없습니다. 사람은 자기의 가진 것으론 구원과 영생을 얻을 수 없습니다. 시편 49편 8절은, "그들의 생명을 속량하는 값이 너무 엄청나서 영원히 마련하지 못할 것임이니라"고 말합니다. 예수님의 제자가 되는 것은 우리의 가진 것과 힘으로는 불가능한 길입니다. 그러므로 우리는 자신을 부정하고 주 예수 그리스도를 따라야 하는 것입니다.

버리면 얻는다는 것은 역설적인 진리입니다. 우리는 일시적 세상을 버리면 영원한 천국을 얻으며, 잠시 있다가 사라질 세상의 부귀영화를 버리면 썩지도 않고 쇠하지도 않을 영원한 영광의 세계의 행복을 얻습니다. 우리는 썩어질 육신의 몸을 버리면 영광스러운 부활의 몸을 얻으며, 세상적 기쁨을 버리면 비록 현재는 때때로 주를 위해 눈물을 흘리지만, 장차 영원히 눈물 없는 기쁨과 평강의 세계를 얻습니다.

[34-35절], 예수께서는 또 말씀하셨습니다. "소금이 좋은 것이나 소금도 만일 그 맛을 잃으면 무엇으로 짜게 하리요. 땅에도, 거름에도 쓸데없어 내버리느니라. 들을 귀가 있는 자는 들을지어다." 소금은 예수님의 제자들을 상징하고 소금이 맛을 잃는다는 것은 그들이 성도답게 살지 못하는 것을 의미합니다. 그것은 그들이 세상이나 자신을 부정하거나 초월하지 못하고 세상에 얽매이고 자기 욕심에 얽매여 사는 것을 말합니다. 그런 자는 실상 예수님을

사랑하는 것보다 세상을 사랑하는 자이며 참된 성도가 아닙니다.

마태복음 6장 24절, "한 사람이 두 주인을 섬기지 못할 것이니 혹 이를 미워하고 저를 사랑하거나 혹 이를 중히 여기고 저를 경히 여김이라. 너희가 하나님과 재물을 겸하여 섬기지 못하느니라." 요한일서 2장 15절, "이 세상이나 세상에 있는 것들을 사랑하지 말라. 누구든지 세상을 사랑하면 아버지의 사랑이 그 안에 있지 아니하니."

가룟 유다는 돈을 사랑하다가 주를 배신하였고 데마는 이 세상을 사랑하여 사도 바울을 버리고 떠나갔습니다(딤후 4:10). 우리는 맛 잃은 소금 같은 교인이 되지 말아야 합니다. 우리는 참된 성도, 참된 제자가 되어야 합니다.

우리는 예수께 나오는 무리 중에 있는 것으로 만족하지 말고 예수님의 참 제자가 되어야 합니다. 그러나 예수님의 참 제자는 자기 가족들과 심지어 자기 목숨까지 버릴 각오를 하고 주님을 따르지 않으면 안 됩니다. 우리가 우리 가족을 사랑해야 하지만, 만일 하나님께 대한 의무와 가족에 대한 의무가 충돌한다면, 우리는 하나님께 대한 의무를 택해야 합니다. 왜냐하면 하나님만 우리의 절대적 가치이시고 우리의 영생이시며 우리에게 영원한 행복이시기 때문입니다. 우리는 하나님과 그의 아들 예수 그리스도를 절대적으로 믿고 사랑하며 순종해야 합니다. 그것이 주 예수 그리스도께서 가르치신 참 신앙이요, 참 제자의 길입니다.

포기하지 않는 사랑

누가복음 15장은 한 죄인의 회개를 기뻐하시는 하나님의 사랑에 관한 비유의 말씀입니다. 본문 1-10절 말씀은 세리와 죄인들이 말씀을 들으러 나오는 것을 본 바리새파 사람들과 율법학자들은 예수님이 죄인과 음식을 같이 먹는다고 웅성거립니다. 예수님은 그들에게 잃은 양을 찾는 목자(1-7절)와 잃은 드라크마(은전, 동전)를 찾는 여인(8-10절) 비유를 드시며, 죄인 한 명이 회개하는 것이 하늘에서 큰 기쁨이 된다고 하십니다.

[1-2절], 예수께서 사람들에게 말씀을 전하실 때 많은 세리와 죄인들이 그에게 가까이 나아와 말씀 듣기를 원하였습니다. 당시에 죄인들로 알려진 그들 속에 하나님의 말씀에 대한 관심과 영혼 구원에 대한 갈망이 있었던 것 같습니다. 이것은 하나님의 은혜였습니다.

그런데 바리새인과 서기관들은 예수님이 죄인을 영접하고 음식을 같이 먹는다고 수군거렸습니다. 그들은 예수님의 관심과 의도를 이해하지 못했습니다. 그들은 예수님이 그들을 영접하고 음식을 함께 먹는 것을 그들의 죄를 용납하고 인정하는 것으로 오해하였습니다. 예수님의 사랑은 차별이 없습니다. 당시에 식사를 같이한다는 것은 '상호 용납과 결속'의 표시였습니다. 죄인과 식사하시는 예수님 모습은 종교 지도자들 눈에 하나님 말씀(시 1:1, 사 52:11)을 어기는 것으로 보였을 것입니다. 그러나 예수께서는 단지 죄인들을 불쌍히 여기시고 그들과 접촉하셨고 그들에게 말씀을 전하며 그들을 회개시키며 구원하기를 원하셨습니다.

[3-6절], 예수께서는 그들에게 한 비유로 말씀하셨습니다. 우리는 비유를 이해할 때 그 중심적 진리를 붙드는 것이 참으로 중요합니다. 비유를 풍유적으로 해석하지 않도록 조심해야 합니다. 풍유적 해석은 비유의 모든 세밀한 부분을 해석하는 것입니다. 그것은 주관적이기 때문에 조심해야 합니다. 비유 해석에서 지나친 추측이나 상상을 하지 않는 것이 좋습니다. 성경은 수수께끼 같은 책이 아니고 모든 사람이 읽고 깨달을 수 있는 책입니다. 성경에 어려운 구절이 없지 않지만, 그 중심적 주제와 교훈은 명료하여 성경을 읽는 대부분의 사람이 깨달을 수 있는 것입니다.

예수께서는 말씀하셨습니다. "너희 중에 어떤 사람이 양 백 마리가 있는데 그 중에 하나를 잃으면 아흔 아홉 마리를 들에 두고 그 잃은 것을 찾아내기까지 찾아다니지 아니하겠느냐? 또 찾아낸즉 즐거워 어깨에 메고 집에 와서 그 벗과 이웃을 불러 모으고 말하되 나와 함께 즐기자 나의 잃은 양을 찾아내었노라 하리라"(4-6).

잃은 양의 비유라고 부르는 이 비유에서 보이는 바는 세 가지입니다. 첫째는 양들의 주인이 잃어버린 한 마리의 양에 대해 관심을 가졌고 그것을 귀히 여기고 사랑하였다는 것입니다. 둘째는 주인이 그 양을 찾을 때까지 포기하지 않았다는 사실입니다. '찾도록'이라는 원어 '헤오스 휴레 아우토'는 '찾을 때까지'라는 뜻입니다. 주인은 그 양을 조금 찾아본 정도가 아니었고 찾을 때까지 끈질기게 찾았고 마침내 찾았습니다. 셋째는 주인이 그 양을 찾은 후 매우 기뻐하였다는 사실입니다. 그는 그의 기쁨을 자기 혼자만 가질 수 없어서 친구들과 이웃들을 불러 함께 나누었습니다.

[7절], 예수께서는 말씀하셨습니다. "내가 너희에게 이르노니 이와 같이 죄인 한 사람이 회개하면 하늘에서는 회개할 것 없는 의인 아흔 아홉으로 말미암아 기뻐하는 것보다 더하리라." 이것이 이 비유의 중심적 진리입니다. 하나님께서는 이미 구원받은 모든 자들보다 죄인 한 명이 회개하고 돌아오는 것을 더 기뻐하십니다. 우리도 이런 심령을 가져야 합니다. 예수님은 의인을 부르러 오신 것이 아니라 죄인을 불러 회개시키기 위해 오셨습니다(5:32). 죄인이 회개하고 돌이켜 하나님 나라 백성이 되는 것보

다 더 큰 기쁨은 없습니다. 주님이 찾으시는 한 영혼을 향한 열
정이 내게는 얼마나 있습니까?

[8-10절], 예수께서는 또 말씀하셨습니다. "어떤 여자가 열 드
라크마가 있는데 하나를 잃으면 등불을 켜고 집을 쓸며 찾아내
기까지 부지런히 찾지 아니하겠느냐? 또 찾아낸즉 벗과 이웃을
불러 모으고 말하되 나와 함께 즐기자. 잃은 드라크마를 찾아내
었노라 하리라. 내가 너희에게 이르노니 이와 같이 죄인 한 사람
이 회개하면 하나님의 사자들 앞에 기쁨이 되느니라."
예수님은 비슷한 비유를 반복하셔서 한 영혼의 중요성을 강조
하십니다. 두 번째 비유인 잃은 드라크마(銅錢, 銀錢)의 비유도 동
일한 진리를 나타냅니다. 드라크마는 헬라 화폐로서 로마 화폐
인 데나리온과 같은 가치이며 그것들은 다 동전(銅錢) 혹은 은전
(銀錢)으로서 노동자의 하루 품삯의 가치였습니다. 이 비유에서
한 여인은 잃어버린 드라크마를 귀하게 여겼고 그것을 찾기 위
해 열심히 애써 마침내 찾았습니다.

여인이 드라크마 하나를 찾기 위해 보인 행동은 잃어버린 것
을 찾고자 하는 그녀의 간절함과 열심을 보여줍니다. 그것을 찾
았을 때 그 여인은 잃어버린 한 마리의 양을 찾고 기뻐하는 목
자처럼 친구들과 이웃들을 불러 모아 함께 기뻐하고 즐거워했
습니다. 이와 같이 죄인 하나가 회개하면 하나님의 천사들 앞에
기쁨이 됩니다. 잃어버린 드라크마 하나를 찾기까지 포기하지
않는 여인처럼, 하나님도 잃어버린 그분의 백성을 찾기까지 포

기하지 않으십니다. 내가 포기하지 않고 회개와 구원의 길로 인도할 한 사람은 누구입니까? 한 영혼을 얻기까지 포기하지 않으시는 하나님의 사랑을 본받는 저와 여러분이 되시기를 소원합니다.

1절로 10절까지의 두 비유 즉 잃은 양의 비유와 잃은 드라크마의 비유는 죄인들을 향하신 하나님의 심정을 나타냅니다. 첫째는 한 사람의 영혼을 귀히 여기시는 것입니다. 둘째는 잃어버린 한 영혼 즉 회개해야 할 한 죄인을 포기하지 않고 열심히, 부지런히, 끝까지 찾으시는 것입니다. 셋째는 죄인 한 명의 회개를 크게 기뻐하시는 것입니다.

만일 바리새인들과 서기관들이 하나님의 심정을 알았더라면, 그들은 예수께서 세리들과 죄인들과 함께 음식 드시는 것을 이해했을 것이며 원망하거나 불평하지 않았을 것입니다. 우리는 하나님께서 잃어버린 한 명의 영혼을 귀히 여기시고 그를 찾기 위해 불붙는 심령을 가지고 계시고, 그가 회개하고 돌아오면 회개할 것 없는 의인들 아흔아홉보다 더 기뻐하고 즐거워하신다는 사실을 깨달으시기를 소원합니다. 하나님이 가장 원하시는 것은 상한 영혼의 회개입니다(시 51:17). 성도는 적극적으로 자신의 죄를 회개할 뿐 아니라, 복음으로 회심해야 할 이들을 도와야 합니다.

어느 신학자는 교회를 일컬어 '죄인들의 학교'라고 불렀습니다. 죄인들이 모여서 하나님을 알고 배워 그분의 뜻에 순종하며 살아가는 공동체가 교회라는 의미입니다. 우리에게 보여주신 하나님의 긍휼, 하나님의 자비에 감사하며 어떤 죄인도 형제자매로 받아들이는 곳이 바로 교회입니다. 루터가 말한 대로 그리스도인은 '의인인 동시에 죄인'입니다. 분명히 죄인이지만 하나님이 의롭다고 해 주신 것이지, 우리 자신이 결코 의로운 사람은 아닙니다.

오직 하나님의 자비에 의지해서 하나님 앞에 설 수 있을 뿐입니다. 예수님이 이 땅에 계실 때도 스스로 의인이라 하는 사람들이 있었습니다. 바로 바리새파 사람들이었습니다. 스스로 '신앙 좋은 사람'이라고 착각하는 이들의 실상입니다.

열심을 가지고 종교 활동을 한다고 해서 구원을 받는 것이 아닙니다. 자신이 죽을 수밖에 없는 죄인임을 인정하고 예수님께 나아가야 합니다. 죄인을 긍휼히 여기시는 하나님의 마음으로, 죄에 빠져 헤매는 이들을 긍휼히 여기고 사랑해야 합니다. 그것이 주님이 의롭게 여기시는 이의 참다운 믿음입니다. 여기에 교회의 사명이 있습니다.

우리는 하나님의 심정을 가지고 잃어버린 영혼들을 귀히 여기고 그들의 회개와 구원을 위해 열심히, 부지런히, 끝까지 힘쓰는 진정한 하나님의 자녀들이 됩시다. 국내에도 해외에도, 땅끝까지 복음을 전파합시다. 또 주께로 돌아오는 한 명의 영혼을 진심으로 환영하고 기뻐하는 저와 여러분이 되시기를 간절히 축원합니다.

탕자를 향한 아버지 사랑

누가복음 15장 11절~32절

[11-13절], 예수께서는 잃은 양, 잃은 동전 비유 후, 세 번째 비유를 말씀하셨습니다. 세 번째 비유는 잃은 아들, 곧 탕자의 비유였습니다. 어떤 사람이 두 아들이 있었습니다. 그런데 어느 날 그 둘째가 아버지에게 말했습니다. "아버지여, 재산 중에서 내게 돌아올 분깃을 내게 주소서." 아버지는 그 재산을 각각 나눠주었습니다. 그런 후 며칠이 못 되어 둘째 아들은 재산을 다 모아 가지고 먼 나라에 갔고 거기서 허랑방탕하여 그 재산을 다 허비하였습니다.

이 둘째 아들은 창조주 하나님을 멀리 떠난 인류의 모습을 나타냅니다. 인류는 자기의 자유 의지로 창조주 하나님을 멀리 떠나갔습니다. 그는 하나님의 간섭을 원치 않았고 자신의 생각과 뜻을 따라 살기를 원하였습니다. 둘째 아들이 허랑방탕하며 재산을 낭비하였듯이, 하나님을 떠난 인류는 하나님께서 주신 모든 좋은 것들, 지혜와 재능, 시간과 건강과 재물을 허비하는 삶을 살고 있습니다.

[14-16절], 둘째 아들은 그가 가진 재산을 다 없이한 후 그 나라에 크게 흉년이 들어 비로소 궁핍하게 되었습니다. 그는 가서 그 나라 백성 중 하나에게 붙여 살았습니다. 집주인은 그를 들로 보내어 돼지를 치게 하였습니다. 그는 돼지 먹는 쥐엄 열매로 배를 채우고자 했지만, 주는 자가 없었습니다.

하나님께서는 허랑방탕한 삶을 미워하십니다. 그 나라에 큰 흉년이 든 것은 하나님께서 내리신 재앙이었습니다. 하나님께서는 불성실한 자들에게 큰 흉년을 내리십니다. 그것은 문자 그대로 기근이거나 질병, 전쟁, 지진, 화재, 교통사고, 실직, 가정파탄 등의 불행을 가리킵니다. 그 결과, 인류는 궁핍해지고 낮고 비천하게 되었습니다. 하나님을 떠난 생활은 얼마 동안 즐거움을 주는 듯했으나 곧 불행으로 드러났습니다.

[17-19절], 그 아들은 스스로 돌이켜 말했습니다. "이에 스스로 돌이켜 이르되 내 아버지에게는 양식이 풍족한 품꾼이 얼마나 많은가 나는 여기서 주려 죽는구나. 내가 일어나 아버지께 가서 이르기를 아버지 내가 하늘과 아버지께 죄를 지었사오니, 지금부터는 아버지의 아들이라 일컬음을 감당하지 못하겠나이다 나를 품꾼의 하나로 보소서 하리라 하고."

'이에 스스로 돌이켜'라는 원문은 '그가 자신에게 왔을 때'라는 말로서 제정신이 들었다는 뜻입니다. 큰 흉년은 하나님의 재앙인 동시에 하나님의 은혜이었습니다. 궁핍이 그에게 불행만이 아니었습니다. 그는 그 궁핍을 통해 자신의 죄악 됨을 깨닫게 되었고 또 자신이 돼지보다 나을 것이 없는 낮고 비천한 존재임을 알게 되었습니다. 탕자는 또 몇 가지를 더 깨달았습니다. 첫째로, 그는 자기 아버지 집의 부요하였음을 기억하였습니다. 둘째로, 그는 아버지께 돌아가야 하겠다고 생각했습니다. 셋째로, 그는 자신이 하늘과 아버지께 죄를 지었음을 깨닫고 아버지께 그렇게 고백하겠다고 생각했습니다. 넷째로, 그는 자신이 아들의 자격이 없고 일꾼으로 여겨달라고 하겠다고 생각했습니다.

사람은 회개할 때 하나님의 부요하심과 자신의 빈곤함을 깨달으며 또 자신이 하나님을 멀리 떠난 죄인이므로 이제 하나님께로 돌아가야 한다는 것을 깨닫습니다. 또 그는 자신이 하나님께 범죄한 자요, 하나님의 아들로 여겨지기보다 하나님의 종이 되어야 마땅하다고 깨닫습니다. 이런 바른 깨달음은 구원의 정상적 과정입니다.

[20절], 아들은 일어나서 아버지께로 돌아갔습니다. 그는 깨달은 대로 행했습니다. 바른 생각에서 바른 행동이 나옵니다. 이것이 회개입니다. 회개는 자신의 죄와 불행을 바르게 깨닫고 그것을 슬퍼하고 일어나 죄악 된 삶을 청산하고 하나님께로 돌아가는 것입니다. 아직도 거리가 먼 데 아버지가 저를 보고 측은히 여겨 달려가 목을 안고 입을 맞추었습니다. 그것은 아버지의 사랑이 얼마나 컸는지를 나타냅니다. 아버지는 그를 겨우 받아

들이는 것이 아니고 뜨겁게 맞아들였습니다. 그것이 회개하는 죄인을 향한 하나님의 사랑입니다. 회개하는 죄인을 향한 그의 긍휼과 사랑은 지극히 크십니다. 하나님의 그 사랑이 자기 독생자를 사람으로 세상에 보내셨고 십자가에 대속제물로 내어주셨습니다.

[21-22절], 그 아들은 말했습니다. "아들이 이르되 아버지 내가 하늘과 아버지께 죄를 지었사오니 지금부터는 아버지의 아들이라 일컬음을 감당하지 못하겠나이다 하나, 아버지는 종들에게 이르되 제일 좋은 옷을 내어다가 입히고 손에 가락지를 끼우고 발에 신을 신기라."

그 아들은 아버지 앞에서 자신의 잘못과 죄를 인정하며 고백하였습니다. 아버지는 그의 뉘우침을 기쁘게 받았습니다. 아버지가 그에게 제일 좋은 옷을 입히고 손에 반지를 끼우고 발에 신을 신긴 것은 그가 그를 종으로가 아니고 귀한 아들로 인정한다는 표시이었습니다. 아버지를 떠나 아들의 자격을 포기했던 그에게 아들의 자격을 다시 준 것입니다.

인간은 스스로 하나님의 자녀 되기를 포기하고 죄와 마귀와 사망에게 종노릇하였습니다. 그러나 하나님께서는 회개한 죄인에게 하나님의 자녀의 자격과 특권을 다시 주십니다. 하나님께서는 그의 죄를 씻으시고 의의 옷을 입혀주시고 영광의 천국을 기업으로 주십니다.

[23-24절], 아버지는 또 말했습니다. "그리고 살진 송아지를 끌어다가 잡으라 우리가 먹고 즐기자. 이 내 아들은 죽었다가 다시 살아났으며 내가 잃었다가 다시 얻었노라 하니 그들이 즐거워하더라." 본 비유의 핵심은 여기에 있습니다. 즉 아버지가 돌아온 아들로 인하여 기뻐하였다는 것입니다. 그의 기쁨의 이유는 둘째 아들이 돌아온 것이 마치 죽은 아들이 다시 살아난 것과 같고 잃은 아들을 다시 얻은 것과 같았기 때문이었습니다. 이와 같이, 하나님께서는 죄인 한 명이 회개하고 돌아오는 것을 심히 기뻐하십니다.

[25-32절], 맏아들은 밭에 있다가 돌아와 집에 가까왔을 때에 풍류와 춤추는 소리를 듣고 한 종을 불러 이 무슨 일인가 물었습니다. 27절, "대답하되 당신의 동생이 돌아왔으매 당신의 아버지가 건강한 그를 다시 맞아들이게 됨으로 인하여 살진 송아지를 잡았나이다 하니." 그 아들은 노하여 들어가기를 즐겨 아니하였습니다. 아버지가 나와서 권하자, 그는 아버지에게 대답하였습니다.

29, 30절, "아버지께 대답하여 이르되 내가 여러 해 아버지를 섬겨 명을 어김이 없거늘 내게는 염소 새끼라도 주어 나와 내 벗으로 즐기게 하신 일이 없더니, 아버지의 살림을 창녀들과 함께 삼켜 버린 이 아들이 돌아오매 이를 위하여 살진 송아지를 잡으셨나이다. 아버지가 이르되 애 너는 항상 나와 함께 있으니 내 것이 다 네 것이로되, 이 네 동생은 죽었다가 살아났으며 내가

　본문은 맏아들의 태도를 증거합니다. 어떤 이들은 맏아들을 집안에 있는 탕자라고 해석하지만, 그것은 타당해 보이지 않습니다. 본문은 그가 그날도 밭에 있다가 돌아왔다고 표현하고 또 그의 고백에서도 그는 여러 해 아버지를 섬기며 그의 명령을 어김이 없었다고 하였습니다. 또 아버지의 말에서도 "너는 항상 나와 함께 있으니 내 것이 다 네 것이다"라고 했습니다. 그러므로 그 아들은 성실한 아들이라고 보아야 할 것입니다. 그를 집안의 탕자라고 보는 것은 적절치 않습니다. 그러나 그는 돌아온 자기 동생을 향한 아버지의 기쁨을 이해하지 못했습니다.

　맏아들의 노한 마음은 이해할 만하였습니다. 아버지의 명령을 순종하며 성실히 여러 해를 보냈던 그에게는 염소 새끼 하나라도 주어 그의 친구들과 즐기게 한 일이 없었고, 근검절약하며 살았던 아버지께서 재산을 탕진한 동생을 위해 살진 송아지를 잡은 것은 무언가 잘못된 것처럼 보였습니다.

　그러나 맏아들의 불평에 대해 아버지는 자신의 기쁨이 정당하다고 증거하였습니다. 목자가 양 우리 안에 남아있는 아흔아홉 마리의 양들을 미워하지 않았듯이, 또 여인이 주머니 속에 있는 아홉 개의 은전을 미워하지 않았듯이, 아버지는 결코 맏아들을 미워하지 않았습니다. 사실상 아버지의 모든 소유는 큰아들의 것이었습니다. 단지, 아버지의 현재의 기쁨은 잃었던 것 같은 둘째 아들을 다시 찾은 기쁨, 죽었던 아들이 다시 살아난 것 같은 기쁨인 것입니다. 그 기쁨은 잃어버리지 않은 것에 대한 기쁨보다 더 큰 기쁨이었습니다. 이와 같이, 죄인 한 명이 회개하면 천국에서는 회개할 것 없는 의인 아흔아홉 명을 인해 기뻐하는 것보다 더한 기쁨이 있다는 뜻입니다(눅 15:7).

탕자의 비유의 교훈은 무엇입니까? 첫째로, 모든 사람은 다 회개해야 합니다. 둘째로, 하나님은 회개하는 죄인들을 측은히 여기시고 그들을 영접하시고 하나님의 자녀의 신분과 특권을 회복시켜 주십니다. 셋째로, 하나님께서는 특히 죄인 한 명의 회개를 매우 기뻐하십니다. 교회는 죄를 회개하고 예수 그리스도를 믿고자 교회에 나온 한 명의 영혼을 하나님의 기쁨의 심정을 가지고 기뻐하고 환영해야 합니다. 탕자를 향한 아버지 사랑은 곧 죄인을 향한 하나님 사랑입니다.

불의한 청지기

누가복음 15장은 잃은 양, 돈, 사람에 대한 이야기를 비유로 들면서 하나님의 인류 구원에 대한 사랑을 우리에게 보여주었습니다. 이어지는 누가복음 16장에서는 돈을 사랑치 말 것을 예수님께서 선포하고 계십니다. 본문인 1-12절에서는 불의한 청지기에 대한 비유를 들고 있습니다. 본문은 성경에서 해석하기 어려운 부분들 중의 하나입니다.

[1-7절], 예수께서는 또 제자들에게 한 비유를 말씀하셨습니다. 어떤 부자에게 청지기가 있었습니다. 청지기는 주인의 재산을 관리하는 재산 관리인입니다. 그런데 그가 주인의 소유를 허비한다는 말이 그 주인에게 들렸습니다. 주인은 그를 불러 말했습니다. "내가 네게 대하여 들은 이 말이 어찌 됨이냐, 네가 보던 일을 셈하라, 청지기 직무를 계속하지 못하리라"(2절). 그 청지기는 자기를 해고한다는 말을 듣고 속으로 말하였습니다. "주

인이 내 직분을 빼앗으니 내가 무엇을 할까, 땅을 파자니 힘이 없고 빌어 먹자니 부끄럽구나. 내가 할 일을 알았도다. 이렇게 하면 직분을 빼앗긴 후에 사람들이 나를 자기 집으로 영접하리라"(3, 4절).

그는 주인에게 빚진 자를 낱낱이 불러다 먼저 온 자에게 말했습니다. "당신이 우리 주인에게 진 빚이 얼마요?" 그가 "올리브 기름 백 말(바투스)입니다"라고 말하자, "여기 당신의 빚 증서요, 어서 앉아서 50 말이라 적으시오"라고 대답하였습니다. 또 다른 사람에게 말하되 "당신의 빚은 얼마요?" 그 사람은 "밀 백 석(코루스)입니다"라고 말하자, "여기 당신의 빚 문서를 받아서 팔십 석이라 적으시오"라고 말하였습니다.

그 청지기가 생각해 낸 방법이란 주인에게 빚진 자들을 불러 빚을 임의로 감해 주는 것이었습니다. 그러면 그가 해고된 후에 그들이 그를 그들의 집으로 영접해 줄 것이라고 그는 생각했습니다. 그래서 그는 주인에게 빚진 자들을 하나씩 불렀고, 기름 백 말을 빚진 자에게는 오십 말로 감해 주었고, 밀 백 석을 빚진 자에게는 팔십 석으로 감해 주었습니다. 이것은 기왕의 그의 불성실에 더하여 주인의 재산에 더욱 큰 손해를 끼친 일이었습니다.

[8절], 그러나 예수께서는 "주인이 이 옳지 않은 청지기가 일을 지혜 있게 하였으므로 칭찬하였으니 이 세대의 아들들이 자기 시대에 있어서는 빛의 아들들보다 더 지혜로움이니라"고 말

씀하셨습니다. 그 청지기는 주인의 재산을 자기 멋대로 처리했으니 옳지 않은 청지기였습니다. 그러나 예수님의 비유에서, 그 주인은 그 청지기가 지혜 있게 행하였다고 칭찬하였습니다. 그것은 주인의 재산을 바르게 잘 관리했다는 뜻이 아니고, 그 청지기가 자신의 미래를 위해 머리를 썼다는 뜻입니다. 물론 그 청지기의 지혜는 선한 지혜가 아니고 세상적인 지혜였습니다. 그러므로 예수께서는 "이 세대의 아들들이 자기 시대에 있어서는 빛의 아들들보다 더 지혜로움이니라"고 덧붙여 말씀하셨다고 봅니다.

[9절], 예수께서는 또 말씀하셨습니다. "내가 너희에게 말하노니 불의의 재물로 친구를 사귀라. 그리하면 그 재물이 없어질 때에 그들이 너희를 영주할 처소로 영접하리라." 어려운 구절입니다. '재물'이라는 원어 '마모나스'는 '재물, 재산, 부(富)'라는 뜻입니다. 주께서는 왜 재물을 불의의 재물이라고 표현하셨습니까? 그것은 모든 재물이 하나님의 것인데 사람들이 그것을 자기 것으로 생각하고 사용하기 때문일 것입니다. 우리의 돈뿐 아니라 시간, 건강, 재능, 생명이 다 하나님의 것입니다. 그러므로 그것을 내 것처럼 생각하고 내 뜻대로 사용하는 것은 옳지 않습니다.

그러나 주께서는 불의의 재물로 친구를 사귀라고 말씀하십니다. 그것은 불의한 청지기와 비교하여 말씀한 것입니다. 인간의 세상 생활은 청지기의 생활과 같습니다. 우리는 어느 날 이 세상을 떠나 심판자이신 하나님 앞에 서게 될 것입니다. 예수님의 비유에서 그 불의한 청지기는 주인의 재산을 축내는 불의한 방식으로 빚쟁이들에게 선심을 써서 자신의 미래를 준비하였습니다.

그러나 우리는 우리의 재물을 가지고 지혜롭게 미래를 준비하여야 할 것입니다. 우리가 재물로 하나님의 일에 힘씀으로써 하나님과 친근해지면 하나님께서 천국에서 우리를 위해 좋은 것을 주실 것입니다. 또 우리가 재물로 구제와 선행에 힘씀으로 믿음 안에서 가난한 형제들과 친근해지면, 우리의 구제와 선행으로 도움을 받은 가난한 성도들은 천국에서 우리를 기쁘게 대하며 영접할 것입니다. 이것은 미래를 지혜롭게 준비하는 일이 될 것입니다.

그런 의미에서, 예수께서는 마태복음 6장 19-21절에서 "너희를 위하여 보물을 땅에 쌓아 두지 말라. 거기는 좀과 동록이 해하며 도둑이 구멍을 뚫고 도둑질하느니라. 오직 너희를 위하여 보물을 하늘에 쌓아 두라. 거기는 좀이나 동록이 해하지 못하며 도둑이 구멍을 뚫지도 못하고 도둑질도 못하느니라. 네 보물 있는 그 곳에는 네 마음도 있느니라"고 말씀하셨습니다. 보물을 하늘에 쌓는 것은 전도와 구제를 위해 헌금하며 돈을 쓰는 것을 말합니다(눅 12:33; 딤전 6:17-19).

[10-12절], 예수께서는 또 말씀하셨습니다. "지극히 작은 것에 충성된 자는 큰 것에도 충성되고 지극히 작은 것에 불의한 자는 큰 것에도 불의하니라. 너희가 만일 불의한 재물에도 충성하지

아니하면 누가 참된 것으로 너희에게 맡기겠느냐?”

주의 말씀에, ‘지극히 작은 것’은 세상의 재물을 가리키며, ‘큰 것’은 천국의 보화를 가리킨다고 생각됩니다. 천국의 보화와 비교할 때 세상의 재물과 부(富)는 지극히 작은 것에 불과합니다. ‘불의한 재물’도 땅의 재물을 가리키며, ‘참된 것’은 천국의 보화를 가리킬 것입니다. 이 세상의 부와 재물은 헛되지만, 천국의 보화는 참됩니다.

또 주의 말씀에, “너희가 만일 남의 것에 충성하지 아니하면 누가 너희의 것을 너희에게 주겠느냐?”(12절). 여기서 ‘남의 것’도 세상의 재물을 가리키며, ‘너희의 것’은 천국에서 받을 부(富)와 영광을 가리킨다고 봅니다. 세상의 재물은 우리의 것이 아니고 하나님의 것입니다. 우리는 단지 청지기처럼 하나님의 것을 맡은 것뿐입니다. 그러나 하나님께서는 장차 천국에서 우리가 영원히 누릴 영광스런 기업을 우리에게 주실 것입니다.

주께서 교훈하고자 하시는 바는 이 세상에서의 성도의 슬기로운 물질생활에 대해서입니다. 우리는 불의한 청지기같이 주인의 물질을 낭비하지 말고, 충성된 청지기같이 물질을 바르고 성실하게 사용해야 합니다. 그것은 성경에 계시된 하나님의 뜻대로 우리가 전도와 구제를 위해 물질을 사용하는 것입니다. 우리가 이 세상에서 재물을 슬기롭고 바르고 성실하게 사용할 때, 우리는 장차 천국에서 더 큰 것, 참된 것, 영원히 우리의 소유가 될 것을 받으며 누리게 될 것입니다.

1절로 12절까지의 불의한 청지기 비유는 성도들의 바른 물질 생활에 대해 교훈합니다. 무엇보다 먼저, 우리는 우리가 세상에서 소유하고 누리는 모든 물질이 다 하나님의 것이며 우리는 그의 청지기에 불과하다는 사실을 깨달아야 합니다. 우리의 돈뿐 아니라, 우리의 시간, 우리의 건강, 우리의 재능, 우리의 생명이 다 하나님의 것입니다. 그러므로 그것들을 내 것처럼 생각하고 내 뜻대로 사용하는 것은 낭비하는 것이며 불충성된 일입니다. 우리는 그것들을 하나님의 것으로 바로 알고 하나님 앞에서 하나님을 위해, 그의 뜻대로 바르고 성실하게 사용해야 합니다.

성경에 계시된 대로, 전도와 구제를 위해 물질을 보관하고 사용하는 것은 바로 사용하는 것입니다. 우리는 하나님께서 주시는 지혜와 힘과 건강으로 열심히 일해서 돈을 벌고 우리 자신을 위해서는 근검절약(勤儉節約)하여 살면서, 하나님께서 주신 재물로 하나님의 복음을 널리 전파하는 일과 우리 주변의 가난한 성도들을 돕는 일에 후하게 사용하며 살아야 합니다. 우리는 다 하나님의 선하고 충성된 청지기들이 되어 하나님께서 주신 물질을 바르게, 선하게 사용합시다.

슬기로운
청지기 생활

지난 주일에는 불의한 청지기의 지혜에 대하여 말씀을 나누었습니다. 지난주일 설교 본문과 오늘 본문의 교량역할을 하는 13절 말씀은 이 비유의 핵심을 "하나님과 재물을 겸하여 섬길 수 없느니라"로 요약하며, 재물을 하나님 뜻대로 사용하지 않으면 하나님이 아닌 재물을 섬기는 것임을 알려줍니다. 본문 13-18절에서는 온전한 도덕 생활, 슬기로운 청지기 생활 즉, 사람의 물질욕과 명예욕과 정욕에 대해 주께서 말씀하십니다.

[13절], 주께서는 말씀하셨습니다. "집 하인이 두 주인을 섬길 수 없나니 혹 이를 미워하고 저를 사랑하거나 혹 이를 중히 여기고 저를 경히 여길 것임이니라. 너희가 하나님과 재물을 겸하여 섬길 수 없느니라." 본 절은 불의한 청지기 비유의 한 결론과도 같습니다. 집의 종들은 두 주인을 섬길 수 없습니다. 한 사람을 사랑하면 다른 한 사람을 미워하는 셈이 되고 한 사람을 중히

여기면 다른 한 사람을 경히 여기는 셈이 되기 때문입니다. 우리는 하나님과 재물을 겸하여 섬길 수 없습니다.

그러므로 예수께서는 누구든지 그를 따르려면 자신을 부정하고 자기 십자가를 지고 따라야 하며 자기를 미워하고 자기의 모든 소유를 버려야 한다고 말씀하셨습니다(눅 9:23, 14:26, 33). 또 사도 바울은 "부하려 하는 자들은 시험과 올무와 여러가지 어리석고 해로운 정욕에 떨어지나니 곧 사람으로 침륜과 멸망에 빠지게 하는 것이라. 돈을 사랑함이 일만 악의 뿌리가 되나니 이것을 사모하는 자들이 미혹을 받아 믿음에서 떠나 많은 근심으로써 자기를 찔렀도다"라고 말했습니다(딤전 6:9-10). 또 사도 요한은 신자들에게 "이 세상이나 세상에 있는 것들을 사랑하지 말라"(요일 2:15)고 교훈하였습니다. 우리는 하나님만 사랑하고 섬겨야지 세상이나 재물을 함께 섬길 수 없습니다.

[14절], 그러나 바리새인들은 돈을 좋아하는 사람들이었기에 예수님의 이 모든 말씀을 듣고 비웃었습니다. 물질욕이 그들의 마음을 어둡고 완고하게 만들었기 때문에, 그들은 하나님의 아들의 말씀이라도 배척하고 멸시했습니다. 그것은 하나님을 배척하고 멸시하는 악한 태도이었습니다. 그것은 하나님 앞에서 큰 죄였습니다. 오늘날도 사람이 물질욕을 가지면 하나님의 말씀을 멸시하고 배척하게 될 것입니다. 여러분은 어떻습니까? 이 시간에 자신을 돌아볼 기회입니다.

[15절], 예수께서는 또 말씀하셨습니다. "너희는 사람 앞에서 스스로 옳다 하는 자이나 너희 마음을 하나님께서 아시나니 사람 중에 높임을 받는 그것은 하나님 앞에 미움을 받는 것이니라." 주께서는 바리새인들의 마음속에 돈을 사랑하는 마음뿐 아니라, 또한 사람들 앞에서 자신을 옳다고 여기는 마음과 사람들 중에서 높임을 받고자 하는 마음도 있음을 보셨습니다. 그것은 교만과 명예욕이었습니다.

그러나 주께서는 그들 속에 있는 각양의 죄악 된 마음의 실상을 보셨습니다. 하나님께서는 사람의 마음을 보시며 선악 간에 판단하십니다(삼상 16:7). 특히 사람들 중에 높임을 받는 것은 하나님 앞에 미움을 받는 것입니다. 요셉이나 모르드개나 다니엘처럼 하나님께서 자연스러운 상황을 주셔서 높임을 받는 것은 좋은 것이지만, 스스로 높아지려는 마음, 거짓되게 혹은 정당하지 않게 높아지려는 마음은 교만이요 명예욕입니다. 하나님께서는 그렇게 높임을 받는 것을 '가증한 것'이라고 여기십니다. '미움을 받는 것'이라는 말은 '미워할 만한 것', '가증한 것'이라는 뜻입니다. 하나님께서 정당하게 주시지 않은 명예는 가증한 것입니다.

[16절], 예수께서는 또 "율법과 선지자는 요한의 때까지요 그 후부터는 하나님 나라의 복음이 전파되어 사람마다 그리로 침입하느니라"고 말씀하셨습니다. 예수께서는 구약시대와 신약시대의 구별을 말씀하십니다. 율법과 선지자는 구약성경을 가리

킵니다. 구약시대는 요한의 때까지였습니다. 그 후부터는 하나님 나라의 복음이 전파되며 사람마다 그리로 침입하듯이 들어갑니다. 그래서 예수께서는 전도 사역을 시작하실 때 "회개하라. 천국이 가까웠느니라"(마 4:17)고 외치셨습니다.

'나라' 혹은 '왕국'은 '통치'를 나타냅니다. 하나님께서 만드신 세상은 사람들의 범죄로 죄와 마귀와 사망이 지배하는 세계가 되었습니다. 그러나 예수 그리스도의 오심으로 하나님의 통치가 특별한 방식으로 시작되었습니다. 이것은 예수 그리스도를 믿음으로 얻는 의와 생명으로 시작되었습니다.

[17절], 주께서는 "그러나 율법의 한 획이 떨어짐보다 천지의 없어짐이 쉬우리라"고 말씀하셨습니다. 신약시대에 율법이 폐지되는 것은 아닙니다. 도리어 주께서는 율법의 한 획이 무효화 되지 않고 다 성취될 것을 강조하셨습니다. 마태복음에서도 주께서는 "내가 율법이나 선지자나 폐하러 온 줄로 생각지 말라. 폐하러 온 것이 아니요 완전케 하려 함이로라. 진실로 너희에게 이르노니 천지가 없어지기 전에는 율법의 일점 일획이라도 반드시 없어지지 아니하고 다 이루리라"(마 5:17-18)고 말씀하셨습니다. 예수께서는 친히 십자가에 죽으심으로 우리를 위해 하나님의 완전한 의를 다 이루셨습니다(롬 10:4, 고전 1:30). 그러나 구원받은 우리는 이 세상에서 의롭고 온전한 삶을 살아야 합니다(롬 6:13).

[18절], 주께서는 또 "무릇 그 아내를 버리고 다른 데 장가드는 자도 간음함이요 무릇 버림당한 여자에게 장가드는 자도 간음함이니라"고 말씀하셨습니다. 예수께서는 사람의 도덕적 결함의 다른 중요한 한 요소인 정욕의 죄를 지적하십니다. 사람의 이 죄악성은 결혼 생활의 불성실로 나타납니다. 즉 하나님께서 짝지어 주신 아내를 버리고 다른 여자와 결혼하는 것입니다. 그것이 간음의 죄악입니다. 또 남편에게 버려진 이와 결혼하는 것도 간음의 행위입니다. 왜냐하면 하나님께서 짝지어 주신 결혼 관계는 사람이 나눈다고 나누어지는 것이 아니기 때문입니다. 이혼에 관한 가르침은 율법을 폐지하지 않고 더 철저하게 적용하시는 예수님의 면모를 보여주는 일례입니다.

이것은 물론 모든 이혼과 재혼을 정죄하는 말씀은 아닙니다. 예수께서는 마태복음 5장 32절에서 "나는 너희에게 이르노니 누구든지 음행한 연고 없이 아내를 버리면 이는 저로 간음하게 함이요 또 누구든지 버린 여자에게 장가드는 자도 간음함이니라"고 말씀하셨습니다. '음행한 연고 없이'라는 말씀은 음행이 이혼의 합법적 이유가 됨을 보입니다. 이것은 성경이 증거하는 이혼의 합법적 이유입니다. 또 사별(死別)한 경우나 합법적 이혼을 한 경우, 재혼은 합법적이라고 봅니다. 성경은 이혼이 아닌 별거(別居)를 정죄하지는 않습니다. 부득이한 경우, 성도는 별거하여 살 수 있을 것입니다.

13절로 18절까지의 말씀은 한 마디로 온전한 도덕 생활을 증거합니다. 여기에 언급된 세 가지 주제인 돈과 명예와 정욕은 사람들을 죄악과 멸망으로 이끄는 요소들이며 성도들을 실패케 하고 멸망케 하는 것들입니다. 우리는 물질욕과 명예욕과 정욕을 버려야 합니다. 이것이 슬기로운 청지기 생활의 필수 요건입니다.

첫째로, 우리는 하나님께서 주시는 돈으로 만족하며 살아야 합니다. 하나님께서 주시는 돈이란 합법적으로 버는 돈, 즉 직장에서 정당하게 받는 봉급 같은 것을 가리킵니다. 우리는 그것으로 만족하며 근검절약하여 살아야 합니다. 그 이상의 것을 원할 때 시험에 떨어지기 쉽습니다. 예를 들어 남편들은 직장에서 불의의 돈을 받게 되고, 아내들은 무리한 직장 생활 때문에, 남편을 돕는 집안일이나 자녀 교육의 일을 다 하지 못하는 결과가 될 수 있는 것입니다. 이것은 다 불행한 일입니다.

둘째로, 우리는 하나님께서 주시는 명예로 만족해야 합니다. 우리는 자신을 높이려 하지 말고 하나님께서 우리를 들어 높이실 때까지 겸손히 우리의 처한 환경과 위치에서 만족하며 살아야 합니다.

셋째로, 우리는 하나님께서 주신 아내와 남편으로 만족해야 합니다. 결혼한 이들은 결혼 관계를 복되게, 귀중하게 생각하고 살아야 하며, 결혼하지 않은 자들이나 혼자된 자들은 하나님께서 그들에게 주신 그 형편과 처지를 기쁨과 감사함으로 받으며 생활해야 합니다. 그렇지 못할 때 우리는 범죄 하게 되고 마귀의 시험에 떨어지게 될 것입니다.

천국과 지옥

오늘날 '천국과 지옥'에 대한 설교가 거의 없습니다. '천국과 지옥'은 어떤 곳입니까? 천국은 신비로운 곳으로 하나님 백성들의 고향입니다. 반면에 지옥은 처절한 곳으로 영혼의 파멸 장소입니다. 이 '천국과 지옥'은 성경이 가르치는 엄숙한 주제입니다. 본문을 통해 천국과 지옥의 실재성, 천국과 지옥의 성격, 부자가 지옥에 간 이유, 지옥에 간 부자의 요청에 대하여 살펴보겠습니다.

1. 죽은 후의 상태 19절~25절

[19-21절], 한 부자가 있었습니다. 그는 자색 옷과 고운 베옷을 입고 날마다 호화로이 즐기며 살았습니다. 나사로라고 하는 한 거지가 있었습니다. 그는 헌데를 앓으며 그 부자의 대문에 누워

부자의 상에서 떨어지는 것으로 허기진 배를 채우려 하였고 심지어 개들이 와서 그 헌데를 핥았습니다. 부자는 그 거지를 동정하지 않았던 것 같습니다.

[22-23절], 어느 날 그 거지는 죽어 천사들에게 받들려 아브라함의 품에 들어갔습니다. 아브라함의 품은 천국입니다. 성도가 죽은 후 그 영혼이 천국에 들어가는 것에는 구약과 신약성경의 차이가 없습니다. 시편 73편 24절, "주의 교훈으로 나를 인도하시고 후에는 영광으로 나를 영접하시리니." 누가복음 23장 43절, "오늘 네가 나와 함께 낙원에 있으리라."

어느 날 그 부자도 죽어 장사되었습니다. 그의 장례식은 매우 거창하고 호화로웠을 것입니다. 그러나 그 영혼은 음부[지옥] 고통 중에 떨어졌습니다. 지옥은 악인이 죽은 후 그 영혼이 들어가는 형벌의 장소입니다. 그는 지옥에서 고통 중에 눈을 들어 멀리 아브라함과 그의 품에 있는 나사로를 보았습니다. 천국과 지옥은 죽은 후에 즉시 가는 것입니다(22절).

[24절], 그 부자는 아브라함을 불러 말하였습니다. "아버지 아브라함이여 나를 긍휼히 여기사 나사로를 보내어 그 손가락 끝에 물을 찍어 내 혀를 서늘하게 하소서 내가 이 불꽃 가운데서 괴로워하나이다." 부자는 지옥에서 불꽃 가운데서 고생하고 있었습니다. 지옥에는 뜨거운 불로 인한 심한 열기와 갈증, 그리고 감당하기 어려운 고통이 있었습니다. 천국과 지옥은 의식이 살

아있는 곳입니다(24절).

[25절], 아브라함이 그에게 말했습니다. "얘 너는 살았을 때에 좋은 것을 받았고 나사로는 고난을 받았으니 이것을 기억하라 이제 그는 여기서 위로를 받고 너는 괴로움을 받느니라." '살았을 때'란 육신이 살았을 때를 말합니다. 사람의 영혼은 불멸이기 때문에 육신이 죽은 후에도 의식을 가지고 있습니다. 부자는 이 세상에 살았을 때 좋은 것들 곧 의식주의 풍요로움을 누렸습니다. 그는 하나님도, 그 계명도, 인생의 참 목적과 의미도 알지 못하고 단지 죄 가운데 낙을 누리며 살았습니다.

한편, 거지 나사로는 세상에서는 고난을 받았습니다. 그는 육신적, 경제적 궁핍 속에서 살았습니다. 그의 몸에는 헌데가 있었고 먹을 것도 부족한 거지였습니다. 그러나 이 비유의 전체 문맥을 볼 때, 그는 모세와 선지자들의 글들 즉 구약성경을 알았고 믿었습니다. 거지 나사로는 아마 가난과 질병 속에서 자신의 허무함과 죄인됨을 깨달았을 것입니다. 그는 겸비하게 하나님을 찾았고 만났고 그를 믿고 의지하였을 것입니다. 실상, 외적인 유여(裕餘)함보다 이것들이 인생에게 큰 복입니다.

이 세상에서 좋은 것을 누렸던 그 부자는 내세에서 고통과 고민 가운데 있었고, 이 세상에서 고통을 당했던 그 거지 나사로는 내세에서 위로와 안식을 누렸습니다. 그것은 하나님의 공의로운 보응이었습니다. 만일 내세에 공의의 보응이 없다면, 만일, 이 세상에 하나님의 공의로운 마지막 심판이 없다면, 인간 생활에서 도덕의 진정한 이유와 가치를 알 수 없고 세상의 도덕 질서는 무너지고 말 것입니다.

본문은 사람의 죽은 후의 상태를 분명하게 증거합니다. 이것은 예수님의 신적 권위로 증거되었습니다. 사람들은 죽은 후에 천국과 지옥으로 분리될 것입니다. 의인은 위로와 안식의 천국으로 인도되고, 악인은 고통과 형벌의 지옥에 던져질 것입니다.

이 세상에서의 삶은 죽은 후의 상태와 다를 수 있습니다. 부자는 지상에서 호화로이 살았으나 죽은 후에 고통을 당했고, 나사로는 병약하고 가난했으나 죽은 후에 평안을 누렸습니다. 천국은 안식과 위로가 있는 곳이지만, 지옥은 고통의 장소입니다. 천국과 지옥은 분명하고 확실한 대조를 이루고 있습니다(25절). 천국과 지옥이 있다는 사실은 죄인들이 회개해야 할 이유요, 또한 먼저 믿은 우리가 전도해야 할 이유입니다.

2. 전도의 필요성과 방법 26절~31절

[26절], 아브라함은 또 말했습니다. "그뿐 아니라 너희와 우리 사이에 큰 구렁텅이가 놓여 있어 여기서 너희에게 건너가고자 하되 갈 수 없고 거기서 우리에게 건너올 수도 없게 하였느니라." '큰 구렁이 끼어 있어'라는 원어는 '고정된 큰 간격이 있어'라는 뜻입니다. 천국과 지옥 사이의 간격은 아담 이후 변경할 수 없이 고정되어 있습니다. 죽음으로 사람의 최종 상태는 고정

됩니다. 지옥에서 천국으로 오는 것도 불가능하고, 천국에서 지옥으로 가는 것도 불가능합니다. 천국과 지옥은 서로 왕래할 수 없는 곳입니다(26절).

여기에 하나님의 엄위하신 공의가 있습니다. 하나님께서는 세상에서 사람들에게 공의와 선을 행하라고 명령하시고 불의와 죄악에 대해 경고하시지만, 저 세상에서 그는 공의의 보응을 내리실 것입니다. 그 보응은 엄위하지만 이미 공개적으로 예고된 것입니다. 그는 모든 인간에게 선언하신 그대로 공의의 보응을 내리실 것입니다.

[27-28절], 그 부자는 말했습니다. "그러면 아버지여 구하노니 나사로를 내 아버지의 집에 보내소서. 내 형제 다섯이 있으니 그들에게 증언하게 하여 그들로 이 고통 받는 곳에 오지 않게 하소서." 지옥은 실제로 존재하는 곳입니다. 그곳은 악인들의 형벌의 장소입니다. 그곳은 불이 있는 곳입니다. 모든 악인은 그곳에 가게 될 것입니다.

그 부자는 지옥의 고통 중에서 세상에 남아 있는 형제들을 기억하였습니다. 자기에게 아무런 위로가 없을 것을 깨달은 그는 세상에 남아 있는 다섯 형제의 장래를 염려하였습니다. 그래서 그는 아브라함에게 "내 형제 다섯에게 증거하여 저희로 이 고통 받는 곳에 오지 않게 하소서"라고 호소했습니다. 또 그는, 자신은 이 처지를 돌이킬 수 없을지라도, 나사로가 세상에 다시 가서 자기 형제들에게 이 소식을 전해 주어 그들만은 이곳에 오지 않기를 원하였습니다. 지옥의 고통을 경험한 자는 당연히 그런 소원을 가질 것입니다. 지옥이 존재한다는 사실은 죄인들이 회개해야 할 바로 그 이유입니다. 자기의 죄를 회개치 않는 자마다 그곳에 들어갈 것이기 때문입니다. 또 이런 사실들은 우리가 구원받지 못한 사람들에게 전도해야 할 이유이기도 합니다.

[29절], 아브라함은 말하였습니다. "저희에게 모세와 선지자들이 있으니 그들에게 들을지니라." '모세와 선지자들'은 구약 성경을 가리킵니다. 성경은 사람의 구원을 위해 충족한 하나님의 말씀입니다. '그들에게 들을지니라'는 말은 '성경을 읽고 성경을 들으라'는 뜻입니다. 성경에 기록된 복음을 듣고 믿지 않고서는 아무도 구원을 얻을 수 없을 것입니다. 복음은 모든 믿는 자에게 구원을 주시는 하나님의 능력입니다(롬 1:16).

[30-31절], 그 부자는 말하기를, "그렇지 아니하니이다 아버지 아브라함이여 만일 죽은 자에게서 그들에게 가는 자가 있으면 회개하리이다"(30절)라고 하자, 아브라함은 그에게 또 말하기를, "모세와 선지자들에게 듣지 아니하면 비록 죽은 자 가운데서 살아나는 자가 있을지라도 권함을 받지 아니하리라"(31절)고 하였습니다. 부자는 아브라함의 말을 인정치 않았고 성경의 효력을 믿지 않았습니다. 그 대신, 그는 죽은 자가 살아서 그들에게 돌아가 전도하면 그들이 회개하리라고 생각하였습니다.

그러나 실상은 그렇지 않습니다. 성경을 통해 믿지 않는 자는 기적을 보아도 믿지 않을 것입니다. 오늘날도 구원은 성경에 증거된 주 예수 그리스도를 통해 일어납니다. 그러므로 우리는 오직 성경을 믿고 행하고 전해야 합니다. 사람은 죽기 전에 구원을 받아야지 죽은 후에는 그의 상태를 변경시킬 수 없습니다. 죽기 전에 회개해야 하고 죽기 전에 전도해야 합니다.

부자가 지옥에 간 이유는 부자였기 때문이 아닙니다. 회개하지 않았기 때문입니다. 그리고 생명책에 그의 이름이 기록되지 않았기 때문입니다. 그러한 부자의 요청은 가족 구원을 위해 그들이 회개하도록 해 달라는 것입니다. 부자는 지옥에서 기도의 중요성(27절), 전도의 중요성(28절), 회개의 중요성(30절)을 뒤늦게 깨달았습니다. 이 복음 앞에 여러분의 응답은 무엇입니까? 여러분은 구원을 받았습니까?

관용과 믿음의 삶

예수님은 제자가 실천할 네 가지 윤리 지침에 대해 말씀하십니다. 처음 두 가지는 '사람'과 관계됩니다. 곧 다른 사람을 죄짓게 하지 말라는 것(1, 2절)과 죄지은 사람을 용서하라는 것(3, 4절)입니다. 다른 사람을 죄에 빠지게 하는 자에게는 화가 있을 것입니다. 제자는 형제가 죄를 범하면 경고하고, 회개하면 용서해 주어야 합니다.

이어지는 두 가지는 '하나님'과 관계됩니다. 곧 진정한 믿음을 갖는 것(5, 6절)과 종의 자세를 갖는 것(7-10절)입니다. 참된 믿음은 놀라운 일을 일으키고 불가능한 것을 가능하게 합니다. 충성된 종은 주인의 칭찬과 보상을 기대하지 않습니다. 마땅히 할 일을 했을 뿐이라 여기기 때문입니다. 맡은 사람들에게 요구되는 것은 신실한 충성입니다(고전 4:2).

1. 회개와 용서 1절~4절

[1절], 예수께서는 제자들에게 말씀하셨습니다. "실족(범죄)하게 하는 것이 없을 수는 없으나 그렇게 하게 하는 자에게는 화로다." 사람이 악하고 무지해서 남을 범죄케 하는 일이 불가피하게 생깁니다. 그러나 다른 사람을 실족하게 하는 자에게는 화가 있습니다.

[2절], 그러므로 주께서는 "그가 이 작은 자 중의 하나를 실족하게 할진대 차라리 연자맷돌이 그 목에 매여 바다에 던져지는 것이 나으리라"고 말씀하셨습니다. 오늘날 교회 안에도 주님을 믿은 지 얼마 되지 않고 믿음이 약한 자들이 있습니다. 그런 자들은 작은 시험이 와도 잘 넘어집니다. '연자맷돌'은 '당나귀가 돌리는 큰 맷돌'을 뜻합니다. 사람이 그런 맷돌을 목에 걸치고 바다에 던져지면 살 가망이 없을 것입니다. 주님의 말씀은 단호하시고 강하십니다. 마태복음 5장에 보면, 그는 또한 이렇게 말씀하셨습니다.

"만일 네 오른 눈이 너로 실족하게 하거든 빼어 내버리라. 네 백체 중 하나가 없어지고 온 몸이 지옥에 던져지지 않는 것이 유익하며, 또한 만일 네 오른손이 너로 실족하게 하거든 찍어 내버리라. 네 백체 중 하나가 없어지고 온 몸이 지옥에 던지우지 않는 것이 유익하니라"(마 5:29-30).

주님의 표현이 강한 만큼, 이 말씀은 인간에게 있어서 죄가 얼마나 큰 문제인가를 보여줍니다. 죄는 사람을 죽음과 지옥에 이르게 합니다. 하나님의 구원은 죄 사함을 주는 구원입니다. 하나님은 이 구원을 위해 자기의 독생자를 사람으로 보내셨고 십자가에 속죄 제물로 내어주셨습니다. 우리는 범죄가 큰 문제이며 자신의 범죄뿐 아니라 다른 사람을 범죄케 하는 것도 큰 죄악임을 깨달읍시다.

[3절], 예수께서는 또 말씀하시기를, "너희는 스스로 조심하라. 만일 네 형제가 죄를 범하거든 경고하고 회개하거든 용서하라"고 하셨습니다. 우리는 형제의 범죄를 용납하지 말아야 하지만, 다른 한편 그의 회개를 거절하지도 말아야 합니다. 만일 우리가 형제의 범죄를 용납하면, 우리는 신앙적, 도덕적 방종과 해이에 떨어질 것입니다. 그러나 만일 우리가 형제의 회개를 받아주지 않고 거절한다면, 그것은 사랑의 계명을 어기는 일입니다. 그러므로 우리의 형제가 우리에게 죄를 범한다면 우리는 그를 책망해야 합니다. '경고하라'는 원어 '에피티마오'는 '책망하라'는 뜻입니다. 그러나 그가 자신의 죄와 잘못을 회개한다면 우리는 그를 용서해야 하는 것입니다. 용서는 상대방의 회개 즉 상대방이 자신의 죄와 잘못을 인정하고 뉘우치는 것을 선세(前提)하는 것이어야 할 것입니다.

[4절], 예수께서는 또 "만일 하루 일곱 번이라도 네게 죄를 짓

 '하루에 일곱 번이라도'라는 말씀은 인간의 부족과 연약을 증거합니다. '하루 일곱 번이라도'라는 표현은 용서의 횟수에 제한을 두지 말고 상대가 언제든지 회개하면 그의 잘못을 용서하라는 뜻입니다. 또 '내가 회개하노라 하거든'이라는 말은 회개하는 자의 중심의 진실성 여부를 따지거나 판단하려 하지 말고 단지 그의 사과의 말에 근거하여 그를 용서하고 서로 화해하라는 뜻입니다.

성도들의 사랑의 교제에서 매우 요긴한 한 가지는 서로의 허물과 잘못을 용서하고 덮어주는 것입니다. 우리가 서로 용서하지 않는다면, 서로 사랑하며 일치 단합하여 주를 섬기는 것이 불가능할 것입니다. 그러므로 요한복음 13장에 보면, 주께서는 제자들에게 서로 사랑하라는 새 계명을 주시기 전에 친히 제자들의 발을 씻어주심으로써 그들도 서로의 부족과 연약을 용서해야 할 것을 가르쳐주셨습니다.

우리는 범죄를 큰 문제로 여겨야 합니다. 자신의 범죄도 그렇고, 특히 다른 사람을 범죄하게 하는 일이 그렇습니다. 계속 범죄하는 자는 하나님의 징벌과 장차 지옥 형벌을 받을 수밖에 없습니다. 구원은 죄로부터의 구원입니다.

우리는 회개와 용서를 중요하게 여겨야 합니다. 회개는 복된 일입니다. 인간이 연약하여 죄도 자주 짓고 회개도 자주 하지만, 하나님께서는 우리가 회개할 때 용서해 주십니다. 이처럼 우리도 우리에게 잘못을 행한 자가 사과할 때 즉시 그를 용서하고 또 비록 반복해서 그러할지라도 그러해야 할 것입니다. 그것은 주의 명령이며 사랑의 실천이기 때문입니다.

2. 겨자씨 한 알 만한 믿음 `5절~6절`

[5-6절], 사도들은 주님께 "우리에게 믿음을 더하소서"(5절 하)라고 아뢰었습니다. 그들은 자신들의 믿음이 부족함을 깨닫고 더 많은 믿음이 필요함을 느꼈던 것 같습니다. 우리의 작은 믿음은 날마다 자라고 성장해야 합니다.

예수께서는 그들에게 말씀하셨습니다. "너희에게 겨자씨 한 알 만한 믿음이 있었더라면 이 뽕나무더러 뿌리가 뽑혀 바다에 심기어라 하였을 것이요 그것이 너희에게 순종하였으리라"(6절). 우리에게 겨자씨 한 알 만한 믿음이 있다면 큰 역사가 일어날 것입니다. 그러나 실상 주의 말씀은 우리에게 겨자씨 한 알 만한 믿음도 없다는 것을 깨닫게 하십니다.

그러므로 우리는 비록 믿음으로 구원을 받았지만, 우리의 믿음이 심히 적다는 것을 인정하고 겸손히 주님만 바라야 할 것입니다. 우리는 진심으로, "주여, 우리의 믿음이 심히 적사오니 우리에게 믿음을 더하소서"라고 주님께 아뢰고, 우리 자신의 믿음이 심히 적음을 인정하며 주님을 향해 또 사람들을 향해 항상 겸손히 처신해야 합니다.

3. 무익한 종이라는 마음가짐 7절~10절

[7-9절], 주께서는 또 말씀하셨습니다. "너희 중 누구에게 밭을 갈거나 양을 치거나 하는 종이 있어 밭에서 돌아오면 그더러 곧 와 앉아서 먹으라 말할 자가 있느냐? 도리어 그더러 내 먹을 것을 준비하고 띠를 띠고 내가 먹고 마시는 동안에 수종 들고 너는 그 후에 먹고 마시라 하지 않겠느냐? 명한 대로 하였다고 종에게 감사하겠느냐?"

종들은 주인의 밭을 갈거나 양을 쳤습니다. 그들은 일과가 끝나 밭에서 돌아와서도 금방 편안히 상에 앉아 음식을 먹지 못했고, 주인의 상을 준비하고 수종 들었고, 주인이 음식을 먹은 후에야 먹을 수 있었습니다. 또 주인은 그의 명령을 다 행한 종들에게 감사하지 않았습니다.

옛 시대의 주인과 종의 관계는 하나님과 우리의 관계를 이해하는 데 유익합니다. 하나님과 인간의 관계는 주인과 종의 관계 이상입니다. 하나님은 창조주시오, 우리는 피조물이며, 더욱이 우리는 그를 거역했던 죄인들, 즉 그의 진노의 심판을 받아야 마땅했던 죄인들이었습니다.

[10절], 주께서는 또 "이와 같이 너희도 명령받은 것을 다 행한 후에 이르기를 우리는 무익한 종이라. 우리가 하여야 할 일을 한 것뿐이라 할지니라"고 말씀하셨습니다. 이것은 신약 교회의 모든 봉사자가 가져야 할 정신입니다. 우리는 자신을 '무익한

종'이라고 생각하고 처신해야 합니다. 우리는 봉사의 직무를 행할 때도 우리의 힘과 재능으로 한 것이 아니고 주의 주신 은혜와 힘으로 했고 우리가 해야 할 의무를 했을 뿐임을 알아야 합니다. 우리 모두는 종의 정신으로 겸손히 주님을 섬겨야 합니다.

우리는 우리 자신이 겨자씨 한 알 만한 믿음도 없는 부족한 사람임을 알고 믿음의 성장을 위해 기도해야 하고, 또 우리는 하나님 앞에 종들과 같고 절대 순종하고 죽도록 충성해야 하고, 또 그렇게 한 후에도 우리 자신이 무익한 종임을 겸손히 고백하며 처신해야 합니다.

감사를
고백하는 삶

누가복음 17장 11절~19절

"개구리 올챙이 적 생각 못 한다"라는 말이 있습니다. 이것은 상황이 바뀌면 과거를 잊어버리는 어리석음을 표현한 속담입니다. 성도가 간절한 기도를 응답받은 후에 그 은혜를 잊어버리는 것도 마찬가지입니다. 말씀 속에서 하나님의 구원의 역사 앞에 성도가 취해야 할 바른 자세를 교훈 받기를 바랍니다.

믿음과 감사는 분리될 수 없습니다. 아무 공로 없이 은혜로 구원받은 그리스도인에게 하나님은 용서와 감사를 기대하십니다. 우리를 용서하신 하나님의 은혜에 감사하고, 그 용서를 본받아 이웃에게 용서를 베풀어야 합니다. 지난 주일 설교 말씀이 기억나십니까? '관용과 믿음의 삶', 곧 '용서와 믿음의 삶'이라는 제목의 말씀이었습니다. 오늘은 이어서 '감사를 고백하는 삶'이라는 말씀을 나누고자 합니다.

[11-13절], 예수께서 예루살렘으로 가실 때 사마리아와 갈릴리

사이로 지나가셨습니다. 그는 북부 갈릴리 지방에서 중부 사마리아 지방을 지나서 남부 유대 지방의 예루살렘으로 가고 계셨습니다. 그때 그는 한 마을에 들어가셨는데, 나병 환자 열 명이 예수님을 만나 멀리 서서 소리쳤습니다. 율법에 의하면 나병 환자는 동네 밖에서 살아야 했습니다(레 13:46). 그래서 그들은 멀리 서서 소리쳤을 것입니다.

그들은 소리를 높여 "예수 선생님이여, 우리를 긍휼히 여기소서"라고 말했습니다. 그들은 자신들의 처지를 부끄러워하지 않았습니다. 그들이 예수께 대해 얼마큼 지식과 믿음을 가지고 있었는지는 분명치 않으나, 그들은 적어도 그가 많은 병자들을 고쳐 주셨다는 소문을 들었고 자기들의 병도 고쳐 주실 수 있다고 믿었음에 틀림없습니다. 그래서 그들은 "예수 선생님이여, 우리를 긍휼히 여기소서"하고 외쳤습니다. 하나님께 긍휼히 여김 받기를 간구하는 자는 긍휼히 여김을 얻을 것입니다.

[14절], 예수께서는 그들을 보시고 말씀하셨습니다. "가서 제사장들에게 너희 몸을 보이라." 율법에 의하면 나병 환자들이 병이 나으면 제사장에게 가서 검사를 받아야 했습니다(레 14장). 그러므로 "가서 제사장들에게 너희 몸을 보이라"는 주의 말씀은 그들의 병을 고쳐 주시겠다는 뜻을 포함하였습니다. 예수께서 어떤 때에는 나병 환자를 즉시 고쳐 주신 경우도 있었으나(마 8:3), 이번에는 그렇게 하지 않으셨습니다.

예수께서 즉시 고쳐 주지 않으시고 "가서 제사장들에게 네 몸을 보이라”고 말씀하신 것은 그들의 믿음과 순종을 요구하신 것이라고 봅니다. 그것은 옛날 엘리사 선지자가 아람 군대장관 나병 환자 나아만에게 “가서 요단강에 몸을 일곱 번 씻으라”고 말한 것과 비슷하였습니다(왕하 5:10). 이런 말씀들은 우리의 믿음과 순종을 요구합니다. 참된 믿음은 순종으로 나타날 것입니다. 그 열 명의 환자는 주의 말씀대로 갔고, 가다가 깨끗함을 받았습니다. 그들은 믿고 순종하였고 그때 그들은 병 고침의 은혜를 받았습니다.

예수께서 열 명의 나병 환자들을 고쳐 주신 것은 그의 신성(神性)을 증거하는 일이었습니다. 그는 말씀으로 그 불치의 병자들을 고쳐 주셨습니다. 그의 능력은 신성의 능력이었습니다. 그는 이 일을 통해 자신이 신성(神性)을 가진 하나님의 아들임을 증거하셨습니다. 하나님께서는 자기 아들을 우리의 구주로 세상에 보내어주셨습니다. 그가 예수 그리스도이십니다.

[15-16절], 그 열 명의 나병 환자들 중에 하나가 자기의 나은 것을 보고 큰 소리로 하나님께 영광을 돌리며 돌아와 예수님의 발아래 엎드리어 감사하였습니다. 그는 사마리아인이었습니다. 열 명이 다 병 고침을 받았으나, 그중 한 사람만 돌아와 예수께 감사하였습니다. 다른 이들은 기쁨과 들뜬 마음으로 제사장에게 갔다가 자기들의 집으로 돌아갔을 것입니다.

그러나 한 사람은 큰 소리로 하나님께 영광을 돌렸습니다. 그는 자기에게 일어난 일이 하나님의 은혜임을 깨닫고 있었습니다. 또 그는 예수께서 하나님의 보내신 구주이심을 깨달았을 것입니다. 그는 예수님께 돌아와 그의 발 아래 엎드려 감사드렸습니다. 그는 사마리아 사람이었습니다. 사마리아 사람은 이방인과 피가 섞인 족속이었습니다. 주께서는 그를 '이방인'이라고 표현하셨습니다(18절). 유대인들은 사마리아 사람들을 이방인으로 간주하며 배척하였습니다. 그러나 주께 돌아와 감사한 사람은 그 사람뿐이었습니다.

오늘날 신약교회의 교인들인 이방인 신자들은 이 사마리아인과 같은 자들입니다. 우리는 하나님의 은혜로 큰 구원을 받았고 또 하나님의 은혜로 그 구원을 감사하며 우리의 몸과 마음을 하나님께, 또 하나님의 영광을 위해 드립니다.

[17-18절], 예수께서는 대답하여 말씀하셨습니다. "열 사람이 다 깨끗함을 받지 아니하였느냐? 그 아홉은 어디 있느냐? 이 이방인 외에는 하나님께 영광을 돌리러 돌아온 자가 없느냐?" 유대인은 사마리아 사람들과 달리 하나님의 은혜를 입은 백성임에도 불구하고 그가 주신 치료의 은혜를 감사할 줄 몰랐습니다. 인간은 참 무지하고 부족한 존재입니다. 그는 마땅히 하나님께 돌려야 할 감사도 돌리지 못하는 존재입니다.

[19절], 예수께서는 그에게, "일어나 가라. 네 믿음이 너를 구원하였느니라"고 말씀하셨습니다. 이 말씀은 사람이 오직 믿음으로 구원을 받는다는 이치를 나타냅니다. 또 이 말씀은 그가 나

병 치료뿐 아니라, 영혼의 구원도 받았음을 암시하는 것 같습니다. 믿는 자는 구원을 받습니다. 치유의 근원이신 주님께 드리는 감사는 믿음의 표현이요, 구원의 기쁨으로 이어집니다.

12절로 19절까지는 몇 가지 진리와 교훈을 줍니다. 첫째로, 이 사건은 예수님의 신성(神性)을 증거합니다. 예수님은 하나님의 아들 그리스도이시며 우리의 신적 구주이십니다. 그는 수많은 불치의 병들을 고쳐 주실 뿐 아니라, 더 놀랍게도 우리를 지옥 불 못에서 구원하셨습니다.

둘째로, 우리는 어려운 일을 당할 때 하나님께 기도해야 합니다. 형식적인 기도가 아니고 부르짖는 간절한 기도를 해야 합니다.

셋째로, 우리는 하나님의 말씀을 믿고 순종해야 합니다. 순종은 믿음의 당연한 표현입니다. 믿는 자는 순종할 것입니다. 하나님을 믿고 순종하는 자는 그가 주시는 영육의 좋은 것들을 받으며 누릴 것입니다.

넷째로, 우리는 하나님께 받은 영육의 은혜에 대해 감사해야 합니다. 우리는 감사할 줄 모르는 아홉 명의 나병 환자처럼 되지 맙시다. 우리는 교만한 마음을 버리고 오직 겸손한 마음으로 하나님께서 주신 은혜의 구원과 영육의 모든 복을 감사하고 또 사람들에게도 감사하며 삽시다.

'열 명의 나병 환자 이야기'는 신앙의 동기가 무엇이어야 하는가를 명확하게 보여줍니다. 열 명의 나병 환자는 모두 예수님의 능력을 믿었고, 믿음으로 부르짖은 사람들입니다(12, 13절). 그들의 믿음은 예수님의 권능으로 나병 완치라는 열매를 맺었습니다(14절). 그런데 정작 예수님께 돌아와 감사를 표함으로써 그 신앙을 인정받은 사람은 사마리아인 한 명뿐이었습니다(15-19절).

나머지 아홉 명도 분명 예수님의 권능을 믿었지만, 예수님을 자기들의 필요를 채워 주실 분으로 믿었을 뿐, 베푸신 은혜에 감사하며 영광을 돌리는 믿음까지 나아가지 못했습니다. 이처럼 하나님으로부터 무엇인가를 얻는 데에만 집중하는 믿음, 또는 자신의 경건을 드러내려는 열심으로 이뤄진 믿음은 오래 지속될 수 없습니다. 참된 믿음은 이 사마리아인처럼 주님이 베푸신 은혜에 감사하는 마음에서 비롯됩니다.

신앙생활의 원동력은 내가 죄와 사망에서 구원을 얻었다는 감격과 감사가 되어야 합니다. 그 마음이 있어야 아무리 수고해도 "우리는 무익한 종입니다"라고 고백할 수 있습니다. 감사의 마음이 흐려지면 나의 섬김에 충분한 보상이 돌아오지 않는다고 느끼며, 나보다 적게 섬기는 사람을 무시하게 됩니다. 이런 문제가 있지 않은지 돌이켜 보고, 우리의 심령에 감사와 감격이 새롭게 채워지도록 기도합시다.

하나님 나라와
주님의 재림

본문을 통하여 "하나님 나라와 주님의 재림"이라는 제목으로 은혜를 누리고자 합니다.

1. 하나님의 나라는 너희 안에 있음 20절~21절

[20-21절], 바리새인들이 "하나님의 나라가 어느 때에 임하나이까?"라고 묻자, 예수께서는 대답하셨습니다. "하나님의 나라는 볼 수 있게 임하는 것이 아니요, 또 여기 있다 저기 있다고도 못하리니 하나님의 나라는 너희 안에 있느니라." 당시의 유대인들은 로마 제국의 속박에서 해방되고 가난과 질병에서 구원을 얻는 나라를 바랐던 것입니다. 주님의 하나님 나라 개념은 그런 개념들과 달랐습니다.

주의 말씀은 하나님의 나라가 현재 내면적으로 시작된다는 뜻입니다. 하나님의 나라는 신자 개인의 심령 속에 그리고 그들의 공동체 즉 교회 속에 있다는 뜻입니다. 하나님의 나라는 일차적으로 하나님의 통치의 개념입니다. 세상 사람들은 하나님의 존재와 그의 통치를 부정하고 있으나, 회개하고 예수 믿는 신자들 속에는 그의 통치가 회복되었습니다. 그들은 하나님을 인정하고 그를 믿고 순종합니다. 그들은 하나님의 뜻대로 경건하고 거룩하고 의롭고 선한 삶을 삽니다.

하나님의 나라는 그들 속에서 이미 시작되었습니다. 교회는 하나님의 나라의 시작입니다. 중생하고 구원받은 성도들은 하나님 나라의 시민이 되었습니다. 그러나 하나님 나라는 장차 예수 그리스도의 재림으로 영광스럽게 완성될 것입니다. 우리는 참된 회개와 속죄 신앙으로 우리의 구원을 확신합시다. 우리는 하나님의 나라와 통치가 이미 우리 속에서 시작되었음을 믿으시기 바랍니다.

2. 인자(人子)의 나타나는 날 22절~30절

[22절], 또 예수께서는 제자들에게 말씀하셨습니다. "때가 이르리니 너희가 인자의 날 하루를 보고자 하되 보지 못하리라." 예수 그리스도께서 하늘로 올리우시므로 사람들은 그를 볼 수 없을 것입니다. 그러나 장차 그가 다시 오실 것입니다.

[23-24절], 예수께서는 또 말씀하셨습니다. "사람이 너희에게 말하되 보라 저기 있다 보라 여기 있다 하리라 그러나 너희는 가지도 말고 따르지도 말라. 번개가 하늘 아래 이쪽에서 번쩍이어 하늘 아래 저쪽까지 비침같이 인자도 자기 날에 그러하리라."

예수께서 나타나실 날은 그가 승천하셨다가 재림하시는 날을 가리킵니다. 그의 재림의 때에 번개가 하늘 아래 이편에서 저편까지 비침같이 온 세상이 다 알 수 있는 방식으로 다시 오실 것입니다. 사실 온 세계는 이미 인터넷망과 인공위성 전파들로 연결되어 있고 어느 한 지역의 일을 어느 곳에서나 볼 수 있는 시대가 되었습니다. 예수님의 재림은 세계적인 사건이 될 것입니다.

[25절], 예수께서는 또 "그러나 그가 먼저 많은 고난을 받으며 이 세대에게 버린 바 되어야 할지니라"고 말씀하셨습니다. 하나님의 나라는 죄 사함으로 말미암아 시작될 나라이므로 이 일을 위해서는 먼저 그리스도의 대속(代贖) 사역이 있어야 했습니다. 예수는 실상 이 일을 위해 오셨습니다(마 20:28).

[26-30절], 예수께서는 또 말씀하셨습니다. "노아의 때에 된 것과 같이 인자의 때에도 그러하리라. 노아가 방주에 들어가던 날까지 사람들이 먹고 마시고 장가들고 시집가더니 홍수가 나서 그들을 다 멸망시켰으며, 또 롯의 때와 같으리니 사람들이 먹고 마시고 사고 팔고 심고 집을 짓더니, 롯이 소돔에서 나가던

주의 재림의 날은 노아의 때와 비슷할 것입니다. 오늘날도 회
개하고 예수님을 믿어 구원을 받은 자들은 주의 재림의 날에 영
광의 천국에 들어갈 것이지만, 많은 사람들이 하나님의 복음을
거절하고 세상일에만 분주하다가 심판과 멸망을 당하게 될 것
입니다. 그날은 또 롯의 때와도 비슷할 것입니다. 롯의 시대에도
사람들은 먹고 마시고 사고팔고 심고 집을 짓는 등 세상일에 분
주했습니다. 오직 롯과 그의 두 딸만 소돔 성에서 구원을 받았
고, 나머지 사람들은 하늘로서 내리는 유황불비로 다 멸망하였
습니다. 예수님의 재림의 날에도 비슷할 것입니다. 많은 사람들
이 세상일에만 분주하게 살다가 영원한 멸망의 심판을 당하게
될 것입니다. 예수 그리스도께서 십자가에 죽으시고 부활, 승천
하심으로 하나님의 나라는 시작되었고 장차 그의 재림으로 영
광스럽게 완성될 것입니다. 구원받을 성도들은 다 깨어 그의 재
림을 기다리며 사모해야 합니다.

3. 롯의 처를 생각하라 31절~37절

[31절], 예수께서는 또 말씀하셨습니다. “그날에 만일 사람이
지붕 위에 있고 그의 세간이 그 집 안에 있으면 그것을 가지러

내려가지 말 것이요 밭에 있는 자도 그와 같이 뒤로 돌이키지 말 것이니라.” 주의 재림의 날은 회개치 않은 죄인들에게 심판과 멸망의 날입니다. 이제 모든 것들이 불태워질 하나님의 심판의 때가 왔습니다. 그러므로 우리는 오직 하나님과 그의 영광의 나라를 바라보아야 합니다.

[32-33절], 예수께서는 “롯의 처를 기억하라. 무릇 자기 목숨을 보전하고자[구원하고자] 하는 자는 잃을 것이요 잃는 자는 살리리라”고 말씀하셨습니다. 우리는 롯의 아내처럼 세상과 세상의 것에 대한 애착 때문에 버림을 당하는 자가 되어서는 안 될 것입니다. 그러므로 요한일서 2장 15절은, “이 세상이나 세상에 있는 것들을 사랑치 말라”고 말하였습니다. 주의 재림 직전에 대환난의 시대가 올 것인데, 우리는 어떤 환난과 핍박 속에서도 하나님만 소망하며 하나님의 진리만 붙잡고 육신의 생명을 초월하는 삶을 살아야 할 것입니다. 그러므로 요한계시록 13장 8, 10절에는, “죽임을 당한 어린양의 생명책에 창세 이후로 이름이 기록되지 못하고 이 땅에 사는 자들은 다 짐승에게 경배하리라. . . 성도들의 인내와 믿음이 여기 있느니라”라고 했습니다. 우리는 고난을 각오하며 믿음을 지켜야 합니다.

[34-35절], 예수께서는 또 말씀하셨습니다. “내가 너희에게 이르노니 그 밤에 둘이 한 자리에 누워 있으매 하나는 데려감을 얻고 하나는 버려둠을 당할 것이요. 두 여자가 함께 맷돌을 갈고

있으매 하나는 데려감을 얻고 하나는 버려둠을 당할 것이니라.”

주의 재림의 날은 대분리(大分離)의 날이 될 것입니다. 데려감을 당하는 것은 재림의 주님을 맞이하기 위해 들림을 받는 것을 가리키며, 버려둠을 당하는 것은 세상에 남겨져 두려운 심판을 받는 것을 가리킬 것입니다. 데려감을 당하는 것을 휴거(携去, rapture)라고 부릅니다.

◆◆◆

“그때에 인자의 징조가 하늘에서 보이겠고 그 때에 땅의 모든 족속들이 통곡하며 그들이 인자가 구름을 타고 능력과 큰 영광으로 오는 것을 보리라. 그가 큰 나팔소리와 함께 천사들을 보내리니 그들이 그의 택하신 자들을 하늘 이 끝에서 저 끝까지 사방에서 모으리라”(마 24:30-31).

◆◆◆

“주께서 호령과 천사장의 소리와 하나님의 나팔 소리로 친히 하늘로부터 강림하시리니 그리스도 안에서 죽은 자들이 먼저 일어나고, 그 후에 우리 살아 남은 자들도 그들과 함께 구름 속으로 끌어 올려 공중에서 주를 영접하게 하시리니 그리하여 우리가 항상 주와 함께 있으리라”(살전 4:16-17).

[37절], 그들이 “주여, 어디오니이까?”라고 말하자, 주께서는 “주검 있는 곳에는 독수리가 모이느니라”고 말씀하셨습니다. 본절의 뜻은 해석하기 어려워 보입니다. “주여, 어디오니이까?”라

는 질문은 들림을 받은 자들의 집결지를 물은 것 같습니다. 주께서는 그 질문에 대해 일반적 사실로 대답하신 것 같습니다. "몸이 있는 곳에 독수리가 모인다." 이 말씀은 영적으로 죽은 몸들을 위해서는 심판의 천사들이 모여올 것이지만, 영적으로 살아 있는 몸들을 위해서는 영광의 재림의 주님을 맞이하도록 성도들을 돕는 천사들이 모여올 것이라는 뜻 같습니다.

주의 재림의 때에 대분리(大分離)가 있을 것입니다. 어떤 이는 들림 받고 어떤 이는 버림받을 것입니다. 들림받을 자는 영광의 부활과 영생을 경험할 것이지만, 버림받을 자는 두려운 멸망의 심판을 받을 것입니다. 여기에 구원의 필요성이 있고, 또 전도의 필요성이 있습니다. 우리는 특히 롯의 아내를 생각해야 합니다. 우리는 세상에 대한 애착을 버리고 오직 소망을 살아계신 하나님과 그의 약속하신 천국에 두고 구주 예수 그리스도의 재림에 두어야 합니다. 우리가 사는 세상은 장차 하나님의 심판을 받을 것입니다.

우리는 세상에 대한 애착 때문에 뒤를 돌아보다가 소금 기둥이 된 롯의 아내처럼 되지 말아야 합니다. 그러므로 우리는 이 세상에 속한 육신의 목숨에 연연하지 말고 영원한 천국을 확신하고 소망하며 거기에 합당한 순결하고 선한 삶을 힘쓰시기를 축원합니다.

응답받는 기도

누가복음 18장 1절~8절

어제 새벽 카타르 월드컵 조별 리그 마지막 경기인 대한민국과 포르투갈의 시합을 보셨습니까? 우리가 16강이 될 확률은 9%였습니다. 그런데 전반 5분이 채 안 되어 첫 골을 먹으면서 대량 실점으로 이어질 상황이었습니다. 그러나 우리 국대팀의 끈질긴 추격으로 동점 골을 만들고, 후반 추가시간에 황금 같은 역전 골을 손흥민, 황희찬 선수에 의해 도하의 기적을 재현했습니다. 이기지 않으면 안 된다는 필승투혼(必勝鬪魂)으로 포기하지 않고 끝까지 끈기를 발휘한 결과였습니다.

영국의 시인 겸 평론가인 새뮤얼 존슨(Samuel Johnson)은 "진정 위대한 일은 힘에 의해서가 아니라 끈기에 의해 이루어진다"라고 말했습니다. 또한 미국의 제30대 대통령인 캘빈 쿨리지(Calvin Coolidge)는 이렇게 말했습니다. "이 세상에 끈기를 대신할 수 있는 것은 없다. 재능도 천재성도 교육도 대신할 수 없다. '끝까지 밀고 나가라'는 구호가 여태까지 인류의 문제를 해결해 왔고, 앞으로도 그럴 것이다.”

운동도 끝까지 해야 유익이 있듯이 무슨 일이든지 끈기가 있어야 합니다. 기도도 마찬가지입니다. 꾸준한 기도는 믿음의 표출입니다. 우리는 끝까지, 응답받을 때까지 낙심하지 말고 기도해야 합니다. 하나님이 살아계시며 기도에 응답하심을 믿는다면 기도가 당장 응답되지 않아도 꾸준히 기도하게 됩니다. 하나님께 기도할 수 있는 한 낙심할 필요가 없습니다. 하나님께 호소하지 않고 자신의 힘으로 직접 복수하는 것도 믿음의 모습이 아닙니다. 세상 법정에 호소하는 데는 익숙하고 하나님의 법정에는 점점 호소하지 않습니다. 믿음이 있는 자는 하나님께 호소합니다. 이 호소는 현재 역사 속이든 최후 심판이든지 반드시 응답될 것입니다. 본문을 통하여 응답받는 기도에 대한 주님의 말씀을 성령의 음성으로 들어봅시다.

[1-5절], 예수께서는 제자들이 재림의 주를 기다리며 항상 기도하고 낙망치 말아야 할 것을 한 비유로 말씀하셨습니다. 그것은 불의한 재판관의 비유입니다. 어떤 도시에 하나님을 두려워 아니하고 사람을 무시하는 한 재판관이 있었습니다. 그런데 그 도시에 한 과부가 있어 자주 그에게 가서 그의 원수에 대한 원한을 풀어주기를 간구하였습니다.

그는 얼마 동안 그 과부의 말을 듣지 않았으나 후에 속으로 생각하였습니다. “내가 하나님을 두려워 아니하고 사람을 무시하나, 이 과부가 나를 번거롭게 하니 내가 그 원한을 풀어 주리라.

그렇지 않으면 늘(에이스 텔로스 / 끝까지) 와서 나를 괴롭게 하리라"(4하, 5절). 그 재판관은 그 과부가 그를 끝까지 괴롭게 할 것이므로 그의 탄원을 들어주었습니다.

[6-7절], 주께서는 또, "불의한 재판관의 말한 것을 들으라. 하물며 하나님께서 그 밤낮 부르짖는 택하신 자들의 원한을 풀어 주지 아니하시겠느냐? 그들에게 오래 참으시겠느냐?"라고 말씀하셨습니다.

'하물며'라는 말은 하나님의 자녀 된 우리가 저 과부보다 얼마나 더 나은가를 뜻합니다. 하나님은 불의하고 악한 재판관이 아니시고, 의롭고 선하신 재판장이십니다. 우리는 하나님의 존재와 지혜와 능력뿐 아니라, 그의 공의와 선하심을 인정해야 합니다. 하나님은 두렵고 무서운 하나님이시지만, 또한 좋은 아버지이십니다. 또 우리는 불의한 재판관 앞의 불쌍한 과부와 같은 존재가 아니고, 하나님의 사랑을 받아 그의 아들 예수 그리스도의 피 값으로 사신 바 된 성도들입니다. 그러므로 성도들이 정당한 소원을 밤낮 부르짖어 아뢸 때, 전능하시고 공의롭고 선하신 하나님께서는 얼마나 더 잘 들어주시겠습니까?

'그 밤낮 부르짖는'이라는 표현은 우리가 고난 중에서 또 원통한 일을 당했을 때, 열심히 기도하고 부르짖어야 할 것을 보입니다. 주께서는 기도에 관해 교훈하실 때, "구하라, 찾으라, 문을 두드리라"고 말씀하셨고, 또 마태복음 7장 7-8절에서, "구하는 이마다 얻을 것이요 찾는 이가 찾을 것이요 두드리는 이에게 열릴 것이니라”고 하셨습니다.

◆◆◆

“환난 날에 나를 부르라. 내가 너를 건지리니 네가 나를 영화롭게 하리로다”(시 50:15).

◆◆◆

“너희는 내게 부르짖으며 와서 내게 기도하면 내가 너희를 들을 것이요 너희가 전심으로 나를 찾고 찾으면 나를 만나리라”(렘 29:12-13).

◆◆◆

“쉬지 말고 기도하라”(살전 5:17).

“그들에게 오래 참으시겠느냐?”라는 구절은 전통 본문에는 옛날 영어 성경(KJV)처럼 “비록 저희에게 오래 참으실지라도”라고 되어 있습니다. 하나님의 응답은 우리 보기에 때때로 더디며 그래서 우리는 낙망하기 쉬운 것입니다. 그러나 우리는 낙망치 말고 인내하며 하나님께 더욱 열심히 부르짖어 기도해야 합니다.

[8절], 주께서는 또 말씀하셨습니다. “내가 너희에게 이르노니 속히 그 원한을 풀어 주시리라. 그러나 인자가 올 때에 세상에서 믿음을 보겠느냐?” ‘속히 그 원한을 풀어 주시리라’는 말씀은 하

나님의 마음을 잘 나타냅니다. 하나님은 우리의 고통과 눈물을 아십니다. 하나님의 마음은 속히 응답해주시는 것입니다. 그러므로 하나님의 응답이 더딜 때라도 우리는 하나님의 계획이 우리의 생각보다 훨씬 더 나으시고, 그의 시간표가 우리의 것과 비교할 수 없이 더 완벽하고 선하심을 믿읍시다. 우리가 조금만 더 참고 기도하면 하나님께서는 '속히' 우리의 기도 제목과 우리의 원통한 소원을 들어주실 것입니다.

성경에는 고난 중에 간절히 기도하여 응답받은 예들이 많습니다. 사무엘 선지자가 이스라엘을 다스리기 시작했고 미스바에 백성을 모아 큰 회개의 기도회를 할 때 블레셋 사람들은 이스라엘을 치러 올라왔습니다. 이스라엘에게는 심히 위험한 상황이 있었습니다. 그때 사무엘은 젖 먹는 어린양을 취하여 온전한 번제를 여호와께 드리고 이스라엘을 위해 여호와께 부르짖어 기도했습니다. 여호와께서는 사무엘의 기도에 응답하셨고 큰 우레를 발하여 블레셋 사람들을 어지럽게 하시므로 그들을 이스라엘 앞에 패배케 하셨습니다(삼상 7장).

헤롯 왕이 예수님의 열두 사도들 가운데 가장 중심적 인물들 중 하나인 요한의 형제 야고보를 칼로 죽이고 예수님의 수제자 베드로도 옥에 가두었을 때, 성도들은 그를 위해 간절히 하나님께 빌었습니다. 성도들의 간절한 기도의 결과, 헤롯이 그를 잡아내려고 한 그 전날 밤 하나님께서는 천사를 보내어 베드로를 기적적으로 구출시켜 주셨고 원수들의 계획과 기대를 폐하셨습니다(행 12장). 성도들의 간절한 기도는 반드시 응답 될 것입니다.

그러나 주께서는 자신이 다시 올 때 세상에서 믿음을 보겠느냐고 부언(附言)하셨습니다. 주께서는 반드시 다시 오실 것입니다. 그날에, 무덤에 있던 성도들은 살아나고 모든 믿는 자들은 다 영화로운 몸으로 변화될 것입니다. 재림의 주께서는 우리에게 약속하신 영광의 천국과 영생을 주실 것입니다. 이것은 성경에 기록된 하나님의 큰 약속이며, 거기에 모든 그리스도인의 모든 소망이 있습니다. 그러나 주의 재림 직전의 세상은 믿음이 없는 세상이 될 것입니다. 물질적 부요와 평안, 그것과 더불어 생기는 육신적 쾌락과 죄악들이 주된 요인일 것입니다.

주께서는 멸망할 세상보다 교회를 더 염려하십니다. 그는 구원받은 성도들의 믿음이 식지 않고 그들의 기도 생활이 식어지지 않기를 원하십니다. 기도 생활은 믿음과 비례합니다. 우리에게는 믿음의 부흥이 필요합니다. 그것은 하나님의 은혜와 말씀 연구를 통해 올 것입니다. 믿음은 말씀을 들음에서 납니다(롬 10:17). 베뢰아 사람들은 간절한 마음으로 말씀을 받고 날마다 성경을 상고하므로 믿는 자들이 많았습니다(행 17:11-12). 우리는 하나님의 은혜로 성경책을 가까이함으로써 믿음이 강하여져서 어떤 고난의 현실 속에서도 낙망치 말고 기도하며 응답받는 자들이 되어야 할 것입니다.

성도는 어려운 일이 많은 세상에서 낙망치 말고 하나님께 기도해야 합니다. 그러면 하나님께서는 비록 더딜지라도 반드시 응답해 주실 것입니다. 우리는 예수님이 하신 불의한 재판관의 비유를 기억합시다. 그 재판관도 보잘것없는 한 과부의 탄원을 들어주었는데, 하물며, 전능하시고 공의로우시고 선하신 하나님 아버지께서 그의 독생자의 피로 구원하신 그의 사랑하는 택하신 자녀들의 소원을 외면하시겠습니까? 그러므로 우리는 고난 중에서 하나님의 도우심의 응답을 확신하고 참고 낙심치 말고 열심히 기도합시다. 그러면 하나님께서 응답하실 것입니다.

우리의 기도 생활은 우리의 믿음에 비례합니다. 그러므로 우리는 하나님의 은혜를 구하며 우리의 믿음이 자라기를 간구합시다. 또 하나님의 말씀인 성경을 가까이하여 늘 읽고 듣고 배우고 연구하고 묵상함으로 복 있는 사람들이 되시기를 축원합니다.

하나님이
받으시는 사람

누가복음 18장 9절~10절

예수님이 바리새인과 세리의 비유(9-14)와 어린아이의 비유(15-17)를 말씀하고 있습니다. 성경 본문을 중심으로 상고하도록 하겠습니다.

1. 바리새인과 세리의 비유 `9절~14절`

[9절], 또 예수께서는 자기를 의롭다고 믿고 다른 사람을 멸시하는 자들에게 말씀하셨습니다. 율법은 "네 마음을 다하고 성품을 다하고 힘을 다하여 하나님을 사랑하며 또 네 이웃을 네 몸과 같이 사랑하라"고 명령합니다. 우리는 이 명령을 다 지킬 수도 없고 지키지도 못했습니다. 또 사람이 자신을 의롭다고 믿는 것은 마음으로 범하는 죄를 죄로 깨닫지 못하고 있기 때문입니다. 마음에 음욕을 품는 자는 간음하는 것이요 형제를 미워하는 자

는 살인한 것입니다(마 5:28, 요일 3:15). 자신을 의롭다고 믿는 자는 대체로 다른 사람들을 멸시합니다. 이런 자는 자기의 큰 단점을 보지 못하고 남의 작은 단점을 보는 자입니다. 그러나 남을 멸시하는 것 자체가 큰 죄입니다. 예수께서는 이런 사람들에게 한 비유를 말씀하셨습니다.

[10절], 두 사람이 기도하러 성전에 올라갔습니다. 예수께서 하신 이 비유는 믿지 않는 세상 사람들에 대한 것이 아니고 하나님을 섬기는 자들에 대한 것이었습니다. 기도하러 성전에 올라간 자들, 즉 하나님을 섬기는 교인들 중에 두 부류가 있다는 것입니다. 하나는 바리새인이요, 다른 하나는 세리입니다. 바리새인은 자기 자신을 의롭다고 믿고, 다른 사람을 멸시하는 자이고, 세리는 하나님 앞에서 자기 자신을 죄인이라고 깨닫고 고백하고 자신을 낮추는 자입니다.

[11절], 바리새인은 서서 따로 기도하였습니다. "하나님이여, 나는 다른 사람들, 곧 토색, 불의, 간음을 하는 자들과 같지 아니하고 이 세리와도 같지 아니함을 감사하나이다." '따로'라는 원어 '프로스 헤아우톤'는 '자기 자신에게'라는 뜻입니다. 그것은 그가 하나님께 기도한다고 하지만, 자신에게 하는 독백과 같은 기도였다는 뜻 같습니다. 그는 자신을 '다른 사람들과 같지 않은 자'로 표현하였습니다. 그는 자신을 토색하고 불의하고 간음하는 죄인들과 구별하였습니다. 토색은 남의 것을 강제로 빼앗는

것이며 불의는 법을 어기는 것이며 간음은 부부관계를 벗어난 것입니다. 그는 또 자신을 성전 한쪽 구석에서 기도하고 있는 세리와도 구별했습니다. 그는 세리를 불쌍히 여기는 마음이 없었고 오히려 그를 멸시했습니다.

[12절], 그는 또 "나는 이레에 두 번씩 금식하고 또 소득의 십일조를 드리나이다"라고 말했습니다. 그는 매우 경건하고 도덕적이게 보이는 삶을 살았습니다. 그러나 그의 금식은 자신의 죄악성을 깨닫고 하나님 앞에서 자신을 낮추는 행위가 아니고, 종교적 의(義)와 공로를 쌓는 행위에 불과하였습니다. 또 그의 십일조 생활도 하나님의 모든 은혜에 감사하여 드린 것이 아니고, 단지 물질의 복을 받기 위한 수단이거나 종교적인 자기 자랑으로 드린 것 같습니다. 본문은 금식과 십일조까지도 하나님께 대한 참된 신앙심 없이 드릴 수 있음을 보여줍니다.

[13절], 한편, 세리는 멀리 서서 감히 눈을 들어 하늘을 우러러 보지도 못하고 다만 가슴을 치며 말했습니다. "하나님이여, 불쌍히 여기소서. 나는 죄인이로소이다." 이것은 마음속에서부터 자신이 죄인인 것과 자기 속에 죄악 된 성질들이 많이 있음을 깨닫고 통회(痛悔)하는 기도였습니다.

[14절], 주께서는 말씀하셨습니다. "내가 너희에게 이르노니 이에 저 바리새인이 아니고 이 사람이 의롭다 하심을 받고 그의

주 예수께서는 우리의 신앙생활과 기도생활에 대해 공정한 평가를 내리실 수 있습니다. 예수님은 그 세리가 그 바리새인보다 의롭다 하심을 받았다고 평가하셨습니다. 그 바리새인은 죄인으로 간주 되었습니다. 그에게는 무지(無知)의 죄, 위선의 죄, 교만의 죄, 이웃 사랑이 없는 죄 등이 있었습니다. 그러나 그 세리는 하나님 앞에서 죄 사함과 의롭다 하심을 받았습니다.

여기에 하나님의 구원의 이치(理致)가 있습니다. 자신이 꽤 의로운 줄 알고 자신을 높이는 사람은 하나님 앞에서 물리침을 받을 것이지만, 자신의 부족과 연약을 깨닫고 자신을 낮추는 사람은 하나님 앞에 용납하심을 받고 붙드심과 세우심을 받을 것입니다. 가난한 마음으로 자신의 죄를 통회 자복하는 자는 하나님의 용서와 위로를 받고 의롭다 하심을 얻고 하나님의 자녀의 특권을 얻을 것입니다.

오늘날도 예배당에 드나드는 자들 중에 두 부류가 있을 것입니다. 하나는 바리새인처럼 외적으로는 종교적 형식을 다 지키지만, 자신의 부족에 대한 깨달음이 없어서 자기가 의롭다고 믿고 남을 멸시하는 자요, 다른 하나는 세리처럼 자신의 부족을 깊이 깨닫고 하나님 앞에서 자신의 죄를 고백하고 하나님의 긍휼을 구하는 자입니다. 우리는 하나님 앞에서 우리 자신을 낮추어야 합니다. 우리는 자신을 의롭다고 믿고, 다른 사람들을 멸시하는 바리새인처럼 되지 말고, 자신이 하나님의 계명을 온전히 지키기에 심히 부족한 큰 죄인임을 깨닫고 자신의 죄성과 연약성을 깨닫고 하나님 앞에 자신을 낮추는 세리 같은 자가 되어야 합니다. 하나님 앞에서 자신의 죄를 깨닫고 자신을 낮추는 사람은 하나님의 구원의 은혜, 즉 죄 사함과 의롭다 하심의 은혜를 받을 것입니다. 그러나 바리새인처럼 자신을 높이고 자신을 의롭다고 생각하고 남을 멸시하는 사람은 하나님 앞에서 물리치심을 받을 것입니다.

2. 어린아이들을 용납하심 15절~17절

[15-16절], 예수님을 따르던 사람들 중에는 어린 아기들을 가진 부모들도 있었습니다. 그들은 자기들의 어린 아기들을 데리고 예수께 나아왔고 예수께서 그들을 만져 주시기를 바랐습니다. 그러나 그의 제자들은 그 부모들을 책망하였습니다. 아마 그들은 그 부모들이 예수님을 번거롭게 한다고 생각했거나 그들이 쓸데없이 자기들의 아이들에 대해 인간적 욕심을 가지고 있다고 생각하였던 것 같습니다. 그러나 예수께서는 그 어린아이들을 자기에게로 가까이 부르셨습니다.

또 그는 "어린아이들이 내게 오는 것을 용납하고 금하지 말라. 하나님의 나라가 이런 자의 것이라"(16하)고 말씀하셨습니다. 그가 어린아이들을 용납하신 까닭은 그들이 하나님의 나라에 속하였기 때문입니다. 즉 그 어린아이들은 하나님의 언약 백성이 있습니다. 어린아이들이 무시당할 존재가 아니고 하나님의 언약 공동체의 일원이라는 사실은 구약의 할례에 대한 규정에서 명백합니다. 하나님께서는 이스라엘 가정에서 태어난 아기를 난 지 8일 만에 할례를 받게 하심으로써 그 아기가 하나님의 언약 백성의 일원임을 증거하셨습니다(창 17:10-14). 그러므로 믿는 가정에서 출생한 아이들은 이방인들이 아니고, 언약 백성이요 하나님의 기업과 상급입니다(시 127:3). 이런 언약 원리가 신약시대에도 유아들에게 세례를 베푸는 근거가 됩니다.

[17절], 예수께서는 또 말씀하셨습니다. "내가 진실로 너희에게 이르노니 누구든지 하나님의 나라를 어린아이와 같이 받아들이지 않는 자는 결단코 거기 들어가지 못하리라." 어린아이의 성품은 천국 백성에게 필수적입니다. 그것은 어린아이들의 단순하고 순진한 성품을 가리킨다고 생각됩니다. 사람은 세상을 살수록 생각이 복잡해지고 상대방의 말도 잘 믿지 않습니다. 믿음은 어린아이 같은 단순함과 순진함에서 가능합니다. 이제 하나님의 은혜로 어린아이같이 단순하고 순진한 마음을 가진 자는 예수 그리스도와 그의 말씀을 잘 믿을 수 있고 또 천국에 넉넉히 들어갈 수 있습니다. 사도 요한의 제자요 순교자인 폴리갑은 아홉 살에 하나님을 믿었고, 18세기에 유명한 소나단 에드워즈는 일곱 살에, 영국의 청교도 지도자 리차드 백스터는 여섯 살에, 유명한 찬송 저자 아이삭 왓츠는 아홉 살에 각각 하나님을 믿었다고 합니다. 사람은 어릴 때 하나님을 잘 믿을 수 있고 그

런 자는 커서도 그 믿음을 쉽게 떠나지 않습니다.

본문의 교훈은 두 가지입니다. 첫째로, 우리는 어린아이들을 물리치지 말고 용납해야 합니다. 우리는 어린 영혼 하나를 가볍게 여기지 말아야 합니다. 특히 믿는 가정에 태어난 아이들은 집 안에 있는 이방인들이 아니고 하나님의 언약 백성입니다. 그들은 하나님의 기업이며 상급입니다.

둘째로, 우리는 어린아이처럼 단순하고 순진하게 천국을 영접해야 합니다. 사람은 생각이 복잡하여 확신에 이르지 못하고 의심의 수렁에서 방황하고 있습니다. 그러나 하나님의 은혜로 생각이 어린아이처럼 단순하고 순진해질 때 그는 천국의 말씀을 감사하게 받아들이며 구원을 받을 것입니다. 그것이 하나님 앞에서 죄 사함과 칭의(稱義), 천국과 영생의 복을 받는 자, 하나님이 받으시는 자의 모습입니다.

누가 영생을 얻는가

누가복음 18장 18절~30절

[18절], 어떤 고급 공무원이 예수님께 물었습니다. "선한 선생님이여, 내가 무엇을 하여야 영생을 얻으리이까?" 마태복음에는 이 사람을 '청년'이라고 표현하였습니다(마 19:20, 22). 그는 예수님을 '선한 선생님'이라고 부르면서 영생을 얻기 위해 무엇을 해야 하는지 질문하였습니다.

[19절], 예수께서는 말씀하셨습니다. "네가 어찌하여 나를 선하다 일컫느냐? 하나님 한 분 외에는 선한 이가 없느니라." 사람은 다 죄인이며 악합니다(롬 3:10, 왕상 8:46, 시 51:5). 예수님은 단순히 사람이 아니고 하나님이십니다. 그에게 있는 참된 신성(神性)이 그의 인성(人性)을 지키셔서 그로 하여금 범죄치 않게 하십니다. 우리에게는 죄성이 있어서 항상 거룩하게 살지 못하며 오직 우리 속에 계신 성령의 도우심으로 조금씩 거룩한 열매를 맺습니다. 예수님은 신성과 인성이 한 인격 안에 신비하게 연합되어

있으시므로 그의 신성의 도움으로 죄에 떨어지지 않으십니다.

[20-21절], 예수께서는 또, "네가 계명을 아나니 간음하지 말라, 살인하지 말라, 도둑질하지 말라, 거짓 증언하지 말라, 네 부모를 공경하라 하였느니라"고 말씀하셨습니다. 하나님의 율법은 우리가 그것을 다 지키면 영생을 얻을 것을 약속합니다.

◆◆◆

"그런즉 너희 하나님 여호와께서 너희에게 명령하신 대로 너희는 삼가 행하여 좌로나 우로나 치우치지 말고 너희 하나님 여호와께서 너희에게 명하신 모든 도를 행하라. 그리하면 너희가 살 것이요 복이 너희에게 있을 것이며 너희가 차지한 땅에서 너희의 날이 길리라"(신 5:32-33).

그러나 사람은 율법을 다 행하지 못하며, 따라서 율법을 행함으로 영생을 얻지 못하는 것입니다. 그 관원은 예수님께 "이것은 내가 어려서부터 다 지키었나이다"라고 말했습니다. 그의 말대로 그는 어느 정도 율법을 성실히 지킨 사람이었던 것 같고 상당히 의롭고 착한 사람이었던 것 같습니다. 그러나 그는 자신의 선과 의가 하나님 앞에서 정말 인정받을 만한 선과 의가 되지 못하는 부족한 행위라는 것을 깨닫지 못하고 있었던 것입니다.

[22절], 예수께서는 이 말을 들으시고 말씀하셨습니다. "네게 아직도 한 가지 부족한 것이 있으니 네게 있는 것을 다 팔아 가

난한 자들에게 나눠주라. 그리하면 하늘에서 네게 보화가 있으리라. 그리고 와서 나를 따르라." 사람마다 연약하고 부족한 부분이 있는 것 같습니다. 이 관원의 경우는 하나님 대신 물질을 주인으로 섬긴 것이 부족이었습니다. 물질에 대한 그의 애착은 하나님의 명령이나 주님의 초청보다 더 크고 강렬하였습니다. 주님께서는 그에게 세 가지를 말씀하셨습니다.

첫째, "네게 있는 것을 다 팔아 가난한 자들에게 나눠주라." 주께서는 모든 신자에게 이것을 요구하지는 않으십니다. 모든 신자가 자기의 재산을 다 팔아 가난한 자들에게 나눠주어야 하는 것은 아닙니다. 그러나 성도의 마음가짐은 그래야 합니다. 성도는 재물을 버려야 주님을 바르게 따를 수 있습니다. 그러므로 초대 예루살렘 교인들은 재산과 소유를 팔아 자발적으로 필요한 사람에게 나눠주었습니다(행 2:45).

둘째, "그리하면 하늘에서 보화가 네게 있으리라." 우리가 재물을 가지고 하나님의 명하시는 선한 일을 한다면, 하나님께서는 천국에서 우리에게 좋은 것으로 갚아주실 것이다. 우리의 자원적 절제와 헌신과 선행은 우리로 천국에서 상을 얻게 할 것이다(고전 9:17).

셋째, "그리고 와서 나를 따르라." 주께서는 아무에게나 이런 초청을 하지 않으셨습니다. 이것은 그를 제자로 부르시는 특별한 초청이었습니다. 그가 예수님을 자신의 구주와 주님으로 믿었다면 그를 따를 수 있었을 것입니다. 그러나 그가 하나님보다 물질이나 세상을 더 사랑한다면 그는 결코 주님을 따르지 못할 것입니다. 우리도 마찬가지입니다.

[23절], 그 관원은 큰 부자이었기 때문에 주의 말씀을 듣고 심히 근심하였습니다. 그는 영생을 얻고 싶은 마음이 있었지만, 자신이 가지고 있었던 그 많은 재물을 버릴 수 없었습니다. 마태는 그가 재물이 많으므로 근심하며 갔다고 기록했고, 마가는 그가 재물이 많으므로 슬픈 기색을 띠고 근심하며 갔다고 말했습니다. 그의 근심은 재물 사랑과 영생 소원의 충돌에서 생긴 근심이었습니다. 사람은 하나님과 재물을 겸하여 섬길 수 없습니다(마 6:24). 그러므로 주께서는 "너희 중에 누구든지 자기의 모든 소유를 버리지 아니하면 능히 내 제자가 되지 못하리라"(눅 14:33)고 말씀하셨습니다.

[24절], 예수께서는 그가 심히 근심하는 것을 보시고 말씀하셨습니다. "재물이 있는 자는 하나님의 나라에 들어가기가 어떻게 어려운지." 부자는 하나님의 나라에 들어가기가 심히 어렵습니다. 이것은 현재 부자이든지 가난한 자이든지 모든 사람이 명심해야 할 진리입니다. 그러므로 우리는 재물에 마음을 두지 말아야 합니다.

◆◆◆

"부자 되기에 애쓰지 말고 네 사사로운 지혜를 버릴지어다. 네가 어찌 허무한 것에 주목하겠느냐? 정녕히 재물은 날개를 내어 하늘에 나는 독수리처럼 날아가리라"(잠 23:4-5).

◆◆◆

"부하려 하는 자들은 시험과 올무와 여러 가지 어리석고 해로운 정욕에 떨어지나니 곧 사람으로 침륜과 멸망에 빠지게 하는 것이라. 돈을 사랑함이 일만 악의 뿌리가 되나니 이것을 사모하는 자들이 미혹을 받아 믿음에서 떠나 많은 근심으로써 자기를 찔렀도다"(딤전 6:9-10).

[25-27절], 예수께서는 또 "낙타가 바늘귀로 들어가는 것이 부자가 하나님의 나라에 들어가는 것보다 쉬우니라"고 말씀하셨습니다. '낙타가 바늘귀로 들어간다'는 말은 불가능한 것을 나타내는 속담인 것 같습니다. 사람은 물질적 부요 때문에 영생과 천국을 얻을 수가 없습니다.

듣는 자들은 말하였습니다. "그런즉 누가 구원을 얻을 수 있나이까?" 영생을 얻는 것과 하나님의 나라에 들어가는 것과 구원 얻는 것은 다 같은 사실입니다. 예수께서는 "무릇 사람의 할 수 없는 것을 하나님은 하실 수 있느니라"고 말씀하셨습니다. 구원은 하나님께 즉 그의 능력의 손안에 있습니다. 하나님은 우리의 구주이십니다. 그러므로 우리는 죄인들의 구원을 위해 하나님께 기도하고 간구할 뿐입니다.

[28-30절], 베드로가 말했습니다. "보옵소서, 우리가 우리의 것을 다 버리고 주를 좇았나이다." 예수께서 말씀하셨습니다. "내가 진실로 너희에게 이르노니 하나님의 나라를 위하여 집이

 그것은 하나님의 집 즉 신약교회가 우리의 집이며 하나님의 백성이 우리의 식구들임을 의미하신 것일 것입니다. 하나님의 뜻대로 행하는 자들이 다 하나님의 가족들입니다(마 12:50; 눅 8:21). 그러므로 하나님의 백성은 비록 홀로 사는 자들도 결코, 외롭지 않습니다. 또 주께서는 내세의 복을 '영생'이라고 말씀하셨습니다. 영생보다 더 귀한 복은 없습니다. 이와 같이 경건은 금세와 내세에 약속이 있습니다(딤전 4:7-10).

18절로 30절까지의 교훈은 무엇입니까? 첫째로, 우리는 재물에 대한 애착과 사랑을 버려야 합니다. 주께서는 모든 신자가 모든 재산을 다 팔아서 가난한 자들에게 주라고 명하지는 않으십니다. 그러나 본문이 보이는 바는 모든 신자가 재물에 대한 사랑과 애착을 다 버려야 한다는 것입니다. 우리는 돈을 벌기는 하지만, 돈을 사랑하는 마음을 가져서는 안 됩니다. 우리는 오직 하나님의 것을 맡은 청지기의 심령으로 살아야 합니다.

둘째로, 우리는 오직 하나님과 예수 그리스도만 따라가야 합니다. 하나님과 그 나라에만 참된 소망이 있습니다. 하나님만 우리의 영원한 생명이십니다. 오직 하나님을 따르는 길이 영원한 생명의 길이며 또한 평강과 기쁨의 길입니다.

◆◆◆

그러므로 우리는 하나님과 예수 그리스도만 따릅시다. 셋째로, 이런 경건한 삶에 현세와 내세에 약속이 있음을 알아야 합니다. 성도는 현세에서 그가 버린 것을 여러 배 받을 것입니다. 하나님께서는 이 세상에서 진실한 성도들의 교제를 허락하셨습니다. 성도들은 다 한 식구입니다. 또 하나님께서는 우리에게 일용할 양식의 부족이 없도록 늘 공급하여 주실 것입니다. 이것이 현세의 약속입니다. 또 내세에는 확실히 영생을 얻을 것입니다. 그것은 새 하늘과 새 땅에서의 영광스러운 영생입니다.

그러므로 우리는 현세의 재물에 연연하지 말고 돈에 대한 애착과 사랑을 버리고 오직 하나님과 예수 그리스도만 힘 있게 따라갑시다! 이런 사람이 영생을 얻습니다. 주님의 성탄에 우리도 새롭게 탄생합시다.

네가 무엇을
원하느냐

누가복음 18장 31절~43절

사람은 원하는 대로 일이 되지 않거나 자신의 한계에 부딪히면 쉽게 포기해 버립니다. 그리스도인은 그럴 때 믿음으로 기도해야 합니다. 하나님을 끝까지 믿고 하나님께 도움을 구해야 합니다. 예수님은 한 맹인을 고쳐 주시는 기적을 통해 그러한 믿음을 제자들에게 가르쳐 주셨습니다.

1. 예수 그리스도의 죽음과 부활 `31절~41절`

본문은 예수께서 자신의 죽음과 부활에 대해 예언하신 내용입니다. 예수님은 앞으로 자신에게 일어날 일을 다 아시는 신적 존재이셨습니다.

[31절], 예수께서는 열두 제자를 곁에 불러 놓으시고 그들에

게 말씀하셨습니다. "보라 우리가 예루살렘으로 올라가노니 선지자들을 통하여 기록된 모든 것이 인자에게 응하리라." 예수님은 며칠 후의 자신의 고난과 죽음을 아시면서도 예루살렘으로 올라가셨습니다.

[32-33절], 예수께서는 또 말씀하셨습니다. "인자가 이방인들에게 넘겨져 희롱을 당하고 능욕을 당하고 침 뱉음을 당하겠으며 그들은 채찍질하고 그를 죽일 것이나 그는 삼일 만에 살아나리라." 예수님은 그의 생애의 가장 중요한 두 가지 사건 곧 그의 죽음과 그의 부활에 대해 예언하셨습니다.

첫째로, 예수께서는 이방인들에게 넘겨 희롱과 능욕과 침 뱉음과 채찍질을 당하시고 마침내 십자가에 못 박혀 죽임을 당하실 것입니다.

둘째로, 예수께서는 장사 되신 지 삼일 만에 무덤에서 살아나실 것입니다. 하나님은 생명의 근원이십니다. 죽음은 죄 때문에 왔습니다. 죄가 없으신 메시아의 생애는 죽음으로 끝날 수 없으셨고 그는 반드시 다시 사셔야 하셨습니다. 예수 그리스도의 죽음과 부활은 하나님의 복음의 핵심입니다. 예수님의 죽음과 부활이 중요한 까닭은, 그의 죽음은 우리의 죄를 대속(代贖)하였고 그의 부활은 그가 하나님의 아들 그리스도이심과 그의 대속 사역을 확증(確證)했기 때문입니다. 예수 그리스도의 죽음과 부활은 우리의 구원 신앙의 핵심입니다.

[34절], 그러나 제자들은 이것을 하나도 깨닫지 못하였습니다. 사람은 영적으로 심히 어두워져 있어서 하나님의 확실한 진리도 잘 깨닫지 못합니다. 하나님의 복음에 대한 작은 깨달음이라도 그것은 하나님께서 은혜 주실 때에만 가능합니다.

31절로 34절까지의 교훈은 무엇입니까?

첫째로, 우리는 성경을 바로 알아야 합니다. 성경의 중심 인물은 예수 그리스도이십니다. 성경의 주제는 예수 그리스도께서 자신의 죽음과 부활로 이루신 구원입니다. 우리는 주 예수 그리스도를 증거하는 신구약성경과 그 내용을 바로 알 수 있기를 소망합니다.

둘째로, 우리는 하나님의 은혜를 감사해야 합니다. 하나님의 은혜가 아니라면 성경의 진리들은 우리에게도 감추어져 있고 우리도 그것들을 깨닫지 못했을 것입니다. 이 사실로 인하여 하나님께 감사하며 또 아직 깨닫지 못하는 그들에게도 은혜 주시기를 간구할 수 있기를 소망합니다.

셋째로, 우리는 자신의 죽음을 예견하면서도 용기를 가지고 예루살렘으로 올라가신 충성된 주님의 모습을 본받아야 합니다. 우리는 고난이 예상되는 상황에 처해 있을지라도 낙심치 말고 용기를 잃지 말고, 하나님 앞에서 계명을 즐거이 순종하고 하나님의 뜻을 이루기 위해 충성할 수 있게 되시기를 소원합니다.

2. 소경의 눈을 뜨게 하심 35절~43절

[35절], 예수께서 여리고에 가까이 오셨습니다. 예수께서는 한 눈먼 사람이 길가에 앉아 구걸하는 거지를 보셨습니다. 실상, 모든 인간은 하나님도, 천국과 지옥도 알지 못하는 눈먼 사람입니다. 그것은 육신의 맹인보다 더 큰 불행입니다.

[36-37절], 그 맹인(시각장애인)이 무리가 지나가는 소리를 듣고서 "무슨 일이 일어났느냐?"고 물었습니다. 사람들은 나사렛 예수께서 지나가신다고 말하였습니다. 그것은 그 맹인에게는 절호의 기회였습니다. 하나님께서는 불쌍한 죄인들을 위해 구원의 문을 열어놓고 계십니다. 하나님은 사람들이 예수 그리스도를 통해 구원받도록 부르고 계십니다. 아직도 복음이 교회를 통해, 전도자들을 통해 전파되고 있습니다. 오늘도 예수께서는 성령으로 세상 곳곳을 지나가고 계십니다.

[38절], 맹인이 외쳐 말했습니다. "다윗의 자손 예수여, 나를 불쌍히 여기소서." '다윗의 자손 예수여'라는 말은 그가 예수님을 메시아로 믿었음을 나타냅니다. 그는 예수님에 대해 많은 말들을 들었고 생각했고 그를 메시아로 깨닫고 믿었던 것 같습니다. 믿음은 하나님의 말씀을 들음에서 납니다(롬 10:17). 오늘날도 우리가 예수님에 관하여 성경에 증거된 대로 읽고 듣고 묵상할 때 예수님을 믿고 확신할 수 있습니다.

맹인은 지체하지 않고 예수님께 자신을 불쌍히 여겨 달라고 외쳤습니다. 그것은 겸손한 부르짖음이었습니다. 사람은 다 자존심이 있어서 남의 동정을 받는 것을 싫어하는 경향이 있습니다. 그러나 하나님 앞에서는 그런 자존심을 버리고 그의 긍휼을 구하는 자가 구원을 받습니다.

[39절], 앞에 서서 가던 사람들이 그를 꾸짖어 "조용히 하라"고 하였습니다. 그러나 그는 더욱 심히 소리 질러 "다윗의 자손이여, 나를 불쌍히 여기소서"라고 외쳤습니다. 믿음의 길에는 항상 방해거리가 있습니다. 그러나 그 맹인은 더욱 심히 소리 질러 "다윗의 자손이여, 나를 불쌍히 여기소서"라고 외쳤습니다. 우리의 믿음은 어려움을 극복할 때 더욱 강해집니다. 또 믿음에는 항상 인내가 필요합니다. 우리는 하나님께 무엇을 간구할 때 믿음과 인내를 가지고 해야 합니다.

[40-41절], 예수께서는 머물러 서서 "그를 데려오라"고 명하셨습니다. 그의 낙심치 않은 부르짖음은 응답을 얻었습니다. 예수님은 그의 은혜를 간구하는 자를 외면치 않으시고 불러주셨습니다. 오늘날도 믿음과 인내를 가지고 부르짖는 자는 주님을 만나게 될 것입니다. 그는 예수님께 자신의 소원을 다 아뢸 기회를 얻게 될 것입니다.

그 맹인이 가까이 오자, 예수께서 물으셨습니다. "네게 무엇을 하여 주기를 원하느냐?" 그는 말했습니다. "주여, 보기를 원하나이다.” ‘주여’라는 그의 말은 그가 예수님을 자신의 시력을 회복시켜 주실 수 있는 능력의 주님이라고 고백하는 뜻이 있다고 봅니다. 오늘날도 모든 죄인은 자신들이 다 영적 소경인 것을 깨닫고 보기를 원하는 소원이 있어야 합니다. 사람은 누구나 자신이 영적 소경인 것을 깨달아야 구원을 얻을 것입니다.

[42-43절], 예수께서는 맹인에게 말씀하셨습니다. “보아라. 네 믿음이 너를 구원하였느니라.” 그러자 그는 곧 보게 되어 하나님께 영광을 돌리며 예수님을 따랐습니다. 백성들은 다 이것을 보고 하나님을 찬양하였습니다. 예수님의 치료는 단순하고 즉각적이었습니다. 예수님은 말씀 한마디로 치료하셨습니다. 그의 말씀은 하나님의 능력의 말씀이었습니다. 예수님은 인생을 불행에서 건져주시는 신적 구주이신 것이 다시 한번 증거되었습니다.

오늘날도 예수 그리스도의 이름을 부르는 자마다 즉시 구원을 얻을 것입니다. 구주 예수 그리스도는 오늘도 인간을 불행에서 건져내시기에 유능하신 구주이십니다. 그러나 이 치료는 믿음의 간구에 대한 응답이었습니다. 구원은 하나님의 긍휼과 능력의 사역이지만 단지 그를 믿는 자들에게 주어집니다. 믿지 않는 자는 구원을 얻지 못할 것입니다.

35절로 43절까지의 본문은 예수께서 하나님의 보내신 능력의 구주이심을 다시 한번 더 증거합니다. 오늘날도 영적 맹인인 모든 죄인은 예수 그리스도를 믿고 소원을 아뢸 때 영적 시력을 회복할 수 있습니다. 뿐만 아니라, 구원받은 우리 모두는 우리와 세상 끝 날까지 함께하시는 예수 그리스도께서 우리의 모든 문제의 해결자이시며 도우시고 인도하시는 자이심을 알고 시시때때로 그에게 나아가 기도해야 할 것입니다. "내가 네게 무엇을 해 주기를 원하느냐?"는 주님의 질문 앞에서 이번 신년특새에 모두 나와서 우리의 소원을 마음껏 아뢰고 응답받을 수 있기를 축원합니다.

삭개오를 찾으러 오신 예수님

누가복음 19장 1절~10절

예수님은 신분 여하를 떠나서 누구나 만나 주십니다. 그리고 예수님을 인격적으로 만난 사람들은 모두 변화를 경험합니다. 누가는 한 맹인에 이어 삭개오를 만나신 예수님의 모습을 통해 지상 사역의 막바지를 향하고 있는 예수님의 관심이 영혼 구원에 있음을 보여주고 있습니다. 본문을 주해(注解)하기 위해 분석하면 1절에서는 사건의 배경, 2-4절에서는 삭개오의 행동, 5-7절은 예수님이 삭개오를 부르심, 8절은 삭개오의 회개, 9, 10절은 삭개오가 구원받음에 대한 이야기로 구성되어 있습니다. 본문을 중심으로 말씀을 살펴보겠습니다.

[1-3절], 예수께서는 여리고로 들어 지나가셨습니다. 삭개오라 이름하는 자가 있었는데 그는 세리장이며 또 부자였습니다. 예수께서 그곳에 가신 것은 삭개오라는 사람을 구원하시기 위함이었습니다. 세상적 직위가 있고 경제적 부요가 있는 사람은 하

나님을 섬기기가 어려울 것입니다. 당시에 세리들은 죄인으로 여겨졌습니다(7절). 아마 많은 사람이 그를 상종하지 못할 자로 여기며 그를 멀리했을 것입니다.

그런데 삭개오에게는 예수님이 어떤 사람인지 보고자 하는 마음이 있었습니다. 그는 예수님에 대해 상당히 알고 있었고 어느 정도 끌리고 있었고 그것을 확인해 보기를 원하였던 것 같습니다. 그러나 그는 키가 작고 사람이 많아 예수님을 볼 수 없었습니다. 사람은 때때로 자신의 부족한 점과 주위 사람의 장애 때문에 주께로 나아가기가 어렵습니다.

[4-5절], 그러나 그는 한 가지 방법을 생각해 냈습니다. 그것은 예수님의 진행하는 길 앞으로 달려가 뽕나무 위에 올라가는 것이었습니다. 그것은 그가 예수님을 보아야겠다는 간절한 마음에서 나온 생각이었습니다. 뽕나무에 올라가는 것은 그의 신분에 맞지 않는 일일 것입니다. 그러나 그는 부끄러움이나 체면이나 혹은 나무에서 떨어지면 다칠 수 있는 위험을 무릅쓰고 뽕나무에 올라갔습니다. '뽕나무'라는 원어 '쉬코모라이아'는 '시카모 무화과 혹은 무화과 뽕나무'라는 말입니다.

예수께서는 그 뽕나무 아래에 도달하셨을 때 그를 우러러보시며 말씀하셨습니다. "삭개오야, 속히 내려와라. 내가 오늘 네 집에 유하여야 하겠다." 예수께서는 신성(神性)의 지식으로 삭개오의 이름을 아셨습니다. 그는 오늘날도 구원하실 자를 다 아십니다. 그는 죄인에게 가까이 하시고 그를 구원하기를 원하십니다.

예수께서는 또 삭개오의 가족들에 대해서도 관심을 가지셨습니다. 가정적 구원은 확실히 큰 복입니다.

[6-7절], 예수님의 말씀은 삭개오에게 너무 예상외의 것이었습니다. 그의 생각에, 거룩하신 예수께서는 그를 상대해 주지 않으시고 그를 대면하시면 필경 책망하실 것 같았습니다. 그러나 예수께서 그에게 관심을 가져주시고 책망 대신 자기 집에 유하겠다고 말씀하시지 않습니까? 삭개오는 급히 내려와 즐거워하며 그를 자기 집으로 영접하였습니다. 그의 이런 반응을 보면, 그는 예수님이 메시아일 것이라는 긍정적 생각을 하고 있었던 것 같습니다. 이제 그의 마음은 더욱 감동되었을 것입니다.

사람들은 예수님의 마음을 알지 못하고 그에 관하여 수군거렸습니다. 상대의 행위의 동기를 알지 못하는 무지한 사람들은 수군거리는 일을 잘합니다. 예수께서 죄인의 집에 들어가신 것은 사실입니다. 그러나 그것은 예수께서 죄인과 친구가 되어 그의 죄를 인정하거나 그와 함께 죄악의 낙을 누리기 위해서가 아니었습니다. 예수님은 오직 죄인을 구원하시기 위해 그의 집에 들어가신 것이었습니다. 우리는 다른 사람을 겉으로만 보고 주관적 생각으로 판단하는 자가 되어서는 안 됩니다.

[8절], 삭개오는 서서 주께 말했습니다. "주여, 보시옵소서. 내 소유의 절반을 가난한 자들에게 주겠사오며 만일 누구의 것을 속여 빼앗은 일이 있으면 네 갑절이나 갚겠나이다." 그는 예수님

을 '주님'으로 고백하였습니다. '주님'이라는 명칭은 단순한 존칭 이상의 뜻이 있었고 사실 신성(神性)의 명칭이었습니다. 그는 또 자기 재산의 절반을 가난한 자들에게 주며 만일 남의 것을 억지로 혹은 속여서 빼앗은 일이 있으면 4배나 갚겠다고 고백하였습니다. 그의 고백은 바른 회개를 보입니다. 참된 회개는 죄의 청산입니다. 예수님 앞에 선 삭개오에게는 거대한 변화가 일어났습니다. 그것은 예수님의 인격적 감화와 성령의 강력한 역사 때문이었을 것입니다.

[9-10절], 예수께서는 "오늘 구원이 이 집에 이르렀으니 이 사람도 아브라함의 자손임이로다"(9)고 말씀하셨습니다. 그는 가정적 구원을 선언하셨습니다. 삭개오는 예수님을 영접하고 믿었고 죄를 청산하기를 결심하였습니다. 참된 회개와 믿음을 가진 자마다 구원을 얻을 것입니다. 예수께서는 또 "인자의 온 것은 잃어버린 자를 찾아 구원하려 함이니라"(10)고 말씀하셨습니다. 예수님의 사명은 단지 사람들의 병들을 고쳐 주거나 기적들을 행하는 것이 아니고, 영혼을 구원하는 것이었습니다.

삭개오에게서 구원을 선언하신 예수님의 말씀은 죄인도 회개하면 구원받음을 보여줍니다. 자신을 죄인으로 간주하는 사회 속에서 지탄받으며 살아온 삭개오는 자신의 잘못을 고치겠다고 결단했습니다. 그의 모습은 결단하지 못하고 근심하며 떠나간 부자 관원과 달랐습니다.

예수님이 삭개오의 집을 방문하시자 그는 예수님이 교제하기에 합당한 의로운 사람으로 변화되었습니다. 예수님이 아무런 요구도 하시지 않았지만, 예수님이 죄인의 집을 찾아오신 은혜의 능력은 그를 변화시켜 구원받게 이끌었습니다. 예수님의 은혜에는 잃어버린 양을 찾아 구원하는 능력이 있습니다. 삭개오를 변화시킨 그 능력은 죄인도 부자도 변화시킵니다. 힘들게 모은 재산도 절반이나 가난한 자들에게 나눠 주게 합니다. 예수님은 절반으로 부족하다고 지적하지도 않으십니다. 오히려 그의 결단을 인정하시고 그를 하나님의 백성으로 인정하십니다.

예수님은 잃어버린 자를 찾아 구원하시기 위해 이 세상에 오셨습니다(10). 예수님은 지금도 삭개오 같은 자들을 만나 구원하시기를 원하십니다. 누구든지 예수님을 만나고자 하면 예수님은 기꺼이 만나 주십니다. 그리고 진정한 변화를 누리게 하십니다. 우리는 예수 그리스도를 인격적으로 만나 파격적으로 변화된 삶을 살아가야 합니다.

1절로 10절까지의 교훈은 무엇입니까? 첫째로, 예수님은 죄인을 영접하시고 구원하시는 구주이십니다. 그는 죄인 삭개오를 먼저 찾아오셨고 그 집에 들어가셨고 마침내 그를 구원하셨습니다. 예수님의 주 관심은 영혼 구원이었고, 그의 사명은 잃어버린 자를 구원하시는 것이었습니다.

둘째로, 우리는 예수님을 영접하고 모든 죄를 버리기를 결심합시다. 삭개오는 예수님을 보고자 하였고 기쁨으로 영접하였고 자신의 죄를 청산하기를 결심했습니다. 오늘날도 하나님과 구주 예수 그리스도를 간절히 사모하며 찾는 자는 만날 것이며, 그를 기쁨으로 영접하고 자신의 죄를 철저히 회개하고 청산하기를 결심하는 자는 구원을 얻을 것입니다.

셋째로, 우리는 예수님의 심정을 품고 죄인들을 구원하기 위해 관심을 가지고 그들을 영접합시다. 물론, 우리가 서로 사랑하며 서로를 영접하고 예수 그리스도의 이름을 가진 어린 소자 하나와 주의 종을 영접해야 하지만, 우리는 또한 한 명의 죄인을 구원하기 위해 그를 영접해야 합니다. 이것이 교회의 주 관심이어야 합니다. 오늘날도 주께서는 성령으로 우리를 통해 죄인들을 찾으시며 만나시고 구원하기를 원하십니다.

삭개오는 믿음과 회개를 구체적인 행동으로 나타냈습니다. 예수님은 우리에게 이러한 믿음의 실천을 기대하십니다. 예수님이 삶의 주인이시라는 믿음의 고백은 선한 행실을 통해, 그리고 삶의 열매를 통해 그 진위가 가려집니다. 주님의 인격과 성품을 닮아가려는 부단한 노력을 통해 믿음을 증명하시기 바랍니다.

본문 바로 앞의 누가복음 19장 1-11절에서는 삭개오의 구원 사건-삭개오의 행동, 예수님이 삭개오를 부르심, 삭개오의 회개-삭개오가 구원받음에 대한 이야기로 구성되어 있습니다. "오늘 구원이 이 집에 이르렀으니 이 사람도 아브라함의 자손임이로다"(9절). "인자의 온 것은 잃어버린 자를 찾아 구원하려 함이니라"(10절).

본문의 말씀은 삭개오의 놀라운 변화를 지켜본 이들이 하나님의 나라가 금방이라도 임할 것이라고 생각했을 수 있습니다. 그래서 예수님은 열 므나 비유를 말씀하십니다. 열 므나의 비유는 하나님의 나라는 반드시 임할 것이지만, 당장 나타나는 것이 아니고 오랜 시간이 지난 후에 나타날 것임을 보여주고 있습니다.

[11-12절], 어떤 귀인이 왕위를 받아 가지고 오려고 먼 나라로 갔습니다. 예수님은 이 비유에서 자신을 어떤 귀인으로 표현하

셨습니다. 예수님 자신은 지극히 존귀하신 분이십니다. 예수님은 하나님의 독생자이십니다(요1:1, 14). 예수님은 왕으로 오셨으나 아직 본격적으로 왕의 일을 하지 않으셨습니다. 물론 지금 그가 하늘에서 하나님 오른편에서 영적으로 교회를 다스리고 온 세상을 다스리고 계시지만, 그는 장차 다시 오심으로써 그의 왕 되심을 완전하게, 영광스럽게 나타내실 것입니다. 예수님은 자신이 먼 나라로 가실 것으로 표현하셨습니다. 그가 가신 천국은 우리가 사는 지구에서 멀리 떨어져 있는 곳입니다. 또 예수님이 왕위를 받아 왕의 영광을 가지고 돌아오시기까지는 여러 해가 걸릴 것입니다.

[13-14절], 그 귀인은 그 종 열 명을 불러 은 열 므나를 주며 "내가 돌아올 때까지 장사하라"고 말하였습니다. '그 열 명의 종'은 '그의 백성'과 구별됩니다. 그 열 명의 종은 그의 제자들, 복음의 일꾼들, 오늘날 목사와 전도자들, 또 넓게 보면 교회의 직분자들을 가리킵니다. 마태복음 25장의 달란트 비유에서는 주인이 그 종들의 재능대로 어떤 이에게는 다섯 달란트, 어떤 이에게는 두 달란트, 어떤 이에게는 한 달란트를 주었습니다.

그러나 본문에서는 주인이 종들에게 동일하게 한 므나씩을 주었습니다. 한 므나는 100데나리온이며 60분의 1달란트이었습니다. 똑같이 한 므나씩 준 것은 어떤 동일한 임무를 가리킵니다. 그것은 복음 사역의 임무를 가리킬 것입니다. 주께서는 우리 모두에게 재림의 날이 되기까지 하나님의 교회의 여러 직분을 주셔서 모든 사람을 제자 삼아 마지막 전도명령을 행하게 하십니다(마 28:20).

그런데 그 백성은 그를 미워하여 사자를 뒤로 보내어 말했습니다. "우리는 이 사람이 우리의 왕 됨을 원하지 아니하나이다"(14절). 범죄하고 타락하여 하나님을 멀리 떠난 세상은 항상 하나님과 하나님의 일에 대하여 적대적입니다. 구약교회는 빈번히, 그리고 신약교회조차도 종종, 배교적이었고 불신앙적이고 불순종적이었습니다. 이것은 죄악 된 인간 본성의 모습입니다. 하나님의 은혜로 변하지 않고서는 이 인간의 반항적 병폐는 결코, 고쳐지지 않을 것입니다.

[15-17절], 귀인은 왕위를 받아가지고 돌아와서 은화를 준 종들이 각각 어떻게 장사한 것을 알고자 하여 그들을 불렀습니다. 우리 주 예수 그리스도께서는 영광 가운데 왕으로 다시 오실 것입니다. 주님의 재림은 미래의 확실한 사건입니다. 다시 오실 예수님은 그가 세우신 복음의 일꾼들과 교회 직분자들을 불러 그들이 얼마나 충성되이 일했는지를 평가하실 것입니다. 재림하신 주께서는 친히 우리를 심판하실 것입니다.

그 첫째가 나아와 말했습니다. "주인이여, 당신의 한 므나로 열 므나를 남겼나이다"(16절). 주인이 말했습니다. "잘하였다, 착한 종이여. 네가 지극히 작은 것에 충성하였으니 열 고을 권세를 차지하라"(17절). 비록 한 므나는 장사하기에는 별로 큰 자본은 아니었을 것입니다. 그러나 그 종은 그 작은 것을 가지고 성실히, 열심히 일하였습니다. 그는 놀지 않았고 다른 일에 마음을 빼앗기지 않았습니다. 주인은 그에게 열 고을 권세를 차지하라고 말하였습니다. 그것은 주께서 충성한 복음의 일꾼들에게 내리실 상입니다. 그 상은 직분자들의 충성의 정도에 따라 주어질 것입니다.

[18-19절], 그 둘째가 와서 말했습니다. "주인이여, 당신의 한 므나로 다섯 므나를 만들었나이다"(18절). 주인이 그에게도 말했습니다. "너도 다섯 고을을 차지하라"(19절). 두 번째 종도 열심히 일하여 이익을 많이 남겼습니다. 그는 비록 첫 번째 종처럼 열 므나를 남기지는 못하였지만 다섯 므나 남겼습니다. 복음의 일꾼들의 열심과 성실성은 각각 다를 것입니다. 어떤 이는 좀 더 열심히, 성실하게 일할 것이고 다른 이는 그보다 좀 못할 수도 있습니다. 종들의 일한 정도에 따라 그의 사역의 열매의 양도 다를 것입니다. 주인은 그 두 번째 종에게 다섯 고을을 다스리는 권세를 주셨습니다. 복음의 일꾼들에게는 그들이 일한 만큼의 상이 주어질 것입니다.

[20-23절], 또 한 사람이 와서 말했습니다. "주인이여, 보소서. 당신의 한 므나가 여기 있나이다. 내가 수건으로 싸두었었나이다. 이는 당신이 엄한 사람인 것을 내가 무서워함이라. 당신은 두지 않은 것을 취하고 심지 않은 것을 거두나이다"(20, 21절). 세 번째 종은 앞의 종들과 달랐습니다. 그는 받은 한 므나를 수건에

싸두었습니다. 그는 주인에 대해 합당치 않은 생각을 갖고 있었습니다. 종의 임무는 주인의 명령대로 순종하는 것이며 그것만 잘하면 됩니다. 그 외의 다른 것은 그가 생각할 문제가 아닙니다. 그러나 이 사람은 주인에 대해 두려워했고, 불평했고, 부정적이었고 주인의 명령에 순종치 않았습니다. 그는 종으로서 합당치 않은 자였습니다.

주인이 말했습니다. "악한 종아, 내가 네 말로 너를 판단하노니 너는 내가 두지 않은 것을 취하고 심지 않은 것을 거두는 엄한 사람인 줄로 알았느냐? 그러면 어찌하여 내 돈을 은행에 맡기지 아니하였느냐? 그리하였으면 내가 와서 그 이자와 함께 그 돈을 찾았으리라"(22, 23절).

종의 임무를 하지 못한 그는 착한 종이 아니고 악한 종이었습니다. 또 그가 주인에 대해 그런 생각을 했다면 그 은화를 은행에 두어 주인이 올 때 이자라도 받게 해야 옳았습니다. 그 종은 주인에 대해 잘못된 생각과 두려움과 불만을 가진 것뿐만 아니라, 지혜가 없었고 게을렀습니다.

[24-27절], 주인은 곁에 섰는 자들에게 "그 한 므나를 빼앗아 열 므나 있는 자에게 주라"(24절)고 말했습니다. 그들이 "주여, 그에게 이미 열 므나가 있나이다"(25절)라고 말하자, 그는 말했습니다. "내가 너희에게 말하노니 무릇 있는 자는 받겠고 없는 자는 그 있는 것도 빼앗기리라"(26절). 주께 대한 믿음과 순종과 충성의 열매가 있는 자는 상을 받고 더 받을 것입니다. 그러나 믿음

과 순종과 충성의 열매가 없는 자는 마지막 심판 때에 그가 받았던 것조차도 빼앗기게 될 것입니다. 주인은 또 "그리고 나의 왕 됨을 원치 아니하던 저 원수들을 이리로 끌어다가 내 앞에서 죽이라"(27절)고 말했습니다. 이것은 믿지 않고 불순종하는 교인들과 종들의 종말을 가리킵니다. 그들은 하나님의 종들과 백성이 아니고 원수들입니다.

11절로 27절까지의 교훈은 무엇입니까? 첫째로, 주 예수께서는 장차 왕권을 가지고 영광 중에 다시 오실 것입니다. 우리는 주의 재림의 소망을 굳게 붙들어야 합니다. "이것들을 증언하신 이가 이르시되 내가 진실로 속히 오리라 하시거늘 아멘 주 예수여 오시옵소서"(계 22:20).

둘째로, 교회의 모든 직분자들은 착한 종들같이 작은 일들에도 충성해야 합니다. 우리 모든 직분자들은 예수께 대한 잘못된 생각과 불평과 거역함과 게으름을 버리고, 예수님의 왕권을 인정하고 말씀에 순종하고 복음을 널리 전하고 하나님의 모든 일에 충성할 수 있으시기를 소원합니다. 또 모든 교인은 주 예수 그리스도의 왕권을 거부하고 대항하는 불신앙적, 불순종적 사람들이 되지 말고, 그의 왕권을 믿고 항상 성경 읽고 기도하며 서로 사랑하고 그의 재림을 사모하며 성경의 교훈들을 힘써 순종하는 자들이 되시기를 소망합니다.

셋째로, 주께서는 다시 오셔서 주의 종들에게 그들이 일한 대로 상을 주실 것입니다. 고린도전서 3장 8절, "심는 이와 물주는 이가 한가지이나 각각 자기가 일한 대로 자기의 상을 받으리라." 그러므로 청지기의 올바른 태도는 충성하는 일임을 명심합시다.

4부
예루살렘 사역
누가복음 19장 28절 – 21장 38절

내 눈 주의 영광을 보네

누가복음 9장 28절~40절

오래 전, 여러 목회자와 선교사들과 함께 모임을 한 적이 있습니다. 그러던 중, 어떻게 하나님의 부르심을 받게 되었는지 각자가 받은 말씀이나 소명을 확신하게 된 결정적인 계기를 나누는데, 대부분 사역자가 "주가 쓰시겠다 하라"는 말씀을 받고 이 길을 시작하게 됐다고 고백했습니다. "주가 쓰시겠다 하라." 복음서에는 이 말씀이 세 구절에 등장하는데, 각기 받았던 구절과 맥락은 달랐지만 모두 주님이 부르시는 동일한 음성 앞에 순종한 것입니다.

예수님은 예루살렘에 오르시기 전에 타실 나귀를 찾으셨습니다. 승리한 장군이나 황제가 입성할 때 얼마나 화려하고 웅장한 모습이 연출되는지 모릅니다. 주인공들은 더 멋지고 훌륭한 말을 타고 위용을 떨쳐 보이며 당당한 모습을 자랑합니다. 그러나 하나님의 아들, 만왕의 왕 예수님은 예루살렘으로 들어가실 때 '나귀'를 타셨습니다. 나귀는 짐을 나르거나 농사일에 동원되면서 사람도 타고 유용하게 쓰이긴 했지만 말(馬)보다는 낮은 대우를 받았습니다. 그래서 겸손을 상징하기도 했습니다.

이 평화의 도시 예루살렘에 나귀를 타신 겸손의 왕 예수님이 들어가십니다. 당시 예루살렘은 '평화의 도시'라는 이름에 맞지 않게 극심한 종교 타락과 편법, 불법이 판치는 죄악으로 가득한 도시였습니다. 죄를 무너뜨리기 위해 죄악의 중심으로 들어가시는 예수님, 모든 죄악을 이기기 위해 나귀를 타신 것입니다. 이러한 예수님의 삶은 철저한 자기 비움에서 비롯되었습니다. 즉, 업신여김을 받을 줄 뻔히 알면서도 그 낮은 자리로 내려가셨습니다. 인간의 죄와 허물을 소멸시키는 능력이 여기서 나타납니다.

[28-30절], 예수께서는 이 말씀을 하시고 예루살렘을 향하여 앞서서 가셨습니다. 그는 거기에서 십자가에 달려 죽으실 것이었습니다. 감람원이라는 산의 벳바게와 베다니에 가까이 왔을 때에, 그는 제자 중 둘을 보내시며 말씀하셨습니다. 30절을 보십시오. "이르시되 너희는 맞은편 마을로 가라. 그리로 들어가면 아직 아무도 타 보지 않은 나귀 새끼가 매여 있는 것을 보리니 풀어 끌고 오라." 그 일은 예수님의 신적 지식을 증거합니다. 예수님은 아무도 타보지 않은 그 나귀 새끼를 아셨고 그것을 보셨고 그것을 풀어 끌어오라고 지시하셨던 것입니다. 이 사건에서 우리는 그의 신적 영광을 봅니다.

예수님은 나귀 새끼를 타고 예루살렘에 올라가기를 원하셨습니다. 그것은 구약성경의 예언을 성취(마 21:4-5)하는 뜻도 있지만, 또한 그의 겸손을 나타냅니다. 또 예수님이 다른 사람의 나귀 새 끼를 타고 가신 것은 그가 가난한 삶을 사셨음을 보입니다. 그는 온 세상의 주인이시며 소유자이셨지만, 세상에서 나귀 새끼 한 마리도 소유하지 않으셨습니다.

[31-34절], 주께서는 "만일 누가 너희에게 어찌하여 푸느냐 묻거든 말하기를 주가 쓰시겠다 하라"(31절)고 말씀하셨습니다. 보내심을 받은 자들은 가서 예수님이 말씀하신 대로 나귀 새끼와 그 주인을 만났습니다. 그들이 나귀 새끼를 풀때에 그 주인들이 말했습니다. "어찌하여 나귀새끼를 푸느냐?"(33절 하). 그들은 주께서 쓰시겠다고 대답하였습니다.

제자들에게 하신 그 명령에서 예수께서는 자신이 그 나귀 새 끼의 참 주인이 됨을 암시하셨습니다. 예수님은 그 나귀 새끼의 주인이실 뿐만 아니라, 세상 모든 만물의 주인이 되십니다. 예 수님을 '주님'이라고 표현하는 것은 바로 이런 사실을 나타내는 말입니다. 그것은 예수님이 곧 하나님이시라는 뜻입니다. 하나 님 외에 누가 이 세상의 참 주인이십니까? 우리가 세상에서 무 엇을 소유하고 살지만, 우리의 모든 소유의 참 주인은 우리 자신 이 아니고 오직 하나님이십니다.

[35-38절], 제자들은 그것을 예수께로 끌고 와서 자기들의 겉 옷을 나귀 새끼 위에 걸쳐놓고 예수님을 태웠습니다. 주께서 가

실 때에 그들은 자기들의 겉옷을 길에 폈습니다. 그들에게는 겸손함이 있었고 예수님을 향한 경외심이 있었습니다. 예수님은 이미 감람산에서 내려가는 데까지 가까이 오셨습니다. 모든 제자는 자기들이 본 모든 능한 일로 인해 기뻐하며 큰 소리로 하나님을 찬양하여 말했습니다. 38절을 보십시오. "이르되 찬송하리로다. 주의 이름으로 오시는 왕이여, 하늘에는 평화요 가장 높은 곳에는 영광이로다." 그들은 예수께서 구약에 예언(슥 9:9)된 그 메시아, 곧 약속된 왕이신 것을 믿었습니다. 구약성경에는 오실 메시아가 왕이심을 증거하고 있습니다. 제자들에게는 예수님에 대한 바른 지식과 믿음이 있었습니다.

[39절], 그러나 무리들 중에는 믿는 자들만 있는 것이 아니었습니다. 무리들 중에는 어떤 바리새인들이 있었는데 그들은 믿지 않는 자들이었습니다. 그들은 스스로 보수신앙을 가지고 있다고 생각했으나, 그들의 신앙은 바르지 못했습니다. 그들은 예수님을 '선생님' 정도로 알고 존경했을지는 몰라도, 그를 하나님의 약속하신 메시아 곧 우리의 구주이시오, 생명의 주인이심을 알지 못하였습니다. 그들은 예수님을 찬송하는 제자들을 책망하라고 예수께 요청하였습니다. 그것은 그들의 무지함과 믿음 없음을 드러낼 뿐이었습니다. 우리 가운데는 아직 예수님께 대한 이런 정도의 지식을 가진 자들은 없는지요!

[40절], 예수께서는 대답하셨습니다. "내가 너희에게 말하노

니 만일 이 사람들이 잠잠하면 돌들이 소리지르리라.” 예수님은 제자들의 찬송과 고백이 정당함을 증거하셨던 것입니다. 이것은 격언적 표현인 것 같습니다. 혹은 여기의 돌들이 이방인들을 표현한 말인지도 모르겠습니다. 하나님께서는 은혜 주실 자들에게 예수께 대한 참 믿음과 순종심을 주실 수 있고 또 그렇게 주실 것입니다.

28절로 40절까지의 교훈은 무엇입니까? 첫째로, 예수님은 하나님이 보내신 메시아, 곧 우리의 주, 우리의 왕이십니다. 이것이 신약성경 전체가 예수님에 대해 증거하는 바입니다.

◆◆◆

“시몬 베드로가 대답하여 가로되 주는 그리스도시요 살아계신 하나님의 아들이시니이다”(마 16:16).

◆◆◆

“예수께서 제자들 앞에서 이 책에 기록되지 아니한 다른 표적도 많이 행하셨으나 오직 이것을 기록함은 너희로 예수께서 하나님의 아들 그리스도이심을 믿게 하려 함이요 또 너희로 믿고 그 이름을 힘입어 생명을 얻게 하려 함이니라”(요 20:30-31).

둘째로, 우리는 하나님의 은혜를 받아 겸손히 수 예수 그리스도를 영접하고 기쁨으로 그를 찬양합시다. 그것이 구원받은 성도의 표입니다.

"영접하는 자 곧 그 이름을 믿는 자들에게는 하나님의 자녀가 되는 권세를 주셨으니"(요 1:12).

"이러므로 하나님이 그를 지극히 높여 모든 이름 위에 뛰어난 이름을 주사 하늘에 있는 자들과 땅에 있는 자들과 땅 아래 있는 자들로 모든 무릎을 예수의 이름에 꿇게 하시고 모든 입으로 예수 그리스도를 주라 시인하여 하나님 아버지께 영광을 돌리게 하셨느니라"(빌 2:9-11).

셋째로, 우리 중에 바리새인들처럼 예수님에 대해 잘못된 생각을 가진 자들이 있다면, 오늘 그 생각을 버리십시오. 모든 무지와 불신앙을 버리고 주 예수 그리스도를 바로 알고 바로 믿읍시다. 나다나엘은 처음에 "나사렛에서 무슨 선한 것이 날 수 있느냐?"라고 말하며 예수님을 믿지 않았으나 그를 만난 후 "랍비여, 당신은 하나님의 아들이시요 당신은 이스라엘의 임금이로소이다"라고 고백하였습니다(요 1:45-49). 도마도 처음에는 주님의 부활을 믿지 않았으나 부활하신 주님을 직접 본 후, 그에게 "나의 주시며 나의 하나님이시니이다"라고 고백하였습니다(요 20:28).

예수님은 이 땅에 평화를 주기 위해 오신 왕, 메시아입니다. 우리는 제자들과 함께 그리스도를 찬양하는 노래를 부르며 그분을 영접하는 행렬에 기쁘게 참여해야 합니다. 예수님께 경배와 찬양을 올려 드리는 일은 온 우주가 해야 할 마땅한 일이기 때문입니다. 오늘, 우리의 왕이며 온 세상의 통치자이신 예수님을 높이고 찬양하십시다. 복음송 "내 눈 주의 영광을 보네"를 함께 찬양합시다.

예수님의 눈물과
성전 정화 사건

누가복음 19장 41절~48절

예수님이 나귀를 타시고 메시아이심을 알리며 입성하셨지만, 예루살렘 주민들은 예수님의 방문이 하나님의 방문임을 알지 못했습니다. 예수님은 우시면서 예루살렘의 멸망을 예언하셨고, 성전이 역도의 소굴이 되었다고 하시면서 성전이 파괴될 것을 예언하셨습니다.

[41절], 예수께서는 예루살렘 성을 보시고 우셨습니다. 그가 세상에서 30여 년 동안 사시면서 여러 번 우셨겠지만, 특히 성경은 그의 우심에 대해 세 번 증거하였습니다. 요한복음 11장 35절에 보면 그는 나사로가 죽었을 때 우셨고, 또 본 절의 말씀이 하나이고, 또 히브리서 5장 7절에 보면 자신의 죽음을 앞두고 아버지께 심한 통곡과 눈물로 간구와 소원을 아뢰었습니다. 그것은 겟세마네 동산에서의 기도를 가리킵니다.

예수께서 예루살렘 성을 보시고 우신 것은 그 성의 장래를 생각해서였습니다. 그 장래를 생각하니 불쌍해서 눈물을 흘리신 것입니다. 예수님은 동정과 사랑의 눈물을 가진 분이셨습니다. 하나님께서는 무서운 공의만 가지신 분이 아니시고 또한 따뜻한 동정과 사랑을 가지신 분이십니다.

[42절], 예수께서는 또 "너도 오늘날 평화에 관한 일을 알았더라면 좋을 뻔하였거니와 지금 네 눈에 숨겨졌도다"라고 말씀하셨습니다. 참 평화는 예수 그리스도로 말미암아 하나님과 화목함으로 얻는 마음의 평안과 환경적 평안입니다. 사람은 범죄함으로 참 평안을 잃어버렸습니다. 그러나 예수 그리스도께서는 이 평화를 주러 오셨습니다. "수고하고 무거운 짐진 자들아, 다 내게로 오라. 내가 너희를 쉬게 하리라"(마 11:28).

그러나 하나님께서 예비하신 이 평화의 일이 예루살렘에게는 숨기어 있었던 것입니다. 예루살렘의 지도자들은 예수님을 알지 못하고 그를 핍박하고 죽이려 하고 있었던 것입니다. 그들은 하나님께서 예비하시고 주시는 평화를 알지 못했습니다.

[43-44절], 예수께서는 또 말씀하셨습니다. "날이 이를지라. 네 원수들이 토둔을 쌓고 너를 둘러 사면으로 가두고, 또 너와 및 그 가운데 있는 네 자식들을 땅에 메어치며 돌 하나도 돌 위에 남기지 아니하리니 이는 네가 보살핌(심판, 벧전 2:12) 받는 날을 알지 못함을 인함이니라." 그는 예루살렘 멸망의 날을 내다보셨습니다. 그것은 주후 70년 로마 장군 디도에 의해 이루어졌습니

다. 예루살렘은 포위되고 마침내 함락되었고 예루살렘 거민들과 그 자녀들은 땅에 메어침을 당하였고 성전과 성벽과 집들은 다 무너졌고 불태워졌습니다.

하나님께서는 자기 백성을 위해 메시아를 보내어 주셨지만, 그들은 하나님의 돌아보시는 날을 알지 못했고, 그날을 저버린 결과는 너무 비참하였습니다. 우리는 하나님께서 은혜 베푸시는 날에 하나님의 은혜를 받아야 합니다. 죄인들은 슬픔과 불행의 날이 다가오기 전에 하나님께로 돌아와야 합니다.

[45-46절], 예수님은 성전에 들어가서서 장사하는 자들을[그 안에서 파는 자들과 사는 자들을] 내어쫓으셨습니다. 그는 권위를 가지시고 그렇게 하셨습니다. 사실상, 구약의 성전은 바로 하나님의 집이며, 하나님을 위한 집이며 하나님의 아들 예수 그리스도 자신을 예표한 집이었습니다. 하나님의 아들이신 그는 바로 그 성전에 대해 가장 권위를 가지고 말씀하시고 행동하실 수 있는 분이셨습니다.

예수님은 그들에게 말씀하셨습니다. "기록된 바 내 집은 기도하는 집이 되리라(사 56:7) 하였거늘 너희는 강도의 소굴을 만들었도다(렘7:11)"(46절). 하나님의 성전은 하나님께 기도하는 집이 되어야 하였습니다. 예수께서는 그 사실을 구약성경에 근거하여 증거하셨습니다. '기록된 바'라는 성경 인증은 '신구약성경이 우리의 신앙과 행위에 있어서 정확무오한 유일의 법칙이다'는 개신교회의 기본적 신념을 확증합니다.

구약의 성전은 일차적으로는 메시아 곧 예수 그리스도의 대속 사역을 미리 상징적으로 보여주었습니다. 물론 성전은 하나님의 백성인 교회가 어떻게 하나님을 섬겨야 할지도 보여줍니다. 즉 성전은 하나님의 백성이 하나님께 예배드리고 찬송하며 기도하는 곳이었습니다. 오늘날도 예배당은 하나님의 백성들이 하나님께 예배하며 찬송하고 기도하는 곳입니다. 또 이것은 교회가 첫 번째로 해야 할 의무입니다.

그러나 당시에 성전의 이 순수한 기능이 망가졌었습니다. 성전 안에는 소나 양들을 파는 자들이 있었습니다. 그들은 일종의 독점적 판매 행위를 하고 있었던 것 같습니다. 성전 지도자들은 백성들에게 제사를 위한 소나 양들을 독점적으로 팔아 이익을 남겼던 것 같습니다. 그렇다면 그것은 도적질이나 강도질과 같았습니다.

그래서 주께서는 "너희는 성전을 강도의 소굴로 만들었다"라고 지적하며 책망하셨을 것입니다. 구약교회는 부패되어 있었습니다. 오늘날도 교회 안에서 어떤 명목이든지 헌금을 강요하는 것은 똑같은 악입니다. 어느 교회가 장로와 권사 같은 직분자들을 세우면서 혹은 병 고침을 위한 안수 기도에서 헌금을 요구한다면 그것도 강도질과 다를 바 없습니다.

인자하신 주께서 성전 안에서 장사하는 자들을 내어쫓으신 것은 성전을 향한 그의 열심 때문이었습니다(요 2:17). 성전의 청결은 사소한 문제가 아니고 중요한 문제였습니다. 교회의 순결성은 교회가 지켜야 할 일들 중에서 매우 중요한 일입니다. 교회에서 모든 교리적 오류와 윤리적 오류를 제거하고 교회를 교회답게 만드는 것은 매우 중요하고 필요한 일입니다. 오늘날도 교회를 하나님께 예배드리고 찬송하고 기도하는 순수한 교회가 되게 하는 일은 매우 중요한 일입니다.

[47-48절], 예수께서는 날마다 성전에서 가르치셨습니다. 설교와 가르침은 그의 사명이었습니다. 그는 이 일을 위해 이 세상에 오셨습니다(마 4:23, 막 1:38). 또 사도 바울은 디모데에게 "너는 말씀을 전파하라. 때를 얻든지 못 얻든지 항상 힘쓰라"(딤후 4:2)라고 교훈하였습니다. 교회는 어떠한 환경 여건에서도 바른 설교와 가르침의 일에 충실해야 합니다. 대제사장들과 서기관들과 백성의 지도자들은 예수님을 죽이려고 꾀하였지만, 백성이 다 그에게 귀를 기울여 들으므로 어찌할 방침[방법]을 찾지 못하였습니다.

예수님의 교훈에 대하여 두 가지 상이한 반응이 있었습니다. 대제사장들과 서기관들과 백성의 지도자들은 예수님의 교훈을 받아들이지 않았고 오히려 그를 죽이려고 꾀하였습니다. 그러나 이와 대조적으로 모든 백성은 예수님의 가르침에 귀를 기울였습니다. 이런 현상은 진리의 운동에서 자주 볼 수 있는 일이었습니다(행 28:24-25).

41절로 48절의 교훈은 무엇입니까? 예수께서는 예루살렘 성을 보고 우시고 성전 안에서 장사하는 자들을 내어쫓으셨습니다. 무엇보다, 우리는 하나님의 보내신 구주 예수 그리스도를 바르게 알고 바르게 믿고 영접하며 온전히 따르시기를 소원합니다. 그것이 평화에 관한 일을 아는 것입니다. 예수님을 바로 알고 영접할 때 하나님과 화목하고 마음과 환경의 참된 평안을 얻습니다. 우리는 주님을 거절하고 배척하는 어리석고 악한 자들이 되지 말고 오직 그를 영접하고 그의 계명에 순종하는 참된 제자들이 되시기를 축원합니다.

또한, 우리는 하나님의 교회를 참된 교회, 순수한 교회가 되게 합시다. 교회는 하나님의 집입니다. 교회는 우리가 세상에서 유일하게 소망을 둘 수 있는 곳입니다. 만일 교회가 부패한다면, 우리는 어디에 소망을 둘 수 있겠습니까? 교회의 부패와 세속화는 우리가 용납할 수 없고, 용납해서는 안 되는 매우 중요한 문제입니다.

오늘날 교회는 교리적으로, 윤리적으로 많은 문제들을 가지고 있습니다. 그러므로 교회의 순결성의 회복을 위한 노력은 우리가 힘써야 할 매우 중요한 문제들 중의 하나입니다. 그러므로 우리는 교회로 하여금 순수하게 하나님께 예배드리고 찬송하며 기도하고, 하나님의 말씀을 전하고 듣고 배우는 교회가 되게 하는 일을 위해 힘쓰기를 소망합니다.

예수님의
메시아적 권위

[1-2절], 하루는 예수께서 성전에서 백성을 가르치시며 복음을 전하실 때 대제사장들과 서기관들은 장로들과 함께 가까이 와서 당신이 무슨 권세로 이런 일을 하는지, 이 권세를 준 이가 누구인지 우리에게 말하라고 하였습니다. 그들은 예수님의 권세의 출처를 질문한 것입니다. 그것은 예수께서 말씀을 가르치실 때나 기적들을 행하실 때나 성전 뜰에서 장사하는 자들을 내어 쫓으실 때에 권위 있게 행하셨기 때문일 것입니다. 예수님이 가지신 권세는 하나님의 권세였습니다. 그러나 유대 지도자들은 예수님에 대해 바로 알려고 질문한 것 같지 않고 단지 그를 비난할 거리를 찾기 위해 한 것 같습니다. 정말 믿고자 하는 자는 예수께서 하나님의 보내신 구주이심을 알 수 있을 것입니다.

◆ ◆ ◆

"예수께서 대답하여 가라사대 내 교훈은 내 것이 아니요 나를 보내신 이의 것이니라. 사람이 하나님의 뜻을 행하려 하면

이 교훈이 하나님께로서 왔는지 내가 스스로 말함인지 알리라”(
요 7:16-17).

[3-4절], 예수께서는 그들의 악한 마음을 아시고 그들에게 대답하여 말씀하셨습니다. “나도 한 말을 너희에게 물으리니 내게 말하라. 요한의 세례가 하늘로서냐? 사람에게로서냐?” 세례 요한이 하나님의 참 선지자임을 아는 자는 예수가 어떤 자인지 알 것입니다. 왜냐하면 세례 요한이 예수님에 대해 친히 증거하였기 때문입니다(요 1:34). 그러나 세례 요한을 믿지 않고 거절한 자는 예수님도 믿지 않고 거절할 것입니다.

[5-7절], 그들은 서로 의논하여 말했습니다. “만일 하늘로서라 하면 어찌하여 저를 믿지 아니하였느냐 할 것이요 만일 사람에게로서라 하면 백성이 요한을 선지자로 인정하니 저희가 다 우리를 돌로 칠 것이라.” 그들은 대답하였습니다. “어디로서인지 알지 못하노라.” 그들의 대답은 매우 비겁하고 기회주의적이었습니다. 선한 양심과 용기를 가진 자들은 자신의 신념을 드러내기를 부끄러워하지 않습니다.

요한은 하나님의 진노의 임박함과 각 사람의 회개의 필요성을 외쳤습니다. 역사상 거짓 선지자늘은 무느러운 말을 했고 심판과 회개를 외치지 않았습니다. 요한이 회개를 외친 것은 확실히 참 선지자의 표였습니다. 백성들은 요한을 참 선지자로 알고 있었습니다. 그러나 유대 지도자들은 심히 무지하고 완악하였습니다. 누구든지 세상의 명예나 권세나 부귀나 육신의 쾌락을 구하는 삶을 회개치 않고서는 예수님께 참으로 나올 수 없습니다.

[8절], 예수께서는 그들의 중심을 아시고 "나도 무슨 권세로 이런 일을 하는지 너희에게 이르지 아니하리라"고 말씀하셨습니다. 그것은 그들에게 말해도 그들이 듣지 않고 믿지 않을 것이기 때문이었습니다. 마음이 완악한 자들에게 진리를 말하는 것은 마치 진주를 돼지 앞에 던지는 것과 같습니다(마 7:6). 그러나 예수께서는 다음에 나오는 악한 농부들에 대한 비유를 통해 그 지도자들의 악함을 지적하시고 자신의 권세의 출처에 대해서도 증거하셨습니다.

하나님의 것을
하나님께

누가복음 20장 19절~26절

유대 지도자들은 빌라도의 손을 빌려 예수님을 처단하려고 첩자들을 보내어 예수님께 정치적 질문을 합니다. 그들은 자신들의 손에 피를 묻히지 않는 길을 택했습니다. 그들은 예수님이 솔직하게 로마 제국에 내는 세금이 옳지 않다고 말씀하시면, 이것을 로마 당국에 고발하여 예수님을 죽이고자 했습니다. 유대 지도자로서 드러내 놓고 그렇게 한다면 부끄러움을 당하므로, 그들은 몰래 이 일을 추진했습니다. 이 계획은 당장은 실패로 끝났지만, 그들은 마침내 예수님을 유대인들의 왕이라고 로마 당국에 고발하여 죽였습니다.

그들은 자기들의 왕을 식민 통치를 하는 로마 제국에 넘겨 죽이는 부끄러운 일을 행했습니다. 그들에게는 민족과 함께 고난 당하려는 생각이 추호도 없었으며 개인적 부귀영화를 누리기 위해 구원자 메시아를 식민통치자에게 넘겼습니다. 그들의 계획은 일단 성공했으나 그들은 예수님의 부활을 막을 수 없었고,

자신들을 향한 하나님의 심판을 피할 수 없었습니다.

"가이사의 것을 가이사에게 바치라"는 말씀은 모든 정권이 자율적 통치 영역을 가졌다는 뜻으로 오해되기도 합니다. 하나님의 것은 종교 영역으로 국한된다고 오해되기도 합니다. 세속 권력자들은 예수님의 말씀이 이렇게 오해되기를 바랍니다. 교회 지도자들도 이 구절을 이렇게 왜곡해 세속 권력자들과 손잡기도 합니다.

그러나 온 우주의 왕이신 예수님의 통치 영역 밖에 있는 자율적 가이사의 영역은 없습니다. 모든 권세는 하나님으로부터 나오는 것이므로 하나님께 돌려드려야 하며, 모든 왕은 그 왕관을 벗어 그리스도께 드려야 합니다. 그리스도를 대행해 선을 행하는 정권은 마땅히 존중받아야 하지만, 그러지 않는 정권은 심판을 받을 것입니다.

[19-20절], 서기관들과 대제사장들은 예수님의 이 포도원과 소작인의 비유가 자기들을 가리켜 말씀하심인 줄 알고 즉시 잡고자 했으나 백성을 두려워했습니다. 그래서 그들은 엿보다가 예수를 총독의 치리와 권세 아래 붙이려 하여 정탐들을 보내어 그들로 스스로 의인인 체하며 그의 말을 책잡으려 했습니다. 그들은 회개하기는커녕 교묘하게 그를 죽일 구실을 찾고 있었습니다.

[21-22절], 그들이 물었습니다. "그들이 물어 이르되 선생님이

그 정탐자들의 말은 외식적이었습니다. 그들의 말은 옳은 말이었으나, 그들은 실제로 예수를 그렇게 믿지 않았습니다. 당시 유대 나라는 로마 제국의 통치 아래 있었습니다. 유대 나라의 독립을 갈망하던 자들 가운데는 로마 황제에게 세금 내는 것을 반대한 자들이 있었을 것이고, 그러한 반대는 로마 황제를 거역하는 일이 될 것입니다. 그러나 반대로 누가 로마 황제에게 세금을 바치는 것을 찬성한다면 유대인들에게 친(親)로마적이라는 비난을 받았을지도 모릅니다. 그러므로 그들의 이 질문은 반대도, 찬성도 하기 어려운 질문이었습니다. 유대 지도자들은 이렇게 예수님을 궁지에 몰아넣어 보려고 머리를 썼습니다.

[23-25절], 예수께서는 그 간계를 알고 말씀하셨습니다.

그 지도자들은 예수님을 책잡기 위해 교묘히 시험하였지만, 예수님은 신적 지혜와 능력으로 그들의 간계를 아셨습니다. 데나리온은 당시에 통용되던 은전입니다. 옛 시대의 돈은 그 시대의 정치 상황을 나타내었습니다. 동전이나 은전에는 로마 황제의 얼굴과 글이 쓰여 있었습니다. 그것은 로마 황제의 통치권을 나타내었습니다. 유대 나라는 로마 제국의 한 영토이었고 로마 황제의 통치권 안에 있었던 것입니다. 그러므로 그들은 로마의 은전을 사용하였고 따라서 유대인들이 로마 황제에게 세금을 바치는 것은 합당하였습니다. 성경은 신자들이 세속국가에 세금을 내라고 가르칩니다.

◆◆◆

"모든 자에게 줄 것을 주되 공세를 받을 자에게 공세를 바치고 국세 받을 자에게 국세를 바치고 두려워할 자를 두려워하며 존경할 자를 존경하라"(롬 13:7).

그러나 다른 한편, 하나님의 것은 하나님께 바쳐야 합니다. 물론, 이 세상의 모든 것이 하나님의 소유입니다. 시편 24편 1절, "땅과 거기에 충만한 것과 세계와 그 가운데에 사는 자들은 다 여호와의 것이로다." 그러나 그중에서도 하나님께서는 소득의 십분의 일이 하나님의 것이라고 말씀하셨습니다. 레위기 27장 30절, "그리고 그 땅의 십분 일 곧 그 땅의 곡식이나 나무의 열매는 그 십분 일은 여호와의 것이니 여호와의 성물이라." 말라기 3장 9절에 보면, 하나님께서는 "너희 곧 온 나라가 나의 것[십일조]을 도둑질하였으므로 너희가 저주를 받았느니라"고 말씀하셨습니다.

어떤 이들은, 십일조는 율법 시대의 규례이며 신약시대에는 폐지되었다고 말합니다. 그러나 신약시대에는 단순히 율법이 폐지된 것이 아니고 율법이 완성된 것이며 그것은 구약 때보다 축소되거나 쇠약해진 완성이 아니고 더 풍성해진 완성입니다. 즉 구약시대에는 십일조가 하나님의 것이다가 신약시대에는 나의 소득 전체가 하나님의 것이 되는 식의 성취인 것입니다(롬 12:1, 고전 6:19-20). 그러므로 십일조 정신은 지금도 유효합니다. 그러므로 신약 성도들의 헌금은 십일조 이상이어야 합당합니다.

[26절], 그들은 백성 앞에서 그의 말을 능히 책잡지 못하고 그의 대답에 놀라서 잠잠하였습니다. 예수님의 대답은 참으로 지혜로웠고 정당하였습니다.

19절로 26절까지에 나타난 진리와 교훈은 무엇입니까? 첫째로, 우리는 예수님의 지혜와 지식을 알아야 합니다. 예수님은 유대 지도자들과 그 정탐자들의 간계를 아셨습니다. 그의 대답은 사람들의 기대를 초월하였습니다. 우리는 예수님의 이 지혜와 지식을 통해 그의 신적 영광을 알아야 합니다. 우리는 복음서들을 통해 예수께서 하나님의 아들 그리스도이심을 확실히 믿으시기를 소망합니다.

둘째로, 우리는 예수님의 교훈대로 가이사의 것은 가이사에게, 하나님의 것은 하나님께 바쳐야 합니다. 우리는 천국 시민이지만, 이 세상에 사는 동안 내가 속한 세속국가를 사랑하고 그 나라를 위하여 기도하고 위정자들에게 복종하고 또 규정된 세금을 성실하게 내야 합니다. 또 우리는 세상의 모든 것이 다 하나님의 것임을 인정하고 신약 아래서도 구약성경의 교훈과 모범대로 소득의 온전한 십일조와 감사 예물들을 힘써 하나님께 드리는 것이 합당하다고 믿으시기를 소망합니다.

셋째로, 우리는 예수님을 죽이려는 악한 자들이 되지 말아야 합니다. 유대지도자들은 예수님을 미워했고 죽이려 했고 거짓되며 외식적이었습니다. 우리는 예수님을 죽이는 자, 진리의 대적자, 하나님의 원수가 되지 맙시다. 우리는 형제를 미워하는 자, 교회를 허무는 자, 하나님의 일을 파괴하는 자가 되지 맙시다. 형제를 미워하는 자는 살인한 자입니다. 우리는 예수 그리스도를 증거하고 그를 위해 살고 그를 위해 죽기를 결심하는 자가 되시기를 축원합니다.

예수님의 부활 논증

성경과 예수님은 죽은 자들의 부활이 있을 것을 가르칩니다. 요한복음 11장 25, 26절에서 "예수께서 이르시되 나는 부활이요 생명이니 나를 믿는 자는 죽어도 살겠고 무릇 살아서 나를 믿는 자는 영원히 죽지 아니하리니 이것을 네가 믿느냐?"라고 하셨습니다. 그러므로 부활을 부정하는 것은 성경과 예수님의 말씀을 부정하는 것입니다. 또 부활을 믿는 것과 믿지 않는 것은 실생활에도 큰 차이를 가져옵니다. 부활을 믿는 자는 하나님 중심, 진리 중심, 내세 중심으로 소망 가운데 살 수 있지만, 부활을 믿지 않는 자는 자기중심, 물질 중심, 이 세상 중심으로 허무하게 살 수밖에 없습니다.

[27-28절], 예수님 당시에 유대 사회에는 부활을 부정하는 사두개인이라는 자들이 있었습니다. 그들은 부활도 없고 영도 없고 천사도 없다고 주장하는 자들이었습니다(행 23:8). 오늘날 자

유주의 신학자들은 부활을 믿지 않고 천사도 믿지 않습니다. 이 세상은 장차 불타 없어질 것이며 모든 사람은 죽어서 세상을 떠날 수밖에 없는 존재인데, 부활과 천국을 믿지 않고 이 세상만 믿으니, 참으로 허무한 자들이 아닐 수 없습니다. 우리는 사두개인 같은 불신앙자가 되어서는 안 됩니다.

사두개인 중 어떤 이들이 와서 예수께 물었습니다. "선생님이여, 모세가 우리에게 써 주기를 만일 어떤 사람의 형이 아내를 두고 자식이 없이 죽으면 그 동생이 그 아내를 취하여 형을 위하여 상속자를 세울지니라 하였나이다"(28절). 사두개인들이 언급한 모세의 법은 '형사취수(兄死娶嫂)제도'라고 불리는 법으로 신명기 25장 5, 6절에 있습니다. 이 법은 결혼한 형이 자식이 없이 죽으면 그 동생이 형수를 아내로 취하여 그 첫아들로 형의 가문을 잇게 하는 법이었습니다. 이렇게 함으로써 이스라엘 백성 가운데 자식이 없이 죽는 사람의 가문이 없어지지 않게 했습니다. 이것은 메시아께서 유다 지파를 통해 오실 수 있게 하는 목적을 가진 법이었습니다.

[29-33절], 그들은 계속 말하였습니다. "그런데 칠 형제가 있었는데 맏이가 아내를 취하였다가 자식이 없이 죽고 그 둘째와 셋째가 그를 취하고 일곱이 다 그와 같이 자식이 없이 죽고 그 후에 여자도 죽었나이다. 일곱이 다 그를 아내로 취하였으니 부활 때에 그 중에 누구의 아내가 되리이까?" 사두개인들은 부활의 사실을 부정했을 뿐 아니라 부활의 성격도 오해하였기 때문

에 이런 극단적 경우에 대해 질문했던 것 같습니다. 그들은 부활 때에도 부부관계가 있다고 생각하였던 것 같습니다.

[34-36절], 예수께서는 말씀하셨습니다. "이 세상의 자녀들은 장가도 가고 시집도 가되 저 세상과 및 죽은 자 가운데서 부활함을 얻기에 합당히 여김을 받은 자들은 장가가고 시집가는 일이 없으며 그들은 다시 죽을 수도 없나니 이는 천사와 동등이요 부활의 자녀로서 하나님의 자녀임이라."

예수께서는 부활에 대해 몇 가지 증거하셨습니다. 첫째로, 모든 사람이 부활에 참여하지 않고 한정된 사람들만 참여할 것입니다. 이것은 악인들의 부활을 부정하신 뜻으로 이해되어서는 안 됩니다. 왜냐하면 그는 요한복음 5장 28, 29절에서 "이를 놀랍게 여기지 말라. 무덤 속에 있는 자가 다 그의 음성을 들을 때가 오나니 선한 일을 행한 자는 생명의 부활로, 악한 일을 행한 자는 심판의 부활로 나오리라"고 하셨기 때문입니다. 본문에서 말씀하신 부활은 의인의 부활을 가리킵니다. 이 부활에는 제한된 수의 사람들만 참여할 것입니다.

물과 성령으로 거듭난 자들만 천국에 들어갈 것입니다(요 3:5). 죄악 된 삶을 버리고 예수님의 피로 깨끗하게 된 자들만 새 예루살렘성에 들어갈 수 있습니다(계 21:27, 22:15). 이들은 인류 전체가 아니고 제한적입니다. 멸망의 길로 가는 사람들은 많고 영생의 길로 가는 사람들은 적을 것입니다(마 7:13-14).

둘째로, 부활한 자들은 결혼하지 않습니다. 천국에서는 부부

관계가 없습니다. 결혼은 이 세상에서만 필요합니다. 자녀 출산이나 음행 방지의 목적에서 특히 그렇습니다(창 1:28, 고전 7:2). 천국에서는 더 이상 자녀 출산이 필요치 않습니다. 또 부활한 몸은 전혀 육신의 정욕과 죄악성이 없기 때문에 천국에서는 음행의 죄를 범할 일이 없습니다.

셋째로, 부활한 자들은 다시 죽을 수 없습니다. '천사와 동등하다'는 말은 사람이 천사처럼 영이 된다는 뜻이 아니고, 단지 천사처럼 결혼하지 않고 육체적 죽음을 경험하지 않는다는 뜻입니다. 천사가 결혼하지 않듯이, 부활한 사람도 결혼하지 않을 것이고, 천사가 죽지 않듯이 부활한 사람도 죽지 않을 것입니다. 천국에는 사망이 없고 질병이나 아픈 것이나 애통하는 것이 다시 없을 것입니다(계 21:4). 거기에는 장례식이나 무덤이 없습니다. 죽음은 죄로 인해 왔기 때문에 천국에는 죄가 없으므로 죽음도 없을 것입니다. 그래서 사도 바울은 고린도전서 15장 55절에서 말하기를, "사망아 너의 승리가 어디 있느냐? 사망아 네가 쏘는 것이 어디 있느냐?"라고 하였습니다.

[37-38절], 예수께서는 또 말씀하셨습니다. "죽은 자의 살아난다는 것은 모세도 가시나무 떨기에 관한 글에서 주를 아브라함의 하나님이요 이삭의 하나님이요 야곱의 하나님이시라 칭하였나니 하나님은 죽은 자의 하나님이 아니요 살아있는 자의 하나님이시라. 하나님에게는 모든 사람이 살았느니라."

예수께서는 부활의 성경적 근거를 증거하셨습니다. 그는 부활을 직접 증거 하는 구절들(사 26:19, 단 12:2)을 인용하지 않고 이것들보다 더 근원적인 구절을 인용하셨습니다. 그것은 하나님께서 호렙산 떨기나무 불꽃 가운데서 모세에게 나타나셨을 때 자신에 대해 "나는 네 조상의 하나님이니 아브라함의 하나님, 이삭의 하나님, 야곱의 하나님이니라"(출 3:6)는 구절입니다. 그는 또, "하나님은 죽은 자의 하나님이 아니요 산 자의 하나님이시라. 하나님에게는 모든 사람이 살았느니라"(38)고 말씀하셨습니다.

이 말씀 안에는 아브라함과 이삭과 야곱이 하나님 안에서 살아 있다는 뜻이 들어 있습니다. 하나님은 죽은 자의 하나님, 즉 죽은 인물들을 기억하는 정도의 하나님이 아니시고, 산 자의 하나님이시기 때문입니다. 물론 아브라함이나 이삭이나 야곱 등은 다 죽었지만, 그 영들은 다 천국에 살아 있고 그 육체도 어느 날 부활할 것입니다. 하나님께서는 모든 생명의 근원이시므로, 의인들의 영광스런 부활은 반드시 있어야 합니다. 또 하나님은 전능하신 하나님이시므로, 부활은 얼마든지 가능하며, 더욱이 하나님께서는 예수 그리스도의 부활을 통해 우리의 부활이 확실한 소망이 되게 하셨습니다.

[39-40절], 서기관 중 어떤 이들이 말했습니다. "선생님, 잘 말씀하셨나이다." 이는 그들이 아무것도 감히 더 물을 수 없음이었습니다. 예수님의 말씀에서 비난거리를 찾으려던 유대 지도자들은 아무런 소득을 얻을 수 없었습니다. 예수께서는 자기를 비난하는 자들에게 담대하게, 정당하게 그리고 지혜롭게 잘 대

답하셨습니다.

27절로 40절까지의 교훈은 무엇인가? 첫째로, 우리는 성경도, 하나님의 능력도 믿지 못하는 믿음 없는 사두개인 같은 자가 되지 맙시다. 우리는 저 세상 곧 천국과 영광의 부활을 얻기에 합당히 여김을 받는 자들로서 의인들의 복되고 영광스런 부활을 믿고 소망하시기를 소원합니다.

둘째로, 우리는 부활을 소망하는 자답게, 이 세상의 육신적, 물질적 삶 중심으로 살지 말고, 저 세상 곧 천국과 영생의 삶 중심으로 삽시다. 우리는 잠깐 있다가 없어지는 보이는 세상을 위주하지 말고 보이지 않는 영원한 천국을 위주하며 살아야 합니다 (고후 4:18). 부활을 믿지 않으면 자기중심, 물질 중심, 이 세상 중심으로 허무하게 살 수밖에 없지만, 부활을 믿으면 하나님 중심, 천국 중심, 내세 중심으로 살 수 있습니다.

예수님의 그리스도론

누가복음 20장 41절~47절

예수님 당시의 유대인들은 그리스도(메시아)를 '다윗의 자손'이라고 불렀습니다. 예수님은 유대인들의 그리스도론이 틀렸음을 시편 110편 1절을 인용해 논박하십니다.

[41절], 예수께서는 그들에게 말씀하셨습니다. "사람들이 어찌하여 그리스도를 다윗의 자손이라 하느냐?" 이것은 성경에 예언된 것이었습니다. 이사야는 말하기를, "그 날에 이새의 뿌리에서 한 싹이 나서 만민의 기치로 설 것이요 열방이 그에게로 돌아오리니 그가 거한 곳이 영화로우리라"(사 11:10)고 말하였습니다. 이새는 다윗의 부친입니다. 또 예레미야도, "여호와의 말씀이니라. 보라 때가 이르리니 내가 다윗에게 한 의로운 가지를 일으킬 것이라. 그가 왕이 되어 지혜롭게 다스리며 세상에 정의와 공의를 행할 것이며, 그의 날에 유다는 구원을 받겠고 이스라엘은 평안히 살 것이며 그의 이름은 여호와 우리의 공의라 일

컬음을 받으리라”(렘 23:5-6)고 예언하였습니다. 그리스도께서 다윗의 자손이라는 말은 그가 한 인간으로 오실 것이라는 뜻을 내포합니다.

[42-44절], 예수께서는 계속 말씀하셨습니다. “시편에 다윗이 친히 말하였으되 주께서 내 주께 이르시되 내가 네 원수를 네 발의 발등상으로 삼을 때까지 내 우편에 앉았으라 하셨도다 하였느니라. 그런즉 다윗이 그리스도를 주라 칭하였으니 어찌 그의 자손이 되겠느냐?”

예수께서는 구약성경의 시편 110편 1절을 인용하셨습니다. 진리의 근거는 성경입니다. 예수께서는 성경이 역사적 사실을 증언하고 있음을 여러 곳에서 증거하셨습니다. 이곳에서도 그는 시편을 인용하시면서 그것이 그 표제어에 나타난 대로 ‘다윗의 시’임을 증거하셨습니다. 예수께서는 성경에 근거하여 메시아에 관해 증거하셨습니다. 성경은 우리의 신앙과 행위에 대해 정확하고 오류 없는 규범입니다. 모든 성경은 하나님의 감동으로 된 것으로 교훈과 책망과 바르게 함과 의로 교육하기에 유익합니다(딤후 3:16).

예수께서 인용하신 성경에 의하면, 다윗은 메시아에 대해 ‘나의 주’라고 불렀습니다. 사람들은 메시아를 ‘다윗의 자손’이라고 부르지만, 다윗 자신은 메시아를 ‘나의 주’라고 불렀던 것입니다. 메시아를 ‘다윗의 자손’이라고 부르는 것은 그가 ‘참사람’이심을 증거하지만, 그를 ‘주’라고 부르는 것은 그가 ‘참 하나님’이심을 증거하는 것입니다. '주'라는 말은 여호와와 동등한 명칭으로서 메시아께서 신적 존재이심을 증거합니다.

메시아께서 신적 존재시라는 것도 성경에 예언된 바입니다. 이사야는 메시아에 대해 예언하기를, "이는 한 아기가 우리에게 났고 한 아들을 우리에게 주신 바 되었는데 그의 어깨에는 정사(政事)를 메었고 그의 이름은 기묘자라, 모사라, 전능하신 하나님이라, 영존하시는 아버지라, 평강의 왕이라 할 것임이라"(사 9:6)고 하였습니다. 또 미가는 "베들레헴 에브라다야, 너는 유다 족속 중에 작을지라도 이스라엘을 다스릴 자가 네게서 내게로 나올 것이라. 그의 근본은 상고에, 영원에 있느니라"(미 5:2)고 예언하였습니다.

신약성경도 예수께서 '주님'이심을 풍부하게 증거하는데, 그것은 예수님의 신성의 명칭입니다. 복음서들은 예수님에 대해 '예수'라는 명칭(617회) 외에 '주'라는 명칭(200회)을 가장 많이 사용하였습니다. 신약성경은 '예수'라는 명칭(975회) 다음으로 '주님'이라는 명칭(749회)을 많이 사용했고, '그리스도'라는 명칭 (569회)도 그다음입니다. 예수님은 우리의 주님과 하나님이십니다(고전 8:6, 빌 2:9-11, 계 17:14).

예수께서는 "내가 네 원수를 네 발의 발등상으로 둘 때까지 내 우편에 앉았으라 하셨도다 하였느니라. 그런즉 다윗이 그리스도를 주라 칭하였으니 어찌 그의 자손이 되겠느뇨?"(44)라고 말씀하셨습니다. 이것은 메시아의 사역에 대해 증거합니다. 메시아의 사역은 한마디로 원수를 멸하는 것입니다. 그것은 하나님 아버지께서 그를 통하여 이루시는 일입니다. '발등상'은 '발 놓는 대'를 뜻하며, 발등상으로 둔다는 것은 굴복시키고 제압한다는 뜻입니다. 하나님은 세상만사를 주권적으로 섭리하시고 인간 역사를 주관하시는 하나님이십니다.

'네 원수' 즉 메시아의 원수는 인류의 원수인 사탄을 가리킵니다. '네 원수를 네 발의 발등상으로 둘 때'는 주님의 재림으로 사탄이 완전히 굴복되는 때입니다. 이것은 창세기 3장 15절의 예언이 성취되는 때입니다. 하나님께서는 뱀에게 말씀하셨습니다. "내가 너로 여자와 원수가 되게 하고 네 후손도 여자의 후손과 원수가 되게 하리니 여자의 후손은 네 머리를 상하게 할 것이요 너는 그의 발꿈치를 상하게 할 것이니라." 이것은 최초의 복음이요, 메시아 예언이었습니다. 사탄의 굴복은 예수님의 십자가에 죽으심과 부활하심으로 이미 시작되었습니다.

◆◆◆

"자녀들은 혈육에 함께 속하였으매 그도 또한 같은 모양으로 혈과 육을 함께 지니심은 죽음을 통하여 죽음의 세력을 잡은 자 곧 마귀를 멸하시며 또 죽기를 무서워하므로 한평생 매여 종노릇 하는 모든 자들을 놓아주려 하심이니"(히 2:14-15).

그러나 사탄의 완전한 굴복은 예수 그리스도의 재림으로 말미암아 이루어질 것입니다. 요한계시록 20장 10절, "또 그들을 미혹하는 마귀가 불과 유황 못에 던져지니 거기는 그 짐승과 거짓 선지자도 있어 세세토록 밤낮 괴로움을 받으리라." 사탄이 완전히 굴복될 때까지 예수께서는 승천하셔서 하나님의 오른편에 앉아계십니다. 그것은 주 예수께서 하나님 아버지와 동등한 권세를 가지고 세상과 교회를 다스리심을 의미합니다.

41절로 44절까지에서 우리는 몇 가지 교훈을 얻습니다. 첫째로, 우리는 성경이 우리의 신앙과 행위의 근거가 되고 규범이 되는 하나님의 말씀임을 바로 알고 열심히 읽고 배워야 합니다.

둘째로, 우리는 예수께서 다윗의 자손 곧 참 사람이시며 '주님' 곧 참 하나님이심을 알아야 합니다.

셋째로, 우리는 예수께서 원수 마귀를 멸하시기 위해 이 땅에 오셔서 십자가에 죽으시고 부활하셨으며 승천하셔서 지금 하나님 오른편에 앉아계시다가 다시 재림하실 것을 알아야 합니다. 넷째로, 우리는 예수께서 지금도 하나님 보좌 오른편에 앉아계신 살아계신 주님이시며, 환난 많은 세상에서 우리의 위로자와 인도자, 그리고 크신 도움과 힘이 되시는 것을 깨달아야 합니다. 예수 그리스도는 지금도 살아계신 주님이십니다!

[45-47절], 모든 백성이 예수님의 그리스도론(기독론)을 들을 때에 예수께서는 제자들에게 주의 사항을 말씀하셨습니다. "긴 옷을 입고 다니는 것을 원하며 시장에서 문안받는 것과 회당의 높은 자리와 잔치의 윗자리를 좋아하는 서기관들을 삼가라. 그들은 과부의 가산을 삼키며 외식으로 길게 기도하니 그들이 더 엄중한 심판을 받으리라."

‘삼가라’는 말은 ‘주의하라’는 뜻입니다. 제자들은 외식적인 서기관들을 본받지 말고 그들의 영향을 받지 않도록 주의해야 하였습니다. 서기관들의 문제는 외식이었습니다. 그들은 남에게 보이려고 긴 옷을 입고 다니는 것을 원하였습니다. 그들은 겉모양으로는 점잖고 품위 있었지만 그들의 속은 달랐습니다. 서기관들은 기도할 때도 남에게 보이려고 길게 기도하였습니다. ‘외식으로’라는 원어 ‘프로파세이’는 ‘보이려고’라는 뜻입니다. 기도는 하나님께 드리는 것인데, 그들은 사람들 앞에 자신을 보이려고 기도하였던 것입니다. 사람은 외모를 보기 쉬우나 하나님께서는 사람의 중심을 보십니다(삼상 16:7).

서기관들은 또한 교만과 명예심을 갖고 있었습니다. 그들은 시장에서 문안받는 것과 회당의 상좌(上座)와 잔치의 상석(上席)을 좋아하였습니다. 명예는 좋은 것이지만, 명예를 추구하는 것은 교만에서 나오는 욕심입니다. 우리는 하나님 앞에서 심히 부족한 죄인이며 무익한 종들입니다(눅 17:10; 18:13). 우리에게는 명예가 합당치 않고, 오직 겸손함이 필요할 뿐입니다. 그러므로 예수께서는 “너희 중에 누구든지 크고자 하는 자는 너희를 섬기는 자가 되고 너희 중에 누구든지 으뜸이 되고자 하는 자는 너희 종이 되어야 하리라”(마 20:26-27)고 가르치셨습니다.

서기관들은 또한 탐심과 물질욕을 갖고 있었습니다. ‘가산’이라는 원어 ‘오이키아스’는 ‘집들’이라는 뜻입니다. 그들은 과부들의 집들과 그 재산을 탐하였고 그것들을 취하였습니다. 그들 때문에 과부들은 마음에 큰 고통을 당했고 많은 눈물을 흘렸을 것입니다. 그들의 행위는 하나님의 뜻에 반대되었습니다. 우리는 돈을 벌되 정당하게 벌어야 합니다. 탐심은 우상숭배입니다. 그것은 물질을 신으로 삼는 것입니다. 우리는 부자가 되려고 하지 말고 먹을 것과 입을 것으로 자족하며 살아야 합니다(딤전 6:7-10).

예수께서는 겉과 속이 다른 외식하는 서기관들이 하나님께 더 큰 형벌과 심판을 받을 것이라고 하셨습니다. 우리는 훌륭한 사람이 되려 하기보다 솔직하고 진실한 사람이 되려 해야 합니다. 우리는 경건과 선행을 사람에게 보이려고 행해서는 안 되고 오직 은밀히 보시는 하나님 앞에서 행해야 합니다. 또 우리는 명예심과 교만을 경계하고 겸손히 형제를 높이고 섬기는 자가 됩시다. 교만과 명예심은 성도에게 무서운 악입니다. 또 우리는 모든 탐심과 물질적 욕심을 버리고 정당하고 의롭게 돈을 벌고 먹을 것과 입을 것이 있은즉 자족하며 사는 자들이 됩시다. 우리는 이 세상보다 천국과 내세에 가치를 두고 살아야 합니다.

과부의 헌금과
종말의 징조들

누가복음 21장 1절~11절

외식하는 서기관들을 본받지 말라고 경고하신 예수님은 이제 성전에서 헌금하는 사람들을 살피십니다. 성전에서 가르치시고, 장사치들을 성전에서 내쫓으시며, 헌금하는 이들을 살피시는 일들은 각각의 편린처럼 보이지만 사실 모두 연결점이 있습니다. 사람들의 삐뚤어진 신앙을 바로잡기 위해 예수님은 일관된 메시지를 전하고 계십니다.

가난한 과부의 헌금 이야기와 성전 파괴에 대한 예언 이야기는 언뜻 관련이 없어 보입니다. 그러나 예수님은 진정한 성전의 모습이 어떠하며, 가짜 성전은 어떤 결과를 맞게 되는지를 제자들에게 알려 주십니다. 본문을 구분하면 누가 온전한 헌금을 했는가?(1-4). 화려한 성전도 무너질 것이다(5, 6). 외식적인 신앙은 심판받을 것이다(7-9). 나라들 사이에 발생할 전쟁과 지진과 기근이 세상 종말의 징조들이다(10,11). 본문 말씀을 중심으로 주님의 메시지를 다 함께 들어보도록 하겠습니다.

[1-4절], 예수께서는 눈을 들어 부자들이 연보궤에 헌금 넣는 것을 보시고 또 어떤 가난한 과부의 두 렙돈 넣는 것을 보시고 말씀하셨습니다. 3-5절, "내가 참으로 너희에게 말하노니 이 가난한 과부가 다른 모든 사람보다 많이 넣었도다. 저들은 그 풍족한 중에서 [하나님의] 헌금을 넣었거니와 이 과부는 그 가난한 중에서 자기가 가지고 있는 생활비 전부를 넣었느니라."

렙돈은 유대인의 동전으로서 당시 통용되던 돈들 중에 가장 가치가 적은 돈입니다. 1렙돈은 128분의 1데나리온이었습니다. 1데나리온을 6만 원쯤으로 본다면, 그 과부는 천원쯤 헌금한 셈입니다.

주께서는 이 가난한 과부가 모든 사람보다 많이 넣었다고 말씀하셨습니다. 그것은 부자들은 풍족한 처지에서 헌금하였으나 그 과부는 어려운 처지에서 그의 생활비 전부를 헌금했기 때문입니다. 사람들은 헌금 액수만 보기 쉬우나 하나님께서는 그것을 그의 경제적 형편에 비추어 보십니다. 그런데 이 가난한 과부의 행위는 지나친 것입니까? 그 여인은 종교에 너무 빠진 광신자이었을까요?

헌금은 하나님의 은혜에 대한 감사의 표시입니다. 성경에서 최초로 십일조를 언급한 것은 아브라함이 조카 롯을 구출하고 돌아오면서 멜기세덱에게 그가 얻은 노획물의 10분의 1을 드린 것이었습니다(창 14:20). 그것은 하나님의 은혜에 대한 자발적 감사 행위이었습니다. 창세기 28장 22절에 나오는 야곱의 십일조 서약도 자발적인 것이었습니다.

구약의 헌금 규례는 하나님께 가장 좋은 것을 드리는 정신에 근거하였는데, 그것은 하나님을 아는 자들에게 지극히 합당한 일이었습니다. 자식이 부모님을 섬기는 것이 마땅하듯이, 인생이 창조주 하나님을 지극한 정성으로 섬기는 것은 지극히 합당한 일입니다. 십일조 규례는 하나님의 주 되심에 대한 인정과 감사의 표시입니다.

다윗은 하나님의 성전을 사모하므로 금 3천 달란트(약 100톤)와 은 7천 달란트(약 240톤)를 하나님께 드렸고, 그의 뒤를 따라 나라의 지도자들과 관리들도 하나님의 성전공사를 위해 많은 금액을 즐거이 드렸습니다. 그때 다윗은, "천지에 있는 것이 다 주의 것이로소이다"(대상 29:11), "나와 나의 백성이 무엇이기에 이처럼 즐거운 마음으로 드릴 힘이 있었나이까? 모든 것이 주께로 말미암았사오니 우리가 주의 손에서 받은 것으로 주께서 드렸을 뿐이니이다"(대상 29:14)라고 고백하였습니다.

그렇습니다! 헌금은 우리 것을 하나님께 드리는 것이 아니고 모든 것이 하나님 것임을 인정하고 감사하며 우리에게 주신 것들 중에서 얼마를 구별하여 하나님께 드리는 것, 곧 "하나님의 헌금"입니다.

이런 말씀들을 살펴볼 때, 본문의 한 가난한 과부의 헌금은 참된 헌금의 귀한 모범입니다. 그의 헌금은 십일조 정도가 아니었습니다. 비록 금액은 보잘것없어도 그는 자신의 가진 모든 것을 하나님께 드렸습니다. 우리는 헌금을 액수로 판단하지 맙시다. 하나님께서는 우리의 형편을 잘 아십니다. 그는 부자들의 많은 액수의 헌금보다 한 가난한 과부의 보잘것 없는 액수의 헌금을 더 크게 여기셨습니다. 이것이 하나님의 판단이요, 하나님의 평가입니다. 우리도 헌금에 대해 이런 생각을 가집시다.

또 우리는 그 가난한 과부의 헌금을 본받읍시다. 그는 자기의 있는바 곧 생활비 전부를 하나님께 바쳤습니다. 하나님에 대한 그의 믿음과 지식과 깨달음, 또 하나님을 향한 그의 사랑과 헌신은 얼마나 크고 강렬하였는지! 우리는 과연 하나님께서 기뻐하시는 헌금을 드리고 있습니까?

[5-11절], 어떤 사람들이 성전을 가리켜 그 미석(美石, 아름다운 돌)과 헌물(獻物)로 꾸민 것에 대해 말하자, 예수께서는 "너희 보는 이것들이 날이 이르면 돌 하나도 돌 위에 남지 않고 다 무너뜨려지리라"고 말씀하셨습니다. 그는 예루살렘 성전의 무너짐에 대해 말씀하셨습니다.

그러자 그들은 그에게 물었습니다. 7절, "선생님이여, 그러면 어느 때에 이런 일이 있겠사오며 이런 일이 일어나려 할 때에 무슨 징조가 있사오리이까?" 예수께서는 또 말씀하셨습니다. 8절, "미혹을 받지 않도록 주의하라. 많은 사람이 내 이름으로 와서 이르되 내가 그라 하며 때가 가까이 왔다 하겠으나 그들을 따르지 말라." 9절, "난리와 소요의 소문을 들을 때에 두려워 말라. 이 일이 먼저 있어야 하되 끝은 곧 되지 아니하리라." 그는 또 말씀하셨습니다. 10절, "민족이 민족을, 나라가 나라를 대적하여 일어나겠고, 곳곳에 큰 지진과 기근과 전염병이 있겠고 또 무서 주께서는 예루살렘 성전의 무너짐에 대해 말씀하시면서 예루살렘 성의 멸망과 세상 종말의 징조들에 대해서도 함께 말씀하셨습니다.

첫째로, 예수님은 “미혹을 받지 않도록 주의하라. 많은 사람이 내 이름으로 와서 이르되 내가 그라 하며 때가 가까이 왔다 하겠으나 그들을 따르지 말라”(8)고 말씀하셨습니다. 이것은 거짓 그리스도들이 많이 나타날 것을 말씀하신 것입니다. 많은 사람이 자신을 예수 그리스도 곧 재림주로 자처할 것입니다.

둘째로, 예수님은 “난리와 소요의 소문을 들을 때에 두려워 말라. 이 일이 먼저 있어야 하되 끝은 곧 되지 아니하리라 또 이르시되 민족이 민족을, 나라가 나라를 대적하여 일어나겠고”(9, 10)라고 말씀하셨습니다. 이것은 국가들 간의 전쟁이 있을 것을 말씀하신 것입니다. 전쟁이 없었던 시대는 없었겠지만, 인류는 20세기에 1, 2차 세계 대전이라는 처참한 전쟁을 경험하였고 이제 3차 세계 대전의 공포를 가지고 있습니다. 만일 3차 세계 전쟁이 일어난다면, 그 전쟁은 이전의 것들과 비교할 수 없는 처참한 전쟁이 될 것입니다. 핵폭탄과 화학 가스 폭탄과 세균폭탄은 인류에게 큰 공포의 대상입니다. 이러한 전쟁들과 전쟁들의 소문은 세상 종말의 한 징조입니다.

셋째로, 예수님은 “곳곳에 큰 지진”(11)이 있을 것이라고 말씀하셨습니다. 큰 지진의 힘은 최초의 원자폭탄의 약 만 배의 힘이라고 합니다. 큰 지진들은 20세기에 더욱 빈번해졌다고 합니다.

20세기에 5천 명 이상의 사망자를 낸 지진들은 24개 이상이 되며, 그중 2만 명 이상의 사망자를 낸 것도 14개나 됩니다. 지진은 세상 종말의 한 징조입니다.

넷째로, 예수님은 기근(飢饉)(11)이 있을 것이라고 말씀하셨습니다. 기근도 옛날부터 있어 왔지만, 1870년대에 남부 인도에서 약 5백만 명이 기근으로 죽었고, 중국에서는 9백만 명 이상이 죽었습니다. 1929-30년에는 중국의 황하강의 홍수로 인한 기근으로 약 2백만 명이 죽었습니다. 1943년 인도 동부 벵갈에 대기근이 있었습니다. 제2차 세계대전 후 150만 명 이상이 기근으로 죽었습니다. 1960년대 이후 아프리카의 소위 사하라 사막 남부 사헬 지역과 남부 아프리카, 특히 이디오피아 등에 심각하여 수백 만 명이 죽었습니다. 세계은행은 지구상에서 매일 7억 5천만 명 이상이 굶주리고 있다고 보고한 적이 있습니다. 기근은 세상 종말의 한 징조입니다.

다섯째로, 예수님은 전염병 곧 악한 질병들(11)이 있을 것이라고 말씀하셨습니다. 역사상 수많은 질병이 있었지만, 의학이 발달 된 오늘날도 병원들은 각종 환자들로 붐비고 있습니다. 고혈압, 당뇨, 암 등은 오늘날의 대표적 질병입니다. 특히, 성도덕의 타락과 음란, 특히 동성애로 인하여 성병이 유행하고 아직도 치료약이 없는 에이즈(AIDS, 후천성 면역 결핍증) 질병이 확산되고 있습니다. 악한 질병들은 세상 종말의 한 징조입니다.

여섯째로, 예수님은 무서운 일과 하늘로부터 큰 징조들(11)이 있을 것이라고 말씀하셨습니다. 오늘날 세계는 이상 기후의 일들을 경험하고 있습니다. 학자들은 그것이 지구 온난화 현상 때문이라고 합니다. 홍수와 폭설과 폭염 등이 지구 곳곳에서 일어나고 있습니다. 세상 종말의 한 징조로서 무서운 일들이 일어나는 것 같습니다.

예수님은 성전에서 주목한 가난한 과부의 헌금을 칭찬하십니다. 그러나 화려한 외형만 갖추고 진실한 믿음이 없는 성전은 파괴될 것을 예언하십니다. 세상의 종말이 오기까지 여러 미혹이 있을 것입니다. 그러나 우리는 흔들림 없이 참된 성전이신 예수님을 신뢰하고 기다려야 합니다.

주님께서는 가난한 과부의 헌금과 종말의 징조들에 대해 말씀하시면서 예루살렘 성의 멸망과 세상 종말의 징조들에 대해서도 함께 말씀하셨습니다. 본문에서 일곱 번째 종말의 징조에 대해 말씀하고 있습니다.

[12-17절], 예수께서는 또 말씀하셨습니다. "이 모든 일 전에 내 이름으로 말미암아 너희에게 손을 대어 박해하며 회당과 옥에 넘겨주며 임금들과 집권자들 앞에 끌어가려니와 이 일이 도리어 너희에게 증거가 되리라. 그러므로 너희는 변명할 것을 미리 궁리하지 않도록 명심하라. 내가 너희의 모든 대적이 능히 대항하거나 변박할 수 없는 구변(口辯)과 지혜를 너희에게 주리라. 심지어 부모와 형제와 친척과 벗이 너희를 넘겨주어 너희 중에 몇을 죽이게 하겠고 또 너희가 내 이름으로 말미암아 모든 사람에게 미움을 받을 것이나."

일곱째로, 예수님은 성도들이 핍박과 미움과 순교를 당하는 일이 있을 것이라고 말씀하셨습니다. 초대교회 때에 로마 황제에 의한 박해, 종교 개혁 시대에 로마 교황에 의한 핍박 등은 예비적 단계였습니다. 그때 진실한 성도들은 많은 고난과 핍박과 심지어 순교를 당하였습니다. 20세기 초, 우리 선조들은 일본 통치 시대의 신사 참배 강요와 북한의 공산당의 핍박을 경험하였습니다. 그러나 주의 재림 직전에 세계적 전제국가, 아마 공산국가로 인해 이 예언은 성취될 것입니다. 그때, 성도들은 심지어 부모와 형제와 친척과 친구들에게 박해를 당할 것입니다. 이것은 이미 오늘날 공산 세계에서도 볼 수 있는 일입니다.

성도의 핍박과 미움과 순교의 이유는 기독교 신앙의 유일성 때문입니다. 우리는 하나님께서 온 세상에 유일하신 하나님이시며 주 예수 그리스도께서 유일하신 구주이시며 기독교 진리가 유일한 진리임을 믿습니다. 기독교는 처음부터 흑백 논리적이고 비타협적입니다. 기독교는 중립주의를 배격합니다. 하나님과 세상, 천국과 지옥, 진리와 거짓, 생명과 사망, 의와 불의 사이에는 결코 중립 지대나 회색 지대가 있을 수 없습니다. 그러나 바로 이러한 신념 때문에 그리스도인들은 다원적인 세상 속에서 사람들에게 때때로 미움과 핍박을 받는 것입니다.

[18-19절], 예수께서는 또 말씀하셨습니다. "너희 머리털 하나도 상하지 아니하리라. 너희의 인내로 너희 영혼을 얻으리라[얻으라]." 하나님께서는 환난 중에서도 우리를 보호하실 것입니다.

물론 우리가 순교의 죽음을 죽을지도 모릅니다. 그러나 우리의 영혼은 죽음 앞에서도 신앙의 절개를 지킬 것이며 우리의 몸도 마지막 날에 온전한 몸으로 다시 부활할 것입니다. 단지 우리는 끝까지 참고 인내해야 합니다(계 13:10, 14:12).

우리는 이 세상과 세상에 있는 것들이 장차 불타 없어질 것을 생각하고 거기에 너무 애착을 두며 살지 말아야 합니다. 우리는 주 예수께서 가르쳐주신 세상 종말의 징조들을 깨달아야 합니다. 종말이 되면, 거짓 그리스도들이 많이 나타날 것이며, 전쟁과 전쟁 소문이 있을 것이며 큰 지진, 기근, 악한 질병들, 하늘의 징조들, 핍박과 순교가 있을 것입니다.

오늘날에 이런 징조들이 많이 이루어지고 있습니다. 우리는 종말 의식을 가지고 천국을 바라보면서 사는 자들이 되어야 합니다. 우리는 하나님께 대한 참된 믿음 가운데서 끝까지 인내하면서 살아야 합니다. 우리는 삼위 하나님과 성경 말씀을 다 믿고 기도하고 환난 중에도 하나님의 보호하심을 믿고 끝까지 인내하면서 성경 교훈을 성실히 행하며 살아갑시다.

[20-21절], 예수께서는 말씀하셨습니다. "너희가 예루살렘이 군대들에게 에워싸이는 것을 보거든 그 멸망이 가까운 줄을 알라. 그때에 유대에 있는 자들은 산으로 도망갈 것이며 성내에 있는 자들은 나갈 것이며 촌에 있는 자들은 그리로 들어가지 말지어다."

본문은 예루살렘 멸망에 대한 예언입니다. 주께서는 예루살렘

성전의 무너짐을 예언하시면서 예루살렘 성의 멸망과 그의 재
림 직전의 징조들에 대해 말씀하셨습니다. 예루살렘 성의 멸망
은 주후 70년 로마 군대에 의해 이루어졌습니다. 그때 유대에 있
는 많은 사람이 산으로 피신하였고 예루살렘 성안에 살던 많은
사람이 성 밖으로 나갔는데, 그들 중에는 예수님의 예언의 말씀
을 기억한 그리스도인들도 포함되었을 것입니다.

[22절], 예수께서는 또 "이날들은 기록된 모든 것을 이루는 징
벌의 날이니라"고 말씀하셨습니다. 예루살렘 멸망은 하나님께
서 경고하신 말씀들이 이루어진 사건이었습니다. 하나님께서
는 범죄하는 자들에게 율법에 공의의 형벌을 경고해 두셨습니
다. 레위기 26장과 신명기 28장은 그러한 경고들을 자세히 기
록하였습니다. 70년간의 바벨론 포로 생활을 마치고 돌아온 후
에도 유대인들은 여전히 연약함을 보였고, 성경에 약속된 메시
아께서 오셨는데도 그를 영접지 않고 십자가에 못 박아 죽였습
니다. 그들의 행위는 역사상 그들의 많은 죄악들 가운데서도 가
장 극악한 범죄 행위이었습니다. 이제 하나님께서는 예루살렘
멸망이라는 사건을 통해 그들에게 상당한 보응과 벌을 내리실
것입니다.

[23-24절], 예수께서는 또 말씀하셨습니다. "그날에는 아이 밴
자들과 젖먹이는 자들에게 화가 있으리니 이는 땅에 큰 환난과
이 백성에게 진노가 있겠음이로다. 그들이 칼날에 죽임을 당하

그날은 큰 환난의 날이기 때문에, 임신한 여인들과 젖먹이는 여인들에게 화가 될 것입니다. 그들은 피신하거나 먹을 양식을 얻는데 어려움이 많을 것입니다. 또 그날에는 많은 사람들이 죽임을 당하고 이방 나라들에 포로로 잡혀갈 것입니다. 요세푸스에 의하면, 예루살렘 성이 멸망할 때에 칼과 기근에 죽은 유대인들이 110만 명 이상이었고, 포로로 잡혀간 자들이 9만 7천 명이었다고 합니다.

특히, 예루살렘은 이방인의 때가 차기까지 이방인들에게 밟힐 것입니다. ‘이방인의 때가 차기까지’라는 말씀은 하나님의 예정하신 충만한 수의 이방인들이 예수 믿어 교회 안에 들어오기까지라는 뜻입니다. 그 기간은 이방인 교회들의 시대입니다. 이방인 교회들의 기간이 지나면, 사도 바울이 로마서 11장 25-26절에서 말한 대로, 유대인들의 국가적, 민족적 대회심이 일어날 것이라고 보입니다. 우리는 전능하신 하나님을 믿고 하나님의 보호를 신뢰해야 합니다. 믿음에 굳게 서서 인내함으로 버텨 나가십시오. 그러면 우리는 안전하게 살아남아 종국에는 구원받을 것입니다.

마지막 때에 깨어 있으라

누가복음 21장 25절~38절

주후 70년의 예루살렘 함락과 성전 파괴는 세상의 종말을 미리 보여 주는 작은 종말입니다. 이는 세상의 종말과 최후 심판의 모형입니다. 이 모형에 관한 예수님의 예언이 그대로 성취되었다는 사실은 이 모형이 예시하는 세상의 종말도 실제로 임할 것임을 확증합니다. 성전 파괴 예언의 성취와 미래에 이루어질 재림에 대한 예언은 긴밀하게 연관됩니다. 재림에 관한 기대가 점점 사라져 가는 시대가 되었습니다. 이러한 시대에 종말의 날은 갑자기 임할 것입니다. 그러므로 설교 제목처럼 '마지막 때에 깨어 있으라'는 주님의 음성에 귀를 기울여 봅시다.

1. 자신의 재림(再臨)에 대한 예언 25절~28절

[25-26절], 예수께서는 또 말씀하셨습니다. "일월성신에는 징

조가 있겠고 땅에서는 민족들이 바다와 파도의 성난 소리로 인하여 혼란한 중에 곤고하리라. 사람들이 세상에 임할 일을 생각하고 무서워하므로 기절하리니 이는 하늘의 권능들이 흔들리겠음이라.”

예수님은 자신의 재림 직전에 있을 하늘과 바다의 징조들에 대해 예언하십니다. 유대인 역사가 요세푸스와 로마의 역사가 타키투스도 예루살렘 멸망과 성전 파괴 상황이 이러했다고 전했습니다. 그러나 예수 그리스도의 재림 직전에는 하늘의 해와 달과 별들에 더 놀랍고 두려운 징조들이 있을 것이며 하늘의 권능들이 흔들릴 것입니다.

[27절], 예수께서는 또 “그때에 사람들이 인자(人子, 사람의 아들)가 구름을 타고 능력과 큰 영광으로 오는 것을 보리라”고 말씀하셨습니다. 이러한 징조들이 있은 후에, 주께서는 하늘로부터 사람들이 볼 수 있는 방식으로 하늘로 올라가신 모습 그대로 하늘에서 내려오실 것입니다(행 1:9-11). 사도 요한은 “볼지어다, 그가 구름을 타고 오시리라. 각 사람의 눈이 그를 보겠고 그를 찌른 자들도 볼 것이요 땅에 있는 모든 족속이 그로 말미암아 애곡하리니 그러하리라. 아멘”(계 1:7)이라고 말씀하였습니다.

예수 그리스도의 재림은 그의 초림(初臨)과 너무 대조될 것입니다. 초림 때에는 세상에 비천한 인간의 모습으로 오셨습니다. 그러나 재림의 주는 전혀 다를 것입니다. 그는 ‘능력과 큰 영광으로' 오실 것입니다. 그의 재림은 왕의 영광, 심판자의 영광을 가지고 오실 것입니다.

[28절], 예수께서는 또 "이런 일이 되기를 시작하거든 일어나 머리를 들라. 너희 속량(贖良)이 가까웠느니라"고 말씀하셨습니다. 주의 재림 때에 우리의 몸은 죄성이 전혀 없고 죄의 영향을 전혀 받지 않는 몸으로 변화될 것입니다. 주 안에서 죽은 자들은 부활함으로 영화롭게 되며, 살아 있던 자들은 산 채로 영화롭게 변화될 것입니다. 그것이 영화(榮化)입니다.

이 구원의 날이 점점 더 가까워지고 있습니다(롬 13:11). 여기에 예수 그리스도의 재림의 중요한 한 의미가 있습니다. 예수 그리스도의 재림의 날은 곧 우리의 영화로운 구원이 이루어지는 날인 것입니다.

"이런 일이 되기를 시작하거든 일어나 머리를 들라"(28절상). 우리는 예수 그리스도의 재림의 징조들에 관심을 가지면서 그것들이 이루어지는 것을 보면 더욱 분발하고 힘을 내어 하나님과 다시 오시는 주 예수님을 바라보아야 합니다. 세상의 여러 가지 어려운 일들로 때때로 몸과 마음이 약해지고 믿음과 소망까지 약해질지라도 우리는 일어나 머리를 들어야 합니다. 우리는 우리의 영화로운 구원의 날이 가까워지고 있음을 알고 힘을 내어야 합니다.

2. 항상 깨어 기도하라 29절~38절

[29-31절], 예수께서는 또 한 비유로 말씀하셨습니다. "무화과 나무와 모든 나무를 보라. 싹이 나면 너희가 보고 여름이 가까운 줄을 자연히 아나니 이와 같이 너희가 이런 일이 일어나는 것을 보거든 하나님의 나라가 가까이 온 줄을 알라."

무화과나무는 주로 여름에 싹이 나서 열매를 맺어 가을에 추수한다고 합니다. 그러므로 무화과나무가 싹이 나는 것을 보면 누구든지 여름이 가까운 줄을 알 수 있습니다. 이와 같이, 주의 재림 직전의 징조들에 대한 말씀이 이루어지는 것을 보면, 우리는 하나님의 나라가 가까운 줄을 알아야 합니다. 그 징조들은 거짓 그리스도들의 나타남, 전쟁들과 지진들과 기근들과 악한 질병들, 핍박들, 하늘의 해와 달과 별들의 징조들 등입니다.

주께서는 자신의 재림과 하나님의 나라의 영광스러운 시작을 동일한 시점으로 간주하셨습니다. 주께서 다시 오실 때, 현재의 하늘과 땅은 없어지고 하나님의 나라 즉 새 하늘과 새 땅이 이루어질 것입니다. 그러므로 우리는 주께서 말씀하여 두신 징조들의 나타남을 주목해야 합니다.

과연, 오늘날 거짓 그리스도들이 세상에 많이 나타났고, 전쟁들과 지진들과 기근들과 악한 질병들이 많이 있고, 핍박들노 많이 있습니다. 주께서 예언하신 징조들이 이미 많이 이루어졌다고 생각됩니다. 그러므로 우리는 예수 그리스도의 재림과 하나님의 영광의 나라가 점점 가까워지고 있음을 깨달아야 할 것입니다.

[32-33절], 예수께서는 또 말씀하셨습니다. "내가 진실로 너희에게 말하노니 이 세대가 지나가기 전에 모든 일이 다 이루어지리라. 천지는 없어지겠으나 내 말은 없어지지 아니하리라." 이 말씀은 주님의 말씀의 확실함을 증거합니다. '이 세대'는 일차적으로 예수님 당시의 사람들을 가리킬 것입니다. '이 세대'는 또한 이 세상을 가리켜야 할 것입니다. 예수님은 자신이 예언한 모든 징조가 이 세상이 지나가기 전에 다 이루어질 것이라고 말씀하신 것이라고 생각됩니다. 예루살렘 멸망과 같이, 주의 재림 직전에도 같은 징조들이 그대로 이루어질 것입니다.

주께서는 덧붙여 "천지는 없어지겠으나 내 말은 없어지지 아니하리라"고 말씀하셨습니다. 이것은 그의 말씀의 진리성을 한 번 더 증거한 것입니다. 세상은 변하고 천지는 없어져도, 하나님의 말씀은 영원히 변함이 없을 것입니다.

[34-35절], 예수께서는 또 말씀하셨습니다. "너희는 스스로 조심하라. 그렇지 않으면 방탕함과 술취함과 생활의 염려로 마음이 둔하여지고 뜻밖에 그 날이 덫과 같이 너희에게 임하리라. 이 날은 온 지구상에 거하는 모든 사람에게 임하리라."

우리는 다가올 주의 재림의 날과 영광스러운 천국의 시작을 생각하며 마음이 둔해지지 않도록 마땅히 조심해야 합니다. 마음이 둔해진 자는 주의 재림을 기다리지 않고 잊고 살다가 그날을 뜻밖에 맞게 될 것입니다. 우리의 마음이 둔해지는 원인들로 ‘방탕함과 술취함과 생활의 염려’ 등 세 가지를 언급하셨습니다.

첫째로, 방탕함이 성도들의 마음을 둔하게 만드는 원인입니다. 방탕함은 과도한 쾌락의 추구를 가리킵니다. 사람이 어떤 즐거움을 과도하게 추구하는 것은 하나님 앞에서 죄가 됩니다. 둘째로, 술취함도 성도들의 마음을 둔하게 만드는 원인입니다. 술 자체는 죄가 아닙니다. 그러나 술 취함은 사람이 천국에 들어가는 것을 막는 큰 죄가 됩니다(고전 6:9-10). 셋째로, 생활의 염려도 성도들의 마음을 둔하게 만드는 원인입니다. 생활의 염려는 죄가 아닌 것처럼 보이지만, 실상 그것은 하나님을 믿지 못하는 불신앙의 죄입니다. 우리는 우리의 의식주의 필요를 공급해 주시는 하나님을 믿고 의지해야 합니다.

[36절], 예수께서는 또 “이러므로 너희는 장차 올 이 모든 일을 능히 피하고 인자 앞에 서도록 항상 기도하며 깨어 있으라”고 말씀하셨습니다. 우리가 항상 기도하며 깨어 있어야 장차 올 멸망을 피하고 영광의 구주 앞에 기쁨과 즐거움으로 서게 될 것입니다. 깨어 있는 자들은 그 대환난에서 멸망하지 않고 믿음을 지키고 이기는 자가 될 것입니다(계 13:10, 14:12). 항상 기도하며 깨어 있는 것은 성도가 하나님을 인정하고 성경의 모든 말씀을 믿고 의지하며 순종하는 태도입니다.

[37-38절], 예수께서는 낮이면 성전에서 가르치시고 밤이면

나가 감람원이라 하는 산에서 쉬셨습니다. 오늘날 주의 종들이 본받아야 할 점입니다.

29절로 38절까지의 교훈은 무엇입니까? 우선, 우리는 주께서 말씀하신 그의 재림 직전의 징조들이 오늘 시대에 벌써 상당히 이루어졌음을 깨닫고 주의 재림의 날과 하나님의 나라가 가까왔음을 알아야 합니다. 또 우리는 주의 말씀 곧 하나님의 말씀의 확실함을 알아야 합니다. 천지는 없어지겠으나, 그의 모든 말씀 곧 하나님의 모든 말씀은 없어지지 않고 다 성취됨을 깨달아야 합니다. 우리는 신구약성경의 모든 말씀을 다 믿고 특히 신약성경에 증거된 종말 예언의 말씀들을 다 믿어야 합니다.

또 우리는 방탕함이나 술취함이나 생활의 염려로 우리의 마음이 둔하여지지 않도록 조심합시다. 우리는 과도한 쾌락과 오락을 추구하지 말고 술 취하지 말고 생활의 염려에도 빠지지 맙시다. 또 항상 깨어 성경을 읽고 기도합시다. 말씀과 기도는 하나님과 교통하며 동행하는 방법입니다. 우리는 마지막 때에 항상 기도하며 깨어 있기를 소원합니다.

5부

수난과 부활

누가복음 22장 1절 - 24장 53절

상반된 유월절 준비

누가복음 22장 1절~13절

악한 자들은 악한 것을 준비하고, 경건한 사람들은 경건하게 자신의 삶을 살아갑니다. 본문 말씀을 보면 유월절이라고 특별히 다르게 행동하지 않습니다. 마음이 악한 자들은 그 마음에서 나온 악으로 계속 악을 행했고, 그 악에 휘둘리지 않는 경건한 사람들은 말씀을 따라 유월절을 열심히 준비했습니다.

[1절], 유월절이라 하는 무교절이 가까웠습니다. 유월절은 이스라엘 백성이 노예 생활을 하던 애굽에서 해방되어 나오기 전날 하나님께서 애굽 사람들의 장자들을 죽이는 재앙을 내리실 때 양의 피를 문틀에 발라 그 재앙을 면하였던 일을 기념하는 절기입니다. 무교절은 누룩 넣지 않은 떡을 먹는 절기라는 뜻입니다. 유월절은 유대인의 달력으로 1월 14일 저녁이었고 무교절은 1월 15일부터 7일간이었습니다(레 23:5-6). 유대인들의 하루는 저녁부터 다음날 저녁까지이기 때문에, 오늘날로 보면 유월절과

"

무교절 첫날은 같은 날 저녁이었습니다. 날이 저물기 전이 유월절이요, 날이 저문 후부터 무교절 첫날이 됩니다. 신약성경에서는 본문에서와 같이 유월절과 무교절이 동일시되기도 합니다.

[2절], 대제사장들과 서기관들은 예수님을 무슨 방책으로 죽일까 연구하였습니다. 왜냐하면 그들이 백성을 두려워하였기 때문입니다. 대제사장들은 제사장들 중에서 선택된 지도적인 인물들로서 산헤드린 공회의 의장과 회원들이었고, 서기관들은 율법을 연구하고 그 사본을 만드는 학자들이었습니다. 그러나 예수님 당시의 그들은 하나님을 두려워하고 의롭게 행하는 자들이 아니었습니다. 그들은 하나님의 보내신 아들 예수 그리스도를 죽이려고 연구하고 있었습니다.

신약성경 복음서들은 유대의 종교 지도자들이 이처럼 예수님을 미워하고 죽이려 했던 까닭을 몇 가지로 증거합니다. 첫째로, 그들은 예수님이 안식일을 범한다고 하여 그를 죽이려 하였습니다(마 12:14, 요 5:16). 둘째로, 그들은 예수께서 자신을 하나님의 아들이라고 주장한다고 그를 죽이려 하였습니다(요 5:18, 마 26:65-66). 셋째로, 그들은 예수께서 자기들을 악하다고 하시므로 그를 미워하였습니다(요 7:7). 넷째로, 그들은 예수님을 시기하여 죽이려 하였습니다(마 27:18).

유대 종교 지도자들은 예수님을 죽이는 일을 연구하였습니다. 왜냐하면 그들이 백성을 두려워하였기 때문입니다. 그것은 백성들의 다수가 예수님을 좋은 분이라고 생각하였기 때문일 것입니다. 그때에는 일반 백성보다 지도자들이 더 악하였습니다. 오늘날에도 일반 성도들보다 목사나 장로 등 교회 직분자들이 더 타락할 수 있음을 기억하고 항상 조심해야 합니다.

[3-4절], 열둘 중에 하나인 가룟인이라 부르는 유다에게 사탄이 들어갔습니다. 가룟 유다가 주를 배신한 것은 사탄의 역사로 말미암은 것이었습니다. 그러자 유다는 대제사장들과 성전 경비대장들에게 가서 예수를 넘겨줄 방책을 의논하였습니다. 경비대장들은 성전을 지키는 제사장들로서 대제사장을 보좌하는 자들이었다고 합니다. 성경은 그의 배신의 원인을 네 가지로 증거합니다. 첫째는 하나님의 작정입니다(눅 22:22). 세상의 모든 일이 하나님의 작정의 결과이며, 악한 자의 악행도 하나님의 작정 안에 있습니다. 둘째는 그의 불신앙 때문입니다(요 6:64). 믿지 않는 자는 결국 배신합니다. 셋째는 돈에 대한 그의 사랑 때문입니다(마 26:15, 요 12:6). 물질적 욕심이 결국 그를 멸망으로 이끌었습니다. 넷째는 사탄의 활동이었습니다(눅 22:3, 요 13:27). 악한 자의 배후에는 사탄의 활동이 있습니다.

[5절], 가룟 유다의 제안을 받은 대제사장들과 군관들은 기뻐하여 돈을 주기로 언약하였습니다. 마태복음 26장 15절에 보면, 가룟 유다가 먼저 그들에게 돈을 요구하였고 그들은 은 30을 주기로 약속하였습니다. '은 30'은 은 30세겔(약 300그램)을 가리키든지 아니면 은전 30개 즉 30데나리온(약 150그램)을 가리킬 것입

니다. 가룟 유다는 돈을 너무 사랑한 나머지 마침내 3년 동안 따랐던 하나님의 아들 예수 그리스도, 영생의 주님을 은 30에 바꾸었습니다. 그는 참으로 가련한 자이었습니다!

[6절], 가룟 유다는 은 30을 허락하고 무리가 없을 때 예수님을 넘겨줄 기회를 찾았습니다. ‘허락하다’는 원어 ‘엑소몰로게오’는 ‘약속하다’는 뜻입니다. 유다는 예수님을 넘겨주기로 대제사장들과 약속했습니다. 그는 예수님을 무리가 없을 때 넘겨줄 기회를 찾았습니다. 그것은 그들의 연구 결과이었습니다. 그들은 백성을 두려워하였고 백성의 반대를 최소화하기 위해서 또는 백성이 반대할 시간이 없도록 민첩하게 예수를 처치하기 위해서 무리가 없는 시간을 찾고 있었습니다. 악한 자들은 악을 행하는데, 그들의 지혜를 사용하고 있었습니다.

[7절], 유월절 양을 잡을 무교절이 이르렀습니다. 유대의 종교 지도자들이 예수님을 죽이려 계획한 일과 유월절 양 잡는 날은 우연하게도 일치하였습니다. 그것은 하나님의 뜻이었습니다. 그것은 구약의 예언과 예표가 이루어지는 일이었습니다. 하나님의 뜻은 예수께서 유월절 어린양이 되시는 것이었습니다. 옛날 출애굽 시대에 애굽에 내려진 장자 재앙 때에 이스라엘 백성의 집 문틀에 발라진 유월절 어린양의 피가 이스라엘 백성들에게 구원이 되었듯이, 유월절에 십자가에서 희생되실 예수 그리스도는 하나님의 택하신 백성의 구원이 되실 것이었습니다.

그것은 전적인 하나님의 긍휼과 사랑과 은혜이었습니다. 악한 사람들이 하나님의 뜻을 좌절시키는 것 같았으나, 하나님께서는 그들의 악행까지도 선한 구원의 일을 이루시는 과정이 되게 하셨습니다. 예수께서는 유월절 어린양으로 죽으심으로 인류의 구속(救贖)을 이루실 것입니다.

[8-13절], 예수께서는 베드로와 요한을 보내시며 말씀하셨습니다. "가서 우리를 위하여 유월절을 준비하여 우리로 먹게 하라"(8). 베드로와 요한은 말했습니다. "어디서 준비하기를 원하시나이까?"(9). 예수께서는 말씀하셨습니다. "보라, 너희가 성내로 들어가면 물 한 동이를 가지고 가는 사람을 만나리니 그가 들어가는 집으로 따라 들어가서 그 집 주인에게 이르되 선생님이 네게 하는 말씀이 내가 내 제자들과 함께 유월절을 먹을 객실이 어디 있느뇨 하시더라 하라. 그리하면 그가 자리를 마련한 큰 다락방을 보이리니 거기서 준비하라"(10-12).

그들은 나가서 그 하시던 말씀대로 만나 유월절을 준비하였습니다. 유월절 준비를 위해 제자들이 한 일은 예수님의 말씀을 따른 것이 전부였습니다. 그저 말씀을 듣고 말씀을 따라갔을 뿐입니다. 이것이 경건입니다. 경건의 능력은 경청이고 순종입니다. 그렇게 하니 유월절 준비가 모두 끝났습니다(13). 그들의 유월절 식탁은 주님의 신적 지식에 대한 확인과 확증이었습니다. 신성의 영광을 보이신 예수, 하나님의 아들이신 그가 유월절 어린양이 되실 것입니다.

1절로 13절까지에서 우리는 두 가지 교훈을 얻을 수 있습니다. 첫째로, 인간은 참으로 사악하다는 것입니다. 인간은 하나님의 은혜가 아니면 악만 행하는 자가 될 것입니다. 하나님께서 우리의 양심으로, 또 말씀과 성령으로 단속지 않으시면, 우리는 언제나 넘어질 수 있습니다. 그러므로 우리는 항상 깨어 믿음에 굳게 서야 하며, 날마다 예수 그리스도의 의(義)만 의지해야 하며, 순간마다 성령의 인도하심만 구해야 합니다. 그렇지 않으면, 우리도 악한 자, 위선자, 살인자, 간음자, 배신자가 될 수 있습니다.

둘째로, 인간의 죄악이 아무리 크고 강할지라도 하나님의 뜻은 실패치 않으시고 성취되십니다. 하나님은 살아계시고 온 세상의 모든 일들을 홀로 주관하시고 다스리십니다. 세상은 주인 없는 집이 아닙니다. 하나님께서 온 세상의 주인이시오, 주권적 섭리자이십니다. 악한 자들은 하나님의 아들 예수 그리스도를 배신하고 그를 십자가에 못 박아 죽이려 하지만, 하나님께서는 그를 우리 죄를 위한 유월절 어린양이 되게 하십니다. 우리는 하나님만을 바라고 그의 뜻에만 순복하며 삽시다. 그것이 영생이요, 평안이요, 참된 행복입니다.

나를 기억하며
이것을 행하라

누가복음 22장 14절~23절

예수님의 십자가가 기독교 신앙의 핵심입니다. 이것을 기념하고 기억하기 위해 시행하는 의식이 성만찬입니다. 본문 말씀을 통하여 주님이 제정하신 성만찬이 주는 교훈을 바로 알고, 그 교훈을 따라 행함으로 우리를 위해 고난받으신 주님의 뜻에 순종하는 성도로 살아가시기를 바랍니다.

성만찬은 교회에 절대적 의미를 가진 의식이고, 초대교회 시대에는 예배의 핵심을 이루는 요소였습니다. 예수님의 죽으심을 기념하며 주님의 살과 피가 성령으로 우리와 연합함으로 우리가 주님과 하나 되는 특별한 시간이기 때문입니다. 그런데 누가는 이를 더 확대해, 성만찬을 통해 이제 유월절을 지켜야 하는 시대가 끝났음을 말합니다. 본문, 누가복음 22장 14-18절은 옛 언약의 마지막 식사, 19-23절은 새 언약의 첫 식사를 통해 옛 언약의 완성과 새 언약의 시작을 보여 줍니다.

[14-16절], 유월절 식사 시간이 되어서 예수께서는 열두 사도들과 함께 앉으셔서 말씀하셨습니다. "내가 고난을 받기 전에, 너희와 함께 이 유월절 먹기를 원하고 원하였노라. 내가 너희에게 이르노니 이 유월절이 하나님의 나라에서 이루기까지 다시 먹지 아니하리라." 예수께서는 십자가에 죽으시기 전에 가족 대신 그의 열두 사도들과 함께 이 마지막 유월절 식사를 들기를 간절히 원하셨습니다. 그는 유월절 어린양으로 십자가에 달려 죽으심으로 우리를 위해 속죄 사역을 이루셔야 하였습니다. 하나님의 구원은 장차 천국에서 충만하게 누릴 것입니다. 천국은 기쁨과 감사와 찬송이 넘치는 축제가 될 것입니다.

[17-18절], 예수께서는 잔을 받으시고 감사를 드리신 다음에 말씀하셨습니다. "이것을 갖다가 너희끼리 나누라. 내가 너희에게 이르노니 내가 이제부터 하나님의 나라가 임할 때까지 포도나무에서 난 것을 다시 마시지 아니하리라." 예수님은 그날 밤 잡히시고 다음 날 새벽 정죄를 받으시고 그날 아침 9시에 처형되실 것입니다. "이 잔을 가져다가 너희끼리 나누라"는 말씀은 장차 예수님이 떠나신 후 제자들이 주님 없는 식탁을 나누어야 할 것을 암시하시는 것 같습니다. 그는 하나님의 나라가 임할 때까지 포도나무에서 난 것을 다시 마시지 않을 것입니다. 주의 재림으로 이루어질 천국에서는 기쁨이 넘칠 식탁교제가 있을 것이지만, 그때까지 제자들은 육신적으로 주님과 떨어져서 그들 스스로 유월절 식탁을 나누어야 할 것입니다.

[19절], 예수께서는 또 떡을 가져 감사하시고 떼어 그들에게 주시며 말씀하셨습니다. "이것은 너희를 위하여 주는 내 몸이라. 너희가 이를 행하여 나를 기념하라." 그는 유월절 떡을 자신의 몸이라고 표현하셨습니다. 그는 유월절 어린양으로서 자신의 몸을 우리의 속죄를 위해 십자가에 내어주실 것입니다.

◆ ◆ ◆

"그리스도께서 너희를 사랑하신 것같이 너희도 사랑 가운데서 행하라. 그는 우리를 위하여 자신을 버리사 향기로운 제물과 희생제물(생축)로 하나님께 드리셨느니라"(엡 5:2).

주께서는 또 "너희가 이를 행하여 나를 기념하라"고 말씀하셨습니다. 직역하면 오늘의 설교 제목처럼 "나를 기억하며 이것을 행하라"는 말씀입니다. 성찬 의식은 주의 명령입니다. 주께서는 '이것을 행하라'고 말씀하셨습니다. 그러므로 교회는 이 의식을 행해야 합니다. 이 의식의 중요한 의미는 예수님을 기억하는 데 있습니다. 무엇을 기억하는 것입니까? 그가 우리를 위해 십자가 위에서 고난 당하신 일을 기억하는 것입니다. 예수님의 십자가의 죽음, 그것이 우리에게 중요합니다. 그것이 우리의 구원이 되었습니다. 우리는 성찬식을 통해 고난의 주님을 기억합니다.

[20절], 저녁 먹은 후에 주께서는 잔도 이와 같이 말씀하셨습니다. "이 잔은 내 피로 세우는 새 언약이니 곧 너희를 위하여 붓

는 것이라." 그는 유월절의 포도즙을 자신의 피로 표현하셨습니다. 구약도 피 뿌림이 있었습니다(출 24:6-8). 그 피는 예수 그리스도의 피를 예표하였습니다. 이제 예수께서 오셨고 우리를 위해 친히 자신의 피를 부으실 것입니다. 그것은 옛 언약과 대조되는 새 언약이 될 것이며 옛 언약에서 예표된 바가 실체(實體)로 드러나는 것입니다.

또 옛 언약 아래서는 죄와 심판이 강조되었으나, 새 언약 아래서는 죄 사함과 의가 강조됩니다. 그래서 사도 바울은 고린도후서에서 구약과 신약을 정죄와 의로 특징지어 표현하였습니다(고후 3:9). 그러나 두 언약은 두 별개의 언약이 아니고 동일한 은혜의 언약입니다. 유월절 잔은 예수 그리스도께서 흘리실 피를 상징하였습니다. 그것은 우리를 위해 부어질 새 언약의 피였습니다.

[21-23절], 주께서는 또 말씀하셨습니다. "그러나 보라 나를 파는 자의 손이 나와 함께 상 위에 있도다. 인자는 이미 작정된 대로 가거니와 그를 파는 그 사람에게는 화가 있으리로다." 그들은 서로 물었습니다. "우리 중에서 이 일을 행할 자가 누구일까?" 하나님의 아들을 죽이려는 인간의 큰 죄는 하나님의 큰 구원을 이루고 있었습니다. 가룟 유다의 배신의 죄는 큰 죄이었지만 단지 하나님의 작정을 이루는 일에 불과하였습니다. 세상의 크고 작은 모든 일들, 선하고 악한 모든 일들은 다 하나님의 영원한 작정을 이루는 것입니다. 그러나 범죄의 책임은 분명히 인

간에게 있습니다. 하나님은 악을 조장하시는 하나님이 아니십니다. "그를 파는 그 사람에게는 화가 있으리로다." 그러나 하나님께서는 인간의 실패와 죄악까지도 사용하셔서 하나님의 선하신 뜻을 이루십니다.

14절로 23절까지의 교훈은 무엇입니까? 첫째로, 우리는 성찬의 의미를 깨닫고 주 예수 그리스도의 고난을 기억해야 한다는 것입니다. 성찬의 떡과 성찬의 포도즙은 바로 예수 그리스도께서 십자가 위에서 상하신 몸과 흘리신 피를 상징합니다. 우리가 죽어야 할 죄인이었으나, 우리 대신 죄 없으신 그가 십자가 위에서 피 흘려 죽으셨습니다. 그것이 우리의 구원이 되었고 그것이 우리의 죄 씻음이 되었습니다. 우리는 성찬식을 행할 때마다 그의 고난을 기억하고 감사한 마음과 믿음으로 참여합시다.

둘째로, 우리는 오직 예수 그리스도만 의지하고 그를 따라야 한다는 것입니다. 우리는 예수 그리스도의 피만 믿읍시다. 우리의 의는 이것뿐, 예수의 피밖에 없습니다! 우리 속에는 여전히 죄성이 남아있고 우리의 삶에는 여전히 실패와 연약의 자취들이 있으나, 우리는 그의 의만 감사히 받고 의지하며 오직 그의 뜻만 순종합시다. 우리는 주님만 의지하고 주님만 따릅시다.

결론적으로 성만찬이 주는 교훈은 '첫째, 대속의 은혜에 감사하라. 둘째, 구원의 확신을 가지라. 셋째, 사랑의 공동체가 되어 복음을 전하라'입니다. 성만찬의 교훈을 바로 아는 성도는 하나님을 향해 구원의 확신과 감사가 넘쳐나고 이웃에 대해서는 사랑이 충만할 것입니다. 또한 복음 증거의 사명을 충실히 감당할 것입니다. 그러므로 성도는 습관적이고 형식적으로 성찬에 참여하지 말고 그 의미와 교훈을 온전히 되새겨야 합니다.

지금도 우리는 주님의 살과 피를 기념하는 성찬식을 행합니다. 성찬은 예수님이 유월절 어린양으로서 우리를 위해 당신을 내어주셨음을 기억하고, 우리가 주님을 먹고 마심으로써 주님과 하나가 되는, 그리고 세상에서 주님을 부인하지 않고 주께서 가신 길을 따르겠다고 결단하는 시간입니다. 그러나 이 결단은 성도의 일상에 늘 지속되어야 합니다. 주님의 희생과 사랑, 주님과의 온전한 연합, 세상 끝날까지 주님과 함께하겠다는 결단이 우리 삶에 지속되기를 소원합니다.

"나를 기억하며 이것을 행하라!"

시험을 이기고
승리하는 성도

누가복음 22장 24절~38절

제자들 사이에서 누가 크냐는 다툼이 일어납니다. 이에 다스리는 자는 섬기는 자와 같아야 하며, 자신은 섬기는 자로 왔다고 예수님이 말씀하십니다. 또한 시몬이 주님을 세 번 부인할 것을 예고하시고, 기록된 말씀이 이루어져 간다고 하시며 제자들에게 이제 전대와 배낭과 검을 가지라고 하십니다.

[24절], 예수께서 성만찬을 하시며 자신이 한 제자에게 배신을 당하시고 죽으실 것을 암시하신 그때에 제자들이 누가 크냐 다투었으니 참으로 인간은 부족한 존재입니다. 교만은 다툼을 일으키고 교회를 어지럽히고 분열시킵니다. 그러나 겸손은 교회의 단합과 일치를 가져옵니다.

[25-26절], 예수께서는 말씀하셨습니다. "이방인의 임금들은 저희를 주관하며 그 집권자들은 은인이라 칭함을 받으나 너희

는 그렇지 않을지니 너희 중에 큰 자는 젊은 자와 같고 다스리는 자는 섬기는 자와 같을지니라." 교만은 인류 역사상 가장 오래된 죄악입니다. 마귀는 교만하여 하나님을 대적하는 죄를 범함으로 마귀가 되었습니다(딤전 3:6). 세상에서는 큰 자가 다른 사람들을 지배하지만, 교회에서는 큰 자들이 다른 사람들을 섬겨야 합니다. 성도는 세상 사람들과 달리 자신을 낮추고 다른 사람들을 섬기는 자가 되어야 합니다.

[27절], 예수께서는 또 말씀하셨습니다. "앉아서 먹는 자가 크냐? 섬기는 자가 크냐? 앉아 먹는 자가 아니냐? 그러나 나는 섬기는 자로 너희 중에 있노라." 본문의 사건은 요한복음 13장에 나오는 예수께서 제자들의 발을 씻겨주신 행위가 있은 직후에 되어진 것 같습니다. 예수님의 세족식은 제자들이 서로 용서함으로써 서로 사랑하는 자들이 될 것을 교훈하시는 뜻이 있었습니다. 주께서는 친히 겸손의 본을 보이셨습니다. 우리는 주님의 겸손을 본받아 겸손히 하나님을 섬기고 다른 사람들을 섬기는 자가 되어야 합니다.

[28-30절], 예수께서는 또 말씀하셨습니다. "너희는 나의 모든 시험 중에 항상 나와 함께한 자들인즉 내 아버지께서 나라를 내게 맡기신 것같이 나도 너희에게 맡겨 너희로 내 나라에 있어 내 상에서 먹고 마시며 또는 보좌에 앉아 이스라엘 열두 지파를 다스리게 하려 하노라."

제자들은 많은 부족과 실수와 결함이 있었지만, 한 가지 귀한 점이 있었다면 그것은 그들이 예수님을 그리스도로 믿고 따랐다는 것이었습니다. 오늘날 우리도 예수님을 그리스도로 믿고 따르게 되었다는 것이 중요합니다. 그것이 하나님께서 주신 구원의 은혜입니다. 주께서는 그런 제자들에게 이제 보상에 대해 말씀하십니다. 주님은 나라를 제자들에게 맡기시고 그들이 내 밥상에 앉아 먹고 마시며 보좌에 앉아 이스라엘 열두 지파를 심판하게 될 것이라고 말씀하십니다. 주님은 제자들에게 장차 충만한 즐거움과 영광과 존귀를 주실 것입니다. 이러한 상은 그들에게뿐 아니라, 주를 위해 헌신한 모든 일꾼에게 약속되어 있습니다.

[31-34절], 예수께서는 말씀하셨습니다. "시몬아, 시몬아, 보라 사탄이 밀 까부르듯 하려고 요구하였으나 그러나 내가 너를 위하여 네 믿음이 떨어지지 않기를 기도하였노니 너는 돌이킨 후에 네 형제를 굳게 하라." 베드로가 대답했습니다. "주여, 내가 주와 함께 옥에도, 죽는 데에도 가기를 각오하였나이다." 예수께서 말씀하셨습니다. "베드로야, 내가 네게 말하노니 오늘 닭 울기 전에 네가 세 번 나를 모른다고 부인하리라."

사탄은 에덴동산에서 아담과 하와를 범죄하게 하였습니다. 예수님의 제자 중 한 사람인 시몬 베드로는 주와 함께 옥에도, 죽는 데에도 가기를 각오하였다고 고백했습니다. 그러나 그는 그날 밤 주를 세 번이나 모른다고 부인할 것입니다. 사탄은 베드로뿐 아니라 또한 우리 중 누구라도 그렇게 범죄하게 할 수 있습니다. 구원받은 우리에게도 본성의 죄악성과 연약성이 남아있기 때문에, 만일 우리가 깨어 있지 않는다면 우리도 시몬 베드로와 같이 큰 실수와 범죄를 할 수 있습니다. 그러나 사탄의 활동은 제한적입니다. 사탄은 오직 하나님의 허락 안에서만 활동합니다.

우리는 믿음으로 사탄의 시험을 이겨야 합니다. 만일 우리가 범죄하고 또 믿음까지 잃으면 완전히 실패자가 될 것입니다. 우리는 연약해서 실수하고 범죄할 수 있으나, 죄를 깨닫는 순간 그 죄를 고백하고 그것을 버리고 그것을 떠나야 합니다. 하나님께서는 우리의 회개를 기뻐하십니다(계 2:5; 3:19). 하나님의 뜻은 우리의 거룩, 즉 우리가 죄짓지 않고 거룩하고 의롭고 선하게 사는 것입니다. 우리는 회개할 때 다른 이들에게 죄에서 떠나라고 권면하고 믿음과 의에 굳게 서도록 격려할 수 있습니다. 베드로는 예수님을 세 번 부인하는 큰 죄를 범했으나 회개하고 돌이킨 후 다른 이들을 굳게 할 수 있었습니다.

본문은 또 주께서 성도들을 위해 기도하신다는 사실을 보여줍니다. 그의 중보의 기도는 효력이 있습니다. 주께서 베드로를 위해 기도하신 내용은 그의 믿음이 떨어지지 않기를 위한 것이었다. 우리는 우리의 선행으로 구원받은 것이 아니고 예수님의 대속의 공로를 믿음으로 구원을 받았습니다. 그러므로 대속하신 주 예수님을 믿는 믿음은 성도에게 있어서 생명줄입니다. 이 복음 신앙, 속죄 신앙이 세상을 이기는 힘이 됩니다(요일 5:4). 믿음이 쇠약해지지 않는다면, 시몬 베드로처럼 어떤 실수와 범죄의 현실에서도 다시 일어나 주께 엎드려 용서를 구하며 새 힘을 얻을 것입니다.

우리는 사탄의 시험을 조심합시다. 우리는 항상 죄짓지 않기를 힘써야 하며 깨어 하나님께 기도하며 하나님의 은혜와 도우심을 구해야 합니다. 또 우리는 믿음을 지켜야 합니다. 믿음이 없으면 우리는 아무것도 없지만, 하나님과 주 예수 그리스도를 믿으면 의롭다 함을 얻고 승리하며, 또 혹시 우리가 실수하고 범죄했을 때라도 즉시 돌이켜 회개하고 주께로 나아올 수 있습니다. 또 우리는 예수께서 우리를 위해 기도하시고 도우신다는 것을 기억합시다. 예수님의 중보기도는 효력이 있습니다! 우리는 예수 그리스도께서 하나님 우편에서 항상 우리를 위해 중보기도를 드리심으로 우리를 돕는다는 것을 깨닫고 감사해야 합니다.

[35절], 예수께서 "내가 너희를 전대와 주머니와 신도 없이 보내었을 때에 부족한 것이 있더냐?"고 물으시자, 그들은 없었다고 대답하였습니다. 제자들은 하나님의 주권적 보호와 공급을 체험하였다. 우리가 믿음 중심, 말씀 중심, 하나님 중심으로만 산다면, 우리도 하나님의 보호하심과 공급하심을 체험하게 될 것입니다. 예수께서는 마태복음 6장 33절에서 우리가 먼저 하나님의 나라와 그의 의를 구하면 하늘에 계신 아버지 하나님께서 먹을 것과 입을 것을 공급해 주실 것이라고 말씀하셨습니

다. 하나님의 나라와 그 의를 구한다는 것은 하나님을 믿고 그의 계명을 순종하며 산다는 뜻입니다. 하나님께서는 영적인 것뿐 아니라 육적인 것도, 또 내세의 것뿐 아니라 현세의 것도 공급해 주십니다.

[36절], 예수께서는 "이제는 전대 있는 자는 가질 것이요 배낭도 그리하고 검 없는 자는 겉옷을 팔아 살지어다"라고 말씀하셨습니다. 기독교는 많은 기적들에 관해 말하지만, 기적주의는 아닙니다. 기적은 하나님의 뜻을 알리는 목적으로 특별한 경우에 주신 것입니다. 이제 제자들에게는 핍박도 있고 일용할 양식이나 거처할 집의 부족도 있을 것입니다. 주님의 말씀의 참뜻은 제자들이 이제는 모든 정당한 인간적 방편을 무시하지 말고 사용하라는 것이라고 봅니다. 적어도 사도 바울은 자기 손으로 일하는 본을 남겨주었습니다(행 18:3, 행 20:34-35). 성경은 우리에게 성실하고 근면한 생활을 장려합니다(잠 6:6-11, 10:4, 11:16, 12:24).

[37절], 예수께서는 또 말씀하셨습니다. "내가 너희에게 말하노니 기록된 바 그는 불법자의 동류로 여김을 받았다 한 말이 내게 이루어져야 하리니 내게 관한 일이 이루어져 감이니라." 그는 자신의 죽음의 시간이 가까웠음을 말씀하셨습니다. 우리가 아는 대로, 죄 없으신 예수께서 불법자로 간주되셨고(사 53:12), 가장 극한 사형을 당하셨습니다. 그러나 여기에 대속(代贖)의 이치가 있었습니다. 죄 없으신 그가 형벌을 받으셨으므로 죄 있는 우리

가 의롭다 하심을 얻습니다. 또 이제까지 고난 없는 전도사역을 했던 제자들은 이제부터 고난을 각오해야 할 것입니다.

[38절], 그들이 말했습니다. "주여, 보소서. 여기 검 둘이 있나이다." 36절에서 그가 겉옷을 팔아 검을 사라고 말씀하신 것을 볼 때 그는 호신용 칼을 허용하신 것 같습니다. 그러므로 그는 검이 두 개면 족하다고 말씀하셨을 것입니다.

35절로 38절까지의 교훈은, 첫째로 우리는 하나님께서 자기 백성을 주권적으로 보호하시고 공급하심을 믿어야 한다는 것입니다. 둘째로, 우리는 모든 정당한 인간적 방편들을 무시하지 말고 사용하면서 날마다 근면하게 살아야 한다는 것입니다. 셋째로, 우리는 주께서 십자가에 죽으셨고 주의 제자들도 고난의 길을 걸었음을 기억하고 고난을 각오하며 살아야 한다는 것입니다.

영적 위기를
극복하는 방법

감람산에서 예수님이 간절히 기도하시는 동안 제자들은 잠이 들고 맙니다. 이에 예수님은 시험에 들지 않게 일어나 기도하라고 당부하십니다. 유다를 앞세운 무리가 예수님을 잡으러 옵니다. 이를 보고 제자 한 명이 대제사장 종의 오른쪽 귀를 칼로 떨어뜨리자, 예수님이 그 귀를 낫게 하십니다. 본문을 분석하면서 한 말씀씩 살펴봄으로 하나님의 말씀을 상고하도록 하겠습니다.

1. 감람산에서 기도하심 39절~46절

[39절], 예수께서는 나가시어 늘 하시던 대로 감람산(올리브산)에 가셨고 제자들도 그를 따라갔습니다. 예수께서는 감람산에 가셔서 기도하는 습관이 있으셨습니다. 습관은 사람의 인격을

형성합니다. 매일 규칙적으로 시간을 구별하여 기도하며 성경을 읽는 습관, 주일을 거룩히 지키며 하나님께 예배드리는 습관, 교회의 공적인 예배 시간에 빠지지 않는 습관 등은 좋은 습관이며 자신의 믿음의 성장에 유익합니다.

◆◆◆

"서로 돌아보아 사랑과 선행을 격려하며 모이기를 폐하는 어떤 사람들의 습관과 같이 하지 말고 오직 권하여 그 날이 가까움을 볼수록 더욱 그리하자"(히 10:24-25).

[40절], 예수께서는 그곳에 이르러 제자들에게 말씀하셨습니다. "시험에 들지 않기를 기도하라." 이 세상에는 죄악된 일들과 마귀의 시험들이 많습니다. 이것들은 우리의 연약하고 부패한 본성을 자극하여 우리로 하나님을 의심하게 하고 거역하고 범죄하게 만듭니다. 성도에게 가장 중요한 일은 죄를 안 짓는 것입니다. 기도는 바로 성도가 죄짓지 않게 하는 방법입니다. 기도하는 자는 깨어 마귀의 시험을 대적하고 죄를 피할 수 있습니다.

[41절], 예수께서는 그들을 떠나, 돌 던질 만큼 가서 무릎을 꿇고 기도하셨습니다. 무릎을 꿇고 하는 것은 간절한 기도입니다. 우리는 기도할 때 중언부언하지 말아야 하고(마 6:7) 간절한 마음으로 해야 합니다. 주님께서는 우리에게 끈질긴 강청의 기도와 밤낮 부르짖는 기도를 하라(눅 11:8, 18:6)고 가르치셨습니다. 그러므로 우리는 항상 하나님께 기도하되, 시시때때로 무릎을 꿇고

하나님께 간절히 부르짖어 기도해야 할 것입니다.

[42절], 예수께서는 말씀하셨습니다. "아버지여, 만일 아버지의 뜻이어든 이 잔을 내게서 옮기시옵소서. 그러나 내 원대로 마옵시고 아버지의 원대로 되기를 원하나이다." 예수께서는 인간적으로 십자가의 죽음의 잔을 피하기를 원하셨습니다. 그러나 그는 그 순간에라도 자신의 뜻보다 아버지의 뜻을 앞세우셨고 그 뜻에 자신을 복종시키셨습니다. 하나님의 뜻은 우리 인간의 뜻보다 언제나 더 지혜로우시고 선하십니다.

그러므로 우리는 어떠한 고난의 현실 가운데서도 그것이 하나님의 뜻이라면 달게 받아야 합니다. 하나님을 사랑하는 자 곧 그 뜻대로 부르심을 입은 자들에게는 모든 일들이 합력하여 선을 이룹니다(롬 8:28). 그러므로 우리는 기도할 때 하나님 앞에서 내 뜻을 고집하지 말고 하나님의 뜻을 앞세워야 합니다. 이것이 합당한 기도 자세입니다.

[43-44절], 한 천사가 하늘로부터 예수께 나타나 그의 힘을 도왔습니다. 예수께서는 힘쓰고 애써 더욱 간절히 기도하셨고 땀은 땅에 떨어지는 핏방울같이 되었습니다. '힘쓰고 애써'라는 원어는 '고통 가운데서'라는 뜻입니다. 기도는 쉬운 일이 아닙니다. 주께서는 고통 가운데서도 더욱 간절히 기도하셨습니다. 그의 이마에는 땀이 땅에 떨어지는 핏방울같이 되었습니다. 이것은 우리에게 기도의 본이 됩니다. 우리도 항상 쉬지 말고 하나님

께 기도해야 하며 특히 고난과 환난의 날에 낙망하지 말고 하나님을 피난처와 견고한 망대로 삼고(시 61:3) 하나님께 간절히 기도해야 합니다. 하나님께서는 하나님을 의지하고 기도하는 자기 백성을 결코 버리지 않으시며 좋은 것으로 응답하실 것입니다.

[45-46절], 예수께서는 기도 후에 일어나 제자들에게 가서 슬픔을 인해 잠든 것을 보시고 말씀하셨습니다. "어찌하여 자느냐? 시험에 들지 않게 일어나 기도하라." 주께서 잡히실 날 밤이었지만, 제자들은 주님과 함께 깨어 기도하지 못했습니다. 그들은 슬픔을 인하여 잠이 들고 말았습니다. 그러므로 우리는 영적 위기를 극복하기 위해 우리의 연약한 육신을 쳐 복종시키는 연습, 자기 부정(극기)과 절제의 연습을 해야 합니다.

2. 잡히심 47절~53절

[47-48절], 예수께서 제자들에게 시험에 들지 않게 기도하라고 말씀하실 때에 한 무리가 왔습니다. 열둘 중에 하나인 유다라하는 자가 그들의 앞에 서서 와서 예수께 입을 맞추려고 가까이하였습니다. 입맞춤은 당시의 인사법이었습니다. 그러나 이 밤에 가룟 유다는 예수를 잡으러 온 무리들 앞에 서서 그에게 나아와 입을 맞추었습니다. 그것은 그 무리들과 약속한 '군호'였습니다. 그것은 거짓되고 위선적인 인사였습니다. 그러므로 예

수께서는 그에게 "유다야, 네가 입맞춤으로 인자를 파느냐?"(48)라고 말씀하셨습니다.

'열둘 중에 하나'이었던 유다, 3년간이나 주와 동행하며 그의 의롭고 선한 인격과 교훈과 행동을 친히 보았던 유다, 예수께서 잘못한 것이 없다는 것을 그 누구보다 잘 알고 있었을 그였지만, 그 밤에 그는 주님을 배신하고 악한 유대 지도자들 편에 서서 예수를 체포하는 일에 앞장섰습니다. 이것이 인간의 악하고 어리석은 모습입니다. 그는 얼마 지나지 않아 후회하고 은을 성소에 던져 넣고 물러가서 스스로 목매어 죽을 것입니다(마 27:5). 참으로 불쌍한 유다였습니다.

[49-50절], 주님의 좌우에 있는 자들이 그 된 일을 보고 말했습니다. "주여, 우리가 검으로 치리이까?" 그중에 한 사람이 대제사장의 종을 쳐서 그의 오른편 귀를 떨어뜨렸습니다. 요한복음은 그가 시몬 베드로라(요 18:10)고 증거합니다. 그는 의롭고 선하신 주님을 잡는 무리를 그냥 보고 있을 수 없었습니다. 그러나 그것은 주께서 죽으셔서는 안 된다는 생각에서 나온 것이었습니다.

그러나 예수께서는 이전에 제자들에게 자신이 대제사장들과 서기관들에게 넘겨서 사형 선고를 받고 이방인들에게 넘겨서 능욕과 채찍질을 당한 후 마침내 십자가에 못 박힐 것을 말씀하셨습니다(마 20:18, 19). 그는 잡히셔야 했고 죽으셔야 했습니다. 그것이 성경에 기록된 메시아의 가실 길이었습니다. 이사야 53장은 메시아의 고난과 죽음에 대해 자세히 예언하였습니다. 또 예수께서는 평소에, "악한 자를 대적지 말라. 누구든지 네 오른편 뺨을 치거든 왼편도 돌려대라"(마 5:39)고 교훈하셨습니다. 그러므로 베드로의 행위는 정당하지 못하였습니다. 오히려 그는 잡히시는 예수님의 뒤를 묵묵히 따라야 했습니다.

[51절], 예수께서는 "이것까지 참으라"고 말씀하시며 그 귀를 만져 낫게 하셨습니다. 예수님은 자기를 잡는 무리까지 긍휼히 여기셨고 그들의 악행을 참으셨습니다. 여기에 주님의 긍휼과 인내가 있습니다. 마태복음에 보면, 그는 말씀하시기를, "너는 내가 내 아버지께 구하여 지금 열두 영 더 되는 천사를 보내시게 할 수 없는 줄로 아느냐? 내가 만일 그렇게 하면 이런 일이 있으리라 한 성경이 어떻게 이루어지리요?"(마 26:53-54)라고 하셨습니다. 한 영(靈)은 약 6천 명의 군인들을 가리킵니다. 열두 영은 약 7만 2천 명입니다. 그것은 예수님이 충만한 수의 천사들을 동원하실 수 있음을 의미합니다. 그러나 그는 그 권세를 쓰지 않고 끝까지 참으셨고 악인들을 긍휼히 여기셨습니다.

[52-53절], 예수께서는 그 잡으러 온 대제사장들과 성전의 군관들과 장로들에게 말씀하셨습니다. "너희가 강도를 잡는 것같이 검과 몽치를 가지고 나왔느냐? 내가 날마다 너희와 함께 성전에 있을 때에 내게 손을 대지 아니하였도다. 그러나 이제는 너희 때요 어두움의 권세로다."

어제까지 예수께서 성전에서 무리를 가르치셨지만, 대제사장들과 장로들은 그에게 손을 대지 않았습니다. 그들은 무리 앞에서 그를 잡을 만큼 악하게 행동하지 못하였습니다. 그러나 이제 악한 자들의 때가 왔습니다. 어두움이 세상을 지배하는 때가 왔습니다. 유대 지도자들이 자신들의 정체를 드러낼 때가 왔습니다.

그들은 사람으로 오신 하나님, 인간으로서 가장 이상적 인격자요, 도덕적 인격자이셨던 예수, 하나님의 아들이신 영광의 주님을 죽이려 하였습니다. 인류의 모든 죄악은 하나님의 아들 그리스도 예수를 죽이려는 이 행동에서 절정을 이룰 것입니다. 그러므로 우리는 영적 위기를 극복하기 위해 우리는 가룟 유다처럼 입맞춤으로 주님을 배신하는 자가 되지 말아야 합니다. 둘째로, 우리는 죽기까지 고난을 참고 선을 베푸는 자가 되시기를 축복합니다.

회개함으로 사명을
감당하라

누가복음 22장 54절~62절

사람들은 다른 사람들이 나를 또는 우리를 어떻게 보고, 어떻게 평가할 것인가에 많은 관심을 갖습니다. 함께 살아가는 세상에서 다른 이들을 의식하는 것이 당연하다고 생각되기도 하지만, 그것이 너무 지나칠 경우에 생기는 문제도 꽤 큽니다. 우리는 베드로의 모습을 통해 우리가 어떤 시선을 의식해야 하는지 묵상해 보았으면 합니다.

[54-55절], 예수를 잡으러 왔던 자들은 예수를 잡아끌고 대제사장의 집으로 들어갔고 베드로는 멀찍이 떨어져서 뒤따라갔습니다. 사람들은 뜰 한가운데 불을 피우고 함께 앉았고 베드로도 그들 가운데 끼여 앉아 있었습니다. 그는 몇 시간 전에 주님께 "주여, 내가 주와 함께 옥에도, 죽는 데도 가기를 준비하였나이다"라고 말했었지만, 그 말대로 행하지 못하였습니다. 그는 주님 가까이에서 주님과 함께 당당히 주를 따르지 못했습니다. 그

러나 다른 제자들과는 달리, 그는 비록 멀찍이 일지라도 주님을 따르기는 하였습니다. 그는 주님께서 잡히신 상태로 유대 지도자들의 심문을 기다리고 계실 대제사장의 집 뜰 안까지 들어갔고, 모닥불가에 둘러앉은 사람들 가운데 끼여 앉았습니다. 그만큼 그는 주님을 따랐습니다.

[56-57절], 그때에 한 여종이 베드로가 불빛을 향하여 앉은 것을 보고 그를 빤히 노려보며 말했습니다. "이 사람도 그와 함께 있었어요." 마태복음과 마가복음도 같은 내용을 증거합니다(마 26:69, 막 14:66, 67). 요한복음(요 18:17)에는 "문 지키는 여종이 베드로에게 너도 이 사람의 제자 중 하나가 아니냐고 물었다"라고 기록되어 있습니다. 공관복음서들에 나오는 그 여종은 바로 문 지키는 여종이었습니다. 베드로는 그 여종의 말을 즉시 부인하였습니다. "이 여자여, 내가 저를 알지 못하노라." 이것이 베드로가 그 밤에 첫 번째로 주님을 부인한 것이었습니다.

[58절], 조금 후에 다른 사람이 그를 보고 "너도 그 도당이라"고 말하였습니다. 베드로는 말했습니다. "이 사람아, 나는 아니로라." 마태복음(마 26:71)에는 다른 여종이 곁에 있는 사람들에게 이 사람은 나사렛 예수와 함께 있었다고 말했다고 기록되어 있고, 마가복음(막 14:69)에는 그 여종이 곁에 서 있는 자들에게 이 사람은 그 도당이라고 말했다고 기록되어 있습니다. '그 여종'은 처음 말한 여종을 가리키는 것 같습니다. 요한복음(요 18:25)은 사

람들이 베드로에게 너도 그 제자 중 하나가 아니냐고 물었다고 증거합니다. 베드로가 두 번째 주님을 부인했을 때에는 이런 일들이 동시에 있었던 것 같습니다. 마태복음(마 26:72)에 보면, 베드로는 그때 맹세하며 예수님을 모른다고 부인하였습니다.

[59-60절], 한 시간쯤 있다가 또 한 사람이 장담하여 말하였습니다. "이는 갈릴리 사람이니 참으로 그와 함께 있었느니라." 베드로가 말하였습니다. "이 사람아, 나는 너 하는 말을 알지 못하노라." 베드로가 아직 채 말을 끝내기도 전에 곧 닭이 울었습니다. 마태복음(마 26:73)에는 "조금 후에 곁에 섰던 사람들이 나아와 베드로에게 이르되 너도 진실로 그 도당이라. 네 말소리가 너를 표명한다고 말하였다"고 증거하고, 마가복음(막 14:70)에는 "조금 후에 곁에 서 있는 사람들이 다시 베드로에게 말하되 너는 갈릴리 사람이니 참으로 그 도당이니라고 했다"고 증거합니다. 요한복음(요 18:26)에는 "대제사장의 종 하나는 베드로에게 귀를 잘린 사람의 친척이라 이르되 네가 그 사람과 함께 동산에 있는 것을 내가 보지 아니하였느냐고 했다"고 증거합니다.

본문의 한 사람은 그 대제사장의 종인 것 같습니다. 베드로는 갈릴리 사투리를 사용했던 것 같습니다. 베드로가 세 번째 주님을 부인했을 때 사람들과 그 중의 한 사람인 대제사상의 종의 지적이 동시에 있었을 것입니다. 마태복음과 마가복음(마 26:74; 막 14:71)에 의하면, 이 세 번째에는 베드로가 저주하고 맹세하면서 예수님을 모른다고 부인하였습니다.

이와 같이, 베드로는 사람 앞에서 세 번이나 주님을 부인하였고 심지어 저주하고 맹세하면서 그렇게 하였습니다. 이것은 인간의 연약한 모습을 잘 보여 줍니다. 이것을 보면, 사람에게 행위의 의(義)라는 것은 없습니다. 아담이 한번 범죄함으로 죽었듯이, 인간의 많은 실수와 범죄는 자신의 행위의 의를 완전히 부정하게 만듭니다. 모처럼 쌓은 것 같은 행위의 의(義)도 한 번의 실수로 완전히 무너져 버리고 맙니다. 인간은 의(義)가 없고 연약하기 그지없는 존재입니다.

가룟 유다의 배신은 돈에 대한 욕심 때문에 왔었습니다. 그는 믿음이 없었고 중생치 못했었습니다. 그러나 베드로의 실수는 믿음이 있고 중생한 자에게 있는 연약성에서 나온 것이었습니다. 그는 자기 목숨의 위협 앞에서 연약하였습니다. 그는, "누구든지 사람 앞에서 나를 시인하면 나도 하늘에 계신 내 아버지 앞에서 그를 시인할 것이요, 누구든지 사람 앞에서 나를 부인하면 나도 하늘에 계신 내 아버지 앞에서 그를 부인하리라"(마 10:32-33)는 주의 말씀을 잊었습니다. 베드로의 모습은 우리의 연약한 본성의 모습입니다. 그러나 베드로는 성령을 받은 후 능력 있는 증거자가 되었습니다. 사도행전(행 5:40-42)에 증거된 대로, 베드로는 주의 이름 때문에 당하는 채찍질과 능욕을 기뻐하면서 예수를 그리스도라 가르치기와 전도하기를 쉬지 않았습니다.

[61-62절], 베드로는 주님과 같은 뜰에 있었던 것 같고 주께서는 베드로가 그를 세 번이나 부인하는 것을 들으셨던 것 같

습니다. 특히 그가 저주하며 맹세하며 주님을 부인하는 목소리는 주님께도 들릴 만한 목소리이었을 것입니다. 아니, 그렇지 않았을지라도 주님은 그의 하는 말을 다 아시는 하나님의 아들이십니다.

주께서 돌이켜 베드로를 보셨습니다. 주님의 눈길은 베드로의 눈과 마주쳤을 것입니다. 예수님의 눈길은 베드로의 큰 잘못을 지적하고 책망하시는 눈길이었을 것입니다. "네가 나를 모른다고 말할 수 있느냐? 3년간이나 나를 따라다녔던 네가 나를 모른단 말인가? 사람 앞에서 나를 부인치 말라고 내가 네게 말하지 않았던가? 너의 육신의 목숨이 그렇게 귀하냐? 죽는 것이 그렇게도 두려우냐?" 그러나 주님의 눈길은 또한 회개하라고 부르시는 긍휼의 눈길이었을 것입니다. "베드로야, 네가 그렇게도 연약하냐? 3년간의 제자 훈련은 다 어디로 갔느냐? 빨리 회개하라. 속히 돌이키라."

그때 베드로는 주의 말씀 곧 "오늘 닭 울기 전에 네가 세 번 나를 모른다고 부인하리라"는 말씀이 생각났고 밖으로 나가서 심히 통곡하였습니다. 그것은, 자신의 연약과 부족과 주께 대한 불신실함을 뉘우치는 회개의 통곡이었을 것입니다. 그는 몇 시간 전에 주님께 "주여, 내가 주와 함께 옥에도, 죽는 데도 가기를 준비하였나이다"고 말했던 자신의 말을 심히 부끄러워하며 하나님 앞에 회개하고 새 결심을 했을 것입니다. 이 밤에 그의 통곡은 진심의 회개의 통곡이었습니다.

54절로 62절까지의 교훈은 무엇입니까? 첫째로, 우리는 헛된 자신감을 버려야 합니다. 우리는 우리 자신이나 자신의 힘을 의지하지 말아야 합니다. 능력은 오직 하나님께 있습니다. 시편 62편 11절, "하나님이 한두 번 하신 말씀을 내가 들었나니 권능은 하나님께 속하였다 하셨도다." 우리는 스스로의 지혜와 힘을 의지하지 말고 오직 하나님의 지혜와 하나님의 능력만을 구하고 의지합시다. 능력은 오직 하나님께 있습니다.

둘째로, 우리는 사람들 앞에서 예수 그리스도를 시인하고 증거해야 합니다. 예수께서는 "누구든지 사람 앞에서 나를 시인하면 나도 하늘에 계신 내 아버지 앞에서 그를 시인할 것이요, 누구든지 사람 앞에서 나를 부인하면 나도 하늘에 계신 내 아버지 앞에서 그를 부인하리라"(마 10:32-33)고 말씀하셨습니다. 우리는 주를 시인하고 증거하는 자가 됩시다.

셋째로, 우리는 우리의 실수와 죄를 깨달을 때 즉시 회개해야 합니다. 지체치 말고 통회자복하고 진심으로 마음을 찢는 눈물이 있어야 합니다. 요한계시록 3장 19절, "무릇 내가 사랑하는 자를 책망하여 징계하노니 그러므로 네가 열심을 내라. 회개하라." 하나님께서는 우리의 진심의 회개의 눈물을 받으시고 우리의 심령을 새롭게 하시고 붙드실 것입니다. 6.25 한국전쟁 73주년, 휴전 70주년을 맞으며 우리 자신과 가정과 민족사회를 위해 통회 자복함으로 복음 통일을 이룰 수 있기를 소원합니다.

'진리를 대적하는 악인들'이라는 제목으로 하나님의 말씀을 듣고자 합니다. 진리를 대적하는 악인들은 진리를 믿지 못하는 악인이요, 그리스도를 정죄하는 악인들이며 복음을 대적하는 악인들입니다. 어둠이 빛과 공존할 수 없듯이 어둠에 속한 악인은 세상의 빛으로 오신 예수 그리스도를 믿을 수도, 알 수도 없습니다. 그와 같은 어둠에서 건져내어 그리스도를 믿고 복음의 증인으로 삼으신 주님의 은혜에 성도는 영광과 찬송을 돌려드리며 그 사명을 충성스럽게 감당해야 합니다.

[63-65절], 예수를 지키는 사람들이 예수를 때리면서 모욕하였습니다. 또 그들은 예수의 눈을 가리고 물었습니다. "너를 때린 사람이 누구인지 알아맞추어 보아라." 그들은 그 밖에도 온갖 말로 모욕하면서 예수에게 욕설을 퍼부었습니다. 예수께서는 그런 희롱과 매 맞음과 모욕을 당할 잘못을 한 적이 없으셨으

나 무지하고 악한 자들은 예수에게 그런 악을 행하였습니다. 인간은 참으로 악한 존재입니다. 그러나 예수께서는 그들에게 대항하지 않으셨습니다. 그는, 이사야 53장 7절의 예언대로, 마치 도수장으로 끌려가는 어린양과 털 깎는 자 앞에 잠잠한 양같이 그 입을 열지 않으셨습니다.

[66-68절], 날이 새자, 백성의 장로회, 곧 대제사장들과 율법학자들이 모여서 예수를 그들의 공의회로 끌고 가서 이렇게 말하였습니다. "네가 그리스도이거든 우리에게 말하라." 예수님은 대답하셨습니다. "내가 말할지라도 너희가 믿지 아니할 것이요 내가 물어도 너희가 대답하지 아니할 것이니라." 마태복음과 마가복음에 보면, 예수께서 그들이 그가 하나님의 권능의 우편에 앉은 것과 하늘 구름을 타고 오는 것을 보리라고 증거하시자, 대제사장은 옷을 찢으며 "저가 참람한 말을 하였으니 어찌 더 증인을 요구하겠느냐?"고 말했습니다. 유대 지도자들은 예수님의 말을 확인하고 믿으려는 마음이 처음부터 없었습니다. 그들은 다 그를 사형에 해당한 자로 정죄하였고 그의 얼굴에 침 뱉고 주먹으로 치고 혹은 손바닥으로 때렸습니다(마 26:65-67, 막 14:63-65).

그들은 왜 예수님을 죽이려 하였습니까? 그것은 그들이 무지하고 악하기 때문이었습니다. 예수께서는 "내 말이 너희 속에 있을 곳이 없으므로 나를 죽이려 하는도다"(요 8:37)라고 말씀하셨습니다. 그들은 자신들의 악함을 회개치 않았습니다. 그들은 하나님을 섬기는 경건한 모양은 가지고 있었으나 그 아들을 미워하고 죽이려 하였습니다. 그들의 경건한 모양은 위선에 불과하였습니다. 종교가 타락하면 세상보다 더 악해지는 것 같습니다. 그들은 하나님의 종들이 아니고 사탄의 종들이었습니다.

[69-70절], 예수께서는 또 말씀하셨습니다. "그러나 이제 후로는 인자가 하나님의 권능의 우편에 앉아 있으리라." 그러자 모두가 말하였습니다. "그러면 네가 하나님의 아들이냐?" 예수님은 대답하셨습니다. "너희들이 내가 그라고 말하고 있느니라." 마태복음에 보면, "너희 말과 같이 내가 그니라." 예수께서는 하나님의 이름으로 맹세하시면서 자신에 대해 증거하셨습니다. 그것은 확실히, 법정 앞에서 자신에 대해 하신 엄숙한 증언이었습니다.

공회 앞에서 하신 그의 증언은 자신의 사역적 신분과 인격에 관한 것이었습니다. 우선, 그는 "네가 그리스도여든 우리에게 말하라"는 요청에 대해 "이제 후로는 인자가 하나님의 권능의 우편에 앉아 있으리라"는 말씀으로 우회적인 긍정을 하셨습니다. '그리스도'는 구약에 예언된 구주를 가리킵니다(요 4:25-26). 마태복음과 마가복음에 보면, 예수께서는 이어서 "내가 하늘 구름을 타고 오는 것을 너희가 보리라"(마 26:64, 막 14:62)는 말씀도 하셨습니다. 또 "그러면 네가 하나님의 아들이냐?"는 질문에 대해서는, 예수님은 "너희 말과 같이 내가 그니라"라고 분명하게 대답하셨습니다. 특히, 하나님 우편에 앉는 것과 구름을 타고 오는 것은 다니엘서에 예언된 메시아의 모습입니다.

"내가 또 밤 이상 중에 보았는데 인자 같은 이가 하늘 구름을 타고 와서 옛적부터 항상 계신 자에게 나아와 그 앞에 인도되매 그에게 권세와 영광과 나라를 주고 모든 백성과 나라들과 각 방언하는 자로 그를 섬기게 하였으니 그 권세는 영원한 권세라. 옮기지 아니할 것이요 그 나라는 폐하지 아니할 것이니라"(단 7:13-14).

예수님은 자신이 증거하신 대로 하나님의 아들 그리스도이십니다. 이것은 일찍이 사도 베드로가 고백한 신앙고백의 내용이었습니다. 베드로는 "주는 그리스도시요 살아계신 하나님의 아들이시니이다"(마 16:16)라고 고백하였었습니다. 성경은 예수님이 하나님의 독생자이심을 증거합니다(요 3:16). 포도원 비유에서 증거된 대로, 그는 주인의 종들과 다른 '그의 사랑하는 아들'이십니다(눅 20:13). 하나님의 아들께서 그리스도로 오셨습니다. 그는 하나님의 뜻을 전달하신 참 선지자시요, 우리의 죄를 위한 영원한 제사를 드리신 참 제사장이시요, 우리를 다스리시고 원수 마귀로부터 지키시는 참 왕이십니다. 이제 그를 믿는 자마다 멸망하지 않고 영생을 얻으며 하나님의 자녀가 되는 특권을 얻습니다(요 3:16; 1:12). 이것은 하나님의 신실하신 약속입니다.

[71절], 예수님의 말을 들은 그들은, "어찌 더 증거를 요구하리요? 우리가 친히 그 입에서 들었노라"라고 말했습니다. 그것

은 그가 하나님의 아들 그리스도라는 그의 증언을 부정하는 말
이었습니다. 예수님은 그가 친히 증거한 바로 그 분이든지 아니
든지 둘 중의 하나일 것입니다. 만일 그가 자신이 증거한 바로
그분이 아니라면, 그는 선한 선생이 아니고 사기꾼이나 정신병
자일 것입니다. 왜냐하면 그는 엄숙한 재판석에서 그것도 하나
님의 이름으로 맹세하면서 자신이 하나님의 아들 그리스도라고
거짓말을 한 것이 될 것이기 때문입니다.

그러나 사실은 예수께서 진실을 말씀하셨습니다. 예수는 그의
증거대로 하나님의 아들 그리스도이십니다. 그는 우리를 위해
참 선지자와 참 제사장과 참 왕으로 이 세상에 오셨습니다. 그의
인격에 대한 증거들은 신약성경에 풍부합니다. 예수의 많은 기
적들은 그의 신적 인격을 확실하게 증거합니다. 예수는 많은 병
자들을 고치셨고 귀신들린 자들을 고치셨고 죽은 자들을 살리
셨습니다. 그는 떡 다섯 개로 5천 명을 먹이셨습니다. 그는 그 외
에도 많은 기적들을 행하셨습니다. 이 모든 내용이 진실한 증인
들인 그의 제자들에 의해 증거되었고 네 권의 복음서들에 기록
되었습니다. 그는 유대 지도자들의 미움과 시기로 십자가에 달
려 죽으셨으나, 삼일 만에 무덤에서 부활하셨습니다. 그러므로
유대인 공회 앞에서 자신에 대하여 증거하신 예수 그리스도의
증거는 참된 증거입니다.

우리는 유대 지도자들의 말을 정반대의 의미로 사용할 수 있
습니다. "어찌 더 증거를 요구하리요? 우리가 친히 그 입에서 들

었노라." 예수님은 하나님의 아들 그리스도이십니다. 우리는 다 그를 믿음으로 구원을 받읍시다. 우리 중에는 한 사람도 신약성경을 읽고 그 말씀을 듣고 배우면서 멸망 당하는 자가 없기를 소원합니다. 사람은 예수 그리스도를 믿어야 구원을 얻습니다. 그를 믿지 않는 자는 영원한 멸망을 당할 것이지만, 예수를 믿는 자는 멸망하지 않고 영생을 얻습니다(요 3:16). 이것은 하나님의 신실한 약속입니다. 또 우리는 우리 주 예수 그리스도를 따르는 현장 전도 제자가 됩시다. 우리는 하나님의 나라를 전하고 그 나라를 위해 우리 자신을 즐거이 하나님께 바치며 하나님의 모든 말씀에 순종합시다. 오직 믿음과 순종만이 이 허무한 세상에서 진리를 대적하는 악인들을 이기는 일임을 아시기를 소원합니다.

악한 자들의 초상(肖像)

누가복음 23장 1절~12절

세상 사람들은 입으로는 정의를 말하나 실제로는 자신의 유익을 위해 불의와 타협합니다. 그러한 인간의 욕망이 진리이신 예수님을 십자가에 못 박았습니다. 성도는 예수님을 십자가에 못 박은 인간적 욕심을 회개해야 합니다. 본문은 진리이신 예수님을 정죄한 악한 자들의 초상을 보여줍니다. 모두가 한 통속인 세상에서 성도로 살아가기란 여간 어렵지 않습니다. 하나님의 백성인 우리가 자기 유익만을 위해 살아간다면 우리도 그들과 별반 다르지 않습니다. 성도는 하나님의 뜻을 이루기 위해 살아가는 하나님의 백성임을 기억하며 오늘 말씀을 들을 수 있기를 소원합니다.

[1-2절], 무리가 다 일어나 예수를 빌라도에게 끌고 가서 고발하여 말했습니다. "우리가 이 사람을 보매 우리 백성을 미혹하고 가이사에게 세 바치는 것을 금하며 자칭 왕 그리스도라 하더

이다.” 당시의 유대 나라는 로마 제국의 속국이었으므로 유다 지방을 통치했던 로마 총독 빌라도에게 최종적 재판권이 있었습니다. 유대 종교 지도자들은 로마 총독으로 하여금 예수를 정죄하도록 머리를 썼습니다. 일반 대중은 로마 총독의 결정에 도전할 수 없으리라고 생각했을 것입니다. 그들은 거룩한 하나님의 아들을 이방인의 손에 의해 죽이려 하였습니다.

유대 종교 지도자들이 빌라도에게 제출한 고발 내용은, 첫째로 이 사람이 우리 백성을 미혹한다는 것과, 둘째로 그가 로마 황제 가이사에게 세금을 바치는 것을 금한다는 것과, 셋째로 그가 자신을 유대인의 왕 그리스도라고 주장한다는 것이었습니다.

첫 번째 고발 내용은 사실과 정반대 되는 비난이었습니다. ‘미혹한다’는 원어 ‘디아스트레포’는 ‘타락시킨다’는 뜻입니다. 예수께서는 자기 백성들에게 하나님의 바른 진리를 전파하셨고 그들이 죄에서 돌이키기를 원하셨습니다. 그러나 유대 지도자들의 마음은 어둡고 완악하여서 예수가 백성을 타락시킨다고 비난하고 있는 것입니다.

두 번째 고발 내용도 사실과 달랐습니다. 예수님은 로마 제국에 세금을 내는 것을 금하지 않으셨습니다. 그는 로마 제국의 정권을 반대하는 어떤 정치적 운동을 하지 않으셨습니다. 서기관들과 대제사장들이 예수에게서 비난거리를 잡기 위해 가이사에게 세금을 바치는 것이 가하니이까 불가하니이까 하고 물었을 때도, 예수께서는 “가이사의 것은 가이사에게, 하나님의 것은 하나님께 바치라"(눅 20:25)고 말씀하셨습니다. 성경은 성도가 세상에 살면서 세상 나라에 세금을 내야 할 것을 가르칩니다(롬 13:7). 이것이 예수님의 정신이었습니다.

세 번째 고발 내용은 사실이었습니다. 예수께서는 자신을 그리스도요, 유대인의 왕이라고 주장하셨습니다. 구약에 예언된 그리스도는 유대인의 왕이셨습니다(사 9:6-7, 렘 30:9). 예수님은 바로 그 예언된 분이십니다. 전에 예수께서는 "오실 그이가 당신이오니이까? 우리가 다른 이를 기다리오리이까?"라는 세례 요한의 질문에 대해 요한의 제자들에게 답하시면서 "너희가 가서 보고 들은 것을 요한에게 고하되, 소경이 보며 앉은뱅이가 걸으며 문둥이가 깨끗함을 받으며 귀머거리가 들으며 죽은 자가 살아나며 가난한 자에게 복음이 전파된다 하라"(눅 7:22)고 말씀하셨습니다. 이와 같이 예수님은 자신이 그리스도이심에 대하여 많은 증거를 남겨주셨습니다. 그러나 저 유대 지도자들이 예수님을 반대하는 이유와 근거는 무엇입니까? 저들은 아무런 반증도 제시하지 않았습니다.

[3절], 빌라도는 그들의 세 가지 고발 내용 중 세 번째 것에 대해 물었습니다. "네가 유대인의 왕이냐?" 예수님은 "네 말이 옳도다"라는 말로 분명하게 자신의 신분에 대해 증거하셨습니다. 그는 유대인 공회 앞에서 엄숙히 맹세하며 자신이 하나님의 아들 그리스도임을 증거하셨듯이, 로마 총독 빌라도 앞에서도 자신에 대해 분명히 증거하셨습니다. 예수께서는 이 두 사건에서

자신의 인격과 신분에 대해 분명히 증거하셨습니다.

물론 예수님의 말씀의 뜻은 일차적으로 세상적 의미가 아니었습니다. 요한복음에는 좀 더 자세히 그 내용이 쓰여 있습니다. 거기에 보면, 예수께서는 빌라도에게 "내 나라는 이 세상에 속한 것이 아니라"(요 18:36)고 말씀하셨습니다. 그의 왕국과 왕권은 영적 의미가 있습니다. 그의 나라는 일차적으로 물질적 나라가 아니고 영적 나라입니다. 물론 그 나라는 장차 영광스럽게 완성될 것이며 그 나라의 완성은 물질적 풍요를 포함할 것입니다. 그러나 그 나라는 현재에는 죄를 회개하고 마음으로 하나님을 믿고 순종하는 자들 속에 임하는 영적인 나라입니다.

[4절], 빌라도는 대제사장들과 무리에게 말했습니다. "내가 보니 이 사람에게 죄가 없도다." 로마 총독 빌라도는 예수님께 죄가 없다는 것을 즉시 알았습니다. 그것은 그의 이성적, 양심적 판단이었습니다. 이방인 빌라도는 타락한 유대 종교인들보다 더 이성적이었고 더 양심적이었습니다. 그의 판단으로는 예수님이 죽임을 당할 합당한 이유가 없었습니다. 유대 지도자들이 제시한 고발 내용은 객관적 근거를 가지지 않았거나 타당한 반증을 가지지 않았습니다. "내가 보니 이 사람에게 죄가 없도다."

[5-7절], 무리는 더욱 굳세게 말했습니다. "저가 온 유대에서 가르치고 갈릴리에서부터 시작하여 여기까지 와서 백성을 소동케 하나이다." 예수께서 하나님의 뜻을 따라 백성들에게 죄를 회

개하고 참믿음을 가지라고 외치고 가르친 것이 백성을 소동케 하고 선동한 것입니까? 상황이 옳지 않음을 느낀 빌라도는 그 재판을 회피하고 싶은 마음이 들었던 것 같습니다. 그는 물었습니다. "저가 갈릴리 사람이냐?" 그는 그가 헤롯의 관할에 속한 줄을 알고 헤롯에게 보냈습니다. 때에 헤롯이 예루살렘에 있었습니다. 헤롯 가문은 에돔인 곧 에서의 후예이었습니다. 이 헤롯 안디바는 세례 요한을 죽였던 왕이기도 합니다.

[8-9절], 헤롯은 예수님을 보고 심히 기뻐하였습니다. 왜냐하면 그는 그의 소문을 들었으므로 오래전부터 그를 보고자 하였고 또 무슨 이적 행하심을 볼까 바랐던 까닭이었습니다. 예수님의 소문은 일반 대중 속에서만 퍼진 것이 아니고 헤롯 왕궁에까지 퍼졌습니다. 헤롯은 여러 말로 예수께 물었습니다. 그의 관심은 기적 행하심 같은 외적인데 있었고, 예수께서 전하신 하나님의 진리나 예수님에 관한 진리에 있지 않았습니다. 그러므로 그가 예수께 많은 말로 물었지만, 예수께서는 그에게 아무 대답도 하지 않으셨습니다.

[10절], 대제사장들과 서기관들은 서서 힘써 고발하였습니다. 예수님을 고발할 말한 악한 점이 그에게 있었습니까? 그들은 자신들의 악한 계획을 이루기 위해 엄숙한 재판정을 악용하고 있었습니다. 하나님은 그런 행위를 더욱 미워하십니다. 그것은 인간의 양심을 저버린 완악하고 패역한 행동이었습니다. 그러나

악한 자들은 지도자로서의 지위와 인간적 꾀를 가지고 의인 예수님을 죽이기 위해 힘쓰고 있었습니다. 인간은 참으로 악하였고 타락한 교회는 참으로 가증하였습니다.

[11-12절], 헤롯은 그 군병들과 함께 예수를 업신여기며 희롱하였습니다. 헤롯은 예수에게 빛난 옷을 입혀 빌라도에게 도로 보내었습니다. '빛난 옷'은 왕의 복장을 흉내 낸 것이었습니다. 하나님의 아들께서 이런 수치와 멸시를 받으셨고 그것을 참으셨습니다. 기독교는 고난의 종교입니다. 우리가 예수님을 믿고 따르는 길도 평탄한 길이 아니고 고난을 겪는 길입니다. 그러나 고난은 우리의 믿음을 굳세게 하고 우리의 인격을 거룩하고 겸손하고 온전하게 하는 데 유익합니다. 헤롯과 빌라도가 전에는 원수이었으나 당일에 서로 친구가 되었습니다.

1절로 12절까지의 교훈은 무엇입니까? 첫째로, 우리는 예수께서 하나님의 아들 그리스도이심을 확신합시다. 예수께서는 유대인의 공회 앞에서처럼 빌라도의 법정 앞에서도 친히 자신에 대해 증거하셨습니다. 성경은 예수께서 하나님의 아들 그리스도이심을 풍성히 증거합니다!

둘째로, 세상은 참으로 악하였습니다. 빌라도나 헤롯은 예수님을 눈으로 보았음에도 불구하고 그를 믿지 않았습니다. 그들은 마음이 어두워 예수께서 그리스도이심을 알지 못했습니다. 그들은 다 진리나 정의에 관심이 없었습니다. 그들은 세상 권세나 명예나 돈이나 쾌락으로 인생을 즐기며 만족하며 사는 자들이었습니다. 우리는 정직하고 선하게 살아야 합니다.

셋째로, 예수님의 죽음은 대속(代贖)의 죽음이었습니다. 빌라도는 "내가 보니 이 사람에게 죄가 없도다"라고 증거했습니다. 또 헤롯도 같은 판단을 하였기 때문에 그를 다시 빌라도에게 돌려보냈습니다. 죄 없는 자가 죄인으로 십자가에 죽으셨습니다. 여기에 기독교의 대속의 진리가 있습니다. 예수께서는 죄인들을 위한 대속제물이 되셨고, 그를 믿는 자는 구원을 얻습니다.

빌라도의 오판(誤判)

누가복음 23장 13절~25절

십자가에 못 박히게 예수를 넘기다

(마 27:15-26, 막 15:6-15, 요 18:39-19:16)

모든 나라의 주권계약 정신을 규정한 것이 헌법입니다. 이 헌법에서 재판은 재판관의 양심과 법에 따라 신속하고 공정하게 해야 한다는 것이 재판의 원칙입니다. 오늘날 재판의 불법성과 불공정성에 대한 여론이 많이 일어나고 있습니다. 본문은 그 유명한 사도신경의 한 줄을 긋는 헤롯과 빌라도가 한통속이 되어 오판(誤判)한 사건입니다. 예수님을 고발하는 사람들을 불러 모은 자리에서 빌라도는 세 번이나 예수님에게서 죄를 찾지 못했으므로 매질 후 풀어 주겠다고 합니다. 그러나 무리는 민란과 살인으로 투옥된 바라바를 놓아주고 예수님을 십자가에 못 박으라며 소리 지릅니다. 결국 빌라도는 그들의 뜻대로 예수님을 넘겨줍니다.

[13-17절], "빌라도가 대제사장들과 관리들과 백성을 불러 모으고 이르되 너희가 이 사람이 백성을 미혹하는 자라 하여 내게 끌고 왔도다 보라 내가 너희 앞에서 심문하였으되 너희가 고발하는 일에 대하여 이 사람에게서 죄를 찾지 못하였고 헤롯이 또한 그렇게 하여 그를 우리에게 도로 보내었도다 보라 그가 행한 일에는 죽일 일이 없느니라16 그러므로 때려서 놓겠노라" (없음).

빌라도는 대제사장들과 관원들과 백성을 불러 모으고 말하였습니다. "너희가 이 사람이 백성을 미혹하는 자라 하여 내게 끌고 왔도다 보라 내가 너희 앞에서 심문하였으되 너희가 고발하는 일에 대하여 이 사람에게서 죄를 찾지 못하였고 헤롯이 또한 그렇게 하여 그를 우리에게 도로 보내었도다 보라 그가 행한 일에는 죽일 일이 없느니라 그러므로 때려서 놓겠노라"[명절이 되면 반드시 한 사람을 놓아주었다].

22절에 보면, 그는 세 번째로 "나는 그 죽일 죄를 찾지 못하였다"고 말하였습니다. 그는 세 번이나 예수님의 무죄함을 증거한 것입니다. 이것은 로마 총독 빌라도의 이성적, 양심적 판단이었습니다. 빌라도의 판단은 그의 이성과 양심에서 나온 바른 판단이었습니다.

[18-23절], "무리가 일제히 소리 질러 이르되 이 사람을 없이하고 바라바를 우리에게 놓아 주소서 하니 이 바라바는 성중에서 일어난 민란과 살인으로 말미암아 옥에 갇힌 자러라 빌라도는 예수를 놓고자 하여 다시 그들에게 말하되 그들은 소리 질러

명절이 되면 반드시 한 사람을 놓아주었던 전례가 있었습니
다. 빌라도가 예수를 때리고 훈방하여 놓아주려고 하니 무리들
은 일제히 소리질렀습니다. “이 사람을 없이 하고 바라바를 우
리에게 놓아주소서.” 이 바라바는 성 중에서 일어난 민란(民亂)과
살인을 인하여 옥에 갇힌 자였습니다. 빌라도는 예수를 놓고자
하여 다시 그들에게 말했습니다. 그들은 소리질러 “예수를 십자
가에 못 박게 하소서, 십자가에 못박게 하소서”라고 말했습니다.
빌라도가 세 번째 말했습니다. “이 사람이 무슨 악한 일을 하였
느냐? 나는 그 죽일 죄를 찾지 못하였나니 때려서 놓으리라.” 그
들은 큰 소리로 재촉하여 십자가에 못 박기를 구하였고 그들과
대제사장들의 소리가 이겼습니다.

마태복음과 마가복음에 의하면, 대제사장들과 장로들은 무리
를 권하였고 충동하였습니다(마 27:20, 막 15:11). 요한복음에 의하면,
빌라도가 예수를 놓으려고 힘썼으나 유대인들은 소리 질러 말
하기를 “이 사람을 놓아주면 [로마 황제] 가이사의 충신이 아니니
이다. 무릇 자기를 왕이라 하는 자는 가이사를 반역하는 것이니
이다”(요 19:12)라고 하였습니다.

유대 지도자들은 백성을 교묘히 선동하였고 총독 빌라도를

궁지로 몰아넣었습니다. 마태복음에는 빌라도가 민란이 나려는 것을 보았다(마 27:24)고 기록되어 있습니다. 유대 지도자들은 백성을 선동하여 민란을 일으키려 하였던 것입니다. 그들은 민중의 힘을 빌려 총독 빌라도를 압박하였습니다. 거기에는 이성도, 법도, 양심도 없었습니다. 그러나 하나님께서는 그런 악을 결코 묵과하지 않으실 것입니다.

[24-25절], "이에 빌라도가 그들이 구하는 대로 하기를 언도하고 25 그들이 요구하는 자 곧 민란과 살인으로 말미암아 옥에 갇힌 자를 놓아주고 예수는 넘겨주어 그들의 뜻대로 하게 하니라."

빌라도는 그들의 구하는 대로 하기를 언도하고 그들의 구하는 자 곧 민란과 살인을 인하여 옥에 갇힌 바라바를 놓아주고 예수를 넘겨주어 그들의 뜻대로 하게 하였습니다. 빌라도는 잘못된 판결을 내렸습니다. 마가복음은 빌라도가 무리에게 만족을 주고자 하여 그렇게 했다(막 15:15)고 증거했습니다. 백성의 뜻 배후에는 유대 지도자들의 뜻이 있었고 그 지도자들 속에는 예수께 대한 시기와 미움이 있었습니다. 빌라도는 그들이 시기함으로 예수를 자기에게 넘겨준 줄을 알고 있었으나(마 27:18, 막 15:10) 그를 정죄하였습니다. 죄 없으신 예수께서는 정당한 이유 없이 죄인으로, 그것도 십자가의 극형에 처할 극악한 죄인으로 정죄되셨습니다. 총독 빌라도의 판결은 이성대로나 양심대로나 법대로 된 판결이 아니었습니다. 그의 판결은 정의와는 상관없었고 단지 백성의 뜻과 기분에 맞춘 판결이었습니다.

　13절로 25절까지에서의 교훈은 무엇입니까? 첫째로, 우리는 대속(代贖)의 이치를 깨달아야 합니다. 죽어야 했던 사람은 예수님이 아니고 바라바였습니다. 그러나 바라바는 놓여났고 예수님은 죽임을 당하셨습니다. 여기에 구원의 이치가 있습니다. 우리 모두는 하나님 앞에서 바라바 같은 죄인들이며 지옥 형벌을 받아야 했던 자들이었습니다. 그러나 우리를 대신하여 예수께서 참혹한 십자가 형틀에 매달려 죽으셨습니다. 죽어야 했던 자들은 우리이었고 예수가 아니었지만, 예수는 우리를 위해 죽임을 당했고 우리는 그의 속죄의 죽음 때문에 죄와 영원한 지옥 형벌로부터 놓임을 받았습니다. 하나님께서는 우리를 죄와 지옥 형벌에서 구원해 주시기 위해 자기 독생자를 십자가에 내어주셨습니다. 우리는 이 사실을 감사히 받으시기를 바랍니다.

　둘째로, 우리는 비겁하고 비굴한 자가 되지 말고 정직하고 용기 있게 살아야 합니다. 로마 총독 빌라도는 이성과 양심으로는 예수가 죄가 없다는 것을 알았지만 사람들의 여론과 총독직의 유지를 위해 잘못된 판결을 내렸습니다. 그는 자신의 이성적, 양심적 판단과는 다르게 사람들의 낯을 보고 그릇된 판결을 내렸습니다. 공의의 판결을 내려야 할 재판장의 위치에 있었던 그가 불의한 판결을 내렸습니다. 우리는 빌라도처럼 사람들의 낯을 보고 비겁하고 비굴하게 악을 행하는 자가 되지 말아야 합니다. 우리는 모든 일을 하나님 앞에서, 성경에 근거하여, 그리고 이성과 양심을 따라 정직하고 용기 있게 생각하고 판단하고 행동해야 합니다.

셋째로, 우리는 세상에서 고난을 각오해야 합니다. 주 예수께서는 고난의 길을 걸어가셨습니다. 하나님의 진실한 많은 종도 고난의 길을 걸어갔습니다. 사도 바울은 말하기를, "무릇 그리스도 예수 안에서 경건하게 살고자 하는 자는 핍박을 받으리라"(딤후 3:12)고 하였습니다. 우리가 하나님의 나라에 도달하려면 많은 환난을 통과해야 합니다(행 14:22).

그 환난 중에는 예수께서 받으신 것과 같은 불의한 판결과 부정당한 정죄도 포함될 것입니다. 그러나 하나님의 진리와 의는 결국 승리할 것이며 거짓과 불의는 결국 망할 것입니다. 그러므로 우리는 하나님과 진리와 의의 편에 서서 핍박과 고난을 각오하며 살아갑시다.

◆◆◆

"그리스도를 위하여 너희에게 은혜를 주신 것은 다만 그를 믿을 뿐 아니라 또한 그를 위하여 고난도 받게 하심이라"(빌 1:29).

고난을 각오하고 은혜 가운데 믿음으로 승리하시기를 축원합니다.

너희와 너희 자녀를
위하여 울라

누가복음 23장 26절~32절

본문 말씀을 요약하면 예수님을 끌고 가던 이들이 구레네 사람 시몬을 붙들어 그에게 예수님의 십자가를 지고 가게 합니다. 슬피 울며 따라오는 여인들에게 예수님은 자신을 위해 울지 말고 그들과 자녀를 위해 울라 하십니다. 날이 이르면 잉태하지 못하는 이와 해산하지 못한 배, 먹이지 못한 젖이 복이 있을 것이라 하십니다. 어떠한 메시지인지 상고(相考)하기로 하겠습니다.

[26절], 그들이 예수님을 끌고 갈 때에 시몬이라는 구레네 사람이 시골로서 오는 것을 잡아 그에게 십자가를 지워 예수님을 좇게 하였습니다[그로 예수님 뒤에서 십자가를 지게 하였다](원문, KJV, NASB, NIV). 요한복음 19장 17절이 예수께서 자기 십자가를 지시고 골고다 언덕으로 나오셨다고 증거 하는 것을 보면, 예수께서 십자가의 앞쪽을, 그리고 시몬은 십자가의 뒤쪽을 짊어졌을 것입니다. 십자가 형틀이 무거워서 예수께서 혼자 지실 수 없었던 것

같습니다. 그러나 그를 위해 십자가를 져줄 제자가 아무도 없었습니다.

마태복음과 마가복음은 그들이 구레네 시몬을 억지로 잡아 예수의 십자가를 짊어지게 하였다(마 27:32, 막 15:21)고 말하며 또 마가복음은 그를 "알렉산더와 루포의 아비인 구레네 사람 시몬"이라고 증거합니다. 그것은 그와 그의 아들들 알렉산더와 루포가 복음서 기록 당시에 교회에서 잘 알려진 인물이었음을 암시하는 것 같습니다. 구레네 시몬은 예수님의 십자가를 진 것을 계기로 그와 그 자녀들이 예수 그리스도를 믿고 구원을 받았던 것 같습니다.

주께서 가신 십자가의 길은 쓸쓸한 길이었습니다. 사도 바울도 증거하기를, "아시아에 있는 모든 사람이 나를 버린 이 일을 네가 아나니 그 중에는 부겔로와 허모게네도 있느니라"(딤후 1:15)고 했고 또 "구리 장색 알렉산더가 내게 해를 많이 입혔으며 주께서 그 행한 대로 그에게 갚으시리니 너도 그를 주의하라. 그가 우리 말을 심히 대적하였느니라. 내가 처음 변명할 때에 나와 함께한 자가 하나도 없고 다 나를 버렸으나 그들에게 허물을 돌리지 않기를 원하노라"(딤후 4:14-16)고 하였습니다. 주를 믿고 따르는 길은 때때로 쓸쓸한 길입니다.

[27절], 또 백성과 및 그를 위하여 가슴을 치며 슬피 우는 여자의 큰 무리가 따라왔습니다. 여자들은 남자들보다 더 감성적이기도 하지만, 예수님에 대해 더 많이 알고 믿고 사랑했던 것 같

습니다. 오늘날까지 교회 시대에도 그러하지만, 예수님 당시에도 여자들은 믿는 일에 더 열심이 있었던 것 같습니다. 그들의 눈물은 예수께 대한 동정의 눈물이었을 것입니다. 저 의롭고 착하신 분이 끔찍한 십자가형을 받기 위해 사형장으로 가고 계셨습니다. 그들의 가슴은 슬픔과 애통을 억제할 수 없었을 것입니다. 진실히 믿은 여자들의 눈물은 다른 이들의 마음에 영향을 주어 수많은 여자들이 울음을 터뜨렸을 것입니다. 그들은 가슴을 치며 예수를 따라오고 있었습니다. 주께서 가신 십자가의 길은 이렇게 눈물과 통곡이 있었던 길이었습니다.

[28절], 그때에 예수께서는 돌이켜 그들을 향하여 말씀하셨습니다. "예루살렘의 딸들아, 나를 위하여 울지 말고 너희와 너희 자녀를 위하여 울라." 그는 그들의 동정적 눈물보다 더 중요한 일을 암시(暗示)하셨습니다. 유대 지도자들과 무리들과 로마 총독 빌라도는 역사상 가장 극악한 죄를 짓는 공범(共犯)들이었습니다. 그들은 의인에게, 그것도 단순히 의인이 아니고 하나님의 아들이신 의인에게 사형을 집행하고 있었습니다. 그들이 하나님께 받을 현세와 내세의 죄벌은 얼마나 크겠습니까?

[29-31절], 예수께서는 또 말씀하셨습니다. "보라 날이 이르면 사람이 말하기를 잉태하지 못하는 이와 해산하지 못한 배와 먹이지 못한 젖이 복이 있다 하리라. 그때에 사람이 산들을 대하여 우리 위에 무너지라 하며 작은 산들을 대하여 우리를 덮으라

주께서는 예루살렘의 멸망을 암시하십니다. 그날은 얼마나 무서운 심판과 형벌의 날일지를 말씀하셨습니다. 아들들은 전쟁에 징집되어 나가 죽을 것입니다. 아들을 낳았다는 기쁨의 일이 오히려 큰 슬픔이 될 것입니다. 사람들은 죽음의 공포로부터 어떻게든지 피하기를 소원할 것입니다. 푸른 나무와 마른 나무는 의인과 악인을 가리키는 것 같습니다. 하나님께서는 그가 보내신 메시아를 박대하고 배척하고 정죄하고 십자가에 죽인 예루살렘 사람들의 큰 악에 대해 엄한 벌을 내리실 것입니다. 그것은 우리가 아는 대로 약 40년 후인 주후 70년에 로마 군대에 의해 심히 참혹하게 이루어졌습니다.

[32절], 예수께서 사형장으로 나아가실 때 다른 두 행악자도 사형을 받으러 그와 함께 끌려가고 있었습니다. 예수께서는 사형수의 한 사람으로 취급되셨습니다. 하나님의 아들께서는 심히 부당한 대접을 받으셨습니다. 그러나 그것은 성경에 예언된 내용의 성취이었습니다. 이사야 53장 12절, “... 이는 그[메시아]가 자기 영혼을 버려 사망에 이르게 하며 범죄자 중 하나로 헤아림을 받았음이니라...” 주께서는 이 일에 있어서 우리에게 본이 되셨습니다. 우리도 선을 행하다가 고난을 받으면 주님을 생각하고 참아야 하며 그것은 하나님 앞에 아름다운 것입니다(벧전 2:19-21).

본문에서 두 가지 교훈을 찾을 수 있습니다. 첫째로, 우리는 주께서 가신 십자가 고난의 길을 각오하며 살아야 할 것입니다. 주께서는 처음에 그 무거운 십자가를 홀로 지셨습니다. 제자들 중에는 아무도 그것을 함께 질 자가 없었습니다. 또 그 길에는 수많은 여자들의 통곡이 있었습니다. 우리가 주를 따르려면, 우리는 주의 가신 고난의 길을 갈 각오를 해야 할 것입니다. 주께서는 "의를 위하여 박해를 받은 자는 복이 있나니 천국이 그들의 것임이라. 나로 말미암아 너희를 욕하고 박해하고 거짓으로 너희를 거슬러 모든 악한 말을 할 때에는 너희에게 복이 있나니 기뻐하고 즐거워하라. 하늘에서 너희의 상이 큼이라 너희 전에 있던 선지자들도 이같이 박해하였느니라"(마 5:10-12)고 말씀하셨습니다.

사도 바울은 "그리스도의 남은 고난을 그의 몸된 교회를 위하여 내 육체에 채우노라"(골 1:24)고 말했습니다. 우리는 고난에 참여할 각오를 가져야 합니다.

둘째로, 사람들은 예수님의 죽음을 동정적으로 슬퍼할 것이 아니고 자신들의 죄를 성찰하고 회개해야 합니다. 하나님의 아들 예수 그리스도를 정죄한 그들의 죄악은 인간 본성의 결정적 죄성을 나타냅니다. 그러므로 단순히 예수님의 십자가 형을 인해 가슴을 치며 슬피 우는 것은 아무 의미가 없습니다. 그보다 더 중요한 것은 그를 정죄하고 죽이는 사람들의 극악함과 세상에 임박한 하나님의 심판을 깨닫고 통회자복하는 일입니다. 사람들은 자신의 죄악됨을 철저히 성찰하고 회개하고 하나님의 진노와 영원한 지옥 심판을 인해 두려워하고 눈물을 흘려야 합니다.

비아돌로사! 이 십자가의 도상(途上)에서 하신 예수님의 피맺힌 말씀을 기억합시다.

◆◆◆

"나를 위하여 울지 말고 너희와 너희 자녀를 위하여 울라"(28절).

눈물과 애통함은 슬픔의 표현이기도 하지만 간절함의 표현이기도 합니다. 우리는 정말 간절히 소원하는 것이 있으면 눈물로 호소합니다. 주님의 말씀 속에서 무엇을 위하여 애통해야 하는지를 교훈 받아서, 썩어질 것이 아니라 영원한 것을 위하여 애통하는 지혜를 얻기를 바랍니다. 세상 사람들은 현실의 삶에서 겪는 많은 사건과 결핍 때문에 애통해 합니다. 그러나 성도는 영원한 본향을 향하는 이 땅의 나그네로서 간절히 하나님 나라를 향하여 애통해야 합니다. 그러므로 성도는 자신과 이웃의 죄로 인한 애통함으로 죄 사함의 은혜를 받아 누려야 합니다.

"나를 위하여 울지 말고 너희와 너희 자녀를 위하여 울라!"

예수 그리스도의 사랑

누가복음 23장 33절~38절

사단법인 한국기독교지도자협의회가 지난 10일 서울 한국기독교회관에서 '광복 78주년·건국 75주년 8.15 해방 기념예배 및 강연회'를 개최했습니다. 이용규 목사님(기성 증경총회장)이 '하나님의 위대한 역사'(시편 126:1~2)라는 제목으로 설교했습니다.

이용규 목사님은 "우리나라는 강도 만난 나라였다. 그런 쓰라린 역사를 가진 민족이었다"라고 하며, "일제 강점기, 기독교인들은 일본에 맞서 삼일운동 일으켰다. 그리고 선교사들이 이 사실을 전 세계에 알렸다. 한국의 믿음의 조상들은 애국과 신앙을 하나로 생각했다. 순국이 곧 순교라고 생각했다. 나라를 위해 죽는 것이 곧 하나님의 영광을 위해 죽는 것이라고 생각했다"라고 했습니다. 그는 "하나님의 은혜로 우리나라가 해방을 맞을 수 있었다. 이후 6.25 전쟁이 터졌지만, 미국 등의 도움으로 대한민국이 지켜질 수 있었다. 이 모두가 하나님의 위대한 역사"라며, "이제 우리나라는 공산주의의 위협을 극복하면서 최후 승리를 향해 전진해야 할 것"이라고 설교했습니다.

이 목사는 "해방 후 하나님은 이승만 박사를 예비하셔서 대한민국을 건국하게 하셨다. 이 대통령은 자유민주주의, 시장경제, 한미동맹, 기독교 입국론이라는 4대 기둥을 견고히 세워 이 나라에 자유의 물결이 넘치도록 만들었다"라고 하며, "그 시절 한국교회는 공산주의가 이 나라와 민족을 망치는 길이라고 생각하고 목숨을 다해 반대했다. 교회는 이 나라의 건국에서 중요한 역할을 했다"라고 했습니다. 그는 "일제 아래에서 해방을 주시고 6.25 전쟁에서 우리를 건지신 하나님께서 이 시대 주사파 및 공산주의와의 싸움에서도 승리케 하실 줄 믿는다"라고 하며, "이를 통해 한국교회가 힘 있게 부흥·발전하고 전 세계에 복음을 전하는 사명을 감당하게 될 것"이라고 역설했습니다.

이어 강연한 황교안 전 국무총리는 "저는 대한민국이 위대한 나라라고 생각한다. 하나님께서 복을 주신 나라다. 건국 당시 제헌의회에서 장로님 국회의원이 기도함으로 시작한 나라다. 이때 198명의 국회의원이 다 일어나 기도에 동참했다. 그래서 만들어진 나라가 대한민국"이라며 "그 큰 뿌리가 바로 기독교다. 오늘의 대한민국은 하나님에 의해 만들어졌다"라고 하며, "그런데 꼭 기억해야 할 것은 앞으로도 그렇게 될 수 있도록 우리가 깊이 성찰하고 정말 깊이 회개해야 한다는 것"이라고 했습니다. 그는 "예수님께서는 '땅끝까지 이르러 내 증인이 되라'고 하셨다. 교회가 과거에는 그 말씀을 잘 지켰는데 과연 지금도 지키고 있는가. 여전히 땅끝까지 복음을 전하기 위해 그리스도의 증인 된 삶을 살고 있는가"라고 하며 "제 생각엔 안타깝게도 지금은 교회가 멈춰 있다. 교회가 세상의 빛과 소금이 아닌 교회만의 빛과 소금이 되었다"고 했습니다. 그러면서 "다시 주님의 명령을 기억하고 일어나 땅끝까지 나아가야 한다. 교회의 담을 넘어 세상으로 나아가야 한다. 그렇게 진정으로 세상의 빛과 소금이 되어야 할 것"이라고 전했습니다. 광복주일과 전교인수련회를 맞이하며 오늘의 본문이 말하는 "예수 그리스도의 사랑"을 상고해 보기를 원합니다.

[33절], 해골이라 하는 곳[골고다]에 이르러 거기서 예수를 십자가에 못 박고 두 행악자도 그렇게 하였습니다. '골고다'는 히브리어(굴골렛)로 '해골'이라는 뜻입니다. 그것은 아마 그곳이 사형장이었고 해골들도 더러 있었기 때문이거나, 그곳 지형이 해골 모양이었기 때문에 생긴 이름일 것입니다.

십자가 사형 방식은 옛날부터 세계 곳곳에서 사용되었던 것 같습니다. 신명기에 보면, 모세의 법에 죄수를 나무에 달아매는 사형법이 있는데(신 21:22-23) 아마 십자가 사형 방식인 것 같습니다. 탈무드에 의하면, 유대인들은 우상 숭배자와 신성 모독죄를 범한 자에게 십자가형을 내렸습니다.

예수께서 십자가에 달리실 때 좌우에 두 사람이 십자가에 달렸습니다. 그들은 흉악범이었음이 틀림없었습니다. 이처럼 예수께서는 극악한 죄인으로 취급되셨습니다. 그의 양손과 양발에 큰 못들이 박혔고 거기로부터 피가 흘러나왔을 것입니다. 마가복음의 증거대로 그는 3시부터 9시까지 즉 오전 9시부터 오후 3시까지 6시간 동안 십자가 위에 달리셨습니다(막 15:25, 34).

[34절], 예수께서는 말씀하셨습니다. "아버지여, 저희를 사하여 주옵소서. 자기의 하는 것을 알지 못함이니이다." 예수께서는 큰 고통 중에 죽어가는 중에서도 그를 못 박는 자들이 자기들의 행하는 바를 알지 못해서 그러니 용서해주시기를 아버지께 기도하셨습니다. 그것은 원수까지라도 사랑하는 참된 사랑의 행위였습니다. 십자가에 달리신 예수께서는 겉옷뿐 아니라 속옷까지도 벗김을 당하셨습니다. 하나님의 아들께서는 십자가 위에서 인간들에게 이런 큰 수치와 모욕을 당하셨습니다.

[35-37절], 백성들은 서서 구경하였습니다. 그들은 의분하지도 동정하지도 않았습니다. 관원들도 비웃으며 말했습니다. "저가 남을 구원하였으니 만일 하나님의 택하신 자 그리스도여든 자기도 구원할지어다." 군병들도 희롱하면서 나아와 신 포도주를 주며 말했습니다. "네가 만일 유대인의 왕이어든 네가 너를 구원하라." 그들의 눈에 예수는 왕관도 없고 왕국도 없고 군대도 없는 가련한 왕처럼 보였을 것입니다. 십자가에 달리신 하나님의 아들 예수는 유대인이나 이방인에게 단지 조롱거리였습니다.

[38절], 예수님의 십자가 위에는 '유대인의 왕'이라는 죄패가

있었습니다. 전통 사본에는 "헬라어와 라틴어와 히브리어 글자들로"라는 말이 있습니다. '유대인의 왕'이라는 말은 예수께서 자신에 대해 주장하신 내용으로서 사실상 그가 구약에 예언된 메시아라는 뜻입니다. 이 죄패가 헬라어와 라틴어와 히브리어로 쓰였다는 것은 예수께서 유대인의 왕 그리스도라는 사실을 온 천하에 알리는 의미가 있습니다. 예수께서 유대인의 왕 그리스도라는 사실은 천하만국에 전파되어야 할 하나님의 복음입니다.

십자가 위에 달리신 예수님은 참으로 유대인의 왕 그리스도이십니다. 그가 힘이 없어서 십자가에 달려 죽으셨습니까? 아닙니다. 그가 십자가에 달려 죽으시는 것은 만세 전부터 하나님의 정하신 뜻이었습니다. 그는 죽기 위해 세상에 오셨습니다. 그의 죽음은 하나님의 택한 백성들의 구원을 위함이었습니다. 그는 친히 말씀하시기를, "인자(人子)가 온 것은 섬김을 받으려 함이 아니라 도리어 섬기려 하고 자기 목숨을 많은 사람의 대속물(代贖物)로 주려 함이니라"(마 20:28)고 하셨습니다. 그의 고통과 수욕의 죽음 때문에 우리는 죄사함과 의롭다 하심의 큰 구원을 얻었습니다. 그는 이 일을 위해 오셨고 십자가에 죽으셨습니다.

33절로 38절까지에서 우리는 몇 가지 진리와 교훈을 찾습니다. 첫째로, 예수께서는 유대인의 왕 그리스도이십니다. 십자가 위에 헬라어와 라틴어와 히브리어로 쓰인 '유대인의 왕'이라는 죄패의 말은 예수께서는 온 세계에 전파되어야 할 소식임을 보입니다. 예수 그리스도는 만민의 구주이시며 누구든지 그를 믿음으로 구원을 받아야 할 이름이십니다.

둘째로, 예수께서는 하나님의 보내신 메시아이시기 때문에 십자가에 달려 돌아가셨습니다. 그는 십자가 위에서 극심한 고통과 수치와 조롱을 당하셨습니다. 그가 그런 고난을 당하신 것은 힘이 없었기 때문이 아니고 하나님의 택한 백성의 구원 때문이었습니다. 그는 하나님의 뜻을 따라서 택한 백성의 죄와 형벌을 담당하셨습니다. 그가 그런 죽음을 당하셨기 때문에 오늘 우리가 죄와 지옥 형벌로부터 구원을 받았습니다. 그가 대속(代贖)의 죽음을 죽으셨기 때문에 그를 믿는 자들이 구원을 얻습니다.

셋째로, 예수께서는 십자가 위에서 원수 사랑의 본을 보여주셨습니다. 그는 그 고통스러운 십자가 위에서 그를 죽이는 자들을 위해 아버지께 용서를 구하셨습니다. 그의 용서의 기도는 그가 평소에 "원수까지 사랑하라"고 가르치셨던 그의 교훈을 실천하신 것이며, 그것은 그를 믿는 모든 성도에게 본이 됩니다. 예수를 믿는다는 것은 그를 믿음으로 죄사함과 의롭다 하심의 구원을 얻는 것이며 그런 후에는 죄를 멀리하고 선한 사람이 되는 것입니다. 그것은 사랑의 인격과 삶을 가리킵니다.

예수님을 믿고 따른다는 것은 그의 거룩하고 선한 성품을 본받아 우리도 좋은 사람이 되는 것입니다. 우리의 가족들에게나 가까이에 있는 친구들과 이웃들에게 온유와 겸손과 사랑으로 대하는 것은 물론이고 심지어 우리를 해치는 원수에게까지도 사랑으로 대하는 것을 의미합니다. 우리는 예수 그리스도의 사랑을 본받아야 합니다.

구원에 대한
오해(誤解)와 이해(理解)

누가복음 23장 39절~43절

예수님이 "저들을 사하여 주옵소서"라고 기도하셨는데, '저들'은 자기들이 하는 일을 알지 못하고 행하는 병사들이었을 것입니다. 그들보다 더 큰 잘못을 범한 자는 예수님의 무죄(無罪)를 알고도 무리의 요구에 따라 예수님을 사형시키도록 내어준 빌라도 총독입니다. 재판에 개입해 예수님의 사형을 요구한 무리의 잘못도, 예수님을 기소하고 무리를 선동해 십자가형을 요구한 공회원들의 잘못도 큽니다. 예수님이 그들의 죄까지 사해 달라고 기도하셨는지는 불분명합니다.

못과 망치를 들고 법정의 결정을 집행한 병사들보다 법정에서 잘못된 판결을 내린 빌라도와 잘못된 구형을 한 공회와 재판에 개입해 예수님의 사형을 요구한 무리가 법과 제도를 이용해 행한 폭력이야말로 고의성이 있는 악행입니다. 이러한 악당들 중 한 집단인 공회에서 예수님은 "인자가 하나님의 권능의 우편에 앉아 있으리라"(22:69)고 말씀하셨습니다. 예수님이 하나님의 우편에 앉으시고 온 세상을 심판하실 때, 공회 의원들은 하나님의 법정에서 예수님 앞에 서야 할 것입니다. 그들은 유죄 판결을 면하기 어려울 것입니다.

예수님이 과연 그들을 위해 변호해 주실까요? "사람의 모든 죄와 모든 모독하는 일은 사하심을 얻는다"(막 3:28)라고 하신 예수님의 말씀에 비추어 볼 때 그들도 회개하면 용서받을 수 있을 것입니다. 그러나 그들이 과연 자신들의 잘못을 깨닫고 예수님을 메시아로 믿었을까요? 그들은 대부분 회개하지 않았을 것입니다. 그러나 누가가 "허다한 제사장의 무리도 이 도에 복종했다"(행 6:7)고 전하기 때문에 그중에는 공회 의원도 있었을 것입니다. 지난 주일 설교의 줄거리입니다. 이어지는 본문 말씀을 통하여 구원에 대한 오해를 풀고 바르게 이해할 수 있으시기를 소망합니다.

[39절], 예수님 곁에는 좌우에 두 행악자가 십자가에 달렸습니다. 마태복음과 마가복음에는 그들을 '강도'라고 표현하였습니다. 그들은 자신들이 행한 악한 행위 때문에 십자가의 사형이라는 매우 중한 형벌을 받고 있었습니다. 그들은 돌이킬 수 없는 절망적 형벌을 받고 있었습니다. 그런데 그 두 사람의 상황은 똑같았지만, 그 둘의 생각은 서로 달랐습니다.

한 사람은 예수님을 비방하였습니다. '비방하다 - 블라스페메오'의 원어는 '욕하다, 오만불손하게 대하다'라는 뜻입니다. 그는 "네가 그리스도가 아니냐? 너와 우리를 구원하라"고 예수께 말했습니다. 그는 십자가에 달려 죽는 순간까지도 자신의 죄를 뉘우치지 않았고 예수께 대한 바른 지식과 깨달음이 없었고 하나님의 아들 예수께 오만불손하게 함부로 욕하고 비난하였습니다. 인간은 참으로 무지하고 완고합니다.

[40-41절], 그러나 다른 한 사람은 전혀 달랐습니다. 그는 그 사람을 꾸짖어 말했습니다. "네가 동일한 정죄를 받고서도 하나님을 두려워 아니하느냐? 우리는 우리의 행한 일에 상당한 보응을 받는 것이니 이에 당연하거니와 이 사람의 행한 것은 옳지 않은 것이 없느니라." 그는 하나님을 두려워하는 마음이 있었고 양심적이었습니다. 그는 자신들이 받는 형벌이 자신들의 행위에 합당한 것임을 양심적으로 인정하고 있었습니다. 또 그에게는 예수님에 대한 바른 생각이 있었습니다. 그는 예수께서 행한 일들은 옳지 않은 것이 없다고 말했습니다. 그는 비록 큰 악을 행해 사형을 받고 있었지만, 그의 마음속에는 자신의 죄에 대한 바른 반성과 뉘우침이 있었고 또 예수께 대한 바른 깨달음과 판단이 있었습니다.

이런 뉘우침과 깨달음은 하나님의 은혜입니다. 모든 사람은 다 죄인이며 죄인은 영적으로 죽어 있습니다(엡 2:1). 사람은 전적으로 부패 되어 있어서 깨닫지도 못하고 하나님을 찾지도 않습니다(롬 3:11). 그러므로 구원은 오직 하나님께 달려 있습니다. 하나님께서 은혜를 주셔야 죄인이 깨달음을 가지고 하나님께 나오게 됩니다. 그러므로 사도 바울은 "그런즉 하나님께서 하고자

하시는 자를 긍휼히 여기시고 하고자 하시는 자를 강퍅케 하시
느니라"(롬 9:18)고 말하였습니다.

[42절], 그는 또 예수께 말했습니다. "주여, 당신의 나라에 임
하실 때에 나를 생각하소서." 그 행악자는 바른 깨달음을 가졌을
뿐만 아니라, 또한 예수님께 자신을 의탁하였습니다. 예수님의
이름을 부르며 그에게 자신을 의탁하는 것이 믿음입니다. 예수
그리스도는 하나님께서 죄인들을 구원하기 위해 보내주신 구주
이십니다. 그의 이름을 부르며 그에게 구원을 요청하며 자신을
맡기는 자는 구원을 얻을 것입니다.

◆◆◆

"하나님이 세상을 이처럼 사랑하사 독생자를 주셨으니 이는
저를 믿는 자마다 멸망치 않고 영생을 얻게 하려 하심이니라"(
요 3:16).

◆◆◆

"아버지께서 내게 주시는 자는 다 내게로 올 것이요 내게 오는
자는 내가 결코 내어쫓지 아니하리라"(요 6:37).

[43절], 예수께서 말씀하셨습니다. "내가 진실로 네게 이르노
니 오늘 네가 나와 함께 낙원에 있으리라." '내가 진실로 네게 이
르노니'라는 표현은 그 말씀이 참되다는 것을 나타냅니다. 하나
님의 모든 말씀은 참되십니다. 예수님의 모든 말씀도 그러합니

다. 그러므로 그는 '내가 진실로 말한다'는 표현을 자주 사용하셨습니다. 이 세상에 다른 어느 곳에도 진리가 없지만, 성경은 진리의 말씀입니다. 예수께서는 회개하며 그를 믿은 그 행악자에게 확실히 낙원에 들어갈 것을 말씀하셨습니다.

사람은 죽으면 천국 아니면 지옥으로 갑니다. 악을 행한 자는 지옥에 던져 집니다(눅 16:22-23). 그러나 죄를 회개하고 예수 그리스도를 믿는 자는 구원을 받고 천국에 들어갈 것입니다. 낙원은 천국을 가리킵니다. 사도 바울은 고린도후서 12장에서 셋째 하늘과 낙원을 같은 곳으로 말했습니다(고후 12:2, 4). 그 행악자는 죽는 즉시 그 영혼이 주님과 함께 낙원으로 들어갈 것입니다. 그것은 아슬아슬한 구원이었습니다. 그러나 오늘날까지도 하나님의 구원의 시간은 열려 있습니다. 고린도후서 6장 2절, "보라 지금은 은혜받을 만한 때요, 보라 지금은 구원의 날이로다." 어떠한 죄인이라도 회개하고 믿으면 즉시 구원을 받습니다.

그 행악자는 자신의 선한 행위로 구원받은 것이 아니었습니다. 그는 그의 악행으로 사형을 받고 있었습니다. 그것은 사람이 자기의 선행으로 구원받는 것이 아님을 잘 보여줍니다. 사람의 선행은 누더기와 같습니다(사 64:6). 구원은 오직 하나님의 긍휼과 은혜로 됩니다. 우리는 오직 하나님의 은혜로 구원을 받았습니다. 에베소서 2장 8-9절, "너희가 그 은혜를 인하여 믿음으로 말미암아 구원을 얻었나니 이것이 너희에게서 난 것이 아니요 하나님의 선물이라. 행위에서 난 것이 아니니 이는 누구든지 자랑치 못하게 함이니라." 우리가 영광스런 천국에 들어가고 복된 영생을 누리는 것은 전적으로 하나님의 은혜입니다.

십자가에 달려 죽어가던 한 행악자는 하나님의 구원의 은혜를 받았습니다. 하나님께서는 어떤 악한 죄인이라도, 어떤 절망적인 순간에라도, 심지어 죽음의 문 앞에서라도 구원하실 수 있습니다. 하나님께서는 원하신다면 어떤 죄인도 구원하실 것입니다. 저 행악자가 받은 구원이 바로 그러한 구원이었습니다. 인간적으로 아무런 소망이 없었던 저 죄인을 하나님께서는 은혜로 구원하셨습니다.

오늘날도 하나님의 구원의 은혜는 동일합니다. 그러나 오늘날도 구원 얻고자 하는 자는 자신이 죄인임을 인정해야 하며 하나님의 아들 예수 그리스도를 깨닫고 그에게 자신을 의탁해야 합니다. 누구든지 그를 믿으면 멸망치 않고 영생을 얻습니다.

구원에 대한 오해를 풀고 구원을 바르게 이해하시기를 소원합니다. 우리 모두 예수 그리스도를 믿음으로 구원받아 구원받은 사람답게 행함으로 상급받으시고 영원한 천국 시민이 되시기를 축원합니다.

백부장의 신앙고백

오스 기니스 교수의 '소명'이라는 책에는 하나님의 영광을 위한 삶의 질을 감동적으로 표현한 다음과 같은 이야기가 있습니다. 유명한 색소폰 연주자인 존 콜트레인은 1950년대 초 샌프란시스코에서 약물 과다복용으로 거의 죽을 뻔했다가 가까스로 건강을 회복했습니다. 그 후 그는 마약을 끊었고 하나님을 믿게 되었습니다.

'지극히 탁월한 사랑'은 그의 재즈 연주 중 최고로 꼽히는 곡의 하나로, 32분 동안 하나님의 축복에 감사하고 자신의 영혼을 그분께 바치는 연주입니다. 한번은 콜트레인이 이 곡을 연주한 뒤 무대에서 내려오면서 "눈크 디미티스(Nunc dimittis)"란 한마디를 내뱉었습니다. 이 말은 "주재여 이제는 말씀하신대로 종을 평안히 놓아주시는도다"(눅 2:29~30)라는 의미로, 시므온의 기도를 라틴어로 옮긴 것입니다.

콜트레인은 이 한마디를 통해 하나님의 사랑을 위해 이보다 더 완벽하게 연주할 수 없다고 고백한 것입니다. 하나님의 영광을 드러내는 일은 이처럼 가슴 벅찬 일입니다. 이보다 더 큰 가치를 발견하기는 어렵습니다. 그리고 이것은 하나님의 영광을 위해 살아가는 인생에게 주어진 축복입니다.

◆◆◆

"내가 달려갈 길과 주 예수께 받은 사명 곧 하나님의 은혜의 복음을 증언하는 일을 마치려 함에는 나의 생명조차 조금도 귀한 것으로 여기지 아니하노라"(행 20:24).

콜트레인의 고백은 바울의 이 고백과 다르지 않습니다. 하나님께 영광을 올려 드리기 위해 자기를 소진하는 것이 조금도 아깝지 않다는 고백인 것입니다. 그렇기에 순교할 수 있고 헌신할 수 있고 오래 참을 수 있습니다. 말씀에서 사명을 발견한 사람은 이처럼 자기 생명을 아끼지 않고 푯대를 향해 흔들림 없이 달려갑니다.

[44절], 때가 제6시쯤 되어 해가 빛을 잃고 온 땅에 어두움이 임하여 제9시까지 계속하였습니다. 제6시는 정오입니다. 예수께서는 제3시(오전 9시)에 십자가에 달리셨고 정오쯤 되어 해가 빛을 잃고 온 땅에 어두움이 임하였고 오후 3시까지 그러하였습니다. 그 세 시간 동안의 캄캄한 어두움은 그때의 세상의 어두움을 잘 나타내었습니다.

예수께서 십자가 위에서 죽으시는 그 사건은 인류 역사에서 가장 어두운 시간이었습니다. 그것은 사람들이 하나님의 아들을 십자가에 못 박아 죽이는 시간이었기 때문입니다. 또 예수께서는 사람들에게뿐 아니라, 하나님 아버지께도 버림을 받으셨습니다. 그래서 마태복음과 마가복음에 증거된 대로, 예수께서는 죽으시기 전에 "나의 하나님, 나의 하나님, 어찌하여 나를 버리셨나이까?"(마 27:46; 막 15:34)라고 부르짖으셨습니다.

그러나 예수께서는 그 십자가의 죽음으로 많은 죄인의 모든 죄를 담당하셨습니다. 그는 세상 죄를 지고 가는 하나님의 어린양이 되셨습니다(요 1:29). 하나님께서는 죄를 알지도 못하신 예수로 우리를 대신하여 죄를 삼으셨습니다(고후 5:21). 하나님의 아들 예수 그리스도께서는 우리를 대신하여 저주와 형벌의 죽음을 죽으셨습니다(갈 3:13).

[45절], 예수께서 숨이 끊어지시기 전에 예루살렘 성전의 성소의 휘장이 찢어졌습니다. 그것은 위로부터 아래까지 찢어져 둘이 되었습니다(마 27:51, 막 15:38). 이것은 하나님의 아들 예수 그리스도의 죽음으로 죄인이 거룩하신 하나님과 교통할 수 있는 길이 활짝 열려 졌다는 사실을 나타냅니다. 히브리서 9장과 10장은 이 은혜의 사실을 자세히 증거합니다.

❖❖❖

"그러므로 형제들아, 우리가 예수의 피를 힘입어 성소에 들어갈 담력을 얻었나니 그 길은 우리를 위하여 휘장 가운데로 열어 놓으신 새로운 살 길이요 휘장은 곧 그의 육체니라"(히 10:19-20).

구약시대에는 제사장만 들어갈 수 있었던 성소에 신약시대에는 누구든지 남녀노소, 빈부귀천 구별 없이 나아갈 수 있게 되었습니다. 오늘날에는 누구든지, 언제든지, 어느 곳에서든지 예수 그리스도만 의지하면 하나님께 담대히 나아갈 수 있습니다. 주 예수께서 십자가 위에서 큰 대가를 치르셨음으로 우리는 하나님을 자유로이 만나 뵐 수 있는 특권을 누리게 되었습니다. 그러므로 히브리서 4장 16절은 "그러므로 우리가 긍휼하심을 받고 때를 따라 돕는 은혜를 얻기 위하여 은혜의 보좌 앞에 담대히 나아갈 것이니라"고 교훈하였습니다.

[46절], 예수께서는 큰 소리로 불러 "아버지여, 내 영혼[영]을 아버지 손에 부탁하나이다"라고 말씀하셨고, 이 말씀을 하신 후 운명하셨습니다. 그가 아버지께 부탁하신 영은 그의 인성의 영입니다. 사람은 죽을 때 그 영이 천국이나 지옥으로 갑니다. 회개하고 예수 그리스도를 믿는 자는 죽을 때 즉시 천국으로 들어갑니다. 스데반은 죽을 때 "주 예수여, 내 영혼을 받으시옵소서"(행 7:59)라고 기도하였습니다. 베드로전서 4장 19절은, "하나님의 뜻대로 고난을 받는 자들은 또한 선을 행하는 가운데 그 영혼을 미쁘신 조물주께 부탁할지어다"라고 말합니다.

[47절], 백부장은 그 된 일을 보고 하나님께 영광을 돌리며 말했습니다. "이 사람은 정녕 의인이었도다." 마태복음과 마가복음에 의하면, 그는 예수님에 대해 "이 사람은 진실로 하나님의

아들이었도다"(마 27:54; 막 15:39)라고 말했습니다. '그 된 일'이란 3시간 동안 온 땅이 어두워짐과 성소 휘장이 찢어짐 등의 일을 가리킬 것입니다. 이방인이었던 그 백부장은 이런 일들을 보면서 예수께서 의로운 자이고, 하나님의 아들이시라고 깨달았습니다. 유대의 종교 지도자들이 예수님을 십자가에 못 박아 죽이는 그때에 저 이방인 백부장은 예수께 대한 바른 깨달음을 가지고 그에 대해 증거하였습니다.

[48-49절], 이것을 구경하러 모인 무리도 그 된 일을 보고 다 가슴을 두드리며 돌아가고 예수님을 아는 자들과 및 갈릴리로부터 따라온 여자들도 다 멀리 서서 이 일을 보았습니다. 마태복음과 마가복음에는 여자들 가운데 몇 사람이 언급되어 있습니다. 그들은 막달라 마리아, 야고보와 요셉의 어머니 마리아, 세베대의 아들들의 어머니, 그리고 살로메 등이었습니다(마 27:56; 막 15:40).

44절로 49절까지에서 우리는 몇 가지 교훈을 받습니다. 첫째로, 우리는 예수 그리스도의 십자가의 죽음으로 담대히 하나님께 나아갈 수 있게 되었습니다. 예수 그리스도의 죽음으로 말미암아 성소의 휘장이 찢어졌습니다. 우리는 언제, 어디서나, 또 어떤 연약과 어려움 가운데서라도 예수 그리스도의 십자가 공로를 의지하여 하나님의 은혜의 보좌 앞에 담대히 나아갈 수 있게 되었습니다. 그러므로 항상 담대히 나아갑시다.

둘째로, 우리는 죽음 앞에 섰을 때 우리의 영을 하나님께 부탁할 수 있어야 합니다. 그것은 하나님께서 예수 그리스도 안에서 우리에게 주신 긍휼과 구원의 은혜 때문에 가능합니다. 우리의 의는 이것뿐 예수의 피밖에 없습니다. 그러므로 우리는 우리 구주 예수 그리스도의 이름과 그의 십자가 대속 사역을 의지하여 우리의 영을 항상 하나님께 의탁합시다.

셋째로, 우리는 십자가에 죽으신 예수께서 바로 하나님의 아들이심을 확신하고 증거해야 합니다. 이방인 백부장은 그렇게 하였습니다. 복음서들이 증거하고자 하는 바가 바로 그것입니다. 누구든지 예수님을 하나님의 아들 그리스도로 믿어야 죄사함과 의롭다 하심과 영생을 얻을 수 있습니다. 예수님을 믿지 않고는 아무도 구원을 받을 수 없습니다. 우리 모두는 예수 그리스도를 확신합시다. 또 다른 이에게 그를 증거하는 현장 전도 제자가 됩시다.

아리마대 요셉의 용기와 믿음

누가복음 23장 50절~56절

행함이 없는 믿음은 죽은 것이라는 야고보서의 말씀처럼 진정한 믿음은 마음속에만 간직하는 것이 아니라 행동으로 드러내 보여야 합니다. 아리마대 요셉의 용기 있는 믿음을 통해 예수님을 시인하는 용기 있는 신앙을 배워야 합니다. 아리마대 요셉은 믿음의 용기를 지녔습니다. 하나님의 나라를 소망하였습니다. 예수님을 주로 시인하였습니다. 본문 말씀을 통하여 하나님의 메시지를 들어 봅시다.

[50-51절], 유대인의 공회 의원, 즉 산헤드린 공회의 회원으로 선하고 의로운 요셉이라 하는 사람이 있었습니다. 산헤드린 공회는 유대인 사회의 최고 의결 기관으로서 예수님 당시에는 대제사장들과 장로들과 서기관들로 구성되었다고 합니다. 그 요셉은 공회원들의 결의와 행사에 동의하지 않은 자였습니다. 그는 유대인의 동네 아리마대 사람이요, 하나님의 나라를 기다리

는 자였습니다.

본문은 그 요셉에 대해 몇 가지로 증거합니다. 첫째로, 그는 선하고 의로운 자였습니다. 악한 자들이 가득한 그 시대에 선하고 의로운 한 사람이 있었습니다. 둘째로, 그는 공회원들의 계획과 행사에 동의하지 않은 자였습니다. '결정'이라는 원어 '불레'는 '계획'이라는 뜻입니다. 공회원들의 결의와 행사란 그들이 예수를 정죄하여 십자가에 죽게 할 계획과 처사를 가리킵니다. 그는 다른 동료들이 악을 행할 때 그 일에 양심적으로 동의하지 않았습니다. 셋째로, 그는 하나님의 나라를 기다리는 자였습니다. 예수님 당시 경건한 자들은 메시아의 나타나심을 기다리고 있었습니다(눅 2:25-38).

[52-53절], 아리마대 요셉은 빌라도에게 가서 예수의 시체를 달라고 하였습니다. 하나님께서는 예수님의 무덤과 장사(葬事)를 위해 요셉을 예비하셨고 사용하셨습니다. 마가복음 15장 44절을 보면, 요셉의 요청을 받은 빌라도는 예수의 죽음을 확인한 후 그 시체를 내어주었습니다. 요셉은 예수님의 시체를 내려 세마포(삼베)로 싼 다음에 아직 사람을 장사한 일이 없는 바위에 판 자기 무덤에 모셨습니다(마 27:60). 장사(葬事)는 죽음의 확증입니다. 그는 죽으셨고 장사되셨습니다. 그의 부활은 단지 기절했다가 회생(回生)한 것이 아니었습니다. 죽은 몸이 영광스럽게 변하여 다시 사신 것입니다. 예수님의 무덤은 다른 시체가 없는 새 무덤이었습니다. 그러므로 삼일 후 부활하신 자는 예수님 외에 다

른 이가 아니었습니다.

예수님의 장사(葬事)에는 거창한 장례 의식이 없었습니다. 그의 시체는 그저 삼베에 싸여서 무덤으로 옮겨졌고 갈릴리에서 온 여자들이 멀찍이 따른 조촐한 장례 행렬이 있었을 뿐입니다. 그것은 확실히 쓸쓸한 장사였습니다. 오늘날 우리도 무슨 예식이든지 거창하게 하려 하지 말고 간소하게 하는 것이 좋을 것입니다. 장례식도 찬송과 기도, 간단한 권면이나 말씀 선포로 이루어지는 것이 좋을 것입니다.

[54-56절], 이날은 예비일이었고 안식일이 거의 되었습니다. 예수님이 십자가에 달리신 날은 안식일의 예비일, 즉 금요일이었습니다. 안식일이 거의 되었다는 말은 금요일 오후가 되었다는 뜻입니다. 당시의 안식일은 금요일 해가 질 때부터 토요일 해가 질 때까지이었기 때문입니다. 갈릴리에서 예수님과 함께 온 여자들은 뒤를 쫓아 그 무덤과 그의 시체를 어떻게 둔 것을 보고 돌아와 향품과 향유를 예비했습니다. 그들은 계명을 좇아 안식일에 쉬었습니다.

그 여자들은 예수님의 시체를 위해 향품과 향유를 예비하였습니다. 그것은 그의 시체에 바르고 그 곁에 두기 위한 것일 것입니다. 그것들은, 아마도 물로 씻지도 못하고 피로 얼룩진 체로 장사 된 예수님의 시체를 씻고 냄새를 줄이는 데 사용될 것입니다. 그러나 이렇게 필요하게 보이는 일이지만, 그들은 안식일 때문에 그 일을 중단하고 계명을 좇아 쉬었습니다. 그들은 경건한 여인들이었습니다. 그러나 그들은 예수님의 부활을 기대하지 못하였습니다. 그들은 부활하실 주님을 기대하지 못하고 단지 그의 시체에 향품을 두고 향유를 바르려고 하였습니다.

예수님은 장사되었습니다. 그는 확실히 죽으셨고 그 시체는 바위에 판 무덤에 놓이셨습니다. 우리는 예수님의 장례에서 몇 가지 교훈을 찾습니다. 첫째로, 하나님께서는 그의 하실 일들을 위해 그의 종들을 남겨두십니다. 그는 아리마대 사람 요셉을 사용하셔서 예수님의 무덤을 준비하고 장사(葬事)를 하게 하셨습니다. 우리는 이 어두운 시대에도 하나님께서 그의 일들을 위해 쓰시려고 남겨놓으신 종들이 되기를 원합니다.

우리는 악한 시대를 분별하고 거기 물들지 말고 필요할 때는 기꺼이 이 시대의 흐름을 역행하면서 하나님과 그의 일을 위하여 한 부분, 한 분야에서 쓰이는 일꾼들이 되어야 할 것입니다. 우리는 악하고 불의한 자들의 틈 속에서 선하고 의롭게 살고, 악한 자들의 계획과 행사에 요셉처럼 '아니오'라고 자신의 의사를 밝혀야 할 것입니다. 또한 이 세상에 가치와 소망을 두지 말고 하나님의 나라를 사모하는 자가 되어야 할 것입니다.

둘째로, 우리는 무슨 예식이든지 너무 거창하게 하지 말아야 합니다. 예수님의 장례식은 쓸쓸하고 조촐하였습니다. 우리는 결혼식이든지 장례식이든지 무슨 의식이든지 그 자체에 너무 큰 의미를 두지 말아야 합니다. 거창한 결혼식보다 믿음 안에서의 사랑스런 부부 관계가 훨씬 더 중요하고, 그럴듯한 장례식보다 그 영혼이 믿음으로 살다가 천국에서 복된 안식을 누리는 것이 중요합니다. 우리는 어떤 의식이나 형식보다 그 내용과 실질을 더 중요시하는 자들이 되어야 할 것입니다.

셋째로, 우리는 예수님을 끝까지 따르는 자가 됩시다. 예수님을 따라 갈릴리에서 예루살렘까지 와서 일 주간이나 거기에서 머물렀고, 남자 제자들이 다 도망쳐버릴 때 주의 곁에 비록 멀리서라도 머물렀고, 그의 시체가 무덤에 장사 될 때도 그 광경을 자세히 보았던 저 여인들처럼 우리는 주님을 끝까지 따르는 자들이 되어야 합니다.

예수 나를 오라 하네
어디든지 주를 따라
주와 같이 가려네
주의 인도하심 따라
어디든지 주를 따라
주와 같이 가려네 (찬송가 324장)

어떻게 주를 따를 수 있습니까? 날마다 말씀을 묵상하고 기도하기를 힘쓰고, 오직 하나님의 말씀에 순종하고, 부족과 실수가 있을 때마다 겸손히 회개함으로써 할 수 있습니다. 성도는 아리마대 사람 요셉의 용기와 믿음을 본받아 어떤 위협을 무릅쓰고라도 예수님을 주로 고백하며 선포함으로 구원을 확증해야 합니다.

교회 역사에서 많은 신앙의 선조들이 예수님을 주로 고백한다는 이유로 죽임을 당했습니다. 이 신앙 위에서 교회는 부흥해 왔습니다. 그러므로 성도는 매 순간 예수님을 주님으로 섬기는 자로 살아가야 합니다. 성도는 사람들 앞에서 주님을 시인함으로 주님께 그 믿음을 인정받아야 합니다. 성도는 어떤 위협을 무릅쓰고라도 예수님을 주로 고백하며 선포함으로 구원을 확증해야 합니다.

부활 복음의 증인들

누가복음 24장 1절~12절

사람들은 너무 기적적인 일은 눈으로 보고도 믿지 못합니다. 부활하신 예수님을 본 제자들이 그러했습니다. 그들은 예수님의 음성을 듣고 모습을 보고도 예수님이 부활하셨음을 믿지 못하고, 자신들이 예수님의 유령을 보고 있다고 생각했습니다. 보고 듣고도 의심하는 자들을 믿게 하는 방법은 더 많은 증거를 제시하는 것입니다.

예수님은 당신의 손과 발을 확인하도록 하셨고, 그들이 보는 앞에서 음식을 드심으로써 유령이 아님을 증명해 보이셨습니다. 예수님이 소수에게 나타나시는 경우에는 그들의 증언을 다른 사람들이 믿지 않는 경향이 있기에 많은 제자가 모인 곳에 나타나셨습니다. 그리하여 그들이 동시에 예수님을 목격하도록 하셨습니다. 한 번 나타나고 중단하시는 경우도, 여러 번 나타나는 것보다 증거 능력이 떨어지기에 예수님은 40일 동안 지속적으로 나타나셨습니다.

사도 바울은 부활하신 예수님이 베드로에게 나타나시고 사도들에게 나타나시고, 오백여 형제에게 한 번에 보이셨다고 기록합니다(고전 15:5~6). 바울은 고린도전서를 쓰던 시대에도 그들 가운데 대다수가 살아 있다고 말합니다. 예수님의 부활은 오백 명이 넘는 목격자들이 보고 증언한 내용입니다. 부활에 관한 복음서의 기록들은 목격자 자신이 기록하거나, 목격자들의 증언을 토대로 기록한 것입니다.

만일 예수님의 부활이 실제로 발생하지 않았다면 십자가에 못 박혀 죽으신 예수님은 신명기 21장 23절에 따라 하나님께 저주받은 자로 간주 되었을 것이고, 제자들은 예수님을 그리스도라고 선포하지 못했을 것입니다. 그러나 그들은 그렇게 선포했고 그로 인해 대다수가 순교했습니다. 이러한 신앙의 발생은 예수님의 부활 없이는 설명될 수 없습니다.

[1-4절], 안식 후 첫날, 주간의 첫날, 즉 일요일 새벽에 이 여자들은 [다른 사람들과 함께] 그 예비한 향품을 가지고 무덤에 가서 돌이 무덤에서 굴려 옮겨진 것을 보고 들어가니 주 예수의 시체가 보이지 아니하였습니다. 그 여자들은 다 그 빈 무덤의 증인들이었습니다. 빈 무덤은 복음서들이 공통적으로 증거하는 내용입니다. 빈 무덤은 예수 그리스도의 부활에 대한 첫 번째 증거이며 중요한 증거입니다.

그 여자들이 근심할(디아포레오 : 당황할) 때에 문득 찬란한 옷을 입은 두 사람이 곁에 서 있었습니다. 그들은 확실히 천사들이었습니다. 그들은 찬란한 옷을 입은 사람의 모습으로 나타났습니다. 우리는 성경이 증거하는 대로 천사들의 존재를 믿습니다. 천사들은 예전에 아브라함에게 나타났고, 롯에게 나타났으며 야곱에게도 나타났습니다. 주 예수께서 부활하신 그 새벽에 천사들이 그 여자들에게 나타났습니다.

[5-8절], 여자들이 두려워 얼굴을 땅에 대니 두 천사가 말했습니다. "어찌하여 살아 있는 자를 죽은 자 가운데서 찾느냐? 여기 계시지 않고 살아나셨느니라. 갈릴리에 계실 때에 너희에게 어떻게 말씀하셨는지를 기억하라. 이르시기를 인자가 죄인의 손에 넘겨져 십자가에 못 박히고 제삼일에 다시 살아나야 하리라 하셨느니라."

예수께서는 갈릴리에 계실 때에 세 번이나 자신의 죽음과 부활에 대해 말씀하셨습니다.

◆ ◆ ◆

"이때로부터 예수 그리스도께서 자기가 예루살렘에 올라가 장로들과 대제사장들과 서기관들에게 많은 고난을 받고 죽임을 당하고 제삼일에 살아나야 할 것을 제자들에게 비로소 나타내시니"(마 16:21).

◆ ◆ ◆

"갈릴리에 모일 때에 예수께서 제자들에게 이르시되 인자가 장차 사람들의 손에 넘겨져 죽임을 당하고 제삼일에 살아나리라 하시니 제자들이 매우 근심하더라"(마 17:22-23).

◆◆◆

"보라 우리가 예루살렘으로 올라가노니 인자가 대제사장들과 서기관들에게 넘겨지매 그들이 죽이기로 결의하고 이방인들에게 넘겨주어 그를 조롱하며 채찍질하며 십자가에 못 박게 할 것이나 제삼일에 살아나리라"(마 20:18-19).

◆◆◆

"이르시되 인자가 많은 고난을 받고 장로들과 대제사장들과 서기관들에게 버린 바 되어 죽임을 당하고 제 삼일에 살아나야 하리라 하시고"(눅 9:22).

그러나 제자들은 주의 말씀을 기억하지 못했고 그의 부활을 기대하지 않았고 그 여자들도 천사들의 말을 듣고서야 주의 말씀, 곧 그의 죽음과 부활에 대한 말씀을 기억하였습니다.

[9-12절], 그들은 무덤에서 돌아가 이 모든 것을 열한 사도와 모든 다른 사람들에게 알렸습니다. 막달라 마리아와 요안나와 야고보의 모친 마리아, 그리고 그들과 함께한 다른 여자들은 예수님의 빈 무덤의 증인들이었고 또 예수님의 부활과 갈릴리의 예언을 기억나게 한 천사들의 말의 증인들이었습니다.

사도들은 그들의 말이 허탄한 듯이 뵈어 믿지 않았습니다. 그들은 다 예수님의 부활을 기대하지 않았습니다. 주께서 세 번이나 말씀한 적이 있으셨지만, 그들은 그것을 기억하지 못했고 주님의 부활을 기다리거나 기대하지도 못했으며 또 그 아침에 여자들의 빈 무덤에 대한 증언과 천사들이 나타나서 한 증언을 듣고도 그 말을 믿지 않았습니다. 그들은 참으로 마음이 어둡고 무딘 자들이었습니다.

그러나 그들 중 베드로는 일어나 무덤으로 달려가 여자들의 말을 확인하려 하였습니다. 베드로에게는 확실히 믿음이 있었고 그의 믿음은 그의 인간적인 불신앙과 회의를 극복하게 하였고 빈 무덤의 사실을 확인하게 하였습니다. 그가 무덤에 가서 구푸려 들여다보니 세마포만 보였습니다. 요한복음에 의하면, 요한도 같이 갔고, 그들은 무덤에 들어가 몸을 쌌던 세마포만 놓인 것을 보았고, 또 머리를 쌌던 수건은 세마포와 함께 놓이지 않고 딴 곳에 개켜 있는 것을 보았습니다(요 20:6-7). 베드로는 그 된 일을 기이히 여기며 집으로 돌아갔습니다.

예수 그리스도의 무덤은 비어 있었고 무덤의 돌문은 열려 있었습니다. 그것은 갈릴리에서 왔던 여자들이 확인한 사실이었고 또 베드로와 요한도 확인한 사실이었습니다. 복음서들은 다 예수 그리스도의 빈 무덤을 증거합니다. 빈 무덤은 예수님의 부활에 대한 첫 번째 강력한 증거입니다.

또 그 여자들은 천사들의 증언을 들었습니다. 천사들은 예수께서 거기에 계시지 않고 살아나셨다고 증거하였습니다. 그들은 또 예수께서 갈릴리에 계실 때 제자들에게 자신의 죽음과 부활에 대해 예언하신 대로 그가 다시 살아나셨다고 말하며 그들에게 주의 말씀을 기억나게 하였습니다.

성경은 그의 부활의 증인들의 증언기록입니다. 많은 증인이 그의 부활을 엄숙히 증거하였습니다. 또 예수님 자신께서 그의 부활에 대해 예언하셨기 때문에, 만일 그가 부활하지 않으셨다면, 그는 하나님의 아들 그리스도가 아니실 것입니다. 예수께서는 부활하셨습니다. 그의 부활은 그가 하나님의 아들 그리스도시요, 우리의 죄악을 대속한 구주이시며 기독교가 모든 죄인을 위한 구원의 진리임을 확증합니다.

부활의 복음과 증인

비기독교인의 관점에서 부활과 영생을 향한 믿음과 소망은 허황된 미신 같을 수밖에 없습니다. 영적인 눈과 귀가 없기 때문입니다. 그러나 성도는 예수님의 부활과 십자가 복음을 믿기에 구원과 영생을 누릴 뿐 아니라 확신을 가지고 그 복음을 전하는 증인이 될 수 있습니다.

본문에서 엠마오로 가는 두 제자가 예수님께 가졌던 기대는 이스라엘의 정치적 회복이었습니다. 그러나 예수님이 십자가형을 당하셨습니다. 그들은 예수님의 무덤이 비었음을 보았고 예수님이 부활하셨다는 천사의 말을 들었다는 여인들의 증언을 들었으나 믿지 않은 듯합니다. 만일 그들이 예수님의 부활을 믿었다면 사도들과 함께 예루살렘에 남아 있었을 것입니다. 그들은 예수님이 참으로 메시아였다면 십자가형을 당하지 않았으리라고 생각한 듯합니다. 그래서 이제 메시아가 이룰 것이라는 정치적 해방에 대한 소망도 버리게 되었을 것입니다.

설교 제목인 "부활의 복음과 증인"에 대한 말씀은 육신의 눈으로 깨닫지 못하는 복음과 진리를 알고 깨닫게 하는 성령, 그리고 부활의 증인 된 사명에 관한 하나님의 메시지입니다. 다 함께 겸손히 청종하시기를 소원합니다.

[13-17절], 그날(안식 후 첫날)에 그들 중 둘 즉 열한 사도와 다른 모든 사람 중 두 명이 예루살렘에서 25리(60스타디아, 약 11킬로미터) 되는 엠마오라 하는 마을로 가면서 이 모든 된 일들을 서로 이야기하였습니다. '이 모든 된 일들'이란 예수께서 십자가에 죽으시고 장사되신 일, 삼일 후에 여인들이 그의 무덤이 비었음을 발견한 일, 천사들이 나타나 예수님의 부활을 증거한 일, 베드로가 그 빈 무덤을 확인한 일 등을 가리킬 것입니다.

그들이 서로 이야기하며 물을 때에 예수께서 가까이 이르러 그들과 동행하시나 그들의 눈이 가려져서 그인 줄 알아보지 못하였습니다. 예수께서 말씀하셨습니다. "너희가 길가면서 [슬픈 얼굴로] 서로 주고받고 하는 이야기가 무엇이냐?" 예수 그리스도의 부활을 알지 못하고 빈 무덤과 천사의 전한 말도 믿지 못했던 그들에게는 오직 슬픔과 근심만 있었습니다. 슬픔과 근심은 불신앙의 모습입니다.

[18-20절], 그 한 사람인 글로바라 하는 자가 대답했습니다. "당신이 예루살렘에 체류하면서도 요즘 거기서 된 일을 혼자만 알지 못하느냐?" 예수님이 말씀하셨습니다. "무슨 일이냐?" 글

로바가 대답하였습니다. "나사렛 예수의 일이니 그는 하나님과 모든 백성 앞에서 말과 일에 능하신 선지자이거늘 우리 대제사장들과 관리들이 사형 판결에 넘겨주어 십자가에 못박았느니라." 몇 년 동안 유대의 전 지역에서 기이한 일들을 행하셨던 예수께서 십자가에 죽고 마셨습니다. 그것은 그를 따르던 많은 사람들의 가슴속에 큰 슬픔과 낙심과 공허함을 가져다주었을 것입니다.

[21-24절], 그 제자는 또 말하였습니다. "우리는 이 사람이 이스라엘을 속량(贖良)할 자라고 바랐노라"(21절 상). 그가 생각하는 구원은 예수께서 유대 나라를 로마 제국으로부터 건져주시고 또 백성들을 가난으로부터 건져주실 것이라는 생각을 포함했을 것입니다. 그러나 그의 생각과 기대는 예수의 죽음으로 산산이 다 깨어졌고 절망이 그를 덮쳤던 것입니다.

그는 또 말했습니다. "이뿐 아니라 이 일이 된 지가 사흘째요 또한 우리 중에 어떤 여자들이 우리로 놀라게 하였으니 이는 그들이 새벽에 무덤에 갔다가 그의 시체는 보지 못하고 와서 그가 살아나셨다 하는 천사들의 나타남을 보았다 함이라. 또 우리와 함께한 자 중에 두어 사람이 무덤에 가 과연 여자들이 말한 바와 같음을 보았으나 예수는 보지 못하였느니라"(21-24절). 그는 그 동안 되어진 일들에 대해 소박하게 증거하였습니다. 그러나 그의 소박한 말들은 성경이 진실하게 증거하는 내용들을 사람들이 믿는 데 도움이 될 것입니다.

[25-27절], 예수께서 말씀하셨습니다. "미련하고 선지자들이 말한 모든 것을 마음에 더디 믿는 자들이여, 그리스도가 이런 고난을 받고 자기의 영광에 들어가야 할 것이 아니냐?" 그런 후에 예수는 모세와 및 모든 선지자의 글로 시작하여 모든 성경에 쓴바 자기에 관한 것을 자세히 설명하셨습니다. 모든 성경은 그리스도의 고난에 관해 증거하였습니다(요 5:39, 딤후 3:15). 구약성경의 제사 제도와 유월절 규례와 성막 제도 등이 다 그리스도의 고난과 죽음을 증거하고 있습니다. 특히, 시편 22편이나 이사야 53장은 메시아 곧 그리스도의 고난에 대해 잘 예언하였습니다. 그리스도는 오서서 죽으신 후 영광 가운데 들어가실 것입니다.

[28-31절], 그들의 가는 마을에 가까이 가자, 예수님은 더 가려 하는 것같이 하셨습니다. 그들은 강권하여 말했습니다. "우리와 함께 유하사이다. 때가 저물어가고 날이 이미 기울었나이다." 그래서 그는 그들과 함께 유하러 들어가셨습니다. 그들과 함께 음식 잡수실 때에 떡을 가지시고 축사[축복]하시고 떼어 그들에게 주시자 그들의 눈이 밝아져 그인 줄 알아보았습니다. 그러나 예수님은 그들에게 보이지 아니하셨습니다. 예수님의 부활의 몸은 확실히 시공(時空)을 초월하는 변화된 몸이었습니다.

[32-35절], 그들은 서로 말했습니다. "길에서 우리에게 말씀하시고 우리에게 성경을 풀어 주실 때에 우리 속에서 마음이 뜨겁지 아니하더냐?"(32절). 그들은 곧 그 시로 일어나 예루살렘으로

돌아가 보니 열한 사도들과 및 그와 함께한 자들이 모여 있어 말했습니다. "주께서 과연 살아나시고 시몬에게 보이셨다"(34절). 그 두 사람도 길에서 된 일과 예수께서 떡을 떼심으로 자기들에게 알려지신 것을 말하였습니다. 부활의 증인들은 점점 늘어나고 있었습니다. 부활하신 주님을 목격한 것들은 연약한 인간들의 환각 작용이 아니었습니다. 그것은 너무나 확실한 객관적 사실들이었습니다.

13절로 35절까지에서의 교훈은 무엇입니까? 무엇보다, 본문은 예수 그리스도의 부활을 다시 한번 더 확증합니다. 그 두 제자는 부활하신 주님을 보았고 그와 여러 시간 대화하였습니다. 또 본문은 부수적으로 두 가지 교훈을 줍니다. 부활하신 예수께서는 성경을 풀어 설명하심으로써 자신의 죽음과 부활에 대해 증거하셨습니다. 예수 그리스도의 십자가 고난과 죽음, 그리고 부활은 성경에 근거한 것입니다. 오늘날도 주 예수께서는 성령으로 성경을 통해 우리 속에 역사하십니다. 그는 우리의 어두운 마음을 밝히시며 예수 그리스도를 더욱 알며 확신케 하십니다.

부활하신 주 예수께서는 불신앙과 슬픔과 낙심 가운데 있었던 제자들에게 찾아오셔서 믿음과 기쁨과 힘을 주셨습니다. 주 예수께서는 오늘날도 연약한 가운데 있는 자기 백성을 버리시 않으시고 성령으로 임재하셔서 믿음과 기쁨과 힘을 주실 것입니다. 우리도 부활하신 주 예수 그리스도를 확신하고 기쁨과 감사함으로 주를 믿고 주를 섬기며 따릅시다.

성도는 천국의 비밀을 깨닫는 은혜를 입은 천국 백성입니다. 그러므로 많은 영혼을 죄악에서 구원하셔서 하나님 백성으로 삼으시려는 주님의 구속 역사의 목적에 따라 천국 복음을 풍성히 누릴 뿐 아니라, 모든 민족에게 그 복음을 전파하는 사명을 감당해야 합니다. 부활의 복음을 전하는 땅끝 증인으로 현장 전도 제자들이 되시기를 간절히 소원합니다.

부활의 증거와 증인

누가복음 24장 36절~43절

부활하신 예수님이 제자들에게 오셨습니다. 이미 여러 사건을 통해 예수님이 부활하셨음을 제자들에게 알리셨지만, 부족하고 연약한 제자들은 아직도 갈피를 잡지 못하고 있었습니다. 그래서 그들에게 오셔서 부활한 당신을 분명하게 보이셔야 했습니다. 보지 않고 믿기에는 그들이 아직 너무 연약했기 때문입니다.

하나님의 사람에게는 명확한 특징이 있습니다. 그것은 평강입니다. 그분은 평강의 하나님이시고(롬 15:33), 당신의 백성을 평강으로 지키시는 분입니다(사 26:3). 예수님이 이 땅에 오신 이유도 하늘의 평강을 땅 위에 임하게 하시기 위한 것입니다(눅2:14). 예수님은 두려워 떨고 있는 못난 제자들에게 가장 먼저 평강을 전하십니다(36절). 그들이 예수님의 평강에 어울리거나 어떤 자격을 갖추었기 때문이 아닙니다. 예수님이 그들을 사랑하셨기 때문입니다.

[36절], 엠마오로 가다가 부활하신 주님을 만난 두 제자가 말할 때에 예수께서 친히 그들 가운데 서셨습니다. 그것은 기적적 나타나심이었던 것 같습니다. 요한복음 20장 19절도, "이날 곧 안식 후 첫날 저녁때에 제자들이 유대인들을 두려워하여 모인 곳에 문들을 닫았더니 예수께서 오사 가운데 서서 이르시되 너희에게 평강이 있을지어다"라고 증거합니다. 부활하신 주님의 몸은 확실히 놀랍고 신기한 몸이었습니다.

부활하신 주께서는 "너희에게 평강이 있을지어다"(36절 하)라고 말씀하셨습니다. 제자들은 예수께서 죽으신 후 슬픔과 낙심과 불안 가운데 있었을 것입니다. 주께서는 그런 제자들에게 평강을 기원하심으로 그들을 크게 위로하셨습니다. 실상, 예수께서는 참 평안을 주시는 주님이십니다. 예수께서는 "수고하고 무거운 짐 진 자들아, 다 내게로 오라. 내가 너희를 쉬게 하리라"(마 11:28)고 말씀하셨습니다. 죄는 사람에게 슬픔과 근심을 가져왔으나 구주 예수께서는 우리에게 죄사함과 참 평안을 주셨습니다. 참 평안은 하나님의 복음이 주는 큰 복입니다. 성도 여러분에게도 평강이 임하시기를 소원합니다.

[37-40절], 그들이 놀라고 무서워하여 보는 것을 영[유령]으로 생각하였을 때에 예수께서는 말씀하셨습니다. "어찌하여 두려워하며 어찌하여 마음에 의심이 일어나느냐? 내 손과 발을 보고 나인 줄 알라. 또 나를 만져보라. 영은 살과 뼈가 없으되 너희 보는 바와 같이 나는 있느니라." 이 말씀을 하시고 손과 발을 보이

셨습니다. '의심'이라는 원어 '디알로기스모이'는 '생각들, 변론들, 의심들'이라는 뜻입니다.

제자들은 놀라고 두려워합니다(37절). 예수님이 부활하셨다는 증언을 여러 번 들었고, 예수님도 십자가 이전에 부활을 여러 번 말씀하셨는데, 그들은 놀라고 두려워합니다. 심지어 예수님이 죽은 자를 살리시는 장면을 직접 봤으면서도 눈앞의 사실을 사실로 받아들이지 못합니다. 그만큼 죽음의 힘은 강력합니다.

모든 사람을 속박하고, 헤어 나올 수 없는 절망으로 사람의 마음을 옭아맵니다. 눈으로 보는 것을 부정하게 만들 정도입니다. 그 죽음의 권세를 깨뜨리고 예수님이 제자들에게 오셨고, 우리에게 오셨습니다. 눈앞에 분명하게 보이는 사실을 받아들이지 못하는 제자들에게 예수님은 손과 발을 보여주시며 만져보라고 하십니다(39~40절).

부활하신 예수님은 단순히 영이 아니셨습니다. 부활하신 그의 몸은 손과 발을 가진 몸, 살과 뼈가 있는 몸이었습니다. 십자가 위에서 양손과 양발에 못을 박히셨던 바로 그 몸, 옆구리에 창으로 찔리셨던 바로 그 몸, 무덤에 장사 되셨던 바로 그 몸이 영광스러운 몸으로 다시 부활하신 것이었습니다. 우리도 우리의 몸이 그렇게 부활할 것입니다. 우리의 이 연약하고 누추한 몸은 장차 강하고 영광스럽고 신령한 몸으로 신비하게 변화될 깃입니다(고전 15:42-44).

[41-43절], 너무나 확실한 증거를 들이미십니다. 그런데도 의

심하는 자들이 있고, 믿지 않는 자들이 있었습니다(41절, 마 28:17, 막 16:14). 우리의 삶과 믿음 그리고 우리가 전하는 말을 믿지 못하는 사람이 있습니다. 너무 실망하지는 마십시오. 그들은 너무나 당연한 반응을 보이고 있는 것입니다. 우리는 그저 기회를 얻든지 못 얻든지 담담히 우리가 받은 것을 전하면 됩니다.

제자들이 예수님을 바로 믿지 못한 이유 중 하나는 너무 기뻤기 때문입니다(41절). 부족한 점이 많았지만, 그들은 분명 예수님을 사랑했습니다. 인간적으로 연약하고 믿음이 부족해 실패했지만, 그들 안에 있는 사랑이 예수님의 완전한 사랑과 만나 그들은 다시 회복할 수 있었습니다.

여기서 우리는 예수님의 제자에게 가장 중요한 덕목을 발견하게 됩니다. 예수님을 사랑하는 자가 예수님의 제자입니다. 가장 크게 실패한 베드로가 다시 예수님의 가장 충성스러운 일꾼으로 회복할 수 있었던 이유도 바로 사랑입니다. 의심하며 아직 쭈뼛거리는 제자들을 위해 예수님은 생선 한 토막을 잡수십니다(41~43절).

하나님이 예수님이 하나님이심을 친히 확인시켜 주십니다. 모세에게 그러셨고(출 4:2~6, 지팡이 뱀, 손 문둥병), 기드온에게 그러셨습니다(삿 6:36~40, 양털 이슬). 물론 보지 않고 믿는 자가 더 복된 것은 맞지만, 우리는 대부분 보는 것도 제대로 믿지 못합니다. 그래도 우리에게 소망이 있는 것은 주님이 우리를 꾸짖지 않으시고, 사랑한다고 하시면서 생선 한 토막을 베어 드시기 때문입니다.

제자들은 너무 기쁘므로 오히려 믿지 못하고 기이히 여기고 있었습니다. 그때 예수께서는 자신의 부활에 대한 한 가지 더 구체적인 증거를 주셨습니다. 그것은 음식을 먹으신 일이었습니다. 그는 "여기 무슨 먹을 것이 있느냐?"고 물으셨습니다. 그들이 구운 생선 한 토막[토막과 벌꿀집]을 드리자, 그는 받으시고 그 앞에서 잡수셨습니다. 그는 제자들 앞에서 음식까지 잡수시므로 자신의 부활, 곧 그의 육체적 부활을 확실히 증거하셨습니다. 부활하신 그는 단순히 영이 아니시고 음식을 먹을 수 있는 몸을 가지고 계셨습니다.

우리는 예수 그리스도의 부활을 확신합시다. 예수 그리스도의 부활은 육체적 부활이셨습니다. 물론 부활하신 예수님의 몸은 신비한 몸이었습니다. 그의 부활은 확실히 영화로운 부활이었습니다. 그것은 시공(時空)을 초월하는 몸이라고 생각됩니다. 그러나 그것은 단순히 영이 아니었고 사람이 볼 수 있고 만질 수 있고 살과 뼈가 있고 음식을 잡수실 수도 있는 몸이었습니다. 그의 옛날 몸이 없어지고 새 몸을 입으신 것이 아니었습니다.

그는 십자가에서 상하신 바로 그 몸으로 영화롭게 부활하신 것이었습니다. 그는 양손과 양발에 못 자국이 있는 그 몸으로 부활하셨습니다. 그러므로 그는 "내 손과 내 발을 보고 나인 줄 알라"고 말씀하셨습니다. 요한복음에 보면, 그는 도마에게 "네 손가락을 이리 내밀어 내 손을 보고 네 손을 내밀어 내 옆구리에 넣어보라"(요 20:27)고 말씀하셨습니다. 우리는 예수 그리스도의 부활을 확신하고 그를 믿음으로 영생의 구원을 확실히 얻어야 합니다.

예수님은 언제나 우리에게 오십니다. 우리는 실수하고 배신하고, 모자라지만 그분은 우리에게 먼저 다가오십니다. 손과 발을 보이시고, 생선을 잡수시는 모습까지 보이십니다. 말할 수 없는 탄식으로 안타까워하시면서 우리에게 당신을 보이십니다. 그분을 보는 성도들이 되기를 바랍니다. 부활의 증거를 보고 믿고 전하는 증인들이 됩시다.

현장 전도 제자

누가복음과 사도행전은 유대교와 복음, 유대인과 이방인, 세상과 교회 등의 갈등 가운데 복음이 전파되어 가는 이야기를 기록합니다. 예수님에 의해 세워진 하나님의 나라, 교회의 무기 역시 하나님의 말씀입니다(44절). 예수님은 성경을 설명해 주셨는데(45절), 그 내용은 십자가와 부활, 죄사함을 받게 하는 회개가 그리스도께서 행하신 일을 통해 유대인뿐 아니라 모든 족속에게 전파된다는 사실이었습니다(46, 47절). 이제 제자들은 예수님이 보여 주신 모범대로 증인이 되어야 했습니다(48절).

누가는 이후 사도행전에서 예수님처럼 사도들과 제자들이 구약성경을 풀어서 복음을 전하는 모습을 반복해서 기록합니다(행 2-4, 7-8, 13, 15, 28장). 성경은 우리가 예수님의 증인이 되는 데 가장 중요한 도구입니다. 그러므로 우리는 신구약 성경을 잘 익히고, 예수님의 부활과 살아계심을 담대히, 유능하게 알리는 현장 전도 제자들이 되어야 합니다. 본문 말씀을 통해 하나님의 메시지를 들으시기를 소원합니다.

[44절], 부활하신 주께서는 제자들 앞에서 생선을 잡수신 후에 또 말씀하셨습니다. "내가 너희와 함께 있을 때에 너희에게 말한바 곧 모세의 율법과 선지자의 글과 시편에 나를 가리켜 기록된 모든 것이 이루어져야 하리라 한 말이 이것이라." 그는 엠마오로 가던 두 제자에게 하셨듯이 다른 제자들에게도 자신의 부활이 성경에 예언된 바가 이루어지는 것이라고 설명하셨습니다.

[45절], 주님께서는 제자들의 마음을 열어 성경을 깨닫게 하셨습니다. 본절에 '마음'이라는 원어 '누스'는 '생각'이라는 뜻입니다. 하나님께서 우리의 생각을 일깨워주실 때 우리는 성경을 깨달을 수 있습니다. 우리가 하나님의 뜻과 진리를 이해하려 할 때에 우리는 성경책이 필요하고 또 성령의 깨닫게 하시는 사역이 필요합니다. 성령께서는 성경을 사용하여 우리의 생각을 깨우치셔서 우리에게 바른 지식을 주십니다.

[46-48절], 주님께서는 또 말씀하셨습니다. "이같이 그리스도가 고난을 받고 제3일에 죽은 자 가운데서 살아날 것과 또 그의 이름으로 죄사함을 받게 하는 회개가 예루살렘에서 시작하여 모든 족속에게 전파될 것이 기록되었으니[기록되었으며 그것이 합당하니] 너희는 이 모든 일의 증인이라."

 그리스도에 관해 성경이 기록한 마땅한 바는 두 가지입니다. 첫째는 예수가 고난을 받고 제3일에 부활하신다는 것입니다. 둘째는 그리스도의 이름으로 죄사함을 얻게 하는 회개가 예루살렘에서 시작하여 모든 족속에게 전파된다는 것입니다. 이것이 그리스도께서 오셔서 십자가에 죽으신 목적입니다. 그리스도의 구원 사역은 하나님의 택하신 백성의 회개와 죄사함을 목표로 합니다.

 하나님의 뜻은 복음이 온 세상에 전파되는 것입니다. '그의 이름으로'라는 말은 죄사함이 예수 그리스도의 권위와 그의 대속의 죽음과 그의 중보 사역으로 말미암아 이루어질 것을 나타냅니다. 부활하신 예수께서는 제자들에게 자신을 증거하여 그들로 확신에 이르기를 원하셨을 뿐만 아니라, 또한 그들이 예수 그리스도의 죽음과 부활의 증인으로서 이 회개와 죄사함의 복음을 온 세상에 전파하는 자들이 되기를 원하셨습니다. 증인은 그가 보고 들은 것을 성실히 증언하면 됩니다. 이것이 제자들에게 부여된 임무였습니다.

 우리는 예수 그리스도의 증인들입니다. 예수 그리스도의 증인으로서 우리가 해야 할 바는 성경에 기록된 내용을 성실히 증거하는 것입니다. 사도 바울은 "형제들아, 내가 너희에게 나아가 하나님의 증거를 전할 때에 말과 지혜의 아름다운 것으로 아니하였나니 내가 너희 중에서 예수 그리스도와 그가 십자가에 못 박히신 것 외에는 아무것도 알지 아니하기로 작정하였음이라"(고전 2:1-2)고 말했습니다.

[49절], 예수께서는 또 말씀하셨습니다. "볼지어다. 내가 내 아버지께서 약속하신 것을 너희에게 보내리니 너희는 위로부터 능력으로 입혀질 때까지 이 성[예루살렘]에 머물라." 증인들은 또 용기와 능력이 필요합니다. 그들은 증거할 내용을 부끄러워하지 않고 담대히 증거해야 합니다. 하나님께서 이 일을 위해 성령을 보내주실 것이며 주께서도 성령의 오심에 대해 많이 증거하셨습니다(요 14-16장).

◆◆◆

"내가 아버지께로부터 너희에게 보낼 보혜사 곧 아버지께로부터 나오시는 진리의 성령이 오실 때에 그가 나를 증언하실것이요"(요 15:26).

주께서는 제자들에게 그들이 성령과 능력을 받기까지 예루살렘 성에 머물러 있으라고 명령하셨습니다.

◆◆◆

"사도와 함께 모이사 그들에게 분부하여 이르시되 예루살렘을 떠나지 말고 내게 들은 바 아버지께서 약속하신 것을 기다리라," "오직 성령이 너희에게 임하시면 너희가 권능을 받고 예루살렘과 온 유대와 사마리아와 땅끝까지 이르러 내 증인이 되리라"(행 1:4, 8).

부활하신 주께서는 제자들에게 성경을 깨닫게 해주셨습니다. 성경의 요지는 예수 그리스도의 죽음과 부활로 말미암은 대속 사역입니다. 그의 죽음은 우리를 위한 대속의 죽음이요, 그의 부활은 그 확증입니다. 회개하는 죄인들은 누구든지 예수 그리스도로 말미암아 죄사함을 받습니다. 우리는 성경에 근거하여 예수 그리스도를 증거하고 사람들로 죄사함과 영생을 얻게 합시다. 우리 안에 영원히 거하시는 성령님의 능력을 힘입어 가정이나 동네나 직장이나 어느 곳에서든지 예수 그리스도를 증거하는 현장전도제자들이 됩시다.

[50-51절], 예수께서는 그들을 데리고 베다니 앞까지 나가셔서 손을 들어 그들에게 축복하셨습니다. 베다니는 예루살렘에서 약 2-3킬로미터 떨어진 곳입니다(요 11:18). 그곳은 감람산 기슭이었습니다. 주께서는 베다니에서 죽은 지 나흘이나 된 나사로를 다시 살려주셨고 감람산에서 제자들에게 예루살렘 멸망과 세상 종말에 관해 교훈해 주셨습니다(요 11장, 마 24장). 예수님은 베다니에서 제자들에게 축복하실 때에 그들을 떠나 하늘로 올려져 가셨습니다. 이것은 주님이 부활하신 지 40일 후의 일이었습니다(행 1:3, 9).

부활하신 주께서는 승천하셨습니다. 마가는 마가복음의 거의 끝부분에서 "주 예수께서 말씀을 마치신 후에 하늘로 올려지사 하나님 우편에 앉으시니라"(막 16:19)고 증거하였습니다. 누가는 사도행전에서 그가 이전에 쓴 누가복음에서 예수님의 승천하신 날까지의 일을 기록하였다고 말한 후, 예수님의 승천에 대해 자세히 증거했습니다.

◆◆◆

"이 말씀을 마치시고 저희 보는데 올려져 가시니 구름이 저를 가리어 보이지 않게 하더라. 올라가실 때에 제자들이 자세히 하늘을 쳐다보고 있는데 흰옷 입은 두 사람이 그들 곁에 서서, 이르되 갈릴리 사람들아 어찌하여 서서 하늘을 쳐다보느냐? 너희 가운데서 하늘로 올려지신 이 예수는 하늘로 가심을 본 그대로 오시리라 하였느니라"(행 1:9-11).

사도 바울은 디모데전서 3장 16절에서 "크도다, 경건의 비밀이여. 그렇지 않다 하는 이 없도다. 그는 육신으로 나타난 바 되시고 영으로 의롭다 하심을 받으시고 천사들에게 보이시고 만국에서 전파되시고 세상에서 믿은 바 되시고 영광 가운데서 올려지셨느니라"고 말하였고, 로마서 8장 34절에서는 "누가 정죄하리요 죽으실 뿐 아니라 다시 살아나신 이는 그리스도 예수시니 그는 하나님 우편에 계신 자요 우리를 위하여 간구하시는 자시니라"고 말하였습니다. 히브리서 4장 14절에서는 "우리에게 큰 대제사장이 계시니 승천하신 이 곧 하나님의 아들 예수시라"고 말했습니다.

[52-53절], 제자들은 [예수께 경배하고] 큰 기쁨으로 예루살렘에 돌아가 하나님을 찬양하면서 계속 성전에 있었습니다. 제자들은 예수님을 단순히 인간 스승으로 섬긴 것이 아니고 하나님의 아들로 경배하였습니다. 예수님은 참으로 사람이 되신 하나님이

십니다(요 1:14). 제자들이 늘 성전에 있은 것은 성령을 기다리라는 주의 명령 때문이었을 것입니다.

우리는 예수 그리스도께서 죽은 지 삼일만에 부활하셨고 40일 후에 승천하셨음을 믿으며 또 주께서 지금 하나님 보좌 우편에 앉아계심을 믿습니다. 하나님의 아들께서는 사람이 되어 십자가에 죽기까지 자신을 낮추셨으나, 부활 승천하시고 하나님 보좌 우편에 앉으시므로 지극히 높임을 받으셨습니다. 예수는 지금 온 세상과 교회를 통치하시고 성령으로 역사하십니다. 우리도 큰 기쁨으로 하나님을 찬송하며 찬양합시다.

하나님은 계시의 말씀을 역사 속에서 성취시키는 도구로 하나님을 믿는 사람들을 택하십니다. 그들의 헌신을 통해 복음이 전 세계에 충만하게 전파되리라는 예언이 성취됩니다. 성도는 그러한 하나님의 역사의 도구로서의 사명을 인식하고 그 사명을 헌신적으로 감당해야 합니다.

초판 1쇄　2026년 1월 11일

지은이 _ 박귀환

펴낸이 _ 김현태

디자인 _ 장창호

펴낸곳 _ 따스한 이야기

등록 _ No. 305-2011-000035

전화 _ 070-8699-8765

팩스 _ 02- 6020-8765

이메일 _ jhyuntae512@hanmail.net

따스한 이야기 페이스북

https://www.facebook.com/touchingstorypublisher
https://www.instagram.com/touchingstory512

따스한 이야기는 출판을 원하는 분들의 좋은 원고를
기다리고 있습니다.

가격 20,000원